목 회 학

목 회 학

―목회의 실제―

호머 켄트 지음
이 주 영 옮김

성광문화사

The Pastor
and His Work

by Homer A. Kent, Sr.

trans by Joo Young Lee, Th.M., D.D.

Moody Press, Chicago, 1979

Sung Kwang Publishing Co.,
Seoul, Korea

이 책을 번역하면서

　이 민족의 구원을 계획하신 하나님 아버지께서 이 땅 한국에 복음을 전하여 주신지 어언 100년이 되었다. 시대적으로 조급해진듯한 목회사역을 위하여 쓰여진지 28년, 칼빈신학교에서 후배 선지 양성을 위하여 실천 신학교수로 봉사한지도 14년이나 된다.

　그러나 목회와 교수에 있어서 희박한 경험이나 실력으로는 도저히 이 귀한 직무를 감당할 수가 없기에 국내외 여러 선배들과 학자들의 경험과 문서들의 도움을 입어 맡은 일에 정성껏 봉사해 왔다. 특히 가르치는 사람으로서 좋은 책을 찾아 보는 중 각 저자들의 저서마다 그 나름대로의 특성들이 있었다.

　다행스러운 것은 몇년 전에 본서를 입수케 되어 읽고 또 실천하면서 가르쳐 보았는데 퍽 은혜스러운 결실을 보게 되었다.

　물론 우리 나라의 현실에 맞지 않는 부분이 없지는 않으나 가급적 의역을 하면서 수정한 곳도 없지 않아 저자에게는 퍽 죄송스럽게 생각이 되지만 우리의 실정에 맞게 유용하게 쓰여진다면 양해 되리라고 믿는다. 아무쪼록 목회 현장에서 수고하시는 동역자들이나 연구에 전념하는 신학도들이 이 책을 읽고 하나님의 맡기신 사역에 보다 넘치는 축복이 함께 하시기를 비마지 않는다. 특히 이 책이 원리보다는 실제에 치중된 점이 마음에 든다.

　특히 이 책을 번역함에 있어서 수고를 많이 해 준 강 정진 전도사님의 그 촉망스러운 장래에 하나님의 크신 축복이 임하시기를 빌며, 출판을 맡아 적극 협조해 주신 섬광문화사 사장 이 승하 장로님께 감사를 드린다.

1982년 9월 23일

칼빈신학교 연구실에서
역자 이　주　영

저 자 서 문

목회 신학의 임무(The ministry of Pastoral Theology)는 인간들의 요구만큼이나 다양하다.

선한 목자는 자신의 모든 성도들의 생활에 대해서 즉 영적문제, 그리고 육신적, 사회적 문제 등 전반적인 면에 걸쳐 관심을 기울여야 한다.

한권의 책으로서 목사의 특권(privilege) 사역(tasks) 및 책임(responsibility) 등 모든 문제들을 취급할 수 없음은 분명한 일이다.

이러한 주제에 관해 쓰여진 그 많은 책들도 목회사역의 여러 방면들에 대해 궁극적인 교훈과 또한 그러한 문제에 직면해 있는 목사에게 모든 문제를 해결해 줄 수는 없다. 더우기 한권의 책으로는 불가능 할 수밖에 없는 것이다.

이 책은 필자에게 있어서 특별히 중요하다고 생각되었던 목회의 사역 중에서 선별하여 취급한 것이다.

필자의 깊은 관찰 속에서 다방면의 목회 경험에서 연원되었기에 그 중요한 문제들에 대해서 좋은 지침이 될 수 있을 것 같다.

마지막 장을 읽게 될 때에 좀 더 많은 것들이 쓰여졌으면 하는 생각이 들 것이다. 필자 이외의 다른 저자들 또한 이러한 문제를 보완하여 저술하려고 할 것이다.

필자는 이미 목회학의 여러 방면에 대해 저술했던 많은 책의 필자들에게 많은 은혜를 입고 있었다는 사실을 인정하지 않을 수 없다.

그들의 저자들이 필자에 의해 선택되었을 때 각장의 끝부분에 나타난 선별된 도서 목록과 책 속에 부분적으로 나타나는 참고 문헌으로서 정리해 놓았다.

특별히 워싱턴 D.C.의 "First Brethren Church"에 큰 은혜를 입었는데 이 곳에서 15년간 목사로서 봉직했으며 그 곳에서 많은 목회학의 교훈을 얻게 되었던 것이다. 이러한 관련이 맺어지지 못했다면 이 책은 결코 쓰여지지 못했을 것이다. 또한 수년동안 목회학(pastoral)과 실천신학(practical theology)에 대해서 가르칠 수 있도록 배려해 준 그래이스 신학교(Grace Theological Seminary)에도 큰 은혜를 입었다는 사실이다.

목회에 대해 또한 여러 다른 헌신분야를 위해 공부하며 준비하는 진지한 학우들과의 교제 경험은 나의 생애를 풍요롭게 했으며 이 책에 쓰여진 내용들은 그들의 마음 속에 확신을 줄 수 있을 것이라 믿는다.

우리 주 예수 그리스도의 영광스런 사역에 부르심을 입은 이들에게 유익을 끼쳤으면 하는 소망과 기도로써 이 책을 출간한다.

인디애너의 위노나래이크에서

호머. A. 캔트

차 례

서 문/3
역자 서문/5

제 I 편 목회자의 생활

제 1 장 목사의 사생활 ··11
제 2 장 목사의 연구생활 ··32
제 3 장 목사의 독서생활 ··40
제 4 장 목사의 윤리생활 ··63
제 5 장 목사의 아내 ··85

제 II 편 목회자의 사역

제 6 장 주일 아침예배 ··101
제 7 장 주일 저녁예배 ··115
제 8 장 수요일 기도회 ··125
제 9 장 부흥회 ··138
제10장 초청 ··156
제11장 공예배에 있어서의 고백 ······························165
제12장 세례와 성찬 ··175
제13장 결혼식 ··185
제14장 장례식 ··198
제15장 공복(公僕)으로서의 목사 ····························212

제Ⅲ편　행정가로서의 목회자

제16장　위임식 …………………………………………225
제17장　목사와 교회조직 ………………………………236
제18장　목사와 교회재정 ………………………………253
제19장　목사와 주일학교 ………………………………265
제20장　목사와 70인 전도대 …………………………286

제Ⅳ편　목회자의 심방과 상담사역

제21장　목사와 심방………………………………………301
제22장　환자 심방…………………………………………315
제23장　목회 상담…………………………………………326

제 I 편

목회자의 생활

1. 목사의 사생활
2. 목사의 연구생활
3. 목사의 독서생활
4. 목사의 윤리생활
5. 목사의 아내

제 1 장

목사의 사생활(私生活)

목사가 강단과 교회생활에 있어서 유능한 사람이 되려면 그는 자신의 사생활(私生活)에 특별한 주의를 기울여야 한다. 한 사람의 목사로서 그가 감당해야 할 그 중대한 책임과, 그 영향력은 더욱 그러한 주의를 요구하는 것이다. 딤전 4 : 16에서 그 노련한 설교가는 젊은 디모데에게 "네 자신을 삼가라"고 당부하고 있다. 이 구문을 좀 더 문자적으로 풀어 보면 "항상 네 자신을 돌아보라"라고 할 수 있을 것이다. 하나님의 일꾼은 주님이 쓰시기에 적합한 그릇이 되도록 늘 자기 자신을 돌아보아야 하는 것이다.

1. 자신의 경건생활

목사는 자신의 바쁜 책무 속에서 다른 사람들의 영혼을 양육하는데 모든 시간을 바쳐서, 먼저 자신의 영의 양식을 위한 시간이 부족해지지 않도록 세심한 주의를 기울여야 한다. 곧 어떠한 목사든지 먼저 그 자신이 하나님과 친밀한 교제속에 있을 때까지는 다른 사람에게 영적으로 도움을 줄 자격이 없다는 것은 확연한 사실임을 말하는 것이다. 자신의 경건생활을 게을리하는 목사들에게 적용되는 아가서(the song of Solomon)의 슬픈 고백(tragic statement)이 여기 있다. 곧 "그들이 나를 포도원지기로 삼았으나 나의 포도원을 내가 지키지 못하였구나"(1 : 6).의심할 나위 없이 상기한 아가서의 구절이 곧 많은 목사들의 생활에 대한 슬픈 교훈이 아닐 수 없다.

이러한 경건 생활을 유지하는데 있어서 많은 문제들이 관련되어 있는데, 그것은 목사의 교회와 가정의 영역 안에서 과중한 업무에의 시달림과 오랜 시간 동안의 성경준비(Biblical preparation)에 의존하다 보면 먼저 자신의 경건자세에 대해 나태해지기 쉽다는 것이다. 그러나 이것이 그가 마땅히 해야 할 것이라면 그는 시간을 투자해야 한다. 이러한 영적 능력의 보고(寶庫)를 무시한다면 자신의 사역에 있어서의 열정은 식어버릴 것이다.

경건한 성경공부 어떠한 목사들이라도 가르치려고 하고 또한 설교하려고 하는 생각을 떠나서 순전히 자신의 은혜를 위하여 경건하게 성경을 읽는 시간을 매일 매일 할애 해야만 한다. 그것은 하늘의 만나를 먹는다는 것이 하나님의 사람을 경건하게 하며, 늘 그러한 생활을 실천해 나간다면 자신의 매일 매일의 사역에 있어서 성경대로 행해 나가도록 분명히 인도해 줄 것이다. 그러면 그의 입술로부터 나오는 표현은 성경의 어조를 반영하게 될 것임은 분명한 사실이 아닐 수 없다.

모든 목사는 성경묵상을 위한 자신의 계획을 선택해야만 한다. 어떠한 사람들은 해마다 성경을 통독하는 계획을 좋아한다. 해리 아이런싸이드(Harry Ironside) 박사는 자신의 설교와 저술에 결과적으로 하나님의 말씀이 고루고루 파급되도록 그의 계획을 추구해 나갔다. 다른 사람들은 자신의 경건한 생활의 기간 안에서 선택된 성경의 각권을 읽는 계획을 따르는데 구약이든, 신약이든 간에 한편이 소홀히 되었을 때 그로 인해 오랜 시간을 빼앗기지 않도록 구약으로부터 일부를, 또한 신약으로부터 일부를 선택하기도 한다. 그리고 이 이외에도 어떤 사람들은 독자들에게 더 좋은 방법과 계획을 제시할 수도 있을 것이다. 그러나 어떤 방법이든 자신이 영적 열매를 맺지 못하는 상태에 이르지 않도록 선택하고 항상 부단히 실행해 나가야 한다. 읽다가 그치고 다시 읽다가 그치고 하는 간헐적인 독서는 커다란 영적 은혜나 만족을 수반하지 못하는 것이다. 어떠한 특정한 시간에 어떠한 부분의 하나님의 말씀을 읽든지, 그날을 위하여 주시는 하나님의 가르치심의 깊은 뜻을 찾고자 하는 결의를 가지고, 묵상하는 태도로 성경을 읽어나가야 한다. 한 구문을 읽은 후에 스스로 이 성경 구절이 나에게 주는 교훈은 무엇인가? 반문해 보아야 할 것이다. 또한 그는 하나님이 자신의 책(성경)을 통하여 각 개인에게 말씀하시는 바를 깨달아야 한다.[1]

기도 목사는 매일 매일 기도를 위한 규정된 시간을 가져야 한다. 가장 좋은 기도의 시간은 하나님의 말씀을 읽는 시간과 연결 되어지는 시간이다. 기도는 이중적 의미(a two-way experience)로써 감지되어야 한다. 그것은 한 친구와의 대화같은 것이며 두 부류는 대화를 통하여 합일(合一)된다. 하나님은 말씀을 통하여 인간에게 말씀하시는데, 기도는 하나님의 음성을 듣는 것을 벗어나서는 결코 완전할 수가 없다. 우리가 보편적으로 기도에 대하여 생각하는 바는 사람이 하나님께 말하는 것인데 이 두가지 모두가 경건 생활의 향상을 위하여 필수 불가결한 것이 아닐 수 없다. 목사는 반드시 기도 제목을 가지고 있어야 한다. 또한 분명한 목적을 가지고 기도해야 한다. 너무 많은 난잡한 기도 제목들은 그 목적이 불분명해지기 쉽다. 하나님은 그의 사역자들이 그들의 마음 속에 어떤 확실한 고통의 멍에나, 어떤 목적이 명확한 간구를 가지고 자신에게 나아올때 기뻐하시는 것이다.

소수의 목사들은 도고의 사역을 그들이 그저 당연히 해야 할 것으로서 감당해 나가고 있는데 그럴때는 미흡한 결실을 가져오기 마련이다. 사도 바울은 그의 서신에서 젊은 목회자 디모데에게 "그러므로 내가 첫째로 권하노니 모든 사람을 위하여 간구와 기도가 도고와 감사를 하되

---
1) 많은 책들이 성경연구에 대한 경건한 방법을 제시하고 있다. 예를 들면, 페리(Lloyd M. Perry)와 하워드(W. Howard)의 "당신의 성경을 어떻게 연구할 것인가" 스미스(Wilbur M. Smith)의 "가장 적합한 성경연구" 그리고 보스(M.F. Vos)의 "효과적인 성경연구"를 보라.

임금들과 높은 지위에 있는 모든 사람을 위하여 하라. 이는 우리가 모든 경건과 단정한 중에 고요하고 평안한 생활을 하려 함이니라, 이것이 우리 구주 하나님 앞에 선하고 받으실 만한 것이니라"(딤전 2:1-3)고 말했다. 그러므로 하나님은 그의 종들의 생활 속에서 기도생활 중에 특별한 영역을 부여하셨다. 그의 사역자들이 기도의 사람이 되기를 원하고 계시는 것이다.

예배 목사는 교회에서의 공예배에 있어서 성도들과 함께 예배에 임할 줄 알아야 한다. 그는 주일 강단에 섰을 때, 잘 예비하여 그가 성도들에게 행하도록 원하는 것처럼 그 자신도 예배에 참여해야 한다. 어떤 목사들은 자신의 책무를 단지 다른 사람의 예배를 인도하는 것으로만 이해하고 있다. 그것은 잘못된 사고방식이며, 자칫 피상적인 흐름에 빠지기 쉽고 일종의 행위로써 인식되기가 쉽다. 목사는 그 자신의 은혜를 위해서 전심을 기울여 예배에 참여하는 자세를 배워나가야 한다. 그렇게 함으로써 그는 그 자신에게 유익을 끼치며 나아가 말과 행실과 사랑과 믿음과 정절에 대하여 믿는 자에게 본이 되는 것이다(딤전 4:2). 교인들은 목사가 사람들에게 권고하는 그대로 진지한 마음으로 하나님의 임재하심을 깨닫고 참여하는지, 아니면 단순한 행위에 그치는지, 목사의 공예배 인도하는 심정을 즉시 깨닫게 된다.

신앙서적에 대한 독서 목사는 그의 마음을 따뜻하고 경건한 열정 속에 타오르게 하기 위하여 항상 경건한 신앙서적들과 글을 읽어야 한다. 그는 하나님과 동행하는 다른 사람들과 늘 접촉하여 그들의 경험으로부터 항시 유익한 것을 습득해야 한다. 하나님의 사람은 그들의 그러한 작품을 읽음으로 그의 생활과 그의 사역을 풍요롭게 할 수 있다.

예를 들면 「맥케인의 추억」(Memoris of Mccheyne), 존 번연(John Bunyan)의 「천로역정」(Pilgrim's Progress) 바운즈(E.M. Bounds)의 「설교자와 기도」(The preacher and prayer), 또한 고든(S.D. Gorden)의 「고요한 대화」(Quiet talks) 씨리즈 등등이다. 리빙스턴(David Livingstone), 테일러(J. Hudson Taylor), 페이튼(John G. Paton) 그리고 고 폴스(Jonathan Goforth) 등과 같은 위대한 선교사들의 전기를 읽는 것 보다 더 마음에 은혜를 끼치는 것이 무엇이겠는가? 이러한 작품들에 대한 독서는 확실히 설교자의 마음을 뜨겁게 하고, 열정을 북돋으며, 그의 사역을 효과있게 만들 훌륭한 예화의 자료들을 제공해 주는 것이다.[2]

스펄전(Charles Spurgeon)은 천로역정을 일백번씩이나 읽었다고 했으며 메튜 헨리(Matthew Henry)의 성경주석과 같은 많은 신앙서적들을 항상 읽었다고 한다. 의심할 바 없이 이러한 사실들이 그를 마음이 불타는 열정적인 설교가로 높은 단계에 까지 이끌어 올렸던 것이다. 그러한 독서는 목사가 설교시에 영적으로 지루하고 둔해지는 것으로부터 지켜 보호해 준다.

영적 훈련장에의 참석 목사는 성경 연구회나 기도원 등에 참여하는 것이 매우 유익하다. 그것은 목사의 심령에 새로운 활력소를 주며 타성에 젖어드는 것으로부터 보호해 준다. 각 교회는 목사에게 그의 영혼을 살찌울 회합에, 또는 다른 사람들이 하나님의 사역을 어떻게 감당해 나가는지에 대해 배울 수 있는 모임에 참석하는 데에 협조해 주어야 한다. 모든 것이 형평의 원칙(衡平原則)에 따라 성도들에게 은혜를 끼칠 수 있는 새로운 열정과, 새로운 이념과 자료 등을 그곳으로부터 얻게 될 것이다. 그러면 그러한 회합에 목사가 참여함으로 교회와 목사 쌍방이 큰 유익을 얻게 될 것이다.

요약하면 "하나님의 사람은 경건에 이르기를 연습하라"(딤전 4:7)고 한 디모데에 대한 바울의 교훈을 우리는 기억해야 한다. 그가 이러한 경건한 특성(성질)에 완숙하려면 그는 부단히 그 문제에 주의를 기울여야 한다.

---

2) 부가적인 제목을 위해서는 제 3 장의 항목을 보라.

2. 목사의 건강

목사는 또한 자신의 건강(physical welfare)에 대해서는 주의를 기울여야 한다. 바쁜 목회생활을 하는 목사보다 더욱 건강한 몸이 필요한 사람이 누구겠는가? 육체적으로 좋은 건강 상태는 그의 정신적, 영적 상태에 많은 영향을 끼친다. 모든 기독교인들도 그렇지만, 특히 목사는 "그의 몸이 성령의 전인 것"과 따라서 적절히 보호해야 한다는 말씀(고전 6 : 15—20)을 기억해야 한다. 목사의 몸은 그 자신의 것이 아니라 하나님께 속한 것이다. 그러므로 그는 마치 하나님의 일을 다루듯이 자신의 몸을 잘 간수해야 한다.

이러한 문제와 관련해서 목사가 깊은 주의를 기울여야 할 몇가지 사항이 있다.

충분한 수면 그는 밤에 충분한 휴식을 가져야 한다. 모든 사람에게 꼭같은 수면이 요구되는 것은 아니다. 그러나 목사가 매일매일 최선을 다하면서 그의 사역을 감당해 나가려면 대부분 7—8시간의 수면이 필요하다. 라일리(W.B. Riley) 박사가 "이상적 목회자"로서 언급했던 커일러(Theodore L. Cuyler) 박사는 이점에 대하여 흥미있는 의견을 제시하고 있다. "당신이 주일에 그 회중들을 일깨우려면, 가능한한 밤새도록 충분한 수면을 취해야 한다. 아일랜드 사람들의 평안한 수면에 대한 규칙은 '주의를 기울인다'는 것이다. 가장 오래살고, 가장 효과적으로 일을 해내는 사람은 일반적으로 평안한 수면을 취하는 사람들이다. 반면에 밤에 충분한 휴식을 취하지 못했을 때는 낮에 그 수면을 보충해야 한다. 목사만큼이나 많이 그의 지각과 머리를 쓰는데에 긴장을 하는 사람은 그의 침실에 들 때에, 그는 밖에서 일어난 일에 대해서는 철저하게 모두를 잊어버리는 습관이 들도록 해야 한다. 만일 이러한 일에 어떤 어려움을 느끼게 된다면 그는 마땅히 하나님께 그것을 실행하도록 도와 달라고 기도해야 한다. 대부분의 목사들이 11시 혹은 12시에 이르도록 그의 설교에 대해 애쓰다가 그 격정에 휩싸이어 잠을 못이루게 된다. 한 밤까지의 노고를 해내는 사람은 끝없는 악몽의 고난처에 들게 된다. 내 자신의 규칙은 결코 등불을 켜서 설교준비를 하는 법이 없다. 아침시간의 한 시간이 밤 시간의 5시간보다 더욱 가치가 있는 것이다."3)

휴식 목사는 일주간 동안에 휴식을 위한 시간을 가져야 한다. 이러한 많은 신경이 쓰이는 나날 속에서 대부분의 목사들은 정규적으로 매주간에 완전한 하루를 취하기에 매우 어려움을 느낀다. 확실히 그들은 다른 사람들처럼 주말의 휴식을 가질 수가 없다. 이 시간은 그의 노고가 절정에 이르는 때이기 때문이다. 저자의 경험과 관찰에 의하면 매주간에 목사가 반나절의 휴식시간을 배분하는 것이 가장 좋은 것 같다. 어떤 사람은 이에 대해 만족할만한 시간을 토요일 오후라고 한다. 주일에 대한 완전한 준비와 맡기어진 주일의 힘든 책무에 앞서 약간의 활기를 찾는데에 대한 필요성과 함께 토요일 오후는 대단한 도움을 준다. 또한 주일의 책무로부터 피곤해졌기 때문에 월요일의 반나절의 휴식은 목사에게 있어서 대단히 유익하다.

어떤이들은 그 당시에 일어난 그 긴장을 풀기 위하여 그 주의 중간에 휴식시간을 갖고자 하는데 목사는 그 자신에게 가장 만족할만한 계획을 세우고 그것을 지켜 나가는데 최선을 경주해야만 한다. 이러한 하나님의 섭리에 의해서 우리가 구약의 안식일법(Law of the Old Testament Sabbath) 아래 사는 것은 아니지만, 그것을 고수해 나가려면 목사에게 유익을 주는 회복과 휴식을 위해서 일곱날 중 하루를 할애한다는 원리가 되는 것이다. 피곤한 심신은 목사의 능률을 급격히 감퇴시켜 버린다. 그것은 그리스도를 위한 활기찬 증거자가 되는 것을 방해 할 수 있

---

3) Theodore C. Cuyer, *How to be a Paster* (New York. The Baker and Tayler Co., 1980) pp.56—57.

으며, 우둔한 결정을 내리도록 유도 할 수가 있다. 신실한 목사는 그의 설교와 교회 관리의 임무를 수행하는데 막대한 힘을 투입하며, 그 주간에 휴식의 시간을 가질 권리가 있는 것이다. 그는 그것에 대해 자신과 가정과 교회에 대해 빚지고 있는 것이며, 그러한 시간을 가지기 때문에 그는 더욱 훌륭한 목사가 될 수 있게 될 것이다.

휴가 충분한 휴식에 먼저 연결 되어지는 것이 목사의 휴가다. 모든 목사는 그 해 동안에 얼마 간의 휴가를 가져야만 한다. 그는 최소한 일 년에 한번 정도는 환경의 변화(change of scenary)를 가질 필요가 있다. 하나님의 사람이 신선함을 유지하는데 이 계획이 큰 도움을 준다는 생각을 하면서 그들에게 할애된 휴가시간을 두 기간으로 나누기를 원하기도 한다. 어떤 교회들은 목사에게 그러한 시간을 주는 것이 자신들에게 유익을 준다는 것을 깨달아 여름 휴가에 덧붙여서 성탄절의 과도한 활동 이후에 한 주간 혹은 그 이상의 시간을 배려해 준다. 그러나 그 계획은 어떠하든지, 바른 휴가는 목사의 몸과 마음과 영혼에 유익을 가져다 줄 것이다. 그는 새로운 의욕으로 자신의 임무를 수행해 나갈 것이다. 그는 더욱 좋은 목사가 될 것이고, 그러므로 성도들은 더욱 그를 사랑하게 될 것이다.

그 휴가기간에, 그 해의 나머지 기간의 정규적으로 반복되는 임무와는 다른 어떤 일을 하도록 해야 한다. 그는 그가 하기를 원했던 어떤 일을 해야 할 것이다. 그는 새로운 풍경을 접해보고, 새로운 사람들을 만나보고 새로운 경험을 겪어보아야 한다. 물론 목사의 가정의 바램도 그 휴가계획 속에 고려되어야 한다.

모든 목사들을 위한 적당한 휴가기간에 대해 만족할 만하게 윤곽을 짓는다는 것은 불가능한 일이다. 우리의 취향은 크게 서로 다르다. 어떤 목사에게 큰 관심을 끄는 것이 다른 사람에게는 싫증나는 일일 수도 있다. 가정도 역시 그 바램과 규모가 다르다. 어떤 사람은 다른 사람보다 많은 수입을 가질 수도 있다. 그 시간도 교회에 따라 여러 분류로 할당되어진다. 따라서 목사는 자신과 가정에 대해 가장 적당하고 유익한 휴가를 보낼 수 있도록 궁구해 나가는 지혜가 필요하다. 반드시 휴가를 가져라. 어디서든지 그 휴가를 설교하는데 소비하지 말라.

운동 목사는 스스로 적당한 종류의 운동을 해야 한다. 그것이 없다면 그는 자신의 사역에 최선을 다하는 문제에 부적당하고 나태해지기 쉽다. 목사가 의기소침해지고 또한 지루함을 느끼는 그 많은 순간에, 그가 그의 일을 떠나서 산보를 하거나 다른 종류의 육체 운동을 한다면 그는 새로운 마음자세를 갖게 될 것이다.

어떤이들은 바울이 "육체의 연습은 약간의 유익이 있다"(딤전 4 : 8)라고 디모데에게 한 말 때문에 그러한 일의 가치를 경시한다. 그러나 올바르게 이해해 보면 이 말은 육체운동에 대해 논박하고 있는 것이 아니다. 전체 구절을 잘 연구해 보면 그 사실을 명백히 해주는 바 곧 바울은 영원한 것과 일시적인 것에 대해서 대조시키고 있는 것이다. 그들을 영화롭게 하는 경건이 영원한 것에 비하여, 단지 육체에 대한 연습이 "약간의 유익이요", "잠시동안"이라는 것은 분명한 사실이다. 그러나 우리가 육신 가운데 있을 때 육체의 연습은 그것이 건강을 가져다 주기에 유익한 일이라는 것도 또한 사실이다. 또한 그것이 이 세상을 살아가는데 필요하다면, 몸을 잘 보호한다는 것도 중요한 일이다.

목사가 하는 운동의 종류는 그의 나이와 바램에 따라 달라진다. 가능하다면 그 운동이 기쁨을 주는 것이어야 하며, 그것이 유익을 준다면 그의 나이에 걸맞는 것이 좋다. 어떤이들은 골프나 낚시같은 스포츠를 좋아하여, 어떤 이들은 집이나 정원에서 일하는 것을, 또한 살고 있는 곳을 즐거운 곳이 되도록 정돈하는 것을 그들의 운동으로 알고 만족해 한다. 또한 어떤이들은 산보하기를 좋아한다. 또한 어떤이들은 그 지역 Y.M.C.A의 시설을 이용하기도 하는데 때때로 그곳은 목사들에게 무료로 혹은 할인해서 그 시설을 제공하기도 한다.

사십 혹은 그 이상이 된 목사는 힘드는 운동을 삼가야 한다. 내가 아는 어떤 목사는 강건하게 느껴왔으며 그래서 고등학교 연령의 그의 아들들과 운동을 할 때 뒤지지 않는다고 생각하여 운동장을 돌다가 죽음에 이르렀다.

만약에 목사가 골프와 같은 그런 종류의 운동을 한다면, 그는 그러한 일에 과다한 시간을 뺏기지 않도록 조심해야 할 필요가 있다. 그런 종류의 일에 과다한 오후 시간을 빼앗긴다면, 목사로서의 운동의 유용성을 저해 할 수도 있다. 당신의 형편을 생각하고 당신에게 가장 유익한 운동의 어떤 종류를 선택해야 한다.

적절한 식사 습관 목사는 적절한 식사를 해야 한다. 절제의 덕이 필요한 부분중의 하나이다(갈 5:22—23). 오늘날 유용한 모든 지식과 더불어 목사가 조화있는 규정식을 하는 것에 대해 무지해야 할 이유는 하나도 없다. 적절한 식사는 그가 어려운 임무를 육신적으로 잘 감당해 나가는데 큰 도움을 준다. 예를 들자면, 초과중량은 그를 나태하게 하고 그의 사역을 잘 감당해 가는데 해를 끼치는 육체의 암적 요소가 된다. 만약에 목사가 냉장고 속의 음식에 대해서 자신을 조절할 수 없다면, 어떻게 그가 일관성있게 술군들을 비판할 수가 있겠는가? 이러한 일에 대해서는 그는 아내의 도움을 받아야 하며, 그 앞에 직면하고 있는 많은 유혹에도 불구하고 적절한 음식을 들어야 한다.

건강진단 마지막으로 목사는 매년 철저한 건강 검진을 받아야 한다. 이것은 35세 이후에 특히 중요한 것이다. 이러한 정기적인 검진에 의해서 쉽게 고쳐질 수 있도록, 초기에 질병과 비정상적 기능을 발견하므로 심각한 곤경을 극복할 수가 있는 것이다.

3. 목사의 가정

성경은 감독 혹은 목사에 대해 말하기를 "자기집을 잘 다스려 자녀들로 모든 단정함으로 복종케 하고(사람이 자기집을 다스릴 줄 모르면 어쩌 하나님의 교회를 돌아보리요)"(딤전 3:4—5)라고 하고 있다.

목사의 가정은 —그것을 parsonage, manse, rectory(목사관), 무어라 부르든지— 그것은 공동체 속의 특정한 가정이다. 모든 사람들은 목사가 사는 곳에 대해 알고 있으며 그들은 목사 자신이 강단에서 전한 메세지에 따라서 순응하며 사는 생활을 바라고 있다. 이러한 문제에 일치가 이루어지지 않을 때 교회의 영적 성장에 악영향을 미친다.

목사의 자녀들은 교회의 안팎에서 합당하게 생활하여 목사의 자랑거리여야 한다. 어떤 목사의 사역은 이러한 사실의 미비로 인하여 그의 영향력이 감퇴되기도 한다. 그러나 이것이 반드시 그렇다는 것은 아니다. 대체로 목사의 자녀들은 목사와 사모의 자랑거리이어야 한다. 그 자녀들이 목사의 사역에 대해 비난을 하지 않도록 자신의 가정 생활을 잘 이끌어 나가도록 깊은 관심을 기울이는 것도 목사의 책무인 것이다. 목사의 가정은 그가 그의 교우들의 가정에서 보고자 하는바를 최소한 부분적으로 반영하고 있어야 하는 것이다.

가정을 위한 시간 목사의 가정도 마땅히 존재해야만 하는 것이라면, 목사는 그의 가정을 위한 시간을 가져야 한다. 그는 이 모든 책임을 아내에게만 전가하고 떠맡겨서는 안된다. 그는 가장으로서 가정을 올바른 길로 인도할 분명한 책임이 있는 것이다. 목사는 교회의 일에 너무 바빠서 그의 가정에 있어서 하숙생이 되거나 자녀들에게 손님과 같이 되어서는 안된다. 또한 목사는 가정에 너무 많은 시간을 빼앗겨서도 안된다. 어떤 목사들은 집안일에 너무 많은 시간을 허비하여, 목사의 사역을 해나가는데 거의 시간이 없어 쩔쩔매기도 한다. 목사는 사모가 그 일을 해나가는데 충분한 능력이 있다고 하여 완전하게 그 일을 해 나가리라고 기대해서는 안된다.

목사의 가정생활의 특징 목사의 가정생활을 분명히 나타내 주는 몇가지 특징들이 있다.

그들중의 하나는 사욕이 없다는 것이다(unselfishness). 그가 가정에서 이기적이고, 심술궂은 면이 있다면, 그는 분명히 주님의 성품을 나타내는 것과는 거리가 먼 사람일 것이다. 기독교인의 덕행에 대한 그의 설교가 잘 받아들여지려면, 그는 그것을 가정에서 실행해 나가야 한다.

밝고 즐거운(cheerful) 특징이 또한 목사의 가정에 충만해야 한다. 목사가 조심하지 않으면, 그는 그의 가정에 어두운 그림자를 던져야 하는 부담을 주기 쉽다. 이것을 결코 잊어서는 안된다. 목사의 가정은 기독교인의 기쁨이 빛나는 행복한 곳이어야 한다. 이런 관점에서 볼때 목사의 가정은 지역사회와 교회에 대해 모범이 되어야 한다. 많은 선교지도자들이 그 원주민들에게 기독교인의 가정생활이 어떻게 행해져야 하는지를 가르치기 위하여 외국땅에서 선교사 가정들을 좀 더 옹호하는 것이다. 이러한 점에서 목사의 가정은 고국에 있어서 모본이 되어야 하는데 다른 사람들이 와서 기쁨을 느끼며, 실제로 하나님의 임재하심을 느끼는 그러한 곳이어야 한다.

목사의 가정에 있어서의 또 다른 특징은 헌신(devotion)의 생활이다. 가정제단은 집안 식구들에게 절대로 필요하다. 가정은 항상 영적 분위기가 충만해야 한다. 시냇물은 결코 그 근원보다 높은 곳으로는 흐르지 않는다. 따뜻한 헌신의 생활이 목사의 가정에서 실현되지 않는다면 교우들의 가정에서 이러한 기풍이 어떻게 높이 고무되어 일어날 것을 기대할 수 있겠는가?

다음으로 환대(hospitality)의 은혜가 또한 목사의 가정을 특징지워준다. 목회서신 속에서 바울은 목사에게 있어서 주요한 것으로서 이 은혜에 대하여 두번씩이나 언급하고 있다. 딤전 3:2에서 감독(목사)은 다른것 중에서 "대접하며"를 반드시 해야 하는 것으로 바울은 언급하고 있다. 또한 디도서 1:8에서 바울은 감독(목사)을 "즐겨 대접하는자"이어야 하는 것으로 말하고 있다. 그는 그것을 그의 마땅한 일로서 실행할 뿐 아니라 그는 그것을 행함에 있어서 사랑하는 마음으로 해야 할 것이다. 반겨하는 좌석이 진실한 목사의 가정에는 항시 마련되어 있어야 한다. 때때로 그 빈번한 방문객들이 가족의 생활을 방해하지만, 그러나 환대의 은혜가 그 불편한 점보다 더 우대되어야 한다. 결국 목사와 그의 아내는 그들의 가정이 환대하는 곳이요, 그러므로 할 수 있는 대로 정성을 기울여야 하는 것이 하나님의 뜻이라는 사실을 깊이 느껴야 한다.

목사의 가정을 그리스도인의 덕이 아름답게 표사되는 그러한 곳으로 만들자. 영국 감독 후퍼의 가정에 대해 사람들이 말하기를 "그곳은 어느 구석이든지 미덕과 선한 모범의 냄새가 풍기며 진실한 대화, 경건한 성경공부가 반영되어 있다고 했다.[4]

4. 목사의 개인적 용모

하나님의 사람은 그의 개인적 용모에 대해서 항상 깨끗하고 단정하도록 주의를 기울여야 한다. 주 예수 그리스도의 대리자가 공적 직무에 있어서 그렇지 않다는 것은 상상 할 수도 없는 일인 것이다. 블랙우드(Andrew. W. Blackwood)는 목사의 생활 모습에 대하여 다음과 같이 말하고 있다. "하나님의 종은 의상과 용모에 있어서 모두 마치 제복을 입는 사람처럼 단정하고 깨끗해야 한다. 집에서도 목사는 스스로의 규율성에 있어서 마치 그의 상관인 대위나 대령의 눈총을 의식하는 중위처럼 항상 조심해야 한다. 확실히 우리 주님은 나라가 육군이나 해군 지휘관들에게 요구하는 것 못지 않게 그의 지역 대리자를 기대하고 계신 것이다.[5]

목사의 옷은 깨끗해야 한다. 특별히 아마포 제품의 옷들에 유의해야 한다. 목사가 공석에서, 사용하던 혹은 꾸겨진 손수건을 꺼내서 사용한

---

4) James M. Hoppin, *Pastoral theology* (New York and London: Funk & Wagnalls Company, 1901) p. 193.
5) Andrew W. Blackwood, *Pastoral work* (Philadelphia: The Welfminister Press, 1945) p. 23.

다는 것은 거의 용납할 수 없는 일이다. 그는 그의 셔츠를 너무 길게 해서는 안되며 또한 그것은 사모가 잘 다림질한 것임이 나타나야 한다. 셔츠를 잘 다림질 한다는 것은 어떤 여인이든지 다 잘하는게 아닌 일종의 기술일 것이다. 그러나 그것은 습득할 수가 있다. 벽타이는 목사가 착용하는 유일한 장식품이기에 그는 또한 그것에 흠이 없도록 해야 한다.

목사는 그의 웃옷이 잘 다려져 있는지 늘 관심을 기울일 필요가 있다. 자루같이 불룩한 바지는 목사에게 비난거리는 아니다. 그는 멋진 옷을 입을 필요는 없으나 그가 착용하는 옷들은 잘 다려져 있어야 하며 깨끗하고, 그리고 잘 손질되어 있어야 한다. 그의 옷은 화려할 필요는 없으나 호감을 주어야 한다. 왜냐하면 많은 사람들이 그를 지켜보기 때문이다. 특히 목사가 강단에 설 때에 자신에게 주의를 끌도록 옷을 입어서는 안 된다. 소수의 목사들은 너무 화려하게 옷을 입어서 청중들이 그가 선포하는 메세지에 집중하는데 오히려 어려움을 느끼게 할 수도 있기 때문이다.

목사는 그의 구두도 잘 닦아야 한다. 강대상에서 먼지 앉거나 흙묻은 또는 더러운 신발은 무엇보다도 먼저 목사의 단정치 못함을 나타내는 것이다. 거실에서도 마찬가지이다. 목사들의 일반적인 단장은 그들의 구두를 봄으로써 간파할 수 있다.

목사의 마음도 깨끗해야 하지만 그의 손도 역시 깨끗해야 하며 그의 손톱도 항상 깨끗하게 다듬어야 한다. 깨끗이 씻는 것과 잘 다듬는 일이 공공연히 행해져서는 안된다. 목사는 이러한 면에 허물이 나타나지 않도록 해야 하는데 이것은 일종의 예절인 것이다.

목사가 그의 치아를 청결케 하는 데에도 깊은 주의를 하여야 한다는 것은 두말 할 나위 없다. 이러한 문제에 대한 게으름은 흉하며 또한 불쾌한 입냄새를 풍긴다는 것은 여러가지로 섭섭한 일이다. 또한 목사가 안경을 쓴다면, 그것 또한 규칙적으로 깨끗이 닦아야 한다. 그것은 자신의 눈을 위하여서도 좋을 뿐더러, 그는 그러한 일로 해서 목사의 부주의함을 금방 간파하는 사람들이 있다는 것을 알아야 한다. 목사의 용모에 대한 부주의로 인해서 교회가 목사에 대하여 부끄러움을 느낀다는 것은 매우 애석한 일이다.

목사는 그의 머리에 대해서도 조심스러운 관심을 기울여야 한다. 항시 깨끗하게 다듬고 빗질해야 하며, 비듬이 떨어지지 않도록 관심을 기울여야 한다. 코―트 칼라 위에나 옷깃에 비듬과 머리카락이 지저분하게 떨어진 것을 보게 된다는 것은 불쾌한 일이 아닐 수 없다. 또한 그가 공석에 설때에 하루 두번 면도하게 될지라도 깨끗이 면도한 것이 나타나야 하는데 이 때에 목사가 고급 향수 로숀을 과대하게 사용하는 것은 좋은 일이 될 수 없다. 그것은 어떤 이들에게 오히려 불쾌감을 주는데 특히 병환중에 있는 이들에게는 더욱 그러한 것이다.

항시 깨끗하고 청결한 모습을 지니는 좋은 방법은 자주 목욕하는 일이다. 이것은 모든 목사에게 꼭 필요하다. 청결은 경건에 이르게 한다는 말은 의미있는 말이다.

끝으로 목사는 항상 자신이 예수 그리스도의 대리자임을 기억하고 있어야 한다. 우리는 주님이 깨끗치 못하고 용모에 있어서 지저분 하다는 것을 상상할 수도 없다. 결코 그렇지 않다. 주님은 모두에게 사랑스러운 분이셨다. 그러므로 그의 대리자는 호의를 갖는 개인적 용모를 유지하도록 세심한 주의를 기울여야 한다.

5. 그의 사회 생활

목사는 사람들 중에서 생활하므로 그는 항상 크리스챤 신사로서 행동해야 한다. 그는 모든일에 있어서 나쁜 습관을 버리고 다른 사람들에게 진실한 존경심을 갖도록 그러한 느낌과 풍모를 가져야 한다. 헤위트 (Arthur Wentworth Hewitt)는 이러함에 대하여 금해야할 것을 분명히 언급하고 있다. "무엇에 다 아는듯이 단정지으면서 다른사람에게 반대할 때, 어떤 대화나 프로그램에서 독점적으로 진행해 나갈 때, 자신에 대해 불필요하게 또는 부단히 이야기 할 때, 다른사람이 이야기 하고 있을때 지루하거나 참을 수 없는 것처럼 보일때, 그는 신사로서 행하는 것과는 아주 거리가 멀어져 있는 것이다."[6) 목사의 사회적 교제에 있어서 올바른 행동을 하도록 뜻깊은 생각을 하게끔하는 많은 고려사항을 살펴보자.

바른 예절 먼저 그는 일반적인 예절규범에 대하여 잘 준수해야한다. 예를들면 여성이나 웃어른이 방에 들어오실 때는 즉시 일어나야 한다. 그리고 그 분이 자리에 앉으실 때까지 서 있어야 한다. 또한 여성과 함께 식사 할 때에는 그 여자가 식탁의자에 앉도록 도와주어야 한다. 식탁에 앉은 후에 자신의 식탁용 은제품을 닦아 내기 위해 그의 내프킨을 사용하는 것을 금해야 한다. 이것은 여주인을 모욕하는 제일급에 속하는 행위이다. 목사는 그의 턱밑으로 그의 내프킨을 접어 넣어서는 안돼며, 식탁위에 팔꿈치를 올려 놓는다는 것은 분명한 금기 사항이다. 또한 식사가 끝난 후에, 그는 거실에서 이쑤시개를 사용하는 것이 눈에 띄어서는 안된다.

모든 목사들이 잠시라도 「Emily post」나 그와 비슷한 글들을 읽는다면 매우 유익할 것이다. 사람들은 목사가 예절에 있어서 어긋남이 없을 때 쉽게 존경을 하게 된다. 이것은 특히 목사가 교양인(cultured people)들 중에 행할 때에 더욱 그러한 것이다.

예의바른 교제 목사는 다른 사람들과의 교제에 있어서 예의 바른 태도를 지녀야 한다. 공손함은 사람을 끄는 특징중 하나이며, 목사가 직면하게 될지도 모를 거부반응을 깨뜨리게 한다. 심지어 그를 적대시하는 사람들과의 교제에 있어서도 목사는 예의를 잘 지켜 나가야 한다.

---

6) Arthur W. Hewitt, *Highland Shepherds*(New York: Harper of Brother Publishers, 1939) p. 201.

목사가 예의를 잃게 된다면 그것은 곧 소문이 나며 그의 증거는 설득력을 잃게 된다. 사도 바울은 예의를 지켜 나감에 대해서 친히 모범을 보였는데, 심지어 그를 구금하는자, 벨릭스(Felix), 베스도(Festus), 그리고 아그립바(Agrippa) 왕 같은 이들 앞에서도 그러했다. 바울이 그를 미쳤다고 비난하는 로마총독 베스도에게 말한 것을 들어보자. 그는 "내가 미친것이 아니요 참되고 정신있는 말을 한다"고 했다. 그가 옥중에 있는동안 바울은 다른 지배자들과의 교제에 있어서도, 그는 이와같이 품위있고 예절 바르게 처신했다.

그러나 바울의 본을 따르지 않는 목사들도 있다. 그들은 사람들이 자신의 의견에 따르지 않거나, 자신의 시간을 빼앗을 때에 쉽게 화를 내곤 한다. 그는 세일즈맨이나 보험권유자 등의 그와 같은 부류의 사람들과 퉁명스런 대화를 나누며 자신의 노여운 기분을 무심코 드러낸다. 전화의 교환수가 틀린 번호를 알려주게 된다면 그는 참지 못하여 쉽게 예의를 잃는다. 이런 일들을 결코 해서는 안되는 것이다. 목사가 항상 예의있게 품위를 지켜나간다면 더욱 풍성하게 그리고 그렇게 환영을 받게 될 것이고 그의 영적 생활이 더욱 풍성해 질 것이며, 또한 교회에서는 부드러운 관계를 지속하게 될 것이며 사회에 대해서도 더욱 능력 있는 증거를 하게 될 것이다.

인정이 넘치는 마음 목사는 항상 인정이 넘치는 마음을 지녀야 한다. 예수님은 그 때에 무리를 행하여 연민의 정을 항상 가지고 계셨다. 왜냐하면 그는 그들을 목자없는 양같이 그들을 지켜 보았기 때문이다. 주님은 그들의 죄와 슬픔에 대해서 알고 계셨다. 목사가 모든 사람들의 비통함과 슬픔과 죄악에 대해 알게 되었을 때 그들이 어떠한 사람이든지 그는 주님과 같은 마음을 가져야 할 것이다.

죠웨트(Jowett)는 "우리에게 애통하는 마음이 그치면, 축복도 그쳐질 것이다"라고 말했다. 세상은 긍휼을 원한다. 하나님의 사람에 있어서 이 긍휼의 마음은 이 어려운 세대에 있어서 하늘의 축복인 것이다.

근엄한 자세 목사는 부당하게 경솔해서는 안되며 목사가 어릿광대로서 불려져서는 안된다. 일부의 목사는 스스로 쓸데없는 농담을 일삼기 때문에 어떠한 사람은 그를 진지한 사람으로 생각하지 않는데 이것은 비극이다. 그러한 목사들에게 곤고의 짐을 진 사람들이 찾아오기를 주저하는데, 이는 그들과 그들의 곤고함을 경솔하게 다룰까봐 두려워하기 때문이다.

목사가 주님에 대한 기쁨에 충만해서, 유쾌하고 명랑한 것은 필요하고 좋은 일이다. 그러나 바울사도가 엡 5:4에서 금한 "어리석은 말"이나 "희롱의 말"과 같은 것을 행한다는 것은 옳지않다. "어리석은 …"이란 말은 "저능자"(moron)란 단어에서부터 온 것이다. 크리스챤이나 특히 목사는 저능자의 어투를 흉내내는 죄를 범해서는 안된다. "희롱하는 말"이란 것은 단순히 웃기기 위한 것이나 그것이 불건전한 것일때 그 좋지않은 농담을 포함해서, 저속한 대화의 모든 것을 함축하고 있다. 사람들은 천박하거나 경솔하지 않은 진지한 목사에게서 감동을 받는다는 것을 알아야 한다.

잘 듣는(경청하는) 습관 목사는 좋은 청취자여야 할 필요가 있다. 곤고한 사람들이 그들의 고통에 대해서 누구에게인가 말 할 수 있다면 크게 도움을 얻게된다. 목사가 할 수 있는 가장 좋은 일은 마음 상하고 당황해 있는 사람들의 이야기를 동정하여 끈기있게 경청하는 것이다. 달라스의 훌륭한 침례교 설교가인 작고한 트루트(George W. Truett)박사는 그의 서재실에 "근심의 의자"(the trouble chair)라고 부르는 의자를 가지고 있다고 말했다. 각종의 직업을 가진 사람들이 그에게 그들 자신들의 짐을 벗기 위해 그곳에 앉는다. 그는 그저 듣는 것이다.

어떤 설교자는 그들이 이야기한 모든 것을 행해야 한다고 생각하는 실수를 저지른다. 이른 바 욥의 위로자(job's so called comporters)는 아마도 그들이 침묵을 지켰을 때 가장 좋은 도움을 주었을 것이다. 목사가 상담에 있어서 실제로 유용한 도움을 주려면, 그는 그에게 찾아온 사람들이 어떠한 마음을 가지고 있는지 들을 필요가 있다. 카네기(Dale Carnegie)는 당신과 같은 사람들에게 적절한 여섯가지 규칙을 제시하는데 그 중의 하나는 "훌륭한 청취자가 되라"는 것이다.

모범적인 재정관리 목사는 자신의 수입의 한도내에서 생계를 꾸려나가야 한다. 사람들은 그 어느것 보다도 목사를 망치게 하는 두가지 문제는 빚과 여자라고 말하고 있다. 목사는 지출을 수입한도 내로 억제해야 한다. 어떤 목사에게 있어서는 교회의 사례가 있어야 할 만큼 관대하지 않기 때문에 대단히 검약한 생활을 해야한다는 것을 뜻한다. 물론 어떠한 교회는 적절한 사례비를 지불할 능력이 없다. 그래서 목사가 교회밖의 직업을 가짐으로 그의 수입을 더하지 않을 수 없게 되는 경우도 있다. 그러나 어떠한 생활일지라도, 재정문제에 있어서 자신의 방종함으로 인해서 추문이 일어나서는 안된다.

약속시간의 엄수 목사는 약속시간을 지킴에 있어서 엄격해야 한다. 이 점에 있어서 약속을 하시고 그것을 반드시 지키시는 주님을 따라야 한다. 우리 주님은 미래에 대하여 몇가지 약속을 하셨고 주님은 그 모든것을 지키실 것이다. 주님께 속해있는 목자는 교회 안팎에서 이러한 일에 있어서 책임을 지니고 있다. 교회에 있어서 자신의 약속을 지키는데 해이한 목사는 실패할 것이다. 그는 교회의 모든 예배를 시작하는데 시간을 지켜서 신속하게 해나가야 하며 교회의 회의나 각 개인과의 시간약속에 대해서 부실함이 없어야 한다. 그는 자신의 연구 프로그램을 발표함에 있어서 그 회의 시간을 정확히 지켜야 한다. 그리고 그는 교회밖의 공적인 일의 약속도 철저히 지켜야 한다. 만약에 그가 시간약속에 있어서 불성실하다면 주님을 찾고자 애쓰는 사람들로부터 신임을 잃게 될 것이다. 목사 자신이 이 모든 일에 있어서 신속하도록 스스로 훈련을 쌓아야 한다. 목사의 사역은 이 세상에 있는 모든 일 중에서 가장 중요한 사역이며 시간 약속이 그 못지않게 중요한 것이다.

목회서신 속에 나타난 장로의 5가지 특질을 주의해 봄으로서 목사의 개인적 생활에 대해 이장의 끝을 맺는 것이 옳을까 한다.
(1) 그는 비난할 것없는 성실한 사람이어야 한다(딤전 3:2, 딛 1:7).
(2) 그는 선행의 사람이어야 한다(딤전 3:2, 딤후 2:22).
(3) 그는 평판이 좋은 사람이어야 한다(딤전 3:7).
(4) 그는 하나님의 사람으로 경건함의 귀감이 되어야 한다(딤전 6:11).
(5) 그는 절제하는 사람이어야 한다(딛 1:8).

추 천 도 서

Blanchard, Charles A. *Getting Things from God*. Wheaton, Ill.: Sword of the Lord Publishers, 1953 (reprint).

Davis, Adelle. *Let's Eat Right to Keed Fit*. New York: Harcourt, Brace and World, Inc., 1954.

Erdman, Charles R. *The Work of the Pastor*. Philadelphia: The Westminster Press, 1924.

Fuller, David Otis (condensed and abridged by). *Spuegeon's Lectures to His Students*. Grand Rapids: Zondervan Publishing House, 1945.

Hewitt, Arthur W. *Highland Shephers*. New York: Harper & Brothers, Publishers, 1939.

Hogue, Wilson T. *A Handbook of Homiletics and Pastoral Theology*. Winona Lake, Ind.: Free Methodist Publishing House, 1946.

Hoppin, James M. *Pastoral Theology*. Nəw York and London: Funt & Wagnalls Co., 1901.

Jowett, J.H. *The Preacher, His Life and Work*. Garden City, N.Y.: Doubleday, Doran and Co., Inc., 1929.

Pattison, T. Harwood. *For the Work of the Ministry*. Philadelphia: American Baptist Publication Society, 1907.

Paul, the Apostle. *The Pastrl Epistles* (I Timothy, II Timothy,

제 1 장 목사의 사생활 *31*

and Titus).

Post, Emily. *Etiquette*. New York: Funk & Wagnalls Co., 1950, 10th rev. ed.

Rice, John R. *Prayer: Asking and Receiving*. Wheaton, Ill.: Sword of the Lord Publishers, 1942.

Riley, Marie Acomb (Mrs. William B.) *Handbook of Christian Etiquette*. Chicago: Moody Press, 1956 (11th ed.).

Riley, William B. *Pastoral Problems*. New York: Fleming H. Revell Co., 1936.

Schuette, Walter E. *The Minister's Personal Guide*. New York: Harper and Brothers, 1953.

Turnbull, Ralph G. *The Minister's Obstacles*. New York: Fleming H. Revell Co., 1946; paperback ed.; Revell, 1959.

Vanderbilt, Amy. *New Complete Book of Etiquette*. New York: Doubleday & Co., Inc.. 1963.

제 2 장

목사의 연구생활

저명한 영국의 변호사 보렌(Lord Boren)은 일전에 "사건은 서재실에서 이기게끔 판가름 난다"고 말한 바 있다. 법률가에 있어서 실패냐 성공이냐의 판가름은 공적 법정에서 그가 제기하는 호소나 즉흥적인 위트나 기지에 의해서라기보다는 자신의 개인 사무실에서 연구한 조사에 의해 결정되어 진다는 것이다. 이러한 경우는 복음의 사역자에게 있어서도 마찬가지이다. 강단에서의 실패와 성공의 여부는 그가 얼마나 성의있게 열심히 탐구했는가에 의해 크게 좌우되는 것이다. 신실하고 부단히 연구하는 습성은 그가 설교사역을 감당해 나가는데 좀 더 건설적이고, 성장하는 결과를 가져올 것이다. 이와 반대로 이러한 면에 게으르게 된다면 피상적인 설교사역으로 스스로의 천박함을 노정시키게 될 것이다. 연구하는 습관을 소유하지 못한 목사는 주일 아침 신성한 강단 위에 서게 됐을 때 안개 속에서 축구게임을 하고 있는 것 같음을 감지하게 될 것이다. 또한 회중 역시 떠들어대는 것을 알지만 그들이 실제로 무언가 정확히 알지 못하게 된다. 설교사역은 이보다 더욱 성의있게 다루어져야 할 가치가 있는 것이다.

1. 연구 장소

목사는 자신의 연구를 위해서 제공된 장소가 필요하다. 가능하다면

제 2 장 목사의 연구생활 33

그 장소는 교회에 있어야 한다. 목사의 가정에 특히 가족중에 자라나는 어린이들이 있다면 자신의 필요한 개인적인 자유 혹은 사생활을 얻기 힘들다. 그러나 가능하다면 그리고 집에서 연구하는 것이 필요하다면 가능한 한 개인적인 자유를 가져야 한다. 다른 가족들은 이러한 사실에 관심을 기울여 주의해야 하며 그가 개인적인 자유(그의 사생활)를 갖도록 도와 주어야 한다. 그의 서재에 목사는 그의 연구와 조사에 대한 제반의 자료들을 갖추고 있어야 하는데 즉 책, 책상, 서재, 전화, 타이프라이터, 서류철, 기록물, 그리고 문구류 등이다. 그 방에는 목사에게 상담하고자 찾아오는 방문객들과 여러 종류의 위원회 회의를 위한 작은 의자들이 비치되어 있어야 한다. 그곳은 세상에서 가장 중요한 사역을 수행해 나가기 위하여 잘 정돈되고 따로 떨어진 연구실이어야 하는 것이다. 이 연구실은 큰 필요는 없으나 이미 언급된 주요한 것들을 설치하는데 그것이 압박감을 주듯이 둘러 쌓여진 것 같은 느낌이나 인상을 주지 않도록 약간의 여유가 있어야 한다.

목사의 연구는 가능한 깊은 관심에 의해 유발되는 즐거운 연구가 되어야 할 것이다. 왜냐하면 여기서 하나님의 신실한 사람이 많은 값진 시간을 보내기 때문이다. 또한 그와 상담하고자 찾아온 방문객이 잘 정돈된 모습과 교회의 막중한 사역에 대한 가치를 발견될 수 있어야 한다. 나아가 목사가 독서하여 연구하는데 많은 시간을 소비하기 때문에 적절한 조명을 갖추어야 하며 그 연구실에 통풍(通風) 또한 잘 되어야 한다. 이것은 그가 연구하는 일에 몰두해 있을때 목사에게 새로운 마음을 유지하는데 유익을 줄 것이기 때문이다. 그 방의 온도에도 관심을 기울여야 하는데 여름에는 시원하고 반대로 겨울에는 따뜻하고 아늑해야 한다. 만일 덥거나 춥다고 느낄 때에는 그의 공부에 깊은 주의를 기울일 수 없기 때문이다. 이렇게 그의 연구실은 안락한 장소이어야 한다.

무엇보다도 목사의 공부는 하나님의 사역을 깊이 숙고하는데 도움을 주는 것이므로 그곳에 하나님께서 주시는 하늘의 빛이 비추어야 할 것이다. 목사의 연구실은 가장 열렬한 노력의 장소이어야 하며 그곳에서 그는 하나님을 만날수 있을것이며, 목양하는 성도들에게 축복의 메세지를 예비하게 될 것이다.

2. 규칙적인 생활

목사는 그의 연구를 위해 규칙적인 시간을 가져야 할 필요가 있다. 그래서 성도들이 이 시간들을 알도록 해야한다. 성도들이 이 시간에 주의를 기울일때 목사는 그 시간을 지켜나가기 쉬울 것이기 때문이다. 연구를 위한 규칙적인 시간배정은 목사의 능률에 큰 도움을 줄 것이다. 비록 다른 시대에 살았던 위대한 설교가인 조웨트(John Henry Jowett) 박사는 그의 오랜, 그리고 완숙한 경험을 통해서 목사는 그가 행하는 일에 있어서 마치 사업가가 민첩하고 조직적이듯이 그렇게 정확하고 조직적이어야 한다고 교훈을 하고 있다. 조웨트(Jowett)박사는 그의 예일 대학교 강의 중에서 이렇게 말하고 있다. "예정된 시간에 당신의 연구실에 들어가십시요, 사업가들이 일찌기 그의 사무실에 들어가는 것보다 먼저 시간을 활용하도록 하십시요. 나는 어린시절 6시에 공장을 향하여 나의 집을 지나가는 공장직원들의 소리를 듣던 일을 기억합니다. 나는 그 거리에 울려퍼지는 그들의 금속성 소음을 회상할 수 있읍니다. 그 소음은 나를 침대에서 일어나게 해서 나를 공부하도록 하게 했읍니다. 나는 더 이상 요크셔의 소음을 듣지 못하나 나는 사업가들이 그들의 매일 매일의 양식을 얻기 위해 일찌기 출근하는 것을 보고 들을 수 있었읍니다. 그런데 생명의 양식을 추구하는데 있어서 목사가 그들보다 늦장을 부릴 수 있겠읍니까?"[1] 그가 행해야 할 많은 일들의 목록에 야간에 많은 약속이 기록되어 있는 목사도 약간 다르게 그의 시간계획을 수립하

---

1) J.H. Jowett, The Preacher, *His Life and work* (Garden City, New York: Double-day, Doran & Company. Inc. 1929) p.116.

게 될찌라도 원리는 같은 것이다.

 규칙적인 시간계획은 시간을 낭비하며 사소하게 보이는 일이 없도록 유도해 준다. 그것은 성도들에게 목회사역에 대해 더 나은 평가를 하게 하는 요인이 될 것이다. 워싱턴 D.C.에서 목사들의 큰 모임에 강의하던 달라스(Dallas)와 텍사스의 제일침례교회 목사인 작고한 트루트(George Truett) 박사는 필자가 듣는 중에 어떤 목사들은 그에게 편을 집으려고 애쓰는 코끼리를 생각나게 한다고 말한적이 있다. 그 코끼리는 너무 많은 일들을 나타내주고 있는 것이다. 어떠한 목사들은 다른 사람이 하면 그보다 더 낫게 잘 할 수 있는 일들을 하면서, 사소한 일에 너무 많은 시간을 허비한다. 반면에 그 홀로 해야 할 예비되고 맡겨진 일에 대해 게으르다. 목사는 세상에서 가장 중요한 일을 해나가는 지도자로 불리운다. 그래서 그는 자신을 단련하여 그렇게 중요치 않은 일에 그의 시간을 낭비하는 일이 없도록 해야 할 것이다.

3. 연구 시간표

 또한 목사는 그의 연구 프로그램에 대해 어떠한 계획을 가져야만 한다. 그는 몇 가지의 수행해야 할 시간표를 작성해야 한다. 만약 목사가 그의 연구시간에 대해 계획이 없다면, 그는 많은 귀중한 순간들, 심지어 많은 시간까지도 허비하기 쉽다. 그는 그의 연구시간을 가져야 하는데 계획을 잘 짜서 설교, 성경공부, 그룹 기도회 명상, 라디오 청취, 주일학교 학급, 그리고 그와 같은 일들을 위하여 각주마다 적정한 시간을 잘 배정해야 한다. 몇몇 목사들이 따르는 추천할 만한 계획은 최소한 주일 아침을 제외한 매일매일의 아침시간에 대략적인 계획을 수립하면서 그리고 이 매일 매일의 아침시간에 특별한 작업을 하면서, 매주의 시간표를 서면으로 작성하는 것이다.

 물론 목사들이 작성하는 시간표는 필연적인 장애를 수용하기에 충분한 융통성이 있어야 할 것이다. 모든 목사들이 그와 같은 문제를 지니고 있으며, 종종 그것들과 연관되어 그의 효과적인 사역들이 성취되기도 한다. 필자는 "방해의 사역"이란 주제에 대해 몇년전에 신학교 채플강연에서 들었던 내용을 잊을 수가 없다. 그 연사는 휴가중에 있는 선교사였는데 종종 선교지에서 가장 가치있는 사역들이 방해와 연관되어서 성취되는 것을 보여주고 있었다. 하나님은 때때로 우리가 가장 중요하다고 생각되는 일들에서 적절히 우리를 떠나게 하여, 그 순간에 비교해 볼 때 작은 일(사소한 일)처럼 보이는 다른 일을 감당하도록 인도하시는 것을 느낀다.

그러나 결국 여러번 그 작은 일이 보다 더 큰 일이 되는 경우로 뒤바뀌게 된다. 그러나 빈번한 방해에도 불구하고 잘 계획된 시간계획 작성은 목사의 프로그램 중에서 가장 중요하고 근본적인 일이다. 마음이 새로울 때 연구를 위하여 아침시간을 마련하며 목회심방과 다른 사역들은 오후를 활용하는 것은 의심할 나위 없이 가장 좋은 방법인 것이다.

4. 끊임없는 연구의 계속적인 노력

목사는 결코 그의 연구하는 습관을 중단해서는 안된다. 목사가 그의 연구를 중단하면, 그의 사역이 빛을 잃게 되며 또한 효력을 상실하게 될 것이다. 설교자가 자신이 초기에 연구한 것과 신학교에 있을 동안에 수집한 노트를 계속해서 의지하여 활용할 수 있다는 생각은 매우 어리석은 일이다. 그는 항시 새로운 진리를 탐구해야만 한다. 실패한다는 것은 많은 목사들이 너무 쉽게 연구를 유보한다는데 그 원인이 있다. 어떤 사람이 말한 것처럼 살아있는 사람에게는 한계가 없다는 사실이다. 목사가 항시 새로움을 지니는 한가지 방법은 성경중에 특정한 한권에 대해 포괄적인 연구를 늘 하는 것이다. 하나님의 사람이 항상, 그리고 부단히 이것을 행한다면 그는 항상 자신의 성도들에게 새로운 기쁨을 안겨줄 귀중한 보석을 성경이라는 보고로부터 가져올 수 있을 것이다. 사도 바울은 그의 권고 속에서 연령의 한계를 두지 않았다. "네가 진리의 말씀을 옳게 분별하여 부끄러울 것이 없는 일군으로 인정된자로 자신을 하나님 앞에 드리기를 힘쓰라"(딤후 2 : 15)

5. 독서에 힘쓰라

설교자는 독서에 관심을 기울일 필요가 있다. 이 역시 디모데와 모든 사역 중에 있는 하나님의 사람들에게 주는 바울 사도의 권고이다(딤전 4 : 13). 프랜시스 베이컨(Bacon)은 "대화는 된(ready) 사람을 만들고 독서는 든(full) 사람을 만들고 저술은 정밀한(exact) 사람을 만든다."고 말했다. 목사는 이 세가지 부류의 능력을 모두 발달시켜야 한다. 그러나 성경에서 특별히 강조하는 바는 독서의 중요성에 두는 것 같다. 독서는 목사로 하여금 모든 일에 있어서 주의 일과 세상 일에 있어서 행해 나가야 할 것에 대해 익숙하게 인도해 준다. 독서는 그에게 예화 자료의 무한한 자원을 가져다 줄 것이며 사람들의 필요에 따라 좀 더 직접적인 가르침을 베풀 수 있게 할 것이다. 그것은 설교에 있어서 생동하는 생명력을 키우는 중요한 사실에 기인하는 창의력을 개발시키는데 크게 도움을 줄 것이다. 그것은 설교가 틀에 박힌 듯한 면으로 기우는 것으로부터 설교자를 보호해 줄 것이다.

나이 많은 사도 바울이 옥중에서 머지않아 죽음에 이르게 될 일을 알고 있으면서도 자신의 책에 관심을 기울이고 있음을 기록해주는 사실은 매우 흥미롭고 진지한 일이다(딤후 4 : 13). 그는 책을 읽고 연구하기를 원했다. 그는 항상 자신의 사역을 감당해 나가고 있는 것이었다. 요한 웨슬레(John Wesley)의 이야기를 들어 보자. 그는 독서와 연구생활에 게으른 목사들에게 이르되 "설교에 있어서 당신의 능력이 성장하지 않는다는 것은 7년 전에 행하던 것과 다름이 없는 것이다. 그것은 생기에 넘치는 것이라고는 하나 깊이가 없는 것이며 변화가 없는 것이다. 또한 사상이 결여된 것이다. 이것을 공급해 줄 수 있는 길은 오직 독서다. 당신은 그것이 없이는 완전한 기독교인 그 이상의 깊이있는 설교가가 결코 될 수 없을 것이다."[2)]

연구도서의 수집

설교자의 연구 습관에 연관하여 잘 선별된 도서를 모으는 일은 매우 중요하다. 대부분의 목사들이 그들의 재정상태가 눈에 보듯 확연하므로 그의 도서구입을 위한 어떤 일정한 계획을 세워야 할 필요성이 있으며 근본적인 책부터 먼저 구입해야 할 것이다. 목사와 그의 도서에 대한 주제에 대해서는 다음 장에서 충분히 다룰 것이다.

전술한 부분에서 언급한 문제들에 대해 주의를 기울인다면 좀 더 능력있고, 효과적으로 자신의 사역을 감당해 나가는데 많은 도움을 줄 것이다. 큰 일군은 설교에 큰 은혜를 끼칠 것이며 또한 교회에 축복을 가져다 줄 것이다.

추 천 도 서

Dykes, J. Oswald. *The Christian Minister and His Duties*. Edinburgh: T. & T. Clarke, 1909. Chap. 5.

Hogue, Wilson T. *A Handbook of Homiletics and Pastoral Theology*. Winona Lake, Ind.; Free Methodist Publishing House, 1946. Part II, chaps. 5—6.

Hoppin, James M. *Pastoral Theology*. New York and London: Funk & Wagnalls Co., 1901. pp. 150—157.

---

2) James M. Hoppin, *Pastoral theology* (New York and London, Funk & Wagnalls Company 1901) p. 153.

제 2 장 목사의 연구생활 *39*

Johnson, Herrick. *The Ideal Ministry*. New York: Fleming H. Revell Co., 1908. Part II, chap. 11.

Jowett, J.H. *The Preacher: His Life and Work*. Garden City, N.Y.: Doubleday, Doran & Co., Inc., 1929. Chap. 4.

Lee, Mark W. *The Minister and His Ministry*. Grand Rapids, Mich.: Zondervan Publishing House, 1960.

Moyer, Elgin S. *The Pastor and His Library*. Chicago: Moody Press, 1953. Chaps. 1—4.

Murphy, Thomas. *Pastoral Theology*. Philadelphia: Presbyterian Board of Publication and Sabbath School Work, 1877. Chap. 3.

Plummer, William S. *Hints and Helps in Pastoral Theology*. New York: Harper and Brothers, 1874. Chap. 8.

제 3 장

목사의 독서생활

어떤 사람이 "당신의 친구인 책들을 보여주시오. 그러면 나는 당신이 어떠한 부류의 사람인가 말하겠소"라고 말한 바 있는데 이 말은 매우 타당한 말이다. 사람이 어떠한 종류의 책을 즐겨 읽는가 하는 문제는 그가 어떠한 부류의 사람인지를 정확하게 나타내 준다. 어떤 사람이 자연과 야외생활에 대한 책과 잡지 등에 싸여 있다면 당신은 그가 매우 바깥 세상을 좋아하는 사람이라고 쉽게 결론 지을 수 있을 것이다. 또한 만일 당신이 어떠한 사람의 집에 갔을 때 그 사람의 집에서 스포오츠나 극장, 영화계에 대한 잡지나 도서들을 발견한다면 당신은 그 사람의 흥미가 연예적인(유흥적인) 면에 있다는 판단을 쉽게 내릴 수 있을 것이다. 반대로 당신이 어떠한 사람의 집에서 기독교인의 생활과 교회에 대한 잡지와 책들을 보게 된다면 당신은 그곳에 살고 있는 그 가족들이 영적인 면에 마음을 두고 있는 사람들이라고 확신하게 될 것이다.

이와 같이 동일한 원리가 목사에게도 적용된다. 서재에 있는 책들을 보라. 그러면 당신은 그가 어떠한 부류의 설교자인가를 거의 정확히 판단할 수 있을 것이다. 만약에 자유주의 신학자들의 저서가 대부분이라면 당신은 그가 신학적으로 보수주의적이 아니거나 혹은 신학적으로 약간은 불안정할 것이라는 판단을 쉽게 내릴 수 있을 것이다. 그런데 만약에 대부분의 책들이 정통주의로 알려진 분들의 저작이라면 당신은 그

제 3 장 목사의 독서생활 *41*

목사가 복음주의자라고 자신있게 판단할 수 있을 것이다. 이러한 판단은 좀 더 넓게 확장시켜 갈 수 있다. 예를 들면 목사의 대부분의 책들이 예언을 주제로 한 책들이거나 선교를 주제로 한 책들이라면 당신은 그 목사가 그 주제들에 대해서 매우 열렬한 관심을 가지고 있는 사람이라고 쉽게 결론 지을 수 있을 것이다. 이 모든 문제들은 그 책들이 그 사람에 사역의 경향과 그가 그의 사역을 행하여 나가는데 영향을 끼치고자 애쓰는 면을 보여주는데 큰 유익이 있다는 사실을 시사해 주는 것이다.

목사의 도서의 중요성은 강조하지 않을 수 없다. 책은 그가 그것을 유용하게 이용한다면 그의 부르심에 있어서 가장 중요한 도구인 것이다. 그것이 없이는 건설적인 사역을 감당해 나가는데 많은 도움을 얻을 수가 없는 것이다. 릴리(W.B. Riley)는 "책이 없는것 보다는 당신의 빵에 버터가 없는 것이 더 나을 것이다"[1]라고 말한 바 있으며 모이어(Elgin S. Moyer)는 그의 역저 「목사와 도서」에서 목사에게 있어서 도서의 중요성에 대해서 다음과 같이 기술하고 있다. "매우 잘 선별된 도서는 능력있고, 성장하는 목사를 위한 부의 보고라 할 수 있을 것이다. 만약에 그가 그의 지적인 예민함을 유지하고 정신적인 긴장감과 영적인 통찰력을 지니려면 그것은 필수 불가결의 요소이다. 그것은 급격히 변화되어 가는 세대에 부응하는데 많은 도움을 줄 것이며, 그의 동역자인 목사들과 신학자들의 가장 훌륭한 사상에 접촉하도록 인도해 줄 것이다. 또한 그에게 과거와 현재의 좋은 신앙서적들을 제공해 주고 있는 것이다. 그것은 그의 영적 비젼을 정화시키며, 분명하게 해 줄 것이며 그에게 위대하고 경건한 영감을 고취시켜 줄 것이며 나아가 크리스챤 세계에 가장 높은 영적 발전에 화합하도록 도와 줄 것이다. 그것은 훌륭한 학자들의 좋은 사상을 그에게 알리어 주며 그의 눈을 항상 헌신하

---

1) W.B. Riley, *Pastoral Problems* (New York: Fleming H. Revell Company, 1936) p. 40.

는 삶과 영적 봉사의 높은 수준으로 지향하게 하여 그에게 용기를 북돋아 줄 것이다. 그의 생각을 고무시키며, 그의 영적 품격을 높이며, 또한 부단한 성장을 계속하게 할 것이다."[2]

그러므로 훌륭한 책들은 그의 사역을 풍요롭게 하는데 큰 도움을 준다. 목사의 도서를 관찰해 봄으로써 쉽게 설명할 수 있다. ―소량의 서적, 그리고 어떤 부분에 대해서 서투르게 선별한 책들이 그것이다. ― 기본적인 도구의 부족은 목회사역의 발전을 크게 저해할 것이다. 성령은 다른 사람들의 생을 통하여도 역사하시는데 목사는 그들의 저작과, 사상과 메세지들을 이용해야 할 것이다. 이것은 그에게 있어서 커다란 영적 유익을 준다. 잘 구비된 서재는 목회사역을 감당해 나가는데 있어서 획일적이고 진부한 양태를 띠는 것으로부터 그를 보호해 준다. 그것은 새로운 생각과 자극을 공급해 줄 것이다.

목사는 그의 사역을 해나가는데 있어서 변화성있게 인도해 갈 수 있도록 풍부한 자료들로써 주의깊게 선별된 도서를 준비해야 할 것이다. 그것이 만일 그가 설교 준비에 필요한 주석이라면 그것을 마련해야 할 것이고, 그가 원하는 선교에 대한 자료라면 그것 역시 마련해야 할 것이며, 교회사에 관한 것이 필요하다면, 그것도 마련해야 할 것이다. 또한 주일학교 관리에 도움이 될만한 것이 필요하다면 그것에 합당한 자료를 가져야 할 것인데, 그의 사역의 다양한 면을 고려할 때 그와 같은 모든 필요한 자료들을 마련해 놓아야 할 것이다. 그의 서재가 이 모든 요구에 부응치 못할 때 그는 그것을 마련할 때까지 결코 만족해서는 안된다. 그에게 있어서 올바른 부류의 도서는 목수에게 있어서 연장과 같이 필수 불가결의 요소인 것이다. 그것은 그의 일상적인 동료이어야 한다.

훌륭한 서적들은 목사에게 그의 사역을 배가시킬 수 있게 한다. 그의

---

2) Elgin S. Moyer, *The Pastor and His library* (Chicago: Moody Press, 1953) p. 12.

교회의 성도들은 그러한 문헌을 대해 볼 수 없지만 때때로 그것을 필요로 하게 된다. 목사는 그 때에 그것을 유익하게 이용할 성도들에게 그의 서적을 기꺼이 빌려주어야 하며, 목사는 그가 빌려준 책과 그 사람을 기록해 두는 습관을 가져야 한다. 만약 그렇지 않는다면 그는 저자가 입증하는한 그 가치있는 책들을 분실하게 될 것이다. 또한 혹 그 책들이 그의 개인 도서로 항상 참고할 필요가 없는 책들이거나, 교인들이 유용하게 읽도록 교회 도서실에 대출해 주기를 원하는 것일 때는 그는 이 책들이 그에게 반환되는 것을 확인할 개인적인 책임을 지지 않을 것이나, 교회도서 대출의 일반적인 절차는 그 책의 반환을 점검하는 방법일 것이다. 그가 그의 직무로부터 떠나게 되었을 때 그가 기증한 책은 그가 원한다면 그에게 반환되어야 할 것이다.

1. 적절한 선택

책의 저술은 끝이 없는 것이다. 1961년 미국에서는 15,000권의 새 책이 발간되었다. 목사는 단지 크리스챤의 영역 안에서 발간된 그 많은 책들을 다 소유 할 수는 없다. 그러므로 그가 훌륭한 서재를 갖추려면 책을 구입함에 있어서 매우 신중한 책의 선별이 요구되는 것이다. 발간되어 나오는 무수한 책들이 모두 목사의 서가에 비치될 가치가 있는 것은 아니다. 그것들이 불량한 서적이 아닐찌라도 그것은 항구적 가치를 가지지 않으며, 목사는 그의 사역에서 많은 열매를 맺는데 도움을 주지 못하는 그러한 부류의 책들이 그의 서가에 흩어져 있기를 원치 않는다. 그는 알목과 가라지를 분별할 줄 아는 식견을 소유할 필요가 있다.

이러한 관점에서 몇 가지 참고적인 제안을 기술해 본다.

1) 원전, 즉 계속해서 참고할만한 가치있는 그런 종류의 책이 목사의 서가에 구비되도록 목사는 깊은 관심과 주의가 필요하다. 어떠한 책들은 일전에는 읽을 가치가 있었으나 그 후에는 무가치한 것들도 있다.

그것들은 지속적인 가치를 지니지 않는 것이다. 젊은 시절 저술가에게 많은 영향을 주었었고 그의 교단 중 가장 큰 서재를 갖춘 목사가 고백하기를 "나는 너무 많은 책들을 가지고 있다." 이렇게 말한 적이 있다. 그는 내가 다시 서재를 갖추기 시작한다면 그가 사지 않아도 될 책들이 많이 있다고 했다. 그것들은 사실상 그의 서가에 꽂혀 있기는 하지만 단지 참고하기에는 한 두번에 그치는 것들이었다고 했다. 그는 책을 구입하는데 좀 더 신중한 선별을 해야 한다는 사실을 강조해 주고 있는 것이다. 대부분의 목사들이 지각없이 돈을 낭비하고 있는데 이 부문이 바로 그들의 재정을 통제할 수 있는 부문이다.

2) 목사는 그의 사역의 여러 분야에 있어서 가장 좋은 책들을 선별하도록 하는데 있어서 깊은 관심을 기울여야 한다. 예를 들면 구입하려는 모든 책들과 연관해서 비교자료의 문헌목록을 발견하는데 그 책들은 대개 그 책의 저자에게서 추천된 것이다. 대학이나 성경학회, 신학교의 교수들은 강의 도중에 내내 학생들에게 유익한 도서의 목록을 제시해 준다. 풀러신학교의 신학서적 전문가인 스미드(Wilbur M. Smith) 박사는 종종 정기 간행물과 서적을 통하여 도서목록을 제시하고 있는데 스미드 박사는 그의 저서「유익한 성경연구」라는 책에서 훌륭한 도서문헌을 발간 하였다. 성경교사는 종종 강의와 연관해서 훌륭한 가치를 지닌 책들을 일러주기도 한다. 때때로 크리스챤 잡지는 유용한 참고문헌의 도서목록을 제공하기도 하는데 치밀한 목사는 출판사와 서점의 유용한 신·구간 도서소개를 항상 가까이 해야 한다. 그는 또한「Bibliotheca Sacra」「Moody Monthly」「The Kings Business」「Grace Journal」「Christianity Today」「Concordia Monthly」「Eternity」등과 같은 복음주의적 입장에서 간행된 잡지들에 나타난 도서 서평을 읽는 습관들에 나타난 도서 서평을 읽는 습관을 가지고 있어야 한다.「Bibliotheca Sacra」라는 잡지는 또한 정기 간행물로서 중요한 참고자료에 대한 비평란을 가지고 있다.

제3장 목사의 독서생활 *45*

　목사는 또한 몇몇의 주요 기독교 서점들의 우편목록에 그의 이름이 기록되어 있어야만 하는데 때때로 그들은 매우 유용한 신·구간 도서목록을 우송해 주기도 한다. 이러한 자료를 통해서 그는 오래전에 발간되었던 절판된 도서도 구입할 수 있어야 한다. 물론 그 목록은 출간되는 신간 서적에 대해 주의를 환기시키는 것이다.

　3) 목사는 인용되는 중요한 저작의 저자들의 이름에 대해서도 특별한 관심을 가져야 하는데 그들의 학식, 저작능력, 정통성 등에 주의를 해야 한다. 그가 만일 복음주의적인 기독교 문헌의 분야에 있어서 인정받고 있는 훌륭한 저자들이 많이 있는데 자기의 경험과 시간이 제시하는 판단에 의해서 미비하고, 미천한 저자들의 책을 읽는다면, 그는 시간을 적절히 선용하는 사람이 아닐 것이다. J.A. Alexander, David Baron, C.J. Ellicott, E.W. Hengstenberg, J.P. Lange, J.B. Lightfoot, F.B. Meyer, G. Campbell Morgan, H.C.G. Moule, Alfred Plummer, A.T. Robertson, Philip Schaff, James Stalker, A.H. Strong, W.H. Griffith Thomas, B.B. Warfield, B.F. Westcott, Thomas Whitelaw, 그리고 그 외 많은 분들이 기독교계의 문헌 저작에 특히 크게 공헌한 분들로 복음주의적 입장에 서 있다고 인정받는 분들이다. 이러한 분들의 저술은 어떠한 목사의 사역에든지 크게 유익을 끼친 것이며, 그 분들로부터 인용된 것들은 매우 중요한 가치를 지니며 최소한 견문이 넓은 부문일 것이다. 그것은 목사들에게 크리스챤의 헌신의 각 분야에 있어서 가장 훌륭한 저자들을 알게 해 줄 것이다. 모이어 박사는 그의 저서 「목사와 도서」에서 처군에 가장 훌륭한 분으로 추천되었던 124인의 저자들을 다루고 있는 스미드(Wilbur M. Smith)에 의해 편집된 절판된 부록을 재생함으로써 목사들에게 훌륭한 봉사를 하였다. 이 목록은 원래 "내가 추천하고 싶은 저자들"이란 제하에서 12페이지의 소책자로 나왔던 것인데 이것은 「Moody Student」(1941년 11월 14일 간행)의 "Dr. Wilbur M. Smith, *names Ninty-seven Best Authors*"라는 제하의 논고에서

동저자 스미드 박사(Dr Wilbur M. Smith)에 의해 발표 되었던 목록을 확충시킨 것이다.

2. 도 서 비

책을 구하려면 돈이 필요하다. 대부분의 가치를 지닌 것은 그만한 댓가를 지불해야 한다. 목사는 가격문제로 인해서 그의 도서를 확충하는 것을 포기해서는 안된다. 그는 훌륭한 도서를 구입하는데 부실하여 자신의 영혼과 사역을 무력하게 만들기 보다는 오히려 다른 것들을 희생시키는 것이 낫다.

도서비용은 결코 금제되어서는 안 된다. 어떤 훌륭한 책들은 때때로 작은 비용으로도 구입할 수 있다. 또한 비할 수 없이 귀중한 책들일지라도 헌책방에서 때로는 구입할 수도 있다. 그러나 좀 나은 헌책방들에서는 그 책의 귀중함을 알아 그때마다 가격을 새롭게 책정한다. 이러한 귀중한 자료들을 발견하기 위해서는 목사는 잘 살펴보며 그것들을 추구해야 할 뿐아니라 훌륭한 저자와 가치있는 제명(題名)들을 알아야만 한다. 이러한 지식은 독서와 연구를 통해서만이 습득될 수 있는 것이다. 또한 노령의 혹은 작고하신 목사님들의 도서들이 대단히 저렴한 가격으로 판매 처분되는 경우도 있는데 필자는 어떤 학우가 3권으로 된 베드로의 하나님 나라 「*Theocratic Kingdom*」를 권당 25센트 주고 구입한 그런 경우를 본 적이 있다. 이 가치있는 서적은 그 때 절판된 것이었고 매우 구하기 힘든 것이었다. 또한 어떤 대학에서는 2권 이상 있는 도서를 기꺼이 판매하는데 이러한 기회를 통해서 저자의 학생들은 랑게 주석 한질을 권당 10센트로 구입할 수도 있었다.

모든 목사들은, 특히 젊은층의 목사들은 그의 서재를 꾸준하게 갖추어가는 일련의 계획을 가지고 있어야 여러 계획이 실행되어 질 것이다. 그러나 목사가 어떠한 계획을 채택하든지 그는 사모와의 협력을 가져야

제3장 목사의 독서생활 47

하는데 목사의 수입은 사모에 의해서 사용되어져야 하기 때문이다. 이용할 몇 가지 계획은 다음과 같다.

1) 예산계획이다.

이것은 도서의 구입을 위해 목사의 수입으로부터 매달 할당되어진 총계에 의하여 수립하는 것인데 가장 바람직한 계획이며, 잘 지키어 나간다면 만족할 만한 결과를 가져오게 될 것이다.

2) 매 달의 도서계획이다.

이는 전술한 계획과 유사한 것인데 구입하는 책의 종류에 따라 매 달의 비용이 변하게 되더라도 계획을 수립해 나가는 것이다. 야망이 있는 목사에게 있어서 이것은 대단히 지루한 방법인 것처럼 보인다. 그러나 훌륭한 서재를 갖추는 것은 책의 숫자에 있는 것이 아니라 그 특성에 있다는 것을 기억해야 할 것이다. 백여권의 도서가 비치된 어떤 서재들은 수천의 도서를 가진 다른 서재보다 더 가치있고 유용할 수도 있다. 그것은 목사의 사례비가 매달 한권 이상의 책을 추가해서 구입할 만큼의 한정된 수준이라는 사실을 뜻하나 그가 현명하게 선택한다면 그는 가치있는 보물창고가 풍성해 가는 것을 느끼게 될 것이다.

3) 어떤 목사들은 혼례 사례비 등과 같은 사례비로써 책을 구입하는 계획을 가지고 있는데 관례상 혼례 사례비는 사모의 새 모자를 구입하는데 주어진다. 그러나 목사가 이 일에 있어서 사모와 의견을 잘 조화시켜 나가면, 이 계획 또한 훌륭하게 선용될 것이다. 어떤 목사들은 이러한 사례나 선물에 있어서 상당한 사례를 받으나 많은 목사들은 그렇지 못한데 그들이 그들의 도서를 마련하는데 이런 방법을 취하면 매우 힘들 것이다.

4) 또 다른 계획은 목사가 전도집회나 성경연구 회의 같은 데에서 설교를 함으로써 받는 사례비의 일부를 책을 구입하는데 이용하는 것이다. 어떠한 교회에서는 목사에게 외부 회합을 갖게 하기 위한 목적으로 그의 목회 직무로부터 벗어나도록 특별히 오랜 시간을 유급으로 허용하

기도 한다. 이러한 경우에 있어서 그는 여분의 돈을 마련할 수 있게 된다. 그렇게 함으로써 그것으로 혹은 그것의 절반 정도로 필요한 도서를 구입하는데 충당되어진다면 목사는 가계에 압박을 주지 않고 그의 도서를 구입할 수도 있다.

5) 어떤 목사는 잡지를 통한 저술활동과 주일학교 계간지에의 저술활동을 통해 사례를 받기도 한다. 그러한 수입은 목사의 서재를 갖추는데 도움이 되는 그리고 그의 저술에 있어서의 도움을 주는 많은 책들을 구입하는데 사용되어질 것이다.

다른 방법 즉 전도지 클럽에 속해 있는 그런 방법이 목사의 도서를 확충하기 위하여 행하여지기도 한다. 그러한 방법들은 다른 것들보다 생산적인 결과를 가져다주나 목사가 어떠한 계획을 가지는 것은 대단히 중요하다. 그는 그 자신과 그런 일에 있어서 세밀한 관심을 기울이게 하는 그의 소명에 대해 은혜를 입고 있는 것이다. 목사의 도서는 그의 성장의 주요한 밑거름이 될 것이며, 복음의 사역자로서 항상 생명력 있도록 그를 지켜 줄 것이다.

3. 조화있는 도서구입

목사는 그의 서재를 갖추는데 있어서 매우 조화있는 관심을 기울여야 한다. 그는 균형을 상실한 책의 선별(어느 계통의 책만 선호하는)을 삼가야 한다. 원활한 목회 사역을 감당해 가려면 매우 다양한 종류의 도서가 요구된다. 예를 들면, 예언에 관한 책들도 유용하며, 목사는 그러한 계통의 책들을 갖추어야 한다. 그러나 그 이외의 책들도 필요한 것이다. 선교에 관한 책들도 매우 유용하다. 그러나 목사의 도서가 이런 중요한 주제에 대한 것만으로 편중되어 있으면 안된다. 목사는 또한 책의 저자의 선택 문제에 있어서 너무 배타적이어서는 안된다. 훌륭한 저자들의 다양함은 목회사역에 있어서의 다양성을 부가해 줄 것이다.

설교집의 구입에 너무 치우쳐 매우 불균형한 서재들도 있다. 적정한 양의 훌륭한 설교가들의 설교집들도 필요하다. 그러나 목사가 그의 설교에 있어서 다른 사람들의 설교집에 지나치게 의존한다면 그는 독창성을 상실하고 종알거리는 앵무새로 전락되어지고 말 것이다. 그가 만일 스스로 성경을 자기 것으로 만들지 못하면 설교의 진정한 기쁨을 느끼지 못할 것이다.

도서를 마련함에 있어서 목사는 필요한 참고로서 즉 원어분해 사전, 사전류, 백과사전, 성구사전 등을 준비해야 할 것이다. 이것은 건설적이고 창조적인 사역을 감당해 나가는데 있어서 필수적인 것들이다. 또한 그는 주석의 선별에 있어서도 신중한 선별이 요구되는데 그는 「Ellicott」의 것과 같은 성경 전체에 대한 일반적인 전질 주석을 갖추어야 할 것이다.

또한 그가 성경의 특정한 한권에 대해 설교할 때에 그는 신구약의 특정한 성경 각권에 대한 가장 유용한 주석들을 갖추어야 한다. 예를 들자면, 요한복음에 대하여 설교한다면 그는 고뎃(Godet)의 요한복음에 대한 역저를 준비하여 잘 활용해야 할 것이다. 또한 사도행전에 대해서 설교한다면 모르간(G. Cambell Morgan)의 사도행전에 대한 불멸의 역저(力著)가 대단한 유익을 줄 것이다.

또한 그가 만일 레위기 같은 구약에 대해서 설교한다면 그 책에 대한 보나르(Andrew Bonar)의 명저를 준비하고 있으면 더없는 유익을 가져다 줄 것이다. 점차적으로 목사는 시간이 감에 따라 그에게 기쁨을 더해 줄 능력있는 주석 선별력을 배양해야 할 것이다.

그리고 그는 또한 스트롱(A.H. Strong)의 조직신학이나 에반스(William Evans)의 「*Great Doctrines of the Bible*」등과 같은 교리나 신학에 대한 책들도 구비하고 있어야 할 것이다. 교리문제에 대하여 그러한 책들이 도움을 주는데 특히 강해설교의 준비에 있어서 특히 유용한 것이다. 믿음에 의한 칭의(Justification by Faith), 성경의 영감,

그리스도의 신성 등과 같은 교리문제를 다루게 될 때 일반적인 목사들은 그들의 주석에 그러한 문제를 다룬 성경 신학자들의 도움이 필요하게 될 것이다. 하나님께서 깊은 연구를 통하여 그들에게 주신 것을 기록한, 하나님의 훌륭한 일군들의 공헌을 유용하게 활용하지 못하면 목사는 자신과 성도들을 무력하게 인도해 갈 것이다.

목사는 또한 그의 서재에 교회사에 대한 훌륭한 책들을 구비해야 하는데 샤프(Philip Schaff)의 불후의 명저, 8권으로 된 「History of the Christian Church」같은 것들이다. 처음에 그러한 명저를 구입할 수 없다면, 2권으로 된 뉴만(A.H. Newman)의 「A Manual of Church History」 혹은 단권으로 되어 있는 카이퍼(B.K. Kuiper)의 「The Church in History」나 칼벤(Lars Qualben)의 「A History of the Church」 등과 같은 책으로 족할 것이다. 교회에서 목사가 그렇게 분명한 관계를 유지하고 있는 제도의 역사에 대해서 무관심하다는 것은 상상할 수도 없다. 종종 그는 전술한 그러한 책에 기록된 과거의 사건들에 대해 그의 설교에 참고해야 할 경우가 있을 것이다. 교회사에 대한 지식이 없으면 기독교 세계에 있어서의 현상황(現狀況)을 깊이 이해하지 못할 것이다.

그는 또한 선교를 주제로 한 유용한 저서들을 갖추어야 할 것이다. 이 부문에 대한 책들은 헤아릴 수 없으며 선교사역이 전 세계에 확장되어 감에 따라 끊임없이 발간되어지고 있는 중이다. 따라서 그는 단지 이곳 저곳에 대한 개괄적인 도서를 선택할 수 있을 것이다. 즉 티센(Thiessen)의 「A Survey of World Missions」과 같은 것인데 그 제목이 시사하고 있는 것처럼 그것은 세계의 여러 곳에 대한 선교적 노력에 대해 요약한 것이다. 매우 감동적인 선교에 대한 도서들이 여기에 있는데 매우 훌륭한 출판사인 Tyndale(틴델) 출판사에서 발간된 씨리즈에 워커(F. Deaville Walker)와 패드위크(Constance Padwick)에 의한 캐리(William Carey)와 마틴(Henry Martyn)의 생애에 관한 것들은 용기를 북돋아 줄 것인데, 젊은 청년들에게나 그러한 자료를 필요로 하는 교회의 선교 그룹에 빌려준다면 대단히 유익할 것이다.

요즈음 성서고고학이 점점 주목을 끌게되는데 목사는 그러한 주제에 대한 최소한 한권 정도의 일반적인 양서를 구입해서 활용함이 좋으며 그러한 책으로는 엉거(Merrill, F. Unger) 박사의 「Archaeology and the Old Testament」* (고고학과 구약)이 있는데 때때로 목사는 그러한 책 속에서 그의 설교를 빛나게 해주며, 좀 더 이해하기 쉽고 뜻깊은 설명을 할 수 있는 자료를 얻게 될 것이다.

그리고 목사는 현재 널리 퍼져 있는 이단종파에 대해서도 어떠한 자료들을 가지고 있을 필요가 있다. 이러한 데에 대한 도서로는 발렌(Van Baalen)의 「The chaos of cults」 같은 책이 있는데 목사가 필히 소유해야할 책중에 하나이다. 어떤 목사들은 이러한 문제에 관하여 이 책에 보충하여, 때때로 성도들이 직면하게 되는 특정 종파에 대하여 어떤 다른 자료를 얻고자 원할 때에는 다음의 책들을 참고하라, W.E. Biederwolf 박사의 Christian-science, Mormonism (몰몬), Seven-day Adventism and Spiritism (제 7 일 예수재림교) 등과 같은 이단종파에 대한 유익한 소책자들이다.

예언에 관한 책들이 목사가 서재를 갖추는데 빠져서는 안될 것이다. 먼저 블랙스톤(W.E. Blackstone)의 「Jesus is coming」과 같은 간결한 책들을 구해야 하는데 그것은 예언에 대해 관심을 가지고 있는 사람들에게 대단히 유익할 것이다.

조화있는 서재라는 의미를 서술함에 있어서 몇 가지 참고되는 제안이 있으니 그 중의 하나는 목사에게 목회사역의 다방면에 활동할수 있도록 인도해 준다는 것이다. 그러한 도서를 갖추게 되면 필요시에 곧 설교준비, 성경공부, 선교회의 청소년 간담회, 헌신예배, 라디오나 텔리비젼

---

* Merrill, F. Unger 박사는 그의 Unger's *Bible Handbook* (Moody Press 刊)에서 항상 Archaeological Light (고고학적인 조명)을 곁들이고 있다.

52 제Ⅱ편 목회자의 생활

의 초청등 필요한 때에 무엇이든지 그 자료를 유용하게 이용할 수 있다.

목사가 신문이나 정기 간행물을 읽는데 투입(投入)하는 시간을 얼마나 할애할 것인가에 대해서는 의견이 분분하다. 그러나 분명한 것은 목사는 시사에 대해서 또한 그의 성도들이 읽는것에 대해서 알기를 원할 것인데, 블랙우드(Andrew Blackwood)는 점심을 들기위해 집에 가기까지 조간신문을 손에 들지않는 그러한 목사와 조간을 보지 않고는 결코 자리에 앉지 않는다는 규칙을 지켜나가는 그러한 목사에 대해서 말하고 있다. 그의 교단 간행지에서 부언하기를 목사는 일련의 정기간행물을 구독하기를 원하는데 즉 크리스챤의 생활에 대한 일반적인 독서를 위해서는 「Christianity today」* 신학부문에 대한 독서를 위해서는 「Bibliotheca Sacra」를 권장하고 있다. 흥미있는 시사에 대해서 가치있게 다루고 있는 잡지들은 「Parent's megazine」 「Saturday Review of Literature」 「Time」 「Newsweeks」등이 대표적인 것들이다.

4. 도서의 분류

목사가 도서를 좀 더 유용하게 활용하려면 도서분류 계획을 반드시 세워야 한다. 그렇지 않다면 그가 필요로 하는 자료를 찾지 못할 경우, 불필요한 시간을 빼앗기게 될 것이다. 목사는 그의 연구에 있어서 그 장소가 혼돈된 상태에 있지 않도록 신경을 써야한다. 연구하는 주변상황은 그의 모든 사역의 특징을 매우 잘 반영해 줄것이다. 만약 목사가 그러한 면에 부주의 하다면 그의 사역하는 부문에 있어서도 부주의한 것이 발견될 것이다. 그의 규칙적인 연구에 대해 진정한 연구에 대해 진정한 관심을 기울인다면 그의 연구의 활력소가 되는 도서에 대해서도 마찬가지로 큰 관심을 쏟지 않겠는가? 필자는 박사학위를 가지고 큰 교회를

* Christianity today 지는 지금 생명의 말씀사에서 판매 되고 있는 월간지 (Monthly)이다.

제3장 목사의 독서생활 53

시무하시는 어느 목사의 서재를 방문한 적이 있는데 그의 서재가 매우 혼잡한 상태에 있음을 보고 대단히 놀랐다. 그의 책상은 혼란하게 뒤범벅이 되어 있었다. 노트, 책, 서류, 잡지등이 그의 책상위에 난잡하게 널려 있었다. 언뜻 보기에 뭐가 뭔지 알 수 없을 정도였다. 이 목사는 그 교회에 오래 있지 못하고 더구나 오래지않아 목사의 직을 떠나 박사학위를 가진 그가 공립학교의 관리인 일을 하게 되었다. 그의 사역의 일반적인 특징이 그의 연구자세와 서재관리에 나타난다는 것임을 입증하는 한 예인 것이다.

목사는 서재관리에 대해서 깊은 관심을 가져야 한다. 책은 저절로 배열되는것이 아니다. 그의 도서가 점점 증가될 때에 정확한 분류계획을 세우지 않는다면 더욱 혼란하게 될 것이고 또한 그 책들을 능률적으로 활용하지 못하게 된다. 도서 규모가 작을때가 바로 이러한 일을 시작해야할 시기인 것이다. 그래서 도서가 확충되어짐에 따라 조리있는 정돈과 유용성있게 배열됨에 따라 진정한 기쁨을 맛보게 되는 것이다.

필자는 필자가 의도하는 바 준수해야 할 어떠한 분명한 계획을 제시하고자 하는것은 아니다. 다만 서재의 크기에 따라, 소유한 사람의 바람에 따라 가치있게 다양한 변화를 주는 계획들이 있을 수 있으나 다만 그러한 일반적인 원칙들을 주지해야 한다는 것이다. 목사는 그래서 그에게 있어서 가장 실용적이고 수년동안 신실하게 활용해 나갈 수 있는 계획을 선택해야 할 것이다. 의심할 나위없이 주제 별로 도서를 분류하는 것이 목사에게 있어서 가장 유용한 것이다. 오늘날 보편적으로 통용되고 있는 그러한 체계는 듀이의 십진 분류법, 도서 협의회 분류법, 시카고의 뉴베리 도서관에 의해 사용되고 있는 분류법, 콜럼비아 대학에 의해 개발된 분류법 등이 있다. 또한 좀 복잡한 분류법은 「the memory-omatic system」이 있다.

필자의 의견으로는 듀이의 십진분류법이 목사에게 가장 실용적인것 같다. 그것은 듀이(Melvil Dewey)가 Amherst college의 학생일 때에

1873년에 활용된 것이다. 이러한 분류법에 관심이 있다면 듀이(Dewey)의 책을 구해야 할 것인데 즉 "Abridged Decimal Classification and Relative Index, Forest press, Lake placid club, Essex country, New york."…… 등이다.

모이어(Elgin S. Moyer)는 그의 책「the pastor and his library」에서 목사에게 가장 적합한 방법을 언급하고 있는데 이러한 방법을 이용하고자 하는 목사는 모이어(Moyer)의 책을 읽어야 할 것이다.

필자는 초기에 위에서 언급한 분류법에 대해서 알지 못했는데, 주제별로 책을 분류하는 계획을 추진해 나갔다. 곧 12가지 주제별로 도서를 분류하는 계획을 수립해 나갔는데 일반 참고도서, 주석류, 역사, 선교, 고고학, 교리와 신학, 설교를 포함한 실천신학 부분, 성경에 관한 도서, 예언, 이교와 이단종파, 소책자와 잡록부문 등이다. 이 계획은 얼마간의 취약점도 있었으나 필자가 다른 학생에게 빌려주지 않았다면 원하는 책은 언제든지 찾아서 이용할 수 있었다.

5. 목사의 기본적인 필수도서들

목사가 복음주의적인 문헌 분야에 대하여 전문가에 의해 편집된 한 두개의 도서목록을 소유한다는 것은 대단히 유익하다. 예를들면 몇년전에 스미드(Wilbur M. Smith)박사에 의해서 '성경을 공부하는 학생들을 위한 필수도서 100선'*이라는 제하(題下)로「The Moody Monthly」에 연속 논고로 실렸었다. 후에 이 논고는「유익한 성경공부」라는 제목으로 책으로 발간 되었다. Smith 박사가 발췌한 이 목록은 그가 책을 선별하는데 있어서 적정한 인물이었으며 또한 그의 주의깊은 선별력 때문에 많은 사람들에게 폭넓은 공감을 얻을 수 있었다. 그 스미드 박사 자신 또

* *Moody Monthly*는 Moody Press에서 발간되는 월간잡지인데 지금 생명의 말씀사에서 판매되고 있다.

한 미국에서 기독교 문헌에 대한 가장 큰 개인서재를 가진 사람이었다. 많은 목사들이 이 목록을 통해서 매우 귀중한 조언을 얻게 되었던 것이다. 목사나 목사가 되고자 하는 사람이 추구할 좀 더 많은 상세한 도서목록을 갖기 위해서는 이 목록의 한계와 그 범위를 초월해야 함은 물론이다.

목사의 도서에 대하여 한 이십여 가지로 분류해서 기초가 되는 한 두 권의 책을 소개해 준다는 것은 많은 도움을 줄 것임을 확신하면서 아래와 같은 책을 소개해본다. 이것은 거의 모두 보수적인 입장에서 기술된 책 들이다.

성경 어떠하든지 목사의 도서중의 핵심은 성경이다. 재론의 여지없이 몇가지 역본을 가지고 있어야 할 것이다. 많은 도움을 주지만 특히 그것들은 말씀연구에 있어서 철저하고 광범위한 탐구를 하도록 그를 이끌어 주는 근본적인 기능을 가지고 있다. 좀더 철저한 연구를 원한다면 그는 오래전부터 애호되어 오던 성경들 중에서 하나로 선택하고자 할 것이다. 즉 Dickson Analytical Bible, Nave's Study Bible, The Thompson Chain Reference Bible, 혹은 The Scofield Reference Bible*등이 있다. 또한 어떤 이들은 그가 성경을 연구 할 때에 중요한 노트를 할 수 있도록 넓은 여백을 가진 성경을 원하기도 하는데 그럴 때에는 The Oxford wide Margin Bible이 대단히 좋은 것이다. 본문에 밑줄이나 많은 문단별 분할이나 각주들이 없는 성경은 광범위한 연구에 이용되어지는데 곧 앉은자리에서 몇장씩 읽어 내려갈 수 있는 그러한 성경을 말하는데 이런것은 아마 American Standard Version (이것은 현대문헌처럼 문단을 나누어 놓았다)은 우아하고 선명하게 인쇄되어 그러한 연구에 만족을 줄 것이다.

성구사전 성경 다음으로 목사는 그의 연구에 가장 큰 가치를 제공해

---

* *Scofield Reference Bible*은 Oxford Press에서 간행된 성경인데, 이성경은 세대주의(dispensationalism)적인 해석을 해나간 성경임을 유의하라.

주는 완전한 성구사전을 필요로 할 것이다. James Strong, Robert Young, 그리고 Alexander Cruden은 흠정역(K.J.V.)의 모든 용어색인을 완비하고 있다. M.C. Hazard는 American Standard Version의 용어색인을 완비하고 있다.

성경사전과 성경지도 목사의 서재에 *International Standard Bible Encyclopedia**(5권 지금 개정되고 있다)가 없다는 것은 생각할 수도 없다. 새로운 단권짜리 성경사전에 대해서는 *Unger's Bible Dictionary*, *The New Bible Dictionary* (N.B.D) 혹은 *Pictorical Bible Dictionary** 들이 선택될 만한 것들이다. *Baker's Bible Atlas*나 Helson B. Keyes의 *Story of the Bible World* 등이 성경연구에 있어서 지리지도로써 유익한 것이다.

성경연구 성경연구에 대해 유익을 주는 책들은 선별해 보면 Irving Jensen의 *Independent Bible Study*; Lloyd Perry and Walden Howard 의 *How to Study the Bible*; Wilbur M. Smith의 *Profitable Bible Study*"; Howard F. Vos의 *Effective Bible Study* 등이 크게 유익한 책들이다.

성경개론과 총론 : Samuel J. Schultz의 *The old testament speaks*가 구약개론의 목록 중에서 첫손가락에 꼽히며 Merrill C. Tenny "*New*

---

* *International Standard Bible Encyclopedia*는 4권으로 되어있는 사전인데 Eerdmans Publisher(어드만출판사)에서 간행한 폭 넓은 사전이다. 특히 성서교재 간행사에서 발간한 기독교대사전의 자료들이 I.S.B.E에서 뽑은 것들이 많다.

* *Pictorical Bible Dictionary*는 Zondervan Publishing House(존들반출판사)에서 간행된 5권으로 되어있는 사전인데 특히 고고학적인 설명이 잘 되어있다.

* Edward J. Young의 *An Introduction to the Old Testament*는 개혁주의 신행협회에서 구약총론이라고 해서 번역되었다.

* Everrtt, F. Harrison의 "*Introduction to the New Testament*"는 총신대 정성구박사에 의해 번역되어 세종문화사에서 간행됐으며(신약개론) 또한 Harrison은 "*Introduction to the Old Testament*"(구약개론)이라는 책도 썼다.

Testament Survey도 이 분야에서 괄목할 만한 책이다. 폭넓게 수용(受容)되는 두 구약개론으로는 (Old Testament Introduction) (정경성, 본문, 저작성, 저술연대 등에 대하여 논해 볼 때에) 엉거(Merrill, F. Unger)의 Introductory Guide to the Testament와 영(Edward J. Young)의 An Introduction to the Old Testament 이다.*

아처(Gleason Archer)의 새로운 Survey of Old Testament Introduction도 이 분야에 있어서 불멸의 걸작이다. 폭넓게 이용되던 티센 (Henry C. Thiessen)의 Introduction to the New Testament은 아마 간결하게 발행된 헤리슨(Everett, F. Harrison)의 Introduction to the New Testament*로 대체될 수도 있을 것이다.

주석 : 1955년 11월 월간 무디(Moody Monthly)에 의하면 목사들의 투표에 있어서 메튜헨리(Matthew Henry)의 6권으로 된 Commentary on the Bible이 가장 폭 넓게 이용되는 것으로 나타났다.*

그리고 주석의 종류에서 오래전부터 폭넓게 사용되어 오던 것들로는 랑게 주석과 제미슨, 포셋, 그리고 브라운 주석이 있다. 뉴우 인터내셔널 주석*과 틴들 출판사의 씨리즈 전질 주석은 요즘 매우 애용되고 있는 주석이다. 또한 새로운 단권주석으로는 New Bible Commentary와 Wycliffe Bible Commentary가 있다.

신학 : 이 분야에 있어서 기본적인 참고도서는 Baker's Dictionary of Theology*가 있으며 현재 통용되고 있는 다른 신학적 입장에서 쓴 훌륭한 개요서로는 홀덴(William E. Hordern)의 Layman's guide to protestant theology가 있다. 그것은 3가지 근본적인 종말론적 관점에

---

* 메튜헨리 주석은 번역되어 시중에서 판매되고 있다.
* New International Commentary는 Eerdmans Publisher(어드만 출판사)에서 간행된 주석인데 현재 생명의 말씀사에서 번역되어 나오고 있는 중이다.
* "Baker's Dictionary of Theology"는 Baker(베이커) 출판사에서 간행된 것으로 현재 '신학사전'이라고 번역되어 판매중에 있다.

서 고찰한 단권 저서로서 뛰어난 역작이다. Louis Berkhof의 「조직신학」*은 무천년설의 입장을 취했으며 A.H. Strong의 조직신학은 후천년설의 입장을, 그리고 티쎈(Henry C. Thiessen)의 「조직신학」은 전 천년설의 입장을 취하고 있다.

목사가 성도들과 함께 사역하면서 효과적으로 이용할 수 있는 성경교리에 대해서 가장 뛰어나게 설명을 해주는 책은 린드쎌(Harold Lindsell)과 우드브릿지(Charles Woodbridge)의 *A Handbook of christian true*이다.*

경건생활을 위한 도서들 성경연구의 다른 범주에 속한 부문에도 많은 책들이 있지만 이 부문에도 무수한 책들이 있다. 사랑받는 신앙심깊은 저자들 중에는 앤드류머레이, 맥라렌(Alexander Maclaren), 메이어(F.D. Meyer), 스펄젼(C.H. Spurgeon), 그리고 에드만(V.R. Edman) 등이 있다. 종교지도자들 중에서 투표에 의해 높이 평가된 저서들을 살펴보면 다음과 같은 서적들이 있다. 참고하여 보라.

번드(E.M. Bound)의 *Power Through Prayer, The Preacher and Prayer*; 존 번연의 *Pilgrim's Progress* (천로역정) ; 앤드류 머레이의 *The Prayer Life*; 앤드류 보나르의 *Memoirs of Mecheyne*; 크룸메커 *The Suffering Saviour*; 레인스 포드의 *Our Lord Prays for His own.* 등이다.

선교와 전도 : 외국 선교지에 대한 훌륭한 개론적인 입장에서 쓴 것으로는 티쎈(J.C. Thiessen)의 *A Survey of World Missions*이 있다. 미국 선교에 대해서는 건더(Peter Gunther)가 편집한 *The Fields at Home*을 들 수 있다. 또한 선교사역에 대한 예비적인 서적으로는 룩

---

* Louis Berkhof의 조직신학은 이미 번역되어 판매중이다.
* Henry C. Thiessen의 *Systematic theology* 「조직신학」은 생명의 말씀사에서 번역되어 판매중에 있다.
" Harold Lindsell, Charles Woodbridge의 *A Handbook of christian true*는 성경 교리 핸드북이라고 하여 혜문사에서 이미 번역되어 판매중이다.

(Harold Cook)의 *Missionary Life and Work*가 있으며 아드니(David Adeney)의 *The Unchanging Commission*은 선교의욕을 고취시켜 줄 것이다.

보스(Howard F. Vos)는 *Religions in a Changing World*라는 제목 아래 세계종교에 대해 이해할 수 있도록 참고서적을 편집해 내었다. 발렌(J.K. Van Baalen)의 *Chaos of the Cults*는 대부분의 주요종교들에 대해 취급하고 있다. 코난트(J.E. Conant's)의 *Every-Member Evangelism*은 교회의 복음전도 사명에 대해 논하고 있다. 개인전도자를 위한 많은 유익한 교훈을 주는 것으로는 벤톤(Robert H. Benton)과 맥카우리(J.C. Macaulay)가 쓴 *Personal Evangelism*과 토레이(R.A. Torrey)의 *How to bring men to christ* 그리고 도빈스(G.S. Dobbins)의 *Winning the children* 등이 있다.

기독교 교육: 기독교 교육의 급속한 발전과 더불어 근간이 되는 몇가지의 책을 선별한다는 것은 사실상 불가능한 일이나 목사가 숙고해야할 몇가지 서적들은 다음과 같다.

Wildon Crossland의 *Better leaders for your church*; Price Gwynn의 *Leadership Education in the Local Church*; Gerrit Verkuyl과 Harold Garner의 *Enriching teen-age worship*; Carol Carlson의 *Young People's Program Handbook*; Lavose A. Wallin의 *Keys for the Sunday school teacher*; Harold H. Ettling의 *unday School Administration*; Ken Anderson과 Morry Carlson의 *Games for all Occasions*; E.O. Harbin의 *The fun Encyclopedia and the Recreational Leader*; Marion Jacobsen의 *Good times for God's people*; 그리고 C.B. Eavey의 *History of Christian Education* 등이 있다.

음악: 찬송가학에 대한 훌륭한 저서들로는 베리(A.E. Bailey)의 *The Gospel in Hymns*, 라이덴(E.E. Ryden)의 *The story of chris-*

tian hymmody 그리고 헤게돈(Ivan Hagedorn)의 *Stories of Great Hymn writers* 등이 있다.

교회의 전반적인 프로그램에 있어서 음악의 위치에 대하여 고찰한 책 5권이 있는데 하술하는 바와 같다. 토마스(E.L. Thomas)의 *Music in Christian Education*, 아스톤(J.N. Ashton)의 *Music in Worship*, 헬터(Carl Halter)의 *The Practice of Sacred Music*과 필컬(Phil Kerr)의 *Music in Evangelism* 등이다.

교회사: 교회사 전 분야에 있어서 훌륭한 개요서로는 케른(Earle E. Cairn)의 *Christianity through the centuries*가 있으며 교회사에 영향을 끼친 인물에 대한 자전적 소개를 한 저서로는 모이어(Elgin, S. Moyer)의 *Who was who in church History*가 있다. 또한 브루스 (F.F. Bruce)는 *The Advance of christian through the centuries*라는 제목으로 어드만 출판사에서 교회사에 대한 몇권의 책을 편집했다. 또한 교회사에 대한 고전적인 작품을 들면 필립 샤프(Philip Schaff) 의 *History of the christian church*를 빼놓을 수 없다.

성서 고고학 성경본문(Biblical Context)의 고고학적 발견에 대해서 가치있게 언급하고 있는 책으로는 프리(Joseph, P. Free)의 *Archaeology and Bible History*가 있다.

엉거(Merrill, F. Unger) 박사는 성서고고학 전 분야에 대해서 두권의 책을 발간했는데, *Archaeology and the old testament*와 *Archaeology and the new Testament*이다. 톰슨(J.A. Thompson)의 신간 *The Bible and Archaeology*도 대단히 유익한 개요서이다.

핀겐(Jack Finegen)의 *Light from the Ancient Past*는 세속적인 역사적 배경과 함께 고고학적 발견을 화합해 주고 있다.

변증학 변증학 분야에 있어서 주요도서는 밴틸(Cornelius Vantil) 교수의 *The Defence of the faith* 씨리즈이다. 다른 입장에서 접근한 도서로는 카르넬(Edward J. Carnell)의 *An Introduction to christian*

제3장 목사의 독서생활 *61*

*Apologetics*가 있다. 이 분야에서 깊은 관심을 가지고 테니(Merrill, C. Tenney)가 편집한 *Word for this century*가 있으며 8사람의 크리스챤 저자들의 평론집으로 유익한 핸드북이 있는데 *Can I trust my Bible*이다. 이 책은 무디 출판사에서 출간되었다.

성경 원어들: 연구자들은 어학시간에 히브리어와 헬라어 공부를 위해 기초적인 도움을 얻게 될 것인데 특별히 부단한 연구에 유익한 4권의 책이 있는데 하술하는 것들이다. *Hebrew and English Lexicon of the old testament*, 이것은 브라운(F. Brown)과 드라이버(S.R. Driver)와 브리그스(Charles Briggs)에 의해 집필되었고 안트(W.F. Arndt)와 긴그리히(F.W. Gingrich)가 공동으로 편집한 「신약 성경의 헬영 분해사전」이 있으며 길드레스톤(R.B. Girdleston)이 쓴 「구약의 동의어」 그리고 트렌취(R.C. Trench)가 쓴 「신약의 동의어」가 있다.

기타의 서적들: 목회학, 설교학, 목회상담에 대한 많은 책들이 이 책의 각장 끝의 도서목록에 기록되어 있으며 성경의 특성 연구에 대한 가본적인 도서는 휘트(Alexander Whyte)가 쓴 「성경의 특성」 4권으로 된 개정판, 2권으로 된 개정판, 그리고 단권으로 된 개정판도 있다.

추 천 도 서

Allen, Clara B. "Expansion of Dewey 200," *Fuller Library Bulletin*, Number 7 and 8, July-December, 1950 (Pasadena, Calif.: Fuller Theological Seminary).

Bishop, William Warren. *Practical Handbook of Library Cataloging*. Baltimore: Williams and Wilkins Co., ca. 1927.

Colton, C.E. *The Minister's Mission*. Rev. ed. Grand Rapids, Mich.: Zondervan Publishing House, 1961. Chap. 18.

Dewey, Melvil. *Decimal Classification and Relative Index*. Lake Placid Club, Essex County, New York: Forest Press, Inc., revised in 1952.

──, *Abridged Decimal Classification and Relative Index*. 6th ed. Lake Placid Club, Essex County, New York: Forest Press, Inc., 1915.

Douglas, Clara and Lehide, Constance. *Book Repairing—New Ideas from the Bindery*. Seattle, Washington: University of Washington, 1940.

Elliott, Leslie Robinson. *The Efficiency Filing System*. Nashville: Broadman Press, ca. 1951. (Rev. ed., 1959.)

Miller, Zana. *How to Organize a Library*. 10th ed. revised. Buffalo, N.Y.: Library Bureau, Remington Rand, Inc., 1941.

Moyer, Elgin S. *The Pastor and His Library*. Chicago: Moody Press, 1953.

Smith, Wilbur M. *Profitable Study*. Revised ed. Boston: W.A. Wilde Co., 1951.

Wardell, Don. *Filing and Indexing*. London, Ontario: Published by the author, 1947.

제 4 장

목사의 윤리생활

　사전(辭典)에 의하면 윤리학(倫理學)이란 도덕적 의무와 이상적(理想的)인 인간성에 대한 학문이라고 한다. 그것은 고유한 관례와 행위 규범을 가지고 있는 것이다. 목사의 윤리라는 것은 그가 관여하는 모든 것에서 목사의 행위(行爲)에 관한 것이다. 모든 복음의 사역자들은 신사다워야 당연한 것처럼 사람들은 항상 인식했다. 그러나 어떤 사람들은 다른 사람보는 더 신사답게 행동하는 것과 같이 목사의 생활속에서 마땅히 나타나야 하는 은혜스러움을 다른 사람보다 완전하게 나타내고 있다. 특히 모든 목사가 준수해야 하는 일반적인 예의와 관례가 있는 것이다. 이 장(章)에서 의도하는 바가 바로 그러한 부문에 대한 몇가지 실례들을 보여주고, 그것들을 각각 실증하려고 하는 것이다.
　목사는 자신이 관계하는 사실에 대해 윤리적 책임을 가지고 있는데 그러한 사항에 대하여 다음과 같이 네가지 국면으로 나누어서 논하고자 한다.
　첫째, 동료 목회자(목사)들과의 관계에 대하여. 둘째, 성도들과의 관계에 대하여. 세째, 사회와의 관계에 대하여. 네째, 소속한 교단과 단체에 대하여.

1. 동료 목회자(목사)와의 관계에 대하여

　목사는 자신의 안녕과 행복을 위하여, 사역의 영예를 위하여, 그의 영향력을 위하여 다른 목사들에 대한 자신의 처신에 대하여 깊은 관심을 기울여야 할 필요가 있다. 이러한 점에 있어서 다음의 문제들은 대단히 중요한 일이다.

1) 목사는 다른 목사의 설교에 대하여 관심있는 청취가 필요하다. 목사들은 같은 동료요, 한분이신 주님의 종으로서의 사역자요, 같은 사역을 감당해 가며 주님을 위한 사역이라는 같은 사역자의 위치에 있는 것이다. 그러므로 다른 목사가 설교할 때에 그들에 대해서 깊은 고찰을 해야 한다. 방문한 설교자의 설교가 약간 지루하고 무미건조할지 모르나 그것은 그곳의 목사에게도 마찬가지이다. 어떤 목사들은 단지 그들이 설교하는 중에만 예배에 관심을 기울이는 것 같다. 그러나 그가 설교하는 그곳이야말로 황금률이 이행되어야 하는 가장 적절한 곳이라는 사실을 알아야 한다. 필자는 가끔 청중들의 마음 속에, 몇 주, 혹은 몇 달동안 애써 준비한 메세지를 가지고 자신의 전 마음을 쏟아놓는 교우 목사(a brother minister)의 면전에서 교우들과 어떠한 문제를 협의하고 있는 목사들을 보고 놀라기도 한다. 어떤 문제를, 설사 그것이 긴급한 문제였다고 할찌라도, 설교자가 보이지 않는 곳에서 하여야 할 것이다.

방문한 목사의 메세지에 대하여 관심을 기울이지 않는다는 것은 무례함을 나타내는 것이요, 하나님의 사역자로서 부끄러운 일이 아닐 수 없다. 그러한 문제들로 인해 동료목사의 반감을 유발시키는 일이 생길 수 있으며 또한 자신의 영혼을 메마르게 한다. 목사가 성도들에게 좋은 본이 되는 것 중의 하나가 바로 다른 목사가 설교할 때 관심을 기울여 청취하는 것이다.

2) 목사는 동료 목사로부터의 회답을 신속하게 하는 습관을 가져야한다. 이러한 일은 가능한한 모든 서신들에 대해서도 마찬가지이다. 그러나 특별히 동료 목사들에게 있어서는 더욱 중요한 것이다. 어떠한 목사이든지 다른 목사에게 편지를 하는 시간을 갖게 되었을 때, 그가 쓰는바의 내용은 그에게 있어서 대단히 중요한 일인 것이다. 그의 편지는

제4장 목사의 윤리생활 65

가능한한 신속히 응답되어져야 한다. 어떠한 목사는 거의 편지를 쓰지 않는데 이러한 홈은 곧 널리 퍼지며 그러한 일에 있어서 지체하는 목사는 그의 동역자들의 눈에서 벗어나게 된다.

신속하게 회답하지 못하는 것은 부주의한 일이다. 지체하기 보다는 신속하게 답장해야 한다. 후에 답장한다는 것은 사실상 더욱 지체되기 마련인데 그 지체하는 것 때문에 목사는 그 서신의 내용에 대해서 다시금 기억을 되살려 새롭게 해야 하며 동시에 신속히 답장을 띄우지 못함에 대하여 사과까지 해야 되기 때문이다. 그러므로 목사는 그의 서신에 대하여 관심과 주의를 기울여 신속하게 답장하는 버릇을 길러야 한다. 이러한 문제에 둔한 목사는 그의 사역의 여러 부문에서도 항상 지체하는 버릇을 버리지 못할 것임은 자명한 일이다.

3) 목사는 빌려온 책은 신속히 돌려주는 습관을 가져야 한다. 목사들은 책에 대해서 관심이 매우 높으나 대부분이 자신이 원하는 대로 책을 구입할 수 없는 형편이다. 그러므로 종종 그들은 절판되었거나, 살 여유가 없는 동료 목사들이 소유하고 있는 책을 빌려 보고자 한다. 그러나 책을 빌려온 목사는 부당하게 편익(便益)을 누려서는 안되며, 특히 빌려온 자료가 동료 목사에게 필요한 것이라면 적정 시간을 경과하도록 그것을 가지고 있어서는 안 된다. 여러분은 왜 그 빌려온 책을 사용하고 되돌려 주어야 할 그 날자를 여러분들의 카렌다에 표기하지 않는가? 이것은 그 책을 반환해야 할 시기를 기억하는데 도움을 주는 좋은 방법이다. 또한 빌려온 책이 자기의 책과 뒤섞이기 쉬우며 이로 인해 너무 오랜 시간이 경과할 때까지 찾지 못하는 일이 생길 수도 있기 때문이다.

필자는 20년 전에 훌륭한 복음전도자가 빌려간 한권의 책의 반환을 아직 기다리고 있는데 그 복음전도자는 어떤 집회에서 다음과 같이 말한바 있다고 한다. "다른 사람들로부터 빌려온 책을 그들에게 반환하지 않고 또한 다른 사람에게 베풀어야 할 재정적 의무에 대해서 무관심한 것은 죄악이다."

빌리는 습관은 매우 사려깊은 주의가 필요하다. 이러한 문제에 둔한 하다면 그의 사역을 해 나감에 큰 장애가 될 것이다.

4) 목사가 목사직을 떠나게 될 때, 그는 그의 후임자의 일에 쓸데없이 간섭하는 일이 없도록 주의해야 한다. 목사가 그의 직을 떠나게 될 때, 그의 성도들은 후임목사의 보호 아래 남아 있는 것이다. 전임목사가 그가 떠난 교회의 성도들에게 교회 안에서 일어난 어떠한 일에 대해서 그의 생각을 피력하면서 서신을 띄우는 것은 대단히 현명치 못한 일이다. 목사의 사역에 대해 성도들에게 불신감을 갖게 한다는 것은, 그래서 성도들 사이에 불만족함을 야기시킨다는 것은 결코 좋은 일이 될 수 없는 것이다. 의학업계에 있어서 비록 그들이 다른 마을이나 도시에서 영업하고 있을찌라도, 동료 의사를 비평하는 의사는 보기 힘들다. 더구나 그런 비평주의에 대해 어떠한 정당함을 입증하는 듯한 일도 마찬가지이다. 그러한 비평주의는 반 윤리적인 일로 사려된다. 기독교의 목사들에게 있어서도 이러한 문제에 있어서 훌륭한 모범을 보여야 한다.

이제 이러한 목회윤리의 위반 사례들을 살펴보자. 한 젊은 목사가 그의 첫 목사직에 임하면서 심각한 애로사항에 대해서 필자에게 털어놓은 적이 있는데, 나이 많은 전임목사가 그 교회에서 일어나는 어떠한 일들에 대해서 자신의 생각을 피력하면서 성도들에게 편지를 계속한다는 것이다. 그 생각들이란 신임목사가 행해가는 그 사역에 대해 생각하는 자기의 관점과는 약간 의견이 일치되지 않는다는 것이었다. 그런데, 두사람 모두 복음주의자였으며 그 차이는 근본적인 문제의 불일치가 아니었다. 그 늙은 목사는 불화를 조장하는 잘못을 저지르고 있었던 것이다.

만약 목사가(퇴역목사) 전임교회의 성도들에게 편지를 쓰고자 함에 있어서 지켜야 할 올바른 규칙은 "현재의 목사가 읽어서 달갑지 않을 문제들은 결코 쓰지 말아야 하는 것이다." 또한 그는 성도들에게 쓴 편지를 반드시 복사해서 그 사본을 현재의 목사에게도 보내야만 한다. 진

제 4 장 목사의 윤리생활 67

실로 열의있는 목사는 그가 최근에 떠난 교회의 일에 대해서 어떠한 지도를 하려고 하지 않으며, 새로 받은 사역에 대해서도 자기가 할 수 있는 모든 능력을 발휘하여 행해갈 것이다. 그러나 생일축하서신, 크리스마스카드 등의 축하의 카드 등의 카드나 서신은 누구에게든지, 어느 곳에든지 항상 할 수 있다.

5) 어떤 목사가 자기의 이전의 목사직을 다시 맡게 되었을 때, 성도들을 방문하기에 앞서서 먼저 현재의 목사를 방문하는 것이 마땅한 일이요, 예의있는 일이다. 그러한 사려깊은 행동은 어떠한 의혹감을 없게 해주며 현재의 목사에게도 매우 좋은 감정을 갖게 해 줄 것이다.

지속성있는 친분은 종종 한 목사가 오랜기간 동안에 한 곳에 있게 될 때에 이루어진다. 그가 인근에 있게 된다면 그들은 방문하지 못할 이유는 없다. 그러나 확실히 그곳에서 시무하고 있는 목사에게 자기가 그 지역내에 있다고 알려야 할 것이다. 성도들로부터의 방문보다 먼저 전임목사 자신으로 부터의 그러한 방문을 받게 된다는 것은 신임 목사에게 대단한 기쁨을 주게 될 것이다. 이러한 행동은 사려깊은 옳은 일이며, 다정한 관계의 형성을 촉진시켜 줄 것이다.

6) 모든 목사는 전임자에 대해 비방하는 일을 철저히 금해야 한다. 이러한 문제에 있어서 실수를 저지르게 된다면 조만간 현재의 목사에게 불미스럽게 되돌아 오게 된다. 어떠하든지 그가 전임 목사에 대해 비난을 하게 될 때, 그 성도들 중에는 전임 목사와 매우 친근한 사람이 있을 가능성을 배제하지 말아야 한다. 비난함으로 인해 좋은 결과를 가져오지 못함은 명백한 일인데 왜 처음부터 적대감을 유발시키려 하는가? 목사의 사역에 있어서 개인이란 종종 기대에 어긋난 행동을 할 수 있으나 목사의 사역은 명예스러운 일이며 그러한 사람을 비난한다는 것은 그의 사역에 먹칠을 하는 것이다. 그러한 실수는 곧 성령의 열매의 부족함을 나타내는 것이다(갈 5 : 22). 비평은 목사나 모든 사람들을 분리시키는 그러한 독설의 악을 쉽게 유발시킨다.

7) 목사가 장례식이나 장례식에 임하게 되어 이전의 사역지로 다시 초청을 받게 되었을 때 그는 현재의 담임목사가 그 예배에 참여하도록 초대되어야 함을 권고해야 한다. 물론 현재의 담임 목사가 와중이거나 출타중일 때는, 이것이 불가능 할 것이다.

대부분의 경우에 있어서 목사는 현재의 담임목사가 이러한 일들을 보살펴 주기를 원할 것이다. 그러나 감상적 이유로 인해 어떤 특정인물에게 깊은 애착을 갖는 그러한 사람들도 있다. 어떤 특별한 경우에 있어서 이전의 담임목사를 소개하고자 하는 그러한 사람이 있을 때에 그는 반드시 현재의 목사와 상의해야 하며, 가능하다면, 그가 이 예배에 있어서 일익을 담당해 줄 것을 권고해야 할 것이다. 이전의 담임목사는 그의 능력껏 어떤 곤란한 문제를 해결해야 할 것이며, 그가 현재의 담임목사에게 깊은 관심을 보이고 있음을 보여야 할 것이다.

8) 목사가 그의 교회를 떠나 있게 됐을 때, 그리고 어떤 특정한 인물이 그를 대신하여 설교를 맡도록 초청되었을 때 목사는 그 대리자의 사역에 대해 적정한 사례를 해야 한다는 것을 확실히 해야 한다. 이런 일에 있어서 부주의한 교회들도 있다. 또한 그들은 무엇이 적정한 것인가에 대해 잘 이해하지 못한다. 교회에 있어서 설교사역에 대한 사례 지불 정책은 실로 다양하다. 그러나 어떠한 경우에 있어서도 그러한 사례의 지불을 배려해야 한다는 것은 교회의 직무이다. 또한 그것은 목사의 직무이기도 한 것이다. 이 방법이야 어떻든지, 초대받은 목사는 그의 사역에 대해 적절하게 사례되어야 한다. 이러한 일에 대해서 배려하는 일이 교회의 직무라고 할찌라도 목사는 그러한 일이 무시되지 않도록 확실히 해줘야 한다. 또한 그것이 곧 목사의 책무라고 할 것 같으면 그는 그것을 신속하게 배려해 주어야 한다.

9) 예의상 방문한 목사가 담임목사를 대신해서 설교를 요청받았을 때는 재정상 책임은 없다. 예를들면 어떤 목사가 휴가중에 자매교회의 예배에 임하게 됐을 때 목사가 그에게 설교를 부탁했다면 그는 사례를 받

제 4 장 목사의 윤리생활 69

아야 할 어떤 이유가 없다. 그러한 점에서 이런 교회는 방문한 목사에게 진정한 기쁨을 느끼게 될 것이다. 왜냐하면 그것은 그에게 새로운 성도들과 친숙하게 해주며 또한 성도들도 그와 친밀하게 되기 때문이다. 물론 그 담임목사도 위의 목사의 경우에 있게 되었을 때 그렇게 해주도록 요청받았을 때는 그 사역에 대해 기꺼이 보답해야 한다.

10) 목사들이 어떤 교회에 방문하게 됐을 때, 그 담임목사는 그들에게 설교를 부탁해야 하는 어떤 의무감을 가져서는 안된다. 그렇게 한다면 이미 공지(公知)한 순서에 방해가 되기 때문이다. 이미 공지한 주제에 대해 듣고자 기대하며 참석해 있는 사람들도 있는데 그들을 실망시킨다는 것은 현명하지 못한 일이다. 많은 교회들이 수시로 방문한 목사들이 참석하기도 하는데 만약에 목사가 그들에게 늘 위임하고자 한다면 그는 건설적인 순서를 진행해 나갈 수가 없다. 방문한 목사에 대한 간결한 공지는 대단히 유익하며, 혹은 담임목사는 그에게 성경봉독이나 기도를 의뢰함으로서 예배에 참여하도록 하는 것은 대개 원할 것이나, 그러나 방문한 목사에게 설교를 의뢰하고자 원할 때, 특히 그가 온다는 것이 이미 알려졌을 때에는 적절한 시기가 될 수 있을 것이다. 목사는 성도들이 단지 그에게서만 설교를 듣기 원한다고 생각해서는 안될 것이다.

11) 목사는 질투로 인해 그의 자세가 흔들리지 않도록 항상 조심해야 한다. 목사도 인간이므로 어떠한 위치나 성공을 바라기 쉽다. 다른 목사의 교회에 있는 잔디가 더 푸르게 보이는 것처럼 목사들은 왜 다른 목사들은 자기늘보다 큰 교회에서 더 많은 사례를 받는지, 또한 그들은 그렇지 못한데 다른 사람들은 지도적 위치에 있는지 종종 기이히 여기곤 한다. 그러한 의혹은 쉽게 질투로 화하게 되는데 그런 일에 대해서 세익스피어가 한 말은 의미가 깊다. "질투심은 그들이 먹고 사는 음식까지도 조롱한다." 질투는 교만의 악한 모형이며 교만은 멸망의 선봉이다.

사도 바울은 목사들의 그러한 관념에 대하여 적절한 교훈을 주고 있는데 다른 사람에 대해서 은당한 자세를 유지하도록 권고하고 있다. 고전 4:6—7에서 그는 "서로 대적하여 교만한 마음을 갖지 말라, 누가 너를 구별하였느뇨, 네게 있는 것 중에 받지 아니한 것이 무엇이뇨? 네가 받았은즉 어찌하여 받지 아니한 것 같이 자랑하느뇨?"라고 권고하고 있다. 상술한 사도 바울의 권고는 모든 목사들이 주님께서 그들에게 의탁하신 그 위치에 만족해야 할 것을 명백히 가르쳐 주고 있다. 하나님은 어떤이들은 높은 위치에 있게 하였다. 또한 어떤이들에게는 많은 재능을 주셨고 어떤이들에게는 적은 재능을 주셨다. 그의 직임(職任)이 크든지 작든지 간에, 주님께서 그에게 맡기신 그 직무를 실행해 가는 그 신실함에 따라서 보응받게 될 것이다(고전 4:2을 보라). 이것은 목사들이 깨달아야 하는 중요한 교훈인 것이다. 우리들 중에 누가 그의 마음 속에 "질투심"의 사악한 활동을 경험하지 못했던가? 우리 모두 동료 목사의 성공에 함께 기뻐하며 또한 우리를 위한 하나님의 뜻이라면 낮은 위치라도 기꺼이 받아 들이자.

12) 신임 목사는 그가 새로이 대하는 성도들에 대하여, 먼저 하나님의 일에 대하여 어떤 건설적인 훈련을 받지 못했을 것이라는 가정(假定) 아래 그렇기 때문에 처음부터 다시 시작해야 한다는 그러한 생각과 행동에 주의해야 할 필요가 있다. 그는 이제 어두운 시대는 지나갔고, 새로운 개혁이 일어나야 한다는 그러한 인상을 주지 않도록 유의해야만 한다.

그가 직면하고 있는 상황은 그에게 그러한 급격한 변혁이 필요하다는 느낌을 주게 될찌라도 그러한 감정은 자기 홀로 지니고 있는 것이 매우 현명한 일이다. 의심할 나위 없이 전임자가 있던 그 교회에는 신임목사의 급격한 변화를 시도하는 그러한 행위에 대해 분노를 느끼는 완고한 성도들도 있는 것이다. 전임 목사의 과거의 실수가 확증적이라 할찌라도 전임 목사의 사역을 가볍게 그리고 하찮게 여기는 것은 현재의 신임

목사의 사역을 더욱 어렵게 할 것이며 결코 좋은 결과를 가져오지 못하게 할 것이다. 행해져야 할 필요가 있는 것은 계속 추진해 나가자, 또한 지나간 것은 지나간 것으로 내버려두자. 그러면 목사와 모든 성도들은 좀 더 평안을 느끼게 되리라.

2. 성도들과의 관계에 대하여

목사가 성도들과의 관계에 있어서 지켜야 할 윤리 규범들이 있는데 그것은 다음과 같다.

1) 그는 그 성도들과의 교제에 있어서 결코 편벽됨이 없어야 한다. 그는 교회의 특정한 그룹에 대해서 편애해서는 안된다. 그는 곧 교회의 일부분이 아닌 전 교회의 목사인 것을 알아야 한다. 그는 참으로 젊은 층들에게 깊은 관심을 가져야 하나 나이든 계층에게도 소홀해서는 안된다. 또한 그는 남성층에게도 관심을 기울여야 하지만 여성들의 조직에도 관심을 투입해야 한다. 필자는 일전(日前)에 극도로 어린이들을 선호(選好)하는, 그래서 교회의 전 프로그램을 어린이들에게 맞추어가는 정도에까지 이르러, 장년층에게는 그들을 위한 프로그램이 거의 없다고 느끼지는 결과를 가져온 어떤 목사를 본 적이 있었다. 거기에는 어린이 성가대, 어린이 설교들, 어린이 프로그램들, 어린이 협회들, 어린이 소풍, 매일의 여가, 성경학교 등 그외의 일들로서 향하고 있었다. 재고해 볼 때 프로그램은 완전히 균형을 잃고 있었다. 교회는 그러한 타입의 프로그램에 지쳤고, 그 목사는 떠나게 되었다. 목사는 교회생활의 전부분에 적절한 관심을 기울여야 한다. 그렇게 하는 것이 그가 모든 성도들과 그들의 조직에 있어서 좋은 목회자가 될 것이다.

2) 그는 그에게 의탁된 것에 대하여 신뢰를 잃지 말아야 한다. 그는 이런 일에 있어서 빗나가서는 안된다. 개인 개인의 성도들은 다른 사람과 심지어 그의 아내에게까지도 상의하지 않은 어떤 기도제목과 상담

의 문제들을 그와 함께 나누고자 하는 그러한 일들이 있다. 목사가 사역하는 그 특수한 환경의 관계는 그렇게 그에게 위임된 사실의 심각성을 나타내고 있다. 목사는 그에게 들어온 성도들의 비밀을 결코 발설해서는 안된다. 그는 입이 무거운 사람이어야 하고 동정심이 많아야 한다.

만약에 목사가 그에게 맡겨진 일이 있어서 신뢰성을 잃게 되었을 때 그의 사역은 크게 손실을 당하게 될 것이다. 그는 절실히 그의 도움이 필요한 사람을 도와줄 특권을 더 이상 누리지 못할 것이다. 왜냐하면, 그들은 목사를 신뢰할 수 없다고 생각하기 때문에 그에게 찾아오지 않는다. 실로 목사는 매우 어려운 입장(in a bad light)에 처하게 되고 마는 것이다. 성도들이 그들의 목사(牧師)를 믿을 수 없다면 그들은 누구를 믿겠는가?

3) 교회의 성도들을 대함에 있어서 목사의 자세가 오만하거나 독재적이어서는 안 된다. 성경은 그러한 태도를 엄격히 금하고 있으며 어느 곳에 한 사람이 그러한 마음을 가졌다면 그 곳의 열 사람은 파멸을 보게 될 것이다. 목사는 그들에게 명령하여서가 아니라 그들의 복이 되어서 성도들에게 목사로 불리워야 하는 것이다. 모든 목사는 벧전 5:1-4의 말씀을 숙고해야 할 것이다. 특히 2절과 3절을 주목하여 보라. "너희 중에 있는 하나님의 양무리를 치되 부득이 함으로 하지 말고 오직 하나님의 뜻을 좇아 자원함으로 하며 더러운 이를 위하여 하지 말고 오직 즐거운 뜻으로 하며 맡기운 자들에게 주장하는 자세로 하지 말고 오직 양무리의 본이 되라." 이러한 교훈을 어기고도 잘 되어가는 듯한 목사들도 있는데 그의 잘됨은 결코 그들의 주장하는 자세로 인하여 잘된 것이 아님을 알아야 한다.

4) 목사는 성도들 중에서 여성들에 대한 자신의 행동을 항상 주의하여 살펴 볼 필요가 있다. 그는 그들에게 손을 대어서는 안된다. 많은 목사들이 이성에 대해 악수를 하거나 등을 두드리는 것과 같은 일련의 단

순한 일로 인하여 존경과 감화력을 잃게 된 경우도 없지 않다. 이 점에 대하여 하르몬(Nolan Harmon)의 저서 *Ministrial Ethics and Etiquett** 에 잘 적혀 있다. "여성들과의 친밀함은 전적으로 금해야 한다. 목사는 특히 젊은 목사는 아무리 결백한 마음일찌라도 여성들에게, 특히 젊은 여성들에게 손을 댄다는 것은, 가장 조심하여야 할 일로 생각한다."

목사는 아주 긴급한 용무 외에는 여성과 홀로 차를 타는 것을 금해야 한다. 그 도시의 사람들은 이런 것을 볼 때 무엇에다 풍자하겠는가? 그는 또한 심지어 용무상의 일일찌라도 자주 여성과 홀로 만나는 것도 금해야 한다. 그러한 행동에 대해 위험이 없다고 생각하다가 —분명 여성과 홀로 순수한 만남에 기인하여— 유혹에 넘어진 목사들을 기록을 통하여 많이 보게 된다.

이성과의 관계에 있어서 좋은 방법중의 하나는 그의 성도들에게 목사가 자신의 부인을 사랑하며, 존경하며, 아낀다는 사실을 빈번히 그리고 여러가지 방법으로서 알게 하는 것이다. 그렇게 하지 못할 증거가 나타날 때, 목사의 어떠한 문제도 고려하지 않고 목사에게 비극의 결과를 초래하게 할 그러한 여성들이 있게 되는 것이다.

5) 몇주 동안에 성도들의 모든 폐습을 바로잡을 수 없다는 사실을 기억해야 할 것이다. (조급하지 말라)

인내는 목사가 구비해야 할 중요한 덕목이다. 목사가 새로운 교회에 부임하게 됐을 때, 그는 시정해야 된다고 느끼는 일들을 보게 될 것이다. 젊고 경험이 적은 목사는 때때로 그런 요망사항에 대해 급격하게 단초한 방법으로써 실행에 옮기고자 하는 마음을 갖게 된다. 아이런싸이드(Harry Ironside) 박사는 이를 가리켜 "맹렬한 방법"이라 하며 그러한 방법은 수년에 걸쳐 점차적으로 시정하는 것보다, 더 큰 손실을 초래하게 된다는 사실을 지적하면서 그러한 방법에 대한 반론을 제시하고 있다.

---

* 역자주 "목회적 윤리와 예절"

74 제 I 편 목회자의 생활

더 좋은 방법이 있으니, 하나님의 말씀 안에서 시간을 가지고 성도들을 가르쳐라. 그러한 방법이 당신에게 필요한 변모를 가져다 줄 것이다. 말씀으로 그러한 일이 이루어 졌을 때 그것은 가장 효과적으로 변모를 가져온 것이라 할 수 있다. 필자는 이러한 실례(實例)를 본 적이 있다. 한 젊은 목사가 새로운 임지로 가게 되었는데 그곳에서 그는 그가 결코 용납할 수 없는 상황을 대하게 되었다. 그것은 교회가 세속적인 방법으로 돈을 마련하는 것을 발견한 것이었는데 그는 그것을 그고 깊은 슬픔에 빠졌다. 교회사업이 어떻게 재정적으로 지원되어야 하는가에 대해, 그는 성실하게 하나님의 말씀이 말하고 있는 바를 가르쳐 나갔다. 그 결과 얼마 안가서 성도들은 그들의 잘못을 깨달았고 가장 적절한 변화의 방법에 대하여 그 목사에게 의견을 묻게 되었다. 그래서 알력이나 어떠한 고통이나 어려움없이 그 문제가 해결되었던 것이다. 변화는 그 교회에서와 같이 항상 쉽게 되어지는 것은 아니다. 그래서 목사는 변화를 위해서 너무 조급하게 행동하지 않도록 잘 처리해야 한다. 변화를 위해서 육적인 활동에 의지하기 보다는 하나님의 말씀을 통하여 이루기 위해 적절한 시간적 여유를 갖는 것이 좀 더 나은 결과를 수반할 것이다.

6) 목사는 성도들의 이름을 부르는 것과 같은 친밀함에 있어서 지나치지 않도록 자중하는 지혜를 보여 주여야 할 것이다. 하나님의 교회에서 존엄성(dignity)은 반드시 유지되고 보호되야 한다. 성도들에게 John이나 Mary 보다는 Mr. Jones나 혹은 Mrs. Brown으로 부르는 것이 더 좋은 일이 아니겠는가? 다른 성도들에게는 그렇지 않으면서 일부의 성도들의 이름을 부른다면 조만간 목사는 편애한다는 원성을 듣게 될 것이다. 모든 성도들을 동등하게 대하는 것은 매우 좋은 일이다. 어린이들과 젊은 청년들과 이야기할 때는 물론 이름을 부르는 것이 적절할 것이다.

7) 목사는 교회의 성도들이 자신이나 사모에게 대해 이름을 부르는

제4장 목사의 윤리생활 75

일이 없도록 제지해야 한다. 목사는 성도들과 지역사회에 있어서 그의 이름 이상의 신분에 있는 사람임을 알아야 한다. 그는 귀한 직임(職任)을 맡은 사람이며 일반화되는 것으로부터 자신을 지켜야 한다. 그는 양무리의 목사인 것이다. "목사"라는 칭호보다 그에게 지칭되는 더 좋은 말이 어디 있겠는가?

이런 점에서 요즘 보편적으로 사용되는 목사님이라는 말에 대해서 의문을 가지게 될 것이다. "Reverend"(목사님)이란 말은 성경 중에 단 한번 나타나는데 이것은 하나님과 연관된 것이다. "그 이름이 거룩하시고 지존하시도다"(시 111:9). 그러므로 복음의 사역자에게 그것을 적용한다는 것은 성경적 근거가 없다는 것을 쉽게 알 수 있다. 그러나 그 단어의 사용은 불경한 뜻이 아닌 목회자에게 적용된 칭호가 되었다. 목사가 "Reverend"로 불리우는 것을 반겨하지 않더라도, 그런 일을 문제삼지 않는 것이 좋을 것이다. 1959년 5월 11일 『Christianity today』에 Fuller 신학교 교수인 라소르(William S. Lasor)가 "Reverend"의 사용에 관한 흥미있는 논고를 썼는데 그것은 다음과 같다.

「칭호로서의 'Reverend'의 사용은, 실로 나의 치아 안에 모래가 낀 것 같은 느낌을 준다. 당신이 사전을 찾는 수고를 한다면 'Reverend'란, 칭호가 아니라 '바시'처럼 '존귀하신'과 같은 형용사형인 것을 발견하게 될 것이다. 'Reverend'를 성(the last name) 앞에 사용한다는 것은 (Reverend Ladd), 성을 홀로 사용하는 것과 같이 무례한 일이다. 당신은 "Reverend Rasmuisen" 보다 "Sloppy Johnson", 혹은 "Skinny Jones"라고 하는 것이 더 좋을 것이다. 'Reverend' 사용의 몇가지 바른 방법의 모색은 가능하다.

"the Reverend George Smith" "the Reverend Poctor Booth" "the Reverend Professor Harrison," 그 말을 떼고 그냥 "Mister Jones"(존스씨)나 "Professor Longbeard"(롱비어드 교수)라고

표현하는 것이 옳을 것 같다. 한 가지 좋은 방법은 처음으로 소개되는 연사가 그 곳에서 강연하게 되었을 때 '전 칭호'(the full title)를 붙이는 것이다.

(Our guest speaker this morning is the Reverend Professor I.M. Longwinded, Ph.D.) (오늘 아침 우리들의 초청연사는 교수, 롱윈디드 박사 입니다). 그러면서 아주 간결한 방법으로는 교수, 혹은 박사 Longwinded(롱윈디드)라고 그를 소개하는 것이다. 결국 그것을 뜻했든지, 그렇지 못했든지 신실해야 하리라"]*

8) 목사는 성내거나 불쾌한 내색 없이 비평받는 것을 배워야 한다. 불행하게도, 어떤 목사들은 남에게서 비평을 들을 때 크게 흥분하고 성내기를 잘한다. 이러한 자세는 그가 목회하는 동안 많은 불행의 시간들을 가져다 줄 것이다. 그가 주님처럼 되기를 원한다면, 그 목사는 완전히 다른 태도를 지녀야 할 것이다. 비평이 옳다면, 그는 그 비평으로 인해, 또한 비평을 받음으로 인하여 유익이 됨을 하나님께 감사를 드려야만 한다. 비평이 옳지 않은 것이라면, 목사는, 우리를 위해 비평을 당하셔도 성내거나 불평 한마디 없이 인내하신 우리 주님을 기억하면서 그것을 견디어 낼 수 있도록 하나님께 은혜를 구해야 할 것이다(사 53 : 7).

9) 목사는 가르침과 설교에 있어서 항상 확신 속에 있어서 진실해야 하며, 사랑하는 마음으로 그것을 행해나가야 한다. 그러한 사람으로 몰간(G. Campbell, Morgan)을 아는데, 그는 지옥에 대한 설교를 주의깊게 듣던 유일한 사람이었으며 그때의 설교자가 바로 무디(Dwight L. Moody) 목사인데 무디 목사가 그 주제에 대해 설교할 때 그의 눈에서 눈물을 흘리기 까지 열정이셨다는 것을 그 이유로 내세웠다. 그는 사랑을 가지고 자신의 깊은 확신을 설파하였다. 대부분의 목사들이 자신들

---

* In Theology New and Notes, 10, 1958.

제 4 장 목사의 윤리생활 77

이 확신한 바를 증거하는데 있어서 그리스도의 긍휼하심을 상실하고 있다. 그리스도의 사랑으로 녹아져야 할 완고함과 냉냉함, 그리고 가혹함을 지니고 있는 것이다.

10) 목사가 출석치 아니한 사람들의 허물과 결석에 대하여 참석해 있는 성도들에게 강대상으로부터 꾸짖는 일은 삼가야 한다. 이것은 참석한 성도들에게 옳지 못한 행동이며, 결석한 성도들에게도 아무런 효과가 없는 것이다. 그보다 더 이 꾸지람은 하나님께 예배드리고자 하는 마음을 손상시키며 목사 자신의 심경도 불쾌하게 만들 뿐 아니라 전 예배 사역에 암울한 느낌을 가져다 줄 뿐이다. 그는 자신의 양떼들의 소수의 무리가 충실하게 예배에 참석하지 못하는 문제에 대해서 대단히 예민하게 느껴지더라도, 또한 그러한 무리들의 행동에 큰 실망을 하였다고 할지라도 공예배를 인도하는 동안은 그것을 잊어버리는 편이 차라리 낫다. 설혹 질책이 필요하다면 개인적으로 질책하거나 또한 그러한 성도의 무리들이 참석해 있을 때에 온건하게 행하는 것이 좋다.

11) 목사는 강대상에서 목사에게 해를 주었던 사람들을 힐난해서는 안된다. 그러한 행위는 그의 분냄의 표적이 되는 성도들을 불공평하게 대하는 그러한 문제가 생기는데 그들은 그 일에 대해 자신들의 입장을 나타낼 동등한 기회를 갖지 못하기 때문이다. 그러므로 그러한 행위는 하나님의 사람으로서 부끄럽고 비열한 행위가 아닐 수 없다. 그는 주님의 본(本)을 기억해야 한다. "그는 외치지 아니하고, 목소리를 높이지 아니하며, 그소리로 거리에 들리게도 하지 아니하며, 상한 갈대도 꺾지 아니하며, 꺼져가는 등불도 끄시 아니하고 진리로 공의를 베풀 것이다" (사 42 : 2—3).

또한 목사는 어떤 특정한 인물이나 개개인에 대하여 언급하면서 모든 성도들 앞에서 명백하게 그러한 옳지못한 방법으로 신성한 단에서 죄에 대해 질책하는 일은 결코 없어야 한다. 이것은 분명히 이야기거리가 될 것이며 나아가 그러한 인물들에 대해서 더욱 염증을 일으키게 되어, 그들의 마음을 움직이는데 더욱 어려운 고충을 겪게 될 것이다. 그러한 문제는 강대상을 피해서 개인적으로 하는 편이 좋다.

12) 목사는 시간활용에 있어서 교회앞에 신실하게 알려야 한다. 그는 많은 사람들이 하는 것처럼 시간에 부주의해서는 안된다. 그는 8시간 또는 주당 5일 근무자도 아니다. 그는 자신의 시간을 어떻게 활용하는가에 따라서 자신에 대한 성도들의 존경도 달라진다. 목사의 시간은 ― 그리고 그의 사역 모든 것은― 주님의 은혜가운데서 행해지는 것이다. 성경말씀은 다른 사람에게 뿐 아니라 목사에게도 적용되는 것이다. "세월을 아끼라 때가 악하니라"(엡 5 : 16). 필자가 아는바로는 대부분의 목사들은 그들의 사역에 주당 40시간 이상을 봉사하고 있다. 그러나 일부의 목사는 사소한 일에 너무 많은 시간을 허비한다고 알려져 있다. 목사가 그의 시간활용에 대하여 성도들에게 알리지 않기 때문에, 그런 일에 있어서 부주의한 유혹에 빠지기 쉬운 것이다. 목사는 바쁜 사람이라는 사실을 모든 성도들에게 확실히 나타내야 한다. 조만간 그가 자신의 시간활용에 있어서 근면한지, 어쩐지는 그의 목회사역에 있어서 그 증거가 나타날 것이다.

13) 목사는 특정한 성도들에게 특별한 은혜를 입거나 재정적인 도움을 얻으므로 인해서 어떠한 의무가 있는 상태(채무관계)에 빠지는데 특별히 유의해야 한다. 그러한 일은 목사를 쉽게 당황하게 할 상황에 처하게 만든다. 예를 들면, 특별한 은혜를 베풀 그들이 비행에 연루되었을 때 목사는 그 상황에 대해 안이하게 처리하기가 쉽다. 또한 목사가 설교할때에 곤란한 점을 느끼게 되는데 그는 자기에게 특별한 은혜를 베푼 그들에게 기분을 상하게 할 수 없기 때문이다. 목사가 성도들 중에 어떤 특정인에게 신세를 지지 아니하였다면, 그는 모든 성도들을 동등한 관점에서 바라볼 수 있으며 편애함이 없이 그들의 필요에 따라 설교할 수가 있는 것이다.

14) 목사는 그가 얼마나 바쁜지에 대하여 늘상 이야기 하는 것을 금

해야 한다. 그는 그가 사회에 있어서 가장 바쁜 사람인 것처럼 느낄지도 모르며 실지로 그럴지도 모른다. 그는 마땅히 바쁜 사람이어야 한다. 왜냐하면 그는 막중한 사역을 감당하고 있기 때문이다. 그러나 그가 항상 바쁘다고 말하는 것이 불평하는것처럼 들릴 수도 있다. 이러한 문제로 인해 어떤 곤궁한 성도들도 그에게 예배를 인도해 달라고 요구하기를 주저할 경우가 있다. 너무나 바쁘기 때문에 성도들의 요구에 부응해 주지 못해서는 안되는 것이다. 목사는 너무 바쁘기 때문에 심지어 미천한 성도들의 문제에 대해서 관심을 기울이지 못하는 인상을 주지 않도록 주의해야 한다.

15) 목사는 불만을 품은 성도들이 그에게 제시한 불평들에 대해서 신속하게 어떤 조처들을 취해서는 안된다. 대부분의 교회는 모두 불평분자들이 있게 마련이다. 불평분자는 모든 것을 색안경을 끼고 보기 쉬우며 그의 판단은 철저한 조사가 없이는 신뢰할 수가 없다. 그런 경우에 있어서 근본적인 문제점들은 대부분 불평을 하는 그사람에게 있는 것으로 나타낸다. 그런 경우에 있어서 목사가 해야 할 일은 불평분자를 주님과 바른 관계를 맺도록 인도하는 것이다. 목사가 잘 이끌어 간다면 항상 불평은 조속히 무마될 것이며 사라질 것이다.

16) 목사와 제직회, 본회는 새로운 회원을 그들의 회원으로 받아 들이기 전에 타교회에서 치리된 회원인지를 주의 깊게 살펴 보아야 한다. 그렇지 않으면 그들을 치리한 교회로부터 그들이 말썽이 일어나게 될지도 모르기 때문이다. 새로 입적하는 사람은 먼저 회원이 되기 전에 올바른 그리스도인의 자세를 나타내야만 하며, 주앞에서 올바른 마음가짐을 가진 사람 만을 교회회원으로 받아들여야 한다.*

---

* 특히 주의를 요하는 것은 목회는 교회위주(敎會爲主)보다는 그리스도 위주의 목회를 해야 한다는 것이다. 교회의 일원이기 때문에 구원을 얻는것은 결코 아니며 그가 그리스도에게 속했을 때에 비로소 구원을 얻게 되는 것이다.

3. 사회와의 관계에 대하여

목사들에게는 교회안에서의 처신을 떠나서도 지역사회와 연관하여 목사로서 반드시 지켜야 할 행동규범들이 있다.

목사는 공적이든 사적이든 간에 자신의 모든 약속을 지키는데 있어서 성실해야 한다. 우리 주님께서는 사람들과 약속을 하고 그대로 지키셨다. 예를 들면 마 28:16에 언급된 약속은 그의 사도들과 하신 것이다. 이 귀절은 곧 이어 소위 지상명령을 부여하시는 바로 그 약속을 지키심과 연관되어 주목할 만한 결과를 보여 주었다. 그는 분명히 지키셔야할 미래의 약속들을 하셨다(히 9:27—28을 보라). 확실히 그에 속한 목사들은 이 점에 있어서 그들의 지도자의 본(本)을 따라야만 한다. 목사는 그가 신용을 얻어야할 사람들에게 신용(信用)을 잃지않도록 자신의 용무상의 약속을 수행하는데 신속해야만 한다. 그는 그의 사역의 중요한 부문을 점하고 있는 그러한 회담 및 상담과 관련된 자신의 책임에 대하여 매우 신속해야 한다. 그러한 것은 목사가 시간을 맞춰 도착해야 하는 교회의 여러가지 회의, 위원회, 사회적 약속 등이 있는데 그렇지 못한다면 "늦장 꾸러기 John Smith 목사"라는 부끄러운 명칭을 얻게될 것이다. 성경은 모든 하나님의 자녀들에게 "주의 일에 있어서 게으르지 말라"고 충고하고 있다. 나아가 그는 "그의 일에 근실" 해야만 한다(잠 22:29). 목사는 이런 일에 있어서 양떼들의 좋은 본을 보여야 한다.

목사는 다른 교회의 성도들을 자기 교회로 입적시키는 일이 있어서는 안된다. 즉 "양을 도적질"하는 죄를 범치 말아야 한다. 그러한 행동은 목사 자신의 교회와 목사 자신에게 오히려 불리한 반발을 가져다 줄것이다. 다른 교회의 성도들이 연루된 상황이 발생했을때 한가지 혹은 다른 이유 때문에 비록 한 성도의 이동에 속한 상황일찌라도 관계된 목사들은 서로 의견을 들으며 협의를 해야 한다. 그러한 일에 있어서의 실

제 4 장 목사의 윤리생활 81

패는 지역사회에 있어서의 불건전한 경쟁의식을 고취시킬 뿐이며 또한 교회에도 유익될것이 없다. 이때가 바로 황금률이 적용될 이상적인 기회인 것이다.

목사는 비판정신을 적용하는데 극히 주의해야 한다. 그러한 정신은 그의 사역을 불미하게 하며, 자신의 영혼조차 병들게 할 것이다. 어떤 목사들은 자신들을 제외하고는 모든 사람들이 옳지못하다는 인상을 주는 그러한 관계에 까지 이러한 자기의 태도를 진전시켜 나간다. 그들은 다른 목사들, 다른 교단, 목사회, 교회의 위원회, 지도자를 기르는 학교들, 심지어 그들 자신의 목회적 지도자들까지 비평한다. 비평주의는 사람의 사역을 부패하게 하는 독소요, 목사로서 이해할 수 없는 일이다. 그러한 목사들의 비평적 자세에 대하여 엄밀히 살펴보면 의심의 여지없이 대부분 "이기심과 질투의 발로"인 것이 나타난다. 이러한 상태로부터 목사는 떠나야만 한다.

목사가 너무 많은 시간을 어릿광대 처럼 재롱하는 것은 결코 온당치 못하다. 물론 목사가 어떤 적절한 시간에 그의 성도들과 유우머러스한 이야기를 하며 유우머 감각을 가지는 시간을 보낸다는 것은 좋은 일이나, 교회가 목사에게 어떤 농담자로 시무케 한 것은 아니다. 끊임없이 재치있는 것 같은 어투로 말하거나, 익살을 떠는 그러한 일들은 그의 사역의 가치를 손상시킬 수도 있다. 왜 그런가 하면 심각한 고통을 짊어진 사람들은 그러한 목사들이 자신을 경솔히 대하지 않을까 하여 그들에게 찾아가는 것을 주저하게 만들기 쉽다.

목사는 그가 목사이기에 사회에 있어서 어떤 특권있는 것 같은 인상을 주어서는 안된다. 많은 특권이 목사에게 허락된 것은 사실이다. 그들은 항상 많은 존경을 받는다. 존경과 호의가 그들에게 부여되어 있다. 철도는 그들에게 할인혜택을 주며 어떤 상점에서도 목사들에게 할인을 해준다. 또한 그들에게는 야구경기와 다른 스포츠경기에 대한 정기입장권이 주어지기도 한다. 그러나 목사는 그의 특권을 남용하거나 또한 그러한 혜택을 바라서도 안된다. 그는 주님처럼, 섬김을 받는 자가 아니라 섬기는 자로서 존재해야 한다. 병원에서의 규칙의 문제를 언급해 보자. 일반적으로 병원에서의 목사에게 적용되는 규칙을 별로 없다. 그들은 어떠한 규칙에 얽매이지 않고 아침, 점심, 저녁, 어느 때든지 방문할 수 있다. 그러나 목사는 이 특권을 남용해서는 안되며, 환자의 안녕을 위하여 마련한 그런 예방책과 비공개된 일을 거만하게 무시해서는 안된다. 적절한 순응이 맡겨진 일에 있어서 보여져야 한다. 어떤 목사들은 자신의 주제넘은 행동으로 인해서 남에게 불쾌한 감정을 주기도 한다.

교통법규, 할인 등과 같은 일련의 문제와 관련해서 목사는 자신을 다른 사람들과 비교해서 차등하다는 감정을 가지지 말아야 한다. 자신도 모든 사람과 동등하다고 느끼며 그렇게 행동해야 한다. 목사는 과속법규를 지키지 않으므로 나쁜 이미지를 주는것 보다도 그것에 순응하는 자세를 보임으로서 지역사회에 본이 되어야 한다. 할인혜택이 주어졌을때 감사하게 그것을 받아들이는 일은 좋은 일이다. 그러나 그러한 할인 혜택을 요구하는 것은 현명치 못한 일이다. 용무상에 있어서 목사는 자신의 성도들과 동등한 위치에 있도록 하자.

또한 목사는 그의 가정을 자기의 수입 한도 내에서 이끌어 나가야 한다. 그렇게 해야만 그가 지역사회에서 좋은 평판을 얻으며, 또한 그것이 바로 교회에 대한 좋은 증거를 나타내는 일인 것이다. 이런 점에 있어서 부실하다는 것은 많은 선한 목사들을 파멸시키는 행위가 될 수가 있는 것이다. 수입한도 내에서 생활을 꾸려나가기 위하여 목사는 예산을 줄이는 검약한 생활을 하며 원하는 것보다 낮은 생활양식을 취해야 할 것이다. 그러나 그리스도에게 나쁜 평판을 가져오게 하는것 보다는 이러한 상황에 있어서 좀 더 나은 생활을 해 나가는 것도 유익하다. 그러한 경우에 있어서 목사가 교회에서 그에게 사례하는 것에 보충하기 위하여 그의 사역이외의 유익한 어떤 일에 종사하는 것도 필요한 일이기도 하다. 이것은 결코 이상적인 면은 아니나 성경에 보면 나타나 있다. 심지어 사도 바울도 누구에게든지 폐를 끼치지 않기 위하여 천막 만드는 일로 자급(自給)했다.

4. 소속한 교단 단체와의 관계에 대하여

목사는 속해있는 교단과 단체에 대하여 윤리적 책임을 지니고 있다.

목사는 자신이 참여하고 있는 교단의 사업에 대해서 활동성있게 관심을 기울여야 한다. 이에 대한 근거가 되는 신학적 근거는 교회는 그리스도의 몸이라는 사실이다. 이것은 예배뿐 아니라 사역에 있어서도 친근한 교제를 포함하는 것이다. 교회의 친교에 있어서 지도자들은 서로 밀접한 조화를 이루도록 함께 힘써야 할 것이다. 가능하다면, 목사는 하나님 말씀에 충실한 교단에 속해 있어야 한다. 그렇게 하면서 그들의 최선의 능력을 발휘하여 그 관계를 유지해 나가야 한다. 이것은 교단의 단체회의에 참석하는 것, 그 위원회와 임원들에 의해 공지된 사항을 준수하는 것, 선교사업과 학교에 다른 부서들에 대해 가능한한 잘 알아 두어야 할 것, 지역적 그리고 국제적 회의에 대표자를 파송하는 것, 그리고 교단의 사업 등에 대해 신속하게 그들의 부조를 보내도록 지역교회 회원들에게 가르치는 것 등을 포함하는 것이다. 목사는 교단적 사업의 여러가지 국면이 그의 교회 안에서 강조되어야 할 때를 파악해야하며 적절한 재정적 지원이 이 기간 동안에 이루어져야 한다는 사실을 알고 있어야 한다. 그가 속한 교단안에서 능동적이고 신앙심깊은 관심을 가지므로 그는 그가 마땅히 해야만 하는 일을 함으로써 영향을 끼칠수 있을 것이다.

결론적으로, 무엇보다도 가장 중요한 것은, 목사는 주예수 그리스도를 대표하는 하나님의 사람임을 항상, 그리고 어느 곳에서든지 기억하고 있어야 하며, 그리스도께서 그가 행하기를 원하시는 일은 행할 수 있도록 추구해야 할 것이다. 그렇게 함으로써 그는 진정한 말씀의 측면에서 기독교인 신사가 될 것이다.

추 천 도 서

Barntte, Henlee H. *Introducing Christian Ethics*. Nashville, Tenn.: The Broadman Press, 1961.

Harmon, Nolan B., Jr. *Ministerial Ethics and Etiquette*. Rev. ed. New York and Nashville: Cokesbury Press, 1956.

Henry, Carl F.H. *Christian Personal Ethics*. Grand Rapids: William B. Eerdmans Publishing Co., 1957.

Leach, William H. *Handbook of Church Management*. Englewood Cliffs, N.J.: Prentice-Hall, Inc., 1958. Chapters 18—21.

――. *The Making of the Minister*. Nashville: Cokesbury Press, 1928.

McAfee, Cleland B. *Ministeral Practices*. New York: Harper and Brothers, 1928.

Post, Emily. *Etiquette*. 10th rev. ed. New York and London: Funk and Wagnalls, 1950.

Riley, Marie Acomb (Mrs. W.B.). *Handbook of Christian Etiquette*. 11th ed. Minneapolis, Minn.: Northwestern Theological Seminary, 1956.

Schuette, Walter E. *The Minister's Personal Guide*. New York: Harper and Brothers, 1953.

Shedd, William G.T. *Homiletics and Pastoral Theology*. New York: Charles Scribner's Sons, 1895. pp. 371—388.

Smyth, Newman. *Christian Ethics*. New York: Charles Scribner's Sons, 1892.

Spann, J. Richard (ed.). *The Ministry*. New York and Nashville: Abingdon-Cokesbury Press, 1949. Chapter, "His Ethics," by Nolan B. Harmon, pp. 146—156.

Turnbull, Ralph G. *A Minister's Obstacles*. New York: Fleming H. Revell Co., 1946. Chapters 4, 5, and 9. (Paperback ed., 1959.)

Vanderbilt, Amy. *New Complete Book of Etiquette*. New York: Doubleday & Company, 1963.

제 5 장

사　　모

　　성직자(장로, 감독)에 대해서 그들이 결혼한 상태로서 언급된 사실에 대하여 인식하지 않고서는 신약성경을 읽을 수가 없다. 딤전 3：1—5과 딛 1：5—9을 읽게 될때에 감독은 "한 아내의 남편"된 사람이라는 사실을 발견하게 될 것이다. 더우기 그는 "자기집을 잘 다스려야"하며 그의 자녀들까지도 신앙심 깊게, 그리고 잘 순종하도록 이끌어야 한다. 그리고 환대의 예(禮)에 대해서도 상기한 두 구절이 모두 언급되고 있는데, 이 은혜는 목사관의 훌륭한 아내의 도움으로 보다 더 쉽게 나타나게 될 것이다. 이 덕목을 더욱 빛나게 하는 데에는 여인의 손길이 있어야 한다.

　　결혼한 상태가 성경에서 목사에게 정상적인 상태인 것을 가르치고 있는 것은 분명한 일이다. 로마 카톨릭의 견해는 이러한 성경의 교훈과는 상이하다. 그러나 중요한 것은 인간의 전통보다 하나님의 말씀을 따르는 것이 옳은 것이 아닐 수 없다. 개신교 교회는 처음부터 목사들에 대해 결혼의 문제를 고쳐시켰다. 이러한 문세에 있어서 마틴 루터(Martin Luther)는 매우 뜻 깊은 본보기가 됐는데, 그는 독신생활을 탈피하여 그의 생애에 있어서 놀랍게도 성직을 그만 둔 수녀와 결혼하였다. 그러나 그 결과 행복한 가정생활을 하게 되었고 보라(Katherina Von Bora)는 그녀 이후 분명해진 목사의 아내에 대한 그러한 특질에 대해 매우 좋은 본보기를 보여 주었다. 개척자들 중에서 다른이들도 루터의 본을 따라서 목사에게 하나님의 가호를 입증시키는 아내를 맞아 들였다. 울랴히 즈빙글리(Ulrich Zwingli)는 라인할트(Anna Reinhart)와 결혼했고, 칼빈(John Calvin)은 부렌(Idelette de Buren)을 그의 아내로, 그리고 요한낙스(John Knox)는 보워스(Marjorie Bowes)와 결혼했다. 종교개혁 이후 개신교 목사들은 대다수가 결혼하는 것을 주저하지 않았다.

목사에게 있어서 결혼이라는 것은 대단히 많은 유익을 준다. 독신목사는 대단히 쓸쓸한 생을 영위하게 되지만 그가 결혼했을 때 훌륭한 아내는 그의 가정을 매력있게 조성시킬 뿐 아니라, 이해와 격려를 해주며 동료관계를 갖게 해 준다. 실로 목사의 아내는 목사를 위한 조력자이어야 하며, 행복한 가정 생활을 이루도록 그의 필요를 적절히 채워주며, 복음의 사역자로서 그의 여러 가지 사역에 있어서 그를 도와야 한다. 사모의 조력과 격려는 목사를 훌륭한 사람으로 이끌며 설교자로서 훌륭히 그의 사역을 감당하게 한다.

자녀의 축복과 더불어 결혼 생활은 지역 사회의 이상적인 크리스챤의 가정 생활의 본보기가 되는 것이다. 이러한 문제는 분명히 어느 곳에서든지 요구되는 것이다.

독신 목사는 특별한 어려운 문제를 겪게 된다. 그는 그와 결혼하고자 하는, 또한 그의 애정을 받고자 하는 뭇 여성들의 관심의 표적이 되기 쉽다. 미혼의 딸을 가진 분별없는 부모들은 그들의 가정에 그를 저녁초대 하고자 할 것이다. 어떤 이로부터든지 반감을 갖게 하지 않도록 그는 여성들과의 관계에 있어서 세심한 주의를 기울여야 할 것이다. 그는 시기와 질투가 뒷 공론을 자극하게 될찌모르는 그러한 상황 가운데 직면해 있다. 그가 성도들 이외에 젊은 여성과 용무상으로 만나게 될때 그러한 상황은 유발되기 쉬운 것이다. 물론 마음의 문제에 대해 규칙을 세우거나 확고한 결정을 할 수 없다. 그러나 그가 그의 생애의 동반자에 대하여 하나님의 뜻을 기다릴 때에 그는 그녀 역시 주를 위해 헌신하고자 하는 진지한 열의를 가진 그리스도인이어야 한다는 사실을 염두에 두어야 한다. 많은 사모들이 주님으로부터의 소명을 갖지 않았기 때문에 자신의 위치에 대하여 불행함을 느끼고 종국에 가서 파멸되기도 한다. 그녀가 주님으로부터 소명을 입었다는 사실을 깨닫게 될 때, 그녀는 목회 사역에 있어서 주님을 위해 헌신하는 남편의 한편에 서서 지켜주며, 그녀 자신이 그에게 도움과, 지혜와 힘이 될 수 있도록 주님을 의지할 수 있을 것이다.

사모의 중요성을 평가하기란 매우 어렵다. 만일 그녀가 하나님께 헌신하는 종이라면 목회 사역의 성공을 가져오는데 큰 공헌을 할 수 있을 것이요, 그녀가 마땅히 해야 할 바를 행하지 못한다면 목회사역을 잘못되게 할 수도 있다. 바꾸어 말하자면, 그녀는 목회 사역의 조력자로도 파괴자로도 존재할 수 있다는 것이다.

그러면 훌륭한 사모로서의 책임과 특질은 무엇인가?

1) 사모의 첫번째 책무는 가정에 있다. 사모는 목사관의 여왕이다. 목사의 가정은 독특한 특징을 가지는데, 지역 사회의 사람들은 목사가 사는 곳에 대하여 잘 알고 있어서 목사가 원하든지 원치 않든지 간에 그의 가정은 뭇사람들로부터 주목을 받게 된다. 그렇기 때문에 목사와 그의 가족이 사는 그 가정은 무언가 다른 어떠한 면이 있을 것이라는 기대를 사람들은 하고 있는 것이다. 그렇기 때문에 목사의 가정은 모범적 가정이 되어야 하며, 다른 사람이 본받을만한 이상적인 가정이 되어야 한다.

이 모든 것들이 그러한 기대에 부응되려면 신앙심이 깊은 사모의 조력이 요구되는데 그렇기 때문에 목사는 이러한 점에 있어서 사모의 중요성을 인식해야만 하며, 아울러 가정주부로서 자신의 할 일을 다 감당치 못하게 할 너무 많은 외적 책임과 의무를 그녀에게 부과되지 않도록 해야 한다. 목사관의 정리정돈, 손님대접, 단정함, 행복함과 매력은 사모의 책임의 영역이다. 어떤 사모는 마땅히 갖추어야 할 가정의 가꿀 시간을 교회와 지역 사회의 활동에 투입함으로써 상기한 목사관의 특장을 갖추는데 소홀히 하는 경우가 있는데 이것은 큰 잘못이며 목사의 전체적 사역에 있어서 그 영향력을 감소시키는 것이 되는 것이다.

2) 사모는 교회에서 많은 직책을 맡아서는 안된다. 사모는 목사관의 여왕으로서 독특한 사역을 맡았기 때문에 많은 시간과 주의를 요하는 책무를 지니고 있게 된다. 그렇기 때문에 사모가 교회에서 너무 많은 직무를 맡게 되면 사모로서의 본래의 책무에 차질을 빚게 된다.

대부분의 경우처럼 사모가 피아노 반주자, 성가대 지휘자, 여선교회 회장, 초등교육 부분의 교장, 주일학교 교사 등등, 그러나 가능하더라도, 하나, 혹은 둘 정도의 교회위원회 의장직을 맡아야 할 의무는 없다. 만약에 하나, 둘, 정도의 직책을 맡게 된다면 그 이상의 직책을 맡게 될 가능성도 생기며, 아울러 오히려 교회의 어떤이의 봉사의 기회를 빼앗게 되는 경우를 초래할 수도 있기 때문이다. 더구나 그녀는 그렇게 함으로써 자신이 맡아 행하는 모든 일에 대해서는 말할 것도 없고 사모가 자신의 가정에 봉사해야 하는 문제까지도 구설수에 오를 위험 부담까지 감수해야 하는 것이다. 사모는 또한 후임자에 대해서도 어려움을 만들게 되는데, 그 후임자가 전임자인 그녀가 행했던 모든 일을 수행해야 하는 신앙의 확신이나, 건강, 그리고 재능이 부족할지도 모르기 때문이다.

그러나 역설적으로 사모는 교회에서 무엇인가 맡아 봉사해야만 한다. 그렇게 함으로써 다른 여성 성도들에 대해서 좋은 본을 보이는 것이다. 사모의 봉사할 직무는 너무 성급하게 취해져서는 안된다. 사모는 자신의 봉사가 가장 긴요하게 요구되어지는 처소가 어느 곳인지를 파악할 수 있을 때까지 기다림의 지혜를 발휘해야 한다. 주일 학교에 교사가 필요할지도 모른다. 또한 여선교회의 중책을 맡을 사람이 필요할찌도 모른다. 또한 청년 그룹의 상담자가 절실히 필요할찌도 모른다. 사모가 직임을 맡게 되었을 때, 그녀는 성실하게 그 직임을 수행해 나가야 한다. 평범하게 많은 직임을 맡아 애쓰는 것보다 가정의 책무에 비례부가하여 한 가지의 직임을 훌륭하게 수행해 나가는 것이 바람직한 것이다.*

3) 사모는 요청되어지는 어떠한 심방 문제에 있어서도 봉사 할 수 있어야 한다. 이러한 문제에 대하여 목회심방과 관련해서 종종 의문이 제기되곤 한다. 목사가 초청되었을 때 항상 사모가 동반해야 하는가? 일반적으로 두 가지의 상반된 견해가 있는데, 반드시 사모를 동반해야 한다는 견해가 있고, 동반하지 말아야 한다는 견해가 있다.

필자의 견해로는 두 입장이 모두 그릇된 견해라고 생각한다. 사모가 목사의 심방에 항상 동반해야 한다면, 그 경우에는 많은 심방이 행해져서는 안 될 것이다. 왜냐하면 사모는 가정을 가지고 있고, 가정을 돌보고, 목사관을 깨끗이 정리 정돈하는 것과 같은 일이 있기 때문에 많은 시간을 심방에 할애할 수 없기 때문이다. 만약 사모가 심방에 많은 시간을 할애한다면, 목사의 가정에는 소홀해 질 것이며, 이것은 목사의 사역에 큰 비난거리가 되기 쉽다. 목사의 심방 사역에 있어서 사모가 항상 동반되어야 한다는 견해는 목사가 악의 유혹과 세력을 막아야 한다는 생각에서 비교적으로 소수의 목사가 이성에 의해 오류에 빠질 표적이 되었기 때문에 모든 목사는 그들이 홀로 심방한다면 자칫하면 죄에 빠질 우려가 있다는 사실을 함축하고 있다. 이것은 사역의 큰 오점이오 그 오점은 오랜 세월을 두고 씻어야만 하는 것이다.

다른 견해로 목사의 심방시에 사모를 동반하지 말아야 한다는 것인데 이 견해에 따르면, 심방시의 제3자는 목사가 필히 행해야 할 사역을 성취하는데 많은 어려움을 초래할 것이라는 것이다. 사람들은 제삼자(a third party)의 면전에서 자신들의 마음을 털어놓지 않으려 한다. 또한 사모의 배석은 아이들과 가정, 그리고 학교에 관한 이야기와 연관

---

* 역자주. 상기한 논술은 구미사회의 경우이며 특히 한국에 있어서는 개척초기의 일이라고 할 수 있다. 깊이 명심해야 할 일은 사모는 목사의 목회를 위한 내조자이므로 다른 봉사자가 대두되었을 때에는 그로 하여금 마음껏 봉사할 수 있도록 협조하는 것이 현명하다고 하겠다.

된 일반적인 일에 대해 언급하므로 사교적 방문으로 심방을 변질시킬 우려가 있다는 것이다. 확실히, 그럴 경우가 많으며, 지각없는 사모가 동반할 때는 대부분 그렇게 될 것이다. 긴급한 병원심방이 요청되었거나, 개인 전도의 뚜렷한 사역이 행해져야만 할 때 또는 분명한 문제들을 취급하고자 할 때는 목사 홀로 가는 것이 좋다.

그러나, 목사가 사모와 함께 심방하는 것이 현명할 때도 있는 것이다. 독신 여성이나 문제성 있는 성격의 여성을 심방할 때에 사모가 동반한다면 비판의 소지를 없앨 수가 있다. 사모와 함께 의도한 바대로 어떤 가정들과 좀 더 다른 친교로 인해 친숙해지는 심방도 있다. 그러한 경우에 있어서의 사모의 동반은 교회의 성도들, 특히 틴에이져 소년 소녀들과 여성들에 있어서 필요할 때 상담할 수 있도록 사모를 알게 되는 기회도 된다. 그러므로 사모는 심방에 목사와 동반할 수 있도록 때때로 잘 예비하고 있어야 할 것이다. 그것은 목사에게 큰 도움이 되며 교회 성도들에게 관심을 많이 기울이는 분으로서 인정받게 될 것이다. 그러므로 이 문제에 대하여는 "꼭"이라는 말을 쓰기에 삼가해야 할 것이다.

4) 사모는 목사가 직면하게 될 어떤 개인적 문제들과 연관해서 훌륭한 도움을 줄 수 있다. 이 분야에 있어서 사모는 그에게 있어서 진정한 조력자일 것이다.

목사의 사기가 저하되어 있을 때가 있다. 대부분의 목사들은 모든 일에 좋지 않게 되는 것 같이 느끼는 무력감 등을 경험하게 된다. 열심히 준비한 설교가 주의를 끌지 못하게 되고, 성도들은 기대 이상으로 줄어들게 되고 모든 계획은 뒤틀리게 된다. 어떤 이들은 날카롭게 꼬집어서 (a cutting mark) 그의 사역을 그르치려고 한다. 때때로 이와 같은 경우에 목사들은 색안경을 쓰고서 모든 것을 부정적으로 보게 된다. 이때 사모도 같이 무력감 속에 빠져 있지 않다면 훌륭한 사모는 새 힘을 불어넣어 그러한 곤경에서 이끌어 낼 수 있는 능력을 지녀야 할 것이다.

이러한 때에 사모는 하나님이 주신 믿음과 격려를 통해서 그를 도울 수가 있다. 종교 개혁의 와중 속에서 루터(Martin Luther)는 정신적으로 몹시 지쳐 있었다. 어느날 아침 루터는 우울한 모습으로 아침 식탁을 대했을 때 그의 부인은 엄숙하게 "마틴, 하나님이 죽었어요"라고 말했다. 루터는 이 말을 듣고 깜짝 놀라서 그녀를 몹시 꾸짖었다. 그러나 "마틴, 당신은 마치 하나님이 죽은 것처럼 행동했어요"라고 그녀가 응답하였다. 그는 그 말의 의미를 파악하고, 다시 자신의 책무에 새로운 힘을 얻어 응하기 시작했다. 카델리나*는 이 작은 사건을 통해 모든 목사관의 사모들에게 훌륭한 본을 보인 것이다. 하나님께서는 아무리 그것이 어려운 것처럼 보일찌라도 그 모든 생활을 가능케 하신다. 더구나 사모는 그러한 시기에 그날의 곤고한 문제들을 떠나서 대화를 이끌어 갈 수 있고 그래서 그 분위기를 새롭게 해 주어야 할 것이다. 아마도 그러한 시기에 사모가 할 수 있는 가장 효율적인 도움은 특별 음식 곧 그의 미각을 돋구는 음식을 만들거나 케익을 잘 구워서 예비하는 일일 것이다. 훌륭한 음식은 심적으로 무기력해진 사람에게 새 힘을 북돋아 주는데 어찌 그리 놀라운지!

  목사는 자칫하면 회중석에 앉아 있는 성도들에게 반감을 주는 강대상의 "매너리즘"에 빠져들기 쉽다. 필자기 아는 어떤 목사는 설교할 때 안면을 찡그리는 버릇을 가지고 있었는데, 처음으로 그의 설교를 듣는 사람들에게 익살맞게 나타나게 되는 시점까지 이르게 되었다. 만일 그가 처음부터 그 매너리즘을 고쳤더라면, 의심할 나위없이 기괴한 모습을 떠도록 되지는 않았을 것이다. 그러나 아무도, 심지어 사모까지도 그것을 말해주지 않았던 것 같다. 성도들은 목사의 결점에 대해서 좀처럼 말하기가 어렵다. 그들은 단지 설교 내용의 좋은 점만을 말할 뿐이다. 이러한 데서 목사의 그 결점들이 성도들에게 기이하게 느끼게 될때까지 반복하는 표현 속에서 아주 습관화 되어버리는 것이다. 심지어 어떤

---

1) 카델리나는 Luther의 아내

목사는 그들이 깨닫지 못하는 동안 문법상의 오류를 범하기도 한다. 다시 말해서 성도들은 이러한 결점을 말하는데 있어서 담대하지 못하다는 것이다. 훌륭한 사모는 이런 점에 있어서 매우 좋은 조력자가 될 수 있다. 사모는 목사에게 가장 신실한 비판자이어야 한다. 그러나 사모가 이런 점에 있어서 도움을 주려면 그녀는 남편과 함께 기꺼운 마음으로 노력하는 자세를 필히 소유해야 할 것이다. 목사의 사역함에 있어서 어떤 종류의 비판이든지 분개하는 목사들이 있는데 이것이야 말로 소인배의 표징이 아닐 수가 없다. 그러한 태도는 목사에게서 성장과 발전의 계기를 빼앗는 것이다. 그는 자신의 사역을 마지막까지 그 결함을 지니고 있게 될 것임은 자명하다. 사모가 그녀의 남편을 비판하는데 있어서는 항상 온유하고 건설적인 마음으로 행해야 한다. 더구나 사모는 이러한 일을 행할 때에는 적절한 시기를 택하여 지적해야 할 것이며 특히 그가 낙심하고 있을 때에는 금해야 할 것이다.

그러면 재정적인 문제를 살펴 보자. 어떤 목사들은 재정적으로 대단히 궁핍한 상태에 처해 있다. 그럴 때 그들은 빚을 지기가 쉬우며 그들의 예산내에서 생계를 꾸려나가기가 내키지 않겠지만 주의해야 할 사실은 빚(Debts)으로 인해 많은 목사가 파멸되었다는 사실이다. 지역사회에 있어서 목사의 영향력은 만약에 그가 재정 문제에 있어서 부주의한 사람으로 알려져 있다면 퇴락할 수 밖에 없을 것이다. 더우기 안된 일은, 어떤 사모들은 가정의 수입한도 내에서 기꺼운 마음으로 살아가지 못하고 물질적인 면에 있어서 자신의 욕망을 억제하지 못함으로서 이러한 일에 더욱 곤경에 빠지도록 이끄는 것이다.

그러나 사모는 가정 생활을 목사의 수입 한도 내에서 꾸려나감을 보여줌으로서 훌륭한 도움을 줄 수 있는 것이다. 대부분의 경우 이것은 많은 문제를 함유하고 있다. 목회에 대한 사례는 비록 교회가 다른 성도들 만큼이나 목사도 지출해야 한다는 것을 점점 명확하게 인식함에 따라 증가할찌라도 항상 풍족하지는 않은 것이다.

사모는 수입 한도 내에서 생활의 여러 면에 현명하게 분배되어지도록 가계를 꾸려 나아감으로 목사에게 용기를 북돋아 주어야 할 것이다. 더구나 사모는 가계예산을 지켜나갈 수 있도록 할 수 있는 한 모든 일을 감내해 나가야만 하는 것이다. 사모는 또한 목사에게 도서나 잡지를 구입하기 위해 예산의 얼마를 떼어 놓도록 권고 해야만 한다. 그러면 그녀는 매주일마다 좀 더 새로운 설교를 들을 수 있게 될 것이다. 그것은 목회 사역을 항상 새롭게 해 나갈 수 있도록 도와주는 것이다. 게다가 사모는 문화적 행복을 가져다 줄 각 항목들에 대하여 잊지 말아야 할 것이다.

5) 사모는 성도들 중 여성들과 소녀들에게 아주 귀중한 사역을 감당해 나가는 존재로 투영되어야 한다. 사모의 진실한 생활은 진실한 크리스챤 여성으로서의 이상적인 표상이나 본이 되어야 하며 그럼으로 인해서 문제가 있는 지역인이나 교회의 여성들과 소녀들과 상담함으로 대단히 가치있고 귀중한 사역을 감당해 나갈 수 있게 될 것이다. 현명한 목사는 이러한 사역을 위해서 일부의 여성들을 사모에게 보내어 상담시킬 것이다. 사모가 이러한 유용한 사역을 수행해 나감에 있어서 그녀는 현대 여성들에게 직면한 문제들을 스스로 인식하게 될 것이다. 그래서 사모는 틈틈히 자신에게 유익한 책들을 읽어야 하는데, 예를 들자면 블랙우드(Carolyn BlackWood)의 *The pastor's wife**, 쉐린(Martia Sheerin)의 *the person take a wife** 등이다. 이러한 책들은 사모의 책임과 특권에 대해서 사모 자신에게 새로운 길을 예시해 줄 것이다.

사모는 싱처입고 무거운 짐을 진 여성들의 모든 종류의 이야기에 대해 충격을 받고 놀람이 없이 경청해야 할 필요가 있다. 나아가서 자신의 확신을 굽히지 않고 그들의 그러한 고통과 난국에 대하여 어떠한 방법으로 긍휼을 베풀어야 하는지 잘 알아야 한다. 사모는 하나님의 말씀

---

* 캐롤린 블랙우드, 목사의 아내(사모)
* 마리아 쉐린, 아내라는 사람.

을 그들에게 깨우쳐 줄 수 있어야 하며 어떠한 경우에는 심리요법과 의학적 치유의 도움까지도 제시해 주어야 할 것이다. 그녀에게 맡겨진 바 모든 것은 함께 짊어진 곤고함에 대해 하나님이 임재하심과 살아서 역사하시는 기도의 사역이 되어야 할 것이다.

이러한 여러 가지 일에 있어서 사모는 지역 사회와 성도들과 자녀들과 뭇 여성들과 소녀들에게 자비와 빛의 천사가 될 수 있을 것이다.

6) 사모는 또한 입이 무거워야 한다. 이것은 또한 목사에게도 해당되는 말이다. 사람들은 종종 다른 가정의 성도들에게 말할 수 없는, 또한 말하고 싶지 않은 일에 대해서 목사와 사모에게 심중을 털어 놓기도 한다. 이것은 그들이 영적인 지도자로서 목사와 사모를 받아들이며, 또한 그렇게 신뢰하기 때문이다. 또한, 영적 문제와 그들을 괴롭히는 복잡한 문제들을 그들이 도울 수 없다면 그 누가 도울 것인가? 여성도들이 영적인 도움과 격려를 얻으려고 신임할 만한 사모에게 터놓고 말할 때가 있는데 이것은 그들이 찾아가서 조력을 구할 사람은 사모 밖에 없다고 느꼈기 때문일 것이다. 목사가 어떤 사람이 사모에게 알리지 않고 조력을 구하지 말고 오직 목사와 자신만이 자신에게 맡겨진 문제를 해결하려고 할 때가 있는데 이때 목사가 사모의 조언과 조력과 기도를 필요로 하여 사모와 그 어떤 사람의 문제를 의논하려고 할 때에는 반드시 목사는 그 문제를 의뢰한 사람의 동의를 얻어야만 한다. 그러한 신의를 지키지 않는다는 것은 비열한 일이며 결코 바람직하지 못한 행동이다. 은밀히 목사와 사모에게 의뢰된 문제가 널리 알려지게 된다는 것을 사람들이 알게 될 때에 그 후의 영향력은 크게 감소될 것임은 너무도 자명한 것이다.

사모가 그러한 대인간의 신뢰를 파괴하거나 침묵을 지켜야 할 때 이야기를 해버리는 그러한 과실을 범하게 된다면 목사는 감당하기 어려운 난관에 봉착하게 될 것이다. 어떤 사람들은 자신의 신분에 어울리지 않게 자신의 남편인 목사의 올바름(똑똑하다든가, 매우 고상하고 훌륭하다든가 등등) —에 대하여 많은 이야기를 하기도 하는데, 야고보서에 의하면 혀는 불이다. 그 혀를 제어하지 못하면 여러 가지 방면에서 숱한 폐해가 야기될 수 있음을 분명히 언급해 주고 있다. 반면에 적절히 사용된다면 그 혀는 비할 수 없는 축복을 가져다 주기도 한다. 사모는 악에 대해서 그녀의 혀를 어떻게 제어하고, 하나님의 영광을 위한 도구로서 그 혀를 어떻게 선용(善用)해야 할찌를 하나님의 말씀에 의해서 잘 깨달아 알아야 할 것이다.

7) 사모는 자녀들이 신뢰할 만하고 또한 교회의 사역을 담당해 가는데 있어서 방해가 되지 않도록 교육하는데 부지런해야 한다. 이러한 점에 있어서는 사모는 남편의 전심적 도움을 받아야 한다. 목사의 자녀들은 원하든 원치 않든 그들은 항상 공적인 주시의 대상이 되며 그들이 행하는 것은 다른 성도의 자녀들이 행하는 것 보다 좀 더 주목을 받는다. 이것은 어린이들에게 불공평한 일인 것 같으나 현실의 상황인 것이다. 그러므로 그들의 처신은 대단히 중대한 의미를 가지고 있다.

사모는 자녀들을 소홀히 다룰 수 밖에 없도록 그렇게 교회의 일에 참여하거나 관심을 쏟는 일은 지양해야 한다. 대부분의 경우에 있어서 목사의 자녀들은 일반적으로 훌륭하게 행동하기 때문에 그들의 교육에 있어서 사모가 충분한 시간을 가진다는 것은 사실이다. 대부분 목사의 자녀들은 훌륭하게 성장해 나간다. 그러나 예외적인 경우가 있어 때때로 목사관에 비난거리를 가져오기도 한다. 그러한 경우가 누적되다 보면 심지어 목사가 사임하는 지경에 다다를 수가 있는 것이다. 목사의 자녀들은 가정과 교회에서 통제 받아야 한다. 그들이 목사의 자녀이기에 교회에서 어떠한 특권적 자세를 취한다는 것은 결코 허용될 수 없는 금기 사항이다. 사모는 그들에게 교회의 안팎에서 지켜야 할 예의를 가르쳐야 할 것이다. 훌륭히 교육받고, 예절 바른 자녀는 목사관에서나 성도들에게 있어서 자랑거리가 되는 것이다. 사모는 이 중요한 일에 있어서 가장 큰 책임을 맡고 있는 것이다.

마지막으로 사모의 특성을 나타내 주는 몇가지 사항을 기술해 보자. 무엇보다 먼저 사모는 사람들을 사랑해야 하는데 이는 그녀의 사역이 가정의 내외에서 항상 사람들과 함께 하기 때문이다. 사모가 주님을 위하여 그리고 성도들을 위하여 그들을 사랑하며 그들과 함께 울고 웃으며 그들과 함께 기도하고 일해 나감에 따라 상대적으로 그녀는 그들의 깊은 사랑을 받게 될 것이다. 사모가 아내로서, 어머니로서, 신실하게 행동하며 영적으로 목사와 함께 보조를 맞추어 성장해 간다면 목사관의 여왕으로 일컬어 질 것이며 그녀의 사역과 위치는 매우 가치가 있을 것이다. 사모는 항상 하나님을 위하여 교회에 감화를 끼치며 목사의 사역을 좀 더 쉽게, 효과있게 수행해야 된다는 사실을 항상 기억해야 할 것이다.

추 천 도 서

Bader, Golda Maude (Elam) (ed.). *I Married a Minister*. New York and Nashville: Abingdon-Cokesbury Press, 1942.

Blackwood, Andrew W. *Pastoral Work*. Philadelphia: The Westminster Press, 1945. Chap. 6.

Blackwood, Carolyn. *The Pastor's Wife*. Philadelphia: Westminster Press, 1951.

Dods, Elizabeth (as told to John Kord Langemann). "What Are You Doing to Your Minister's Wife?". *Good Housekeeping*, June, 1959.

Erdman, Charles R. *The Work of the Pastor*. Philadelphia: The Westminster Press, 1924. Chap. 2, Sec. 5.

Guffin, Gilbert L. *Called of God*. Westwood, N.J.: Fleming H. Revell Co., 1951. Chap. 8.

Hewitt, Arthur Wentworth. *The Shepherdess*. Chicago and New York: Willett, Clark and Co., 1943.

Hoppin, J.M. *Pastoral Theology*. New York and London: Funk

and Wagnalls, 1909 (5th ed.)..
Johnson, Anna French. *The Making of a Minister's Wife*. New York and London: D. Appleton-Century Co., 1939.
Leach, William H. *Handbook of Church Management*. Englewood Cliffs, N.J.: Prentice-Hall, 1958. Chap. 19.
Sheerin, Maria Williams. *The Parson Takes a Wife*. New York: The Macmillan Co., 1948.

제 II 편

목회자의 사역

제 6 장　주일 낮 예배
제 7 장　주일 저녁 예배
제 8 장　삼일 기도회
제 9 장　부흥 집회
제10장　초　청
제11장　공예배에 있어서의 고백
제12장　세례와 성찬
제13장　결혼식
제14장　장례식
제15장　공복으로서의 목사

제 6 장

주일 낮 예배

주일 낮예배는 교회에 있어서 그 주의 근간이 되는 예배이다. 특별히 하나님께 예배하는 목적으로 설정된 것이기에 이보다 더 중요한 일은 없다. 사람이 하나님께 먼저 예배하지 않고 하나님을 위해 봉사한다는 것은 어울리지 않는 말이다. 예배는 사람의 첫째되는 의무이다. 예수님은 "모든 계명 중에 첫째가 무엇이니이까?"라고 묻는 서기관들에게 이렇게 답변하였다. "첫째는 이것이니 이스라엘아 들어라. 주 곧 우리 하나님은 유일한 주(主)시라, 네 마음을 다하고 목숨을 다하고 뜻을 다하고 힘을 다하여 주 너희 하나님을 사랑하라. 이것이 첫째되는 계명이라"(막 12 : 28—30). 이 명령에 바로 예배의 개념이 함축되어 있는 것이다. 예배는 모세의 율법 아래 있던 사람 못지않게 현대의 성도들에게도 의무적인 문제로서 제기되는 것이다. 우리가 하나님께 예배할 때, 그에게 합당한 대로, 경배하며 영광을 돌리며, 찬양하며, 우리 자신과 우리의 받은바 모든 것을 바치는 것이다.

사람들은 대체적으로(보편적으로) 다른 어떤 모임보다 우선적으로 주일낮 예배에 참석한다. 이것은 그 자체로 말씀의 사역 속에 독특한 기회를 마련해 주는데 말씀의 사역은 하나님을 존귀케 하며 영화롭게 하므로 그로 인하여 사람들의 마음 속에 사랑과 감사와 찬양과 생의 순종을 하도록 고무시켜 주는 것이어야 한다. 주일낮 예배는 매 주일마다 사람들의 결점과 부족함을 꾸짖거나, 그에 대해 장광설(長廣說)을 늘어 놓아서는 안된다. 목사의 전 사역 중에 훈계를 포함하고 있지만 그러한 사실에 반하여 목사는 자신의 사역이 "양을 벌하는 것"이 아니라 "양을 먹이는 것"이어야 한다는 사실을 기억해야 할 것이다. 이런 관점에서 볼 때 예배는 하나님의 사람들이 다른 사역을 위해 준비한다는 것이다. 이때에 교회의 프로그램 속의 다른 사역뿐 아니라 삼일 기도회, 주일 저녁예배를 위하여 깊은 영적 감화가 있어야 하는 것이다. 그러나 이 영적 감화는 단지 교회의 예배에만 국한되어 생각되어서는 안된다. 성도들은 그들이 가는 곳, 학교나 시장이나 가정, 공장, 회사, 그 어느 곳의 크리스챤의 생활 속에서 깊은 영적 감화가 있어야 한다. 그래서 함께하는 불신자들에게 "기독교인들은 내가 원하는 바 그 무엇인가를 지니고 있구나!" "나도 그들의 하나님을 알고 싶다!" "나도 그들의 하나님을 만나고 싶다!" 이와 같은 느낌을 주어야 할 것이다.

1. 예배의 특성

목사가 주일낮 예배 사역을 궁구할 때 그가 기억해야 할 몇가지 특성을 고찰해 보자.

1) **통일성을 지녀야 한다.** 즉 예배의 제요소(諸要素) 사이에 조화가 이루어져야 한다는 것이다. 예를 들면 설교 주제가 기도에 대한 것이라면 예배의 제 요소들, 곧 성경봉독, 찬송, 찬양과 더 넓게 심지어 기도에 이르기 까지 목사가 설교할 주제와 조화를 이루어야 한다는 것이다. 그것이 적절히 융화되면 예배가 단조롭게 되지 않을 것이다. 통일과 연속성이 잘 조화되면 통일되지 못한 예배보다 훨씬 더 지속적인 깊은 감동을 끼칠 수 있을 것이다.

2) **협동적이어야 한다.** 예배는 그렇게 집례되어 지기에 온 성도들이 거기에 참여해야만 하는 것이다. 자리에 앉아 있는 성도들은 단순히 침묵을 지키는 청강자들이 아니다. 그들은 성가대원들과 강대상 위에 있는

제6장 주일 낮 예배 103

목사와 함께 하나님께 예배를 드릴 의무가 있는 것이다. 예배는 협동적 행위로서 이루어져야 한다. 그러므로 가능한 한 모든 것이 이 사람의 의무에 전적으로 참여하도록 배려되어야 할 것이다.

3) **생명력이 있어야 한다.** 우리는 살아계신 하나님께 예배한다. 하나님은 실로 생동적인 생명을 부여하시는 존재이시다. 그러므로 예배는 결코 우울하거나, 활기가 없거나 또한 침체되어 있거나, 형식적이어서는 안된다. 모든 부분이 생기있고, 힘차며, 깊은 의미를 주어, 참석한 모든 성도들에게 영적 유익을 끼쳐야 할 것이다.

상술한 이 생동감은 반드시 힘찬 행동이거나, 떠들썩한 표현을 나타내는 것은 결코 아니다. 이것은 바람직하지 못하다. 그러나 예배는 하나님을 향한 움직임인 생명력이 나타나야 하며, 하나님이 임재(臨在)하심에 대한 깊은 자각을 지녀야 할 것이다. 생명력 있고 생동감 넘치는 예배를 드리기 위한 조언으로서는 먼저 예배시작에 있어서 시간이 엄수되어야 할 것이며 예배의 부분 부분이 지연됨이 없이 순조롭게 진행되어 가야 한다는 것이다. 목사는 결코 찬송가나 성경의 어떤 부분이나 또한 메모 등을 찾아서는 안되며 아울러 성경봉독, 기도, 성가 등이 너무 오래동안 진행되어서도 안 될 것이다. 목사의 설교시간도 적절해야 하는데 훌륭한 설교란 결코 그 시간의 길이로써 좌우되는 것은 아니다. 또한 성도들이 부르는 찬송도 지루한 템포로 진행되어서는 안된다. 목사는 활기 있고 열정적인 자세를 지녀 주님이 베푸시는 진정한 기쁨을 반영해야 할 것이다.

4) **위엄을 갖추어야 한다.** 이것은 과도하게 격식을 차리거나 딱딱함을 뜻하는 것은 아니다. 오직 하나님께만 영광을 돌리는 예배에 있어서 저속하거나 눈에 날만한 어떤 괴상한 행동이나 그리고 경망스럽거나 무례한 부분이 없어야 한다. 목사는 항상 자신이 하나님의 사역자임을 명심하여 존경할 만한 자세를 지녀야 한다. 위엄이란 말은 라틴어 "dignus"에서 유래된 단어인데 그것은 훌륭한, 고귀한, 고상한, 존경할

만한, 탁월한, 품위있는 등의 의미를 지니고 있다. 주일낮 예배는 지존(至存)하시고 거룩하신 하나님의 특성과 연관되어 그에 합당한 요소들을 갖추고 있어야 한다. 즉 고귀한 성품이 예배에 함유되어 있어야 한다는 것이다.

5) **교화적이어야 한다.** 성도들의 신앙 속에는 하나님의 부르심을 입은 성도로서 갖추어야 할 특징들이 있어야 하는데 찬송과 기도, 성경봉독과 설교에 있어서 하나님의 임재하심에 대한 예배자들의 고양(高揚)된 마음을 모두가 지녀야 한다는 사실을 자각하고 있어야 한다. 예배가 끝날 즈음에 성도들은 예배드리기 전보다 더욱 하나님을 깊이 깨닫게 되어야 하지 않겠는가? 분명히 그들의 신앙이 더욱 강건해져야 할 것이다. 모세가 산위에 올라 하나님과 동석(同席)했을 때 거룩한 영광이 그의 용모에 반영되어서 좀처럼 사라지지 않았다는 사실을 우리는 알고 있다. 진실로 하나님께 예배하는 성도들은 하나님의 영광에 대한 어떠한 자각이 있어야 할 것이다.

2. 목사의 준비(準備)

주일낮 예배가 대단히 중요하기에 목사가 인도자로서의 책임을 다하여 최선을 기울여 예배에 임해야 한다는 사실을 더 강조할 필요가 없을 것이다.

1) 그는 주일이 이르기 전에 자신의 책무에 대하여 정성껏 예비해야 한다. 준비가 미비할 때에는 그 예배에 전심을 기울이기 어렵고 어떻게 성령의 도우심을 바랄 수가 있겠는가?

2) 먼저 자신의 설교가 잘 준비되어 있어야 하며, 예배순서 역시 잘 마련되어 있어야 한다. 그리고 광고도 주의깊게 공고되어져야 할 것이다. 또한 그는 찬송 게시판의 공고가 바른지의 여부를 살펴보아야 한다. 게시판에 지난주의 찬송가가 게재되어 있다면 당황하게 될 우려가

있기 때문이다. (구미 제국의 예배실 강단 옆에는 "오늘의 찬송" 게시판이 있는 곳이 많이 있다). 모든 것이 잘 준비되어져야만 목사가 강대상에 섰을 때 침착하게 예배를 인도해 갈 수가 있다. 또한 그래야만 목사가 자신이 의도하는 대로 전심을 기울여 성도들과 함께 예배를 드릴 수 있을 것이다.

3) 목사는 주일에 맡겨진 사역을 활기있게 감당할 수 있도록 토요일 저녁에 일찌기 휴식에 들어가 충분한 안정을 가져야 하며 토요일 밤까지 주일예배 준비에 애를 쓰는 일이 없도록 해야 한다. 만일 그러하다면 그의 설교의 사역은 생경한 상태로 인해 고통을 받게 될 것이다. "당신이 주일에 맑은 정신으로 성도들 앞에 서기를 원한다면 토요일 밤 동안 가능한한 충분한 수면을 취하시오!"[1]라고 데오돌 카일러(Theodore Cuyler)는 목사들에게 권고하고 있는데, 매우 좋은 교훈이다. 목사는 주일 낮 피곤하고 침침한 눈으로서 성도들을 대해서는 안될 것이다.

4) 목사는 예배에 임하기 앞서 성가대와 함께 기도시간을 가져야 한다. 이것은 목사와 성가대원 모두에게 유익을 주는 것인데, 곧, 자신들에게 맡겨진 사역을 감당함에 있어서 목사와 성가대 모두에게 경건하고 엄숙한 분위기를 갖게 할 것이다.

5) 끝으로, 매우 중요한 것은 목사와 성가대는 제시간에 그들에게 맡겨진 사역을 시작할 수 있도록 항상 준비를 잘 갖추어야만 한다. 예배 인도와 진행에 있어서 자신들에게 맡겨진 책임을 성의없이 뒤늦게 시행한다는 것은 좋지 않은 표본이 될 것이며, 예배로 인한 영적 감화력을 약화시키게 된다는 사실을 인식해야 할 것이다. 따라서 목사는 시간엄수의 중요성에 대해 자신이 먼저 깨닫고 이행하도록 해야 하며 성가대원들에게 이것을 준수하도록 가르쳐야 할 것이다. 그것은 하나님의 집

---

1) Theodore, L. Cuyler, *How to be a pastor* (New York: the Baker and Taylor Co., 1890) p.56.
   데오돌 카일러, 목사가 되는 법, p.56. (역자주)

데 있어서 예배가 좀 더 은혜롭게 드려질 수 있도록 도와 줄 것이다.

3. 주일낮 예배의 운영

주일낮 예배의 순서는 교회가 각기 다양한 형태를 취하고 있다. 어떤 교회들은 극단적으로 형식주의에 치우쳐 있기도 하며 반면에 정반대의 입장에서 아주 격식없이 이행되고 있는 교회들도 있다. 이 두가지의 입장은 결코 찬동할 만한 것이 아니다. 주님께 드리는 예배는 예의있고 질서있고 엄숙하게 드려져야 할 것이며, 반면에 예배가 형식화 되어서 깊은 뜻 없이 냉냉하게 드려져서도 안될 것이다. 예배의 각 순서는 참여한 겸손한 영혼들에 의해 쉽게 포용되어 질 수 있어야 할 것이다.

주일예배에 대한 유익한 목록을 여러가지 면에서 짤막한 참고요지와 함께 제시해 놓았다. 물론 이 목록들은 상황에 맞도록 적절히 조정되어야 할 것이다. 필자는 제안된 이 목록들이 대단히 유익하다고 믿는다.

1) 오르간이나 피아노 전주. 이것은 성도들로 하여금 예배가 시작되는 것을 알게 해 주며 예배에 임할 경건한 분위기를 조성시켜 준다. 또한 모든 사람이 제자리를 정돈케 하는 신호가 되어 소망에 찬 기대와 엄숙한 마음으로 예배에 임하도록 유도해 준다. 이 전주는 약 5분여 동안 계속되어야 하며 곧 예배로 연결되어져야 한다.

2) 성가대 입장. 성가대가 제자리에 선 후에 "주는 성전에 계시니, 온 천하는 그 앞에 잠잠할찌어다" 혹은 이와 비슷한 후렴 구절을 부르면서 경건하게 찬양하며 서 있는다는 것은 대단히 좋은 것이다. 또한 어떤 교회들은 성가대가 입장시 행렬성가를 부르면서 입장하는데 이것 역시 매우 유익한 것이다.

3) 성도들의 찬미. 성가대가 자리하여 입례송이나 찬양을 마친 후 성도들이 다 함께 일어서서 성가대와 더불어 영광의 찬미를 부르는 것이 좋다. 어떤 교회에서는 헌금을 드릴 때에 찬미를 하기도 하는데 이것

이 행해질 때에 성도들은 "아버지께 영광있으라"고 찬양하거나 혹은 그러한 예배시작에 있어서 하나님께 헌신하는 헌신송을 불러야 할 것이다. 그러한 시작은 온전한 예배를 드리기 위한 분위기나 품격을 갖게 해주는데, 이것은 그 예배가 경배하는 마음으로서 드려진다는 것을 나타내게 되는 것이다.

4) 목사의 기원. 이것은 매우 주의깊게 선도되어져야 하며 그 예배 위에 하나님의 은혜가 있기를 간구하는 마음을 함축하고 있어야 한다. 일상적인 목회기도와 중복되지 않도록 기도에 있어서 많은 간구가 중첩되어져서는 안된다는 사실을 유념해야 한다. 주로 기원은 목회기도에 따르는 다른 사항을 미뤄두고 앞에서 언급한 사항에만 국한시켜야 할 것이다.

기원에 앞서 적절한 성구낭독으로서 예배를 선포하는 것을 좋아하는 목사들도 있는데 이러한 구절로는 시 95 : 1—3, 96 : 8—9, 100 : 1—5이 이러한 목적에 쓰여지곤 한다. 이것은 너무 길지 않고 그리고 주의깊게 선별한 성경이 한 구절을 예비함으로써 은혜스러운 느낌을 가져다 줄 수 있다. 이 구절은 성도들에게 예배의 의무와 특권을 가르쳐 주는 것이어야 한다.

5) 회중찬송. 예배에 참석한 성도들의 찬송이야 말로 그 무엇과도 바꿀 수 없이 귀중하다. 성가대나 어떤 찬양그룹, 혹은 개인들의 특별 찬양도 그 나름대로의 위치를 차지하지만 전체적인 회중의 찬송을 대치해서 행해져서는 결코 안된다. 하나님의 사람들은 성도들의 일부가 아니라 성도들의 전체가 찬송하도록 권고해야 한다. 이것이 곧 예배의 한 부분을 차지하는 것이며, 곧 하나님과 신령한 것에 대한 그들의 자세를 청각적으로 표현하는 것이다. 이러한 관점에서 성도들은 하나님께 대한 찬미와, 하나님의 메세지를 찬양하는 자신들의 의무와 특권에 대하여 인식하고 있어야 할 것이다. 많은 영혼들이 교회에서 성도들의 찬송을 통하여 위로와 안식과 구원의 확신을 깨닫게 된다. 그리므로 목사는 때

때로 회중찬송의 중요성을 강조해야 한다. 회중이 부를 찬송의 선택에 깊은 배려를 해야 함은 재론의 여지없이 중대한 것이다. 이 찬송들은 예배의 주된 강조점과 조화를 이루어야 하는데 이것이 바로 합당한 제사가 되는 것이다. 이러한 것을 염두에 둔다면 마땅히 감상적이거나, 주로 개인의 체험에 초점을 맞춘 노래는 배제되어야 할 것이다. 찬송은 올바른 교훈, 은혜로운 시, 감동적인 음악적 내용에 의해 선별되어야 하며, 이 음악은 회중들이 즐거이 부를 수 있도록 되어야 할 것이다.

6) 성시 교독. 예배에 있어서 성시 교독에 대해서는 그 실행의 여부와 의견이 분분하다. 개신교의 약 절반 정도가 성시교독을 하는 것으로 알려져 있는데 필자는 성시교독의 실행을 원하는 입장이다. 이것은 예배에 있어서 전 회중들이 참여하는 귀중한 순서이기 때문이다. 대부분의 성도들이 평상시에는 좀처럼 하나님의 말씀을 소리내어 읽지 않는다. 따라서 최소한 그들이 예배를 드릴 때에 만이라도 소리내어 말씀을 읽는다는 것은 대단히 유익한 것이다. 이것이 잘 행해지기 위해서는 성도들은 성경을 읽는데 있어서 어떠한 가르침을 받아야 할 필요가 있으며, 목사 자신도 적절하게 응답하며 읽을 수 있도록 보조를 맞춰야 한다. 그러한 낭독은 너무 빠르거나 혹은 너무 느려서도 안된다. 성시교독을 할 때에는 쉼표, 콜론과 세미콜론 등과 같은 구둣점, 의문부호 마침표 등의 부호의 이행이 정확하게 지켜져야 할 것이다. 또한 성시교독은 너무 길어서는 안된다. 목사가 매주일 성시교독을 위해 성경으로 부터 선별하여 낭독하기를 원한다면 성도들은 성경을 예비해야 하며 방문자들을 위하여서는 좌석의 등 받침대에 성경을 예비하여 이용하게 해야 한다.

7) 성경 봉독. 이는 설교의 본문을 담고 있는 성경의 한 부분을 뜻한다. 그 구절이 잘 해석되어지도록 성경봉독은 잘 해야 한다. 목사는 성경봉독이 효과있게 그 진의가 전달되도록 구절 구절들을 주의깊게 읽는

연습을 해야 한다. 목사가 말을 더듬거나 성경의 인명, 지명 등의 고유 명사들을 틀리게 읽어 나간다는 것은 몹시 부끄러운 일이다. 그것은 목사가 강대상에 서기 전에 성경 본문을 읽는데 필요한 시간을 갖지 못했다는 증거가 되는 것이다. 모든 목사가 피어슨(A.J. Pierson)의 명저 *How to read the word of God effectively*,[2] 라는 책의 내용을 주의 깊게 고찰 한다면 매우 큰 유익이 있을 것이다.

8) 목회 기도. 목회기도는 다소 기도의 내용을 지시해 주는 메세지인 성경봉독에 항상 뒤따라 시행된다. 이것은 말할 수 없이 중대한 목회적 기능이다. "크리스챤의 사역의 가장 신성한 기능은 기도다."라고 헨리. W. 비쳐(Henry Ward Beecher)는 말했다. "깊이 심취한 연구시간이거나, 가장 사랑스럽고 친애하는 친구들과의 모임에서나, 생활속의 어떠한 환경에서든지 내가 건강한 몸으로 나의 친근한 성도들의 앞에 서서 그들을 위해 기도할 때보다 더 나를 감동시키는 것은 결코 그 어느 것도 존재하지 않는다. 내가 기도하기 위하여 많은 시간을 성도들과 마주 대했을 때, 나는 눈물을 감출 수가 없었다. 그때보다 예수님의 영광과 존귀가 더욱 찬연히 빛날 때는 없다! 마치 하나님께서 바로 그 생명나무에 나의 손을 얹게 하시고 성도들을 치료하시기 위하여 열매와 잎들을 딸 수 있도록 인도하시는 것 같다."[3]

이 기도는 예배에 임하기 전에 주의깊게 준비하고 사려되어야 한다. 이 기도에는 감사와 찬양, 고백, 간구, 성도들의 압박당하는 무거운 짐과 그들의 곤궁함을 주께 아뢰는 내용 등을 담고 있어야 할 것이다. 이러한 이유로 인하여 이 기도는 목사 자신이 항상 드려야 할 것이다. 예외적으로 이러한 책무를 다른 사람이 대행하기도 하는데 그러나 목사는

---

2) 피어슨, 성경말씀을 효과적으로 읽는 법.
3) Henry Ward, Beecher, Yale Lectures on Preaching, Second Series (New York, J.B. Ford & Co., 1873) pp. 46—47.
역자주. 헨리 비쳐, 설교에 대한 예일대학교 강의, 씨리즈(뉴욕, J.B. 포드 출판사, 1873), p. 46—47.

그 어떤이들 보다 성도들이 요구하는 바에 대해서 잘 알고 있기 때문에 목사가 드려야 함이 마땅한 것이 아닐 수 없다.

대부분의 목사들이 자신들의 공적 기도의 구성과 내용에 대해 많은 배려를 하고 있다는 사실은 필자가 확신하는 바이나 필자는 여기에서 앤드류 블랙우드의 공적기도에 있어서 그 준행됨에 6가지 결점에 대한 주의 및 환기 사항을 피력하려고 한다. 곧 ① 현실성의 결여 ② 적절한 목적의 미비 ③ 적당한 주제의 결여 ④ 구성의 결함 ⑤ 세련되지 못한 말투 ⑥ 주님께 대한 칭호들에 있어서의 무례함 등이다. 목사는 이러한 기도사역을 향상시키기 위해서는 공적기도에 대한 연구를 많이 해야 할 것이다. 목사가 전 성도들을 위하여 간구할 때 되는대로, 아무렇게나 기도하는 것은 결코 옳지 못하다.

9) 광고 시간. 말할 나위없이 강대상에서 어떠한 공지 사항을 알리는 것은 항상 필요할 것이다. 그러나 불필요한 것들은 제거되어야 한다. 교회의 주보는 교회의 어떤 그룹에 한정된 그러한 광고들 만을 알려야 한다. 결코 전체 성도들이 모여 있는 시간이 소수의 몇몇 사람에게 관계된 사항들을 발표하는데 허비되어서는 안될 것이다. 그러기 위해서는 작성된 광고 사항들은 잘 준비되어 있어야 한다. 목사는 광고할 내용들을 광고 사항을 지닌 담당그룹의 지도자들로부터 예배시작 전에 그것들을 공적으로 기록하여 목사에게 가져오도록 가르쳐야 할 것이다. 뒤늦은 광고 사항을 목사에게 전달하기 위해 안내자나 어떤 특정인물이 좌석복도로 걸어 나온다는 것은 예배의 위엄과 경건함을 깨뜨리게 됨을 잊지 말아야 한다.

광고시간은 예배의 본 목적에 위배되어 흐뜨러지지 않도록 가능한한 짧아야 한다. 10분 혹은 15분은 "광고시간으로서는 너무 길다." 목사가 성도들에게 광고를 잘 읽도록 가르친다면, 구태여 공적 광고문을 작성하여 발표하는 필요는 거의 없게 될것이다.

10) 헌금. 이 순서는 온전한 예배의 참여에 있어서 이미 설명한 부분으

로 고려되어야 한다. 왜 헌금이 드려지는 지에 대해서 변호해야할 것은 없다. 우리는 성경에서 이러한 말씀을 보게 되는데 "여호와의 이름에 합당한 영광을 그에게 돌릴찌어다. 예물을 가지고 그 궁정에 들어갈찌어다."(시 96 : 8)라고 하였다. 헌금은 엄숙하게 하나님께 드려져야 하는데, 피아노나 올갠이 적절히 연주되는데 맞추어 드려져야 할 것이다. 헌금을 위해 하나님의 축복을 간구하는 기도는 (헌금기도) 목사나 성도들에게 가장 적절한 대로 헌금이 드려진 후나 드리기 전 어느쪽이 선택되어도 좋을 것이다.

11) **특별 찬양.** 특별찬양은 매우 중요하나 주의 깊은 인도가 필요한 것이다. 서투르거나 잘 조화되지 않은 찬양에 대비하여 소위 "특별한" 찬양으로 불리어지는 것은 좋지 못하다. 성가대나, 사중창, 혹은 이중창, 그리고 개인에 의해서 불려지는 찬송의 메세지가 설교전이나 다른 어떤 순서의 직전에 행해진다는 것은 대단히 유익하다. 특별찬양을 주선, 선별하는 사람은 그날 선포되어질 설교와 조화를 이루는 찬송인지를 먼저 살펴 보아야 하는데 그 이유는 만일 설교의 메세지와 상이하다면 그 찬양이 예배에 크게 유익을 줄 수 없기 때문이다. 이때에는 적절한 회중찬송이 오히려 나을 것이다. 성가의 선별은 매우 세심한 주의를 기울여야 하는데 어떤 성가는 참다운 은혜를 주거니와 어떤 성가는 오히려 지루함을 주기 때문이다. 훌륭한 성가는 훌륭한 음악일 뿐 아니라 성경에 나타난 진리를 나타내는 메세지를 담고 있는 것이어야 한다. 부언하자면, 성가대는 성가의 의미가 성도들에게 잘 이해되어 지도록 불려야 할 것이며 성도들이 성가대와 함께 예배하는 것이기에 이러한 점은 더욱 필요한 찬양의 요건이 되는 것이다.

12) **설교.** 설교는 개신교에 있어서 가장 강력한 가치를 지닌 것이다. 강대상은 항상 중심에 위치하고 있다. 현대에 이르러 설교의 중요성이 체감됨에도 불구하고 복음주의적 입장의 교회는 말씀 선포에 중점을 두고있다. "말씀을 가르치고 강론하라"는 사도적 훈계는 결코 폐지되어서

는 안된다. 사람들은 설교를 통하여 구원을 받게 되며(고전 1:21) 나아가 그리스도인의 생활을 영위해 나가며 헌신적인 봉사를 하게 되는 것이다.

설교는 너무 길어서는 안된다. 그렇다고 해서 너무 짧다고 할만큼 짧아서도 안된다. 항상 약 30분정도가 정규적인 주일낮 예배에 있어서 최적의 시간이다. 만일 목사가 정성껏 설교를 잘 준비했다면 그 시간내에 성도에게 전할 필요한 모든 말씀을 전달할 수 없을 것이다. 사람들은 어떤 특정한 사고의 경향에 의해서 단지 한정된 시간동안에만 주의력을 집중시킬 수가 있는 것이다. 목사가 매 주일 성도들에게 유익을 끼치기를 원한다면 그는 너무 길게 설교하는 것을 삼가야 할 것이다. 필자가 잘 아는 어느 능력있는 목사는 장년층에 맞추어 주일낮 예배에 종종 한 시간 이상을 설교하곤 했는데 그는 그 결과 성도들 중에서 특별히 그가 양육해야 할 젊은이들은 잃어버리고 말았다. 라디오나 텔리비젼의 시간이 제한되어 있듯이 격변하는 이때에 목사는 자신의 사역을 현실에 맞추어 순응해 나갈 필요가 있는 것이다.

13) 폐회. 설교에 뒤이은 그 시간들은 매우 중요한 시간이다. 왜냐하면 전 예배에 있어서 그 감동이 집중되는 시간이기 때문인데 이때는 결단이 이루어져야 한다. 그것은 종종 얼마의 영혼들이 애매한 상태로 있게 되는데 목사는 이 순간을 결실이 풍부하도록 초점을 맞추어야 하며, 성도들에 대한 호소는 목사가 전달한 메세지에 반응하도록 이루어 져야한다. 이 응답은 항상 공적인 참회의 양태를 떠어야할 필요는 없다. 왜냐하면 종종 결단이란 외적표증이 아닌, 내적인 각자의 자리에서 일어나기도 하기 때문이다. 그러나 어떠한 것이든지 결단은 유발되어야 한다. 이때에 예배의 적절한 절정에 이르도록 전도나 헌신을 위한 찬송을 부르는 것이 좋을 것이다.

이 전도나 헌신을 위한 결단과 작정의 순간에 이어 성도들이 서있는 그때에 하나님의 축복이 선포되어야 한다. 축복기도에 이어 목사가 교회를 떠나는 성도들에게 인사하기 위해 문으로 나가는 동안 성도들은 머리를 숙이고 서서 묵상하는 것이 좋을 것이다. 목사는 결코 성도들과의 귀중한 교제시간인 이 시간을 흘려 보내서는 안된다. 올갠이나 피아노는 축복기도에 이어 잠시동안 연주되어야 하는데 이는 경건한 예배 분위기를 이어주고 예배가 끝난다는 이완된 마음을 진정시켜 주기 때문이다.

성도들은 하나님이 교회에 임재하심을 확신하여 교회를 떠나야 할 것이다. 예배를 드리는 동안 성도들의 마음속에 자리잡은 경건한 침묵이 너무 쉽게 이완되어 버려서는 안된다. 하나님의 사람들은 매일 매일의 생활 속에서 여러가지 경험을 겪으면서 점점더 강건해져야 할 것이다.

추 천 도 서

Blackwood, Andrew W. *The Fine Art of Public Worship*. Nashville, Tenn.: Cokesvery Press, 1939.

―――. *Leading in Public Prayer*. Nashville, Tenn.: Abingdon Press, 1958.

Davis, Horton. *Christian Worship, Its History and Meaning*. Nashville. Tenn.: Abingdon Press, 1958.

Dobbins, Gaines S. *The Church at Worship*. Nashville, Tenn.: The Broadman Press, 1962.

Erdman, Charles R. *The Work of the Pastor*. Philadelphia, Pa.: The Westminster Press, 1924. Chap. 5.

Evans, George. *The True Spirit of Worship*. Wheaton, Ill.: Van Kampen Press, 1941.

Gefen, Roger (ed.). *The Handbook of Public Prayer*. New York: The Macmillan Company, 1963.

Little, Gertrude. *Together We Worship*. Anderson, Ind.: The Warner Press, 1948.

Pierson, Arthur T. *How To Read the Word of God Effectively*.

Chicago: Moody Press, 1925 (A pamphlet.)

Riley, W.B. *Pastoral Problems.* New York: Fleming H. Revell Co., 1936. Chapter 5.

Spurgeon, Charles H. *Spurgeon's Lectures to His Students.* Grand Rapids, Mich.: Zondervan Publishing House, 1955. Chapter 4.

Urang, Gunnar. *Church Music for the Glory of God.* Moline, Ill.: Christian Service Foundation, 1956.

제 7 장

주일 저녁 예배

예수님께서 굳게 닫힌 문을 지나 제자들과 만난 예루살렘의 첫 부활 주일 저녁 이후, 주일저녁예배는 특별한 의미를 지녀왔었다. 그 첫번째로 놀랄만한 사건이 그곳에서 일어났던 것이다. 영광의 몸을 입으신 주님께서 갑자기 제자들이 있는 곳 한 가운데 나타나셨다. 주님께서는 그들이 두려워 떠는 마음에 평안이 있으라고 말씀하셨다. 그는 자신의 고난의 흔적을 보이시며 갈보리 산에서 죽으시고 말씀하신대로 죽은 자 가운데서 다시 살아나신 주님 자신인 것을 나타내시어 제자들에게 깊은 감동을 주시었다. 두려움에 떨며, 슬픔에 차있던 제자들이 주님을 보자 그들의 마음은 기쁨으로 가득찼다. 심령들이 주님을 영접할 때에, 주님을 뵈옵는 기쁜 체험을 하게 되는 것이다.

그때에 제자들은 주님으로부터 그들에게 맡겨진 귀한 사역에 대해 들었는데 "아버지께서 나를 보낸 것같이, 나도 너희를 보내노라" 이 말씀이었고 또한 제자들은 주님께서 그들에게 맡기신 사역을 위하여 능력을 베풀어 주심을 체험하였다.

이 결코 잊을 수 없는 중대한 사건 이후 많은 주일 저녁예배를 통하여 주님께서는 말씀으로 많은 사람들에게 나타나셔서 증거하시고 근심에 싸인 마음들이 평안을 찾게 되었고, 많은 영혼들은 주를 위한 삶의 특권에 대하여 생생한 비젼을 갖게 되었다.

그러나 현금(現今) 도처에서 이 저녁예배가 사라져 버렸다. 이것은 교회에 있어서 매우 커다란 치명적인 손실이 아닐 수 없다. 세상과 세속적인 것들은 주일저녁을 미혹하는 것을 결코 그치지 않는다. 그러나 교회는 최대한 이 악 영향을 제거하고 크리스챤들이 부활하신 주님안에서 소유하였고, 그 승리를 증거하기 위한 복음의 모임을 가져야만 한다. 이 예배는 예루살렘의 첫번째 예배와 같이 주의 임재와 권능이 빛나는 예배이어야 한다. 이 저녁예배는 성질상 특이해야 하는데 그것은 곧 살아계신 주님에게로 사람들의 마음을 향하게 하여야 한다. 왜냐하면 주님만이 생의 참다운 의미와 목적을 주실 수 있으며 또한 기꺼이 주시기 때문이다.

1. 주일 저녁예배의 특성

1) 주일 저녁예배를 주일 낮예배와 똑같이 드린다는 것은 매우 잘못된 일이다. 하나님은 다양성 안에서 즐거워하시며 또한 그의 피조물 역시 마찬가지이다. 다양성의 장점에 부가하여 깊은 관심과 주의를 끌기 위하여 주일 저녁예배는 다른 특성을 지녀야 한다. 또한 주일 낮예배보다는 좀 더 의례적인 면을 피해야 할 것이다. 의례적인 딱딱함에 무관심한 그러한 사람들은 이 예배를 통하여 특별한 기쁨을 맛보게 될 것이며 의례적인 예배를 원하는 어떤 사람들도 좀 더 자유스러운 저녁예배의 특이함에 만족하게 될 것이다. 그러므로 사실상 모든 사람들이 이러한 다양함 속에서 만족하게 될 것이다.

2) 두 예배(아침, 저녁예배) 모두 교회의 전 주일 프로그램에 있어서 좀 더 깊은 감동을 주어 마음을 끌어야 할 것인데 저녁예배는 회중찬송에 많은 시간이 주어져야 한다. 그 이유는 하루가 저무는 그 시간에 몸과 마음이 약간 피로해지며 이완되기 때문이다. 훌륭하고 감명깊은 찬송은 성도들을 일깨워서 예배에 신령과 진리로써 임하게 이끄는 것이다. 그리고 이것은 모든 성도들이 주를 찬양하는데 참여케하는 좋은 방법이

제 7 장 주일저녁 예배 117

다. 나아가 그것은 전교우들을 복음사역에 참여할 수 있게 한다. 필자의 교단에서 중앙아프리카의 외지선교에 봉사하고 있는 어떤이는 필라델피아의 First Brethen 교회의 생명력있는 찬송으로 인하여 주께로 인도되었다. 제임스 그리블(James Gribble)은 전차 운전수였다. 그는 종종 이 교회를 지나가게 되었고 전차를 운전하면서 듣던 그 기쁨에 찬 찬송에 마음이 이끌렸다. 그는 기회가 있을때에 교회에 참석하고자 결심했다. 결국 그는 교회에 첫 발을 디뎠고 첫예배에 임하여 그리스도께 신앙고백을 하게되었으며 멀지않아 그는 아프리카를 떠났다. 이런 류의 체험들은 그다지 희귀한 체험이 결코 아니다. 교회의 사역중에서 영적 찬송의 가치를 그 누가 측량할 수 있으랴.

3) 낮예배보다 저녁예배에 있어서는 복음전도에 좀 더 강조점을 두어야 한다. 그러나 이 점에 있어서 너무 독선적이어서는 안된다. 물론, 대개의 경우 주일 낮예배보다 주일 저녁예배에 불신자들이 참석하기가 쉽다는 것을 인정하고 곧 그 예배에 있어서 복음전도에 대해서 많은 강조를 하고 있다. 그러나 그렇지 않은 교회들도 있다. 과거로부터 지금까지 복음주의적 교회와 목사가 이행해온 설교 방침은 주일 낮예배 때는 성도들을 주의 훈계와 교육으로 양육하고 가르치며, 저녁예배는 불신자들을 위하여 설교를 하는 것이다. 이 계획은 실제적인 상황에 있어서 모든 경우 완전하게 이행되어질 수는 없다. 어떤 성도들은 낮예배에 참석치 못하게 되기도 하며 또한 종종 주일 낮예배에도 불신자들이 참석하기 때문에 위에서와 같이 그 방법만을 고집하지는 말아야 한다는 것이다. 그리므로 목사가 훌륭하게 그의 사역을 감당해 나가려면 이러한 특별한 상황에 잘 대처하여 교회실정에 맞추어 가장 효과적인 방법을 택해야 하는 것이다. 목사는 낮예배와 저녁예배에 성도들에게 설교하는 시간을 적절히 배분(配分)하는 것도 지체의 한 부분으로 느끼게되는 것과 아울러 불신자들을 인도하는 목사의 노력에 있어서도 마찬가지로 지혜롭게 행해야 할 것이다. 그러나 확실히 저녁예배때는 복음전도에 대한

설교가 행해져야 할 것이다.

2. 호소력을 증진시키는 몇가지 제안들

이미 언급한 바와 같이 주일낮 예배와 저녁예배에 각각 다른 특성을 부여함에 있어서 목사는 다양한 변화를 주며, 사람들의 마음을 끄는 주일저녁예배에 행해져야 할 몇가지 항목들을 궁구(窮究)해야 할 것이다. 예배와 하나님의 말씀의 증거에 대한 주요 개념이 무시되어서는 결코 안될 것이지만 그러나 생동적 활력소로서의 깊은 관심을 끌기위한 몇가지 방편이 채택되어야 할 것이다.

1) 저녁예배에 있어서는 좀 더 사람들의 관심을 많이 끌 수 있는 특성 있는 면모가 있어야 한다. 이러한 특성이 현명하게 선별된다면 예배에 참석한 이들에게 커다란 영적 유익을 끼칠 것이다. 목사는 이러한 특징적 면모들이 고상한 수준에 이르도록 해야한다. 주일저녁예배에 있어서 어떠하든지 저속하거나, 하찮은 순서들이 절대로 행해지지 않도록 해야 한다. 모든것이 오래전 주님과 더불어 드린 첫 부활후 주일예배에 감싸주면 그런 높은 영적 분위기를 만들어야할 것이다.

이러한 특별한 순서로서는 음악적인 감동이 매우 유익한데 가능한 한 기획처에 의해 이행되는 찬송가 해설과 즐겨 부르는 찬송, 합창(group) 4중창, 2중창 등이 행해져야 할 것이다. 어떠한 목사들은 질문상자를 유용하게 활용하는데 성도들을 질문상자가 있는 곳으로 인도하여 예배의 서두에 그 질문사항들에 대하여 10분내지 15분 정도를 할애해야 한다. 이 계획은 설교에서 언급되지 않는 그러한 주제에 대해서 목사가 가르칠 기회를 제공하며, 성도들이 생각하는 바에 대하여, 또한 지역사회에 침투해 들어오는 거짓교리와 이교에 대해서도 목사자신에게 주의를 환기시킨다.

예배의 서두에 다정한 시간을 가짐으로 인해서 여러 다른 그룹들이 참여함으로 깊은 관심을 유발시키는 교회들도 있다. 이러한 다양한 계획들이 가치있고 경건(敬虔)하게 이행되도록 하려면 세심한 관리가 요청된다. 어떠한 경우에는 젊은층에서 프로그램의 서두를 맡아 그들은 종종 훌륭하게 그 일을 감당하기로 한다. 혹은 장년층에서 관심을 끄는 좋은 순서를 마련하기도 한다. 그외 다른 그룹에서도 훌륭한 순서를 맡을 수도 있는데 그들은 교회를 위하여 큰 은혜를 끼칠뿐 아니라 그러한 예배를 통하여 은혜를 받게 될 것이다.

어떤 목사들은 저녁예배의 메세지를 소개하기 위하여 플란넬도표를 사용하기도 한다. 이것이 행해지려면 좀 더 깊은 주의와 관심을 기울여야 하는데 첫째로 홍미로운 플란넬그래프를 만들어야 하며 둘째로 선도해야 할 메세지를 분명히 나타내야 하며, 또한 성인 수준에 맞게 진행되어야 하는 것이다. 필자는 일전에 광의의 방법, 협의의 방법 두 가지 방법으로 설교를 하는 목사를 본적이 있었다. 그는 도식적으로 그것을 수용하는 사람들에게 이 두가지 방법을 통하여 결코 쉽게 잊을 수 없는 형태의 것으로서 묘사하고 있었다. 성도들은 그 메세지를 쉽게 잊지 못한다. 그것은 그들에게 두 가지의 깊은 인상을 주었기 때문이다. 곧 보고 들은 즉 시청각적인 것이었기 때문이다. 특별히 목사가 이러한 방법으로 프로그램을 다양하게 가질 수 있다면 대단히 유익할 것이다.

또한 주일 저녁예배를 위하여 복음주의적 신학교나 대학으로부터 훌륭한 복음전도단을 초빙한다는 것은 교회에 특별한 은혜를 끼치게 될 것이다. 이 젊은이들은 음악과 복음승거를 통하여 성도들에게 깊은 감동을 끼칠 것이며, 아울러 성도들 중 젊은이들로 하여금 주의 일을 향한 강한 열망을 고취시켜 줄 것이다.

선교사들의 강화 또한 교회에 큰 은혜를 끼치는데 종종 그 선교사들은 그들이 소개하는 바에 대하여 좀더 깊은 의미와 관심을 고취시키기 위하여 선교지의 사진들을 가져오기도 하는데 강대상에 선교사들이 선다는 것은 두말 할 여지없이 귀중한 가치를 지닌 헌신에 대한 중요한 교훈을 줄 것이다.

2) 종종 주일 저녁예배 프로그램에 관심을 더욱 깊게하기 위하여 특별 모임을 효과있게 개최할 수도 있다. 이는 그들로 하여금 깊은 관심을 유발시키며 참여하는데 관심을 고취시켜 줄뿐 아니라 특별히 어떤 중요한 문제에 대하여 강조할 수 있는 그러한 기회를 제공해 준다. 특별히 시행되어 대단히 유익한 특별모임으로서는 "성경의 밤", "주일학교의 밤", "젊은이의 밤", "옛 찬송가의 밤", "부녀와의 밤", "모자와의 밤" "가족의 밤" 그리고 "이웃과의 밤" 등이다. 돌로프는 그의 유일한 저서 *Sunday night service can be successful* [1]에서 상기한 여러가지 순서외에 다른 제안들을 해주고 있다. 상기한 여러가지 예배는 사람들의 흥미에 대한 관점으로 부터 성도 자신들을 이끌어 들이는 것을 쉽게 발견할 수 있다. 그것은 또한 목사에게 강조해야 할 생활의 어떤 특별한 상황에 대해서 예절을 두고 가르칠 수 있는 기회를 제공하기도 한다.

3) 관심을 끄는 일련의 설교들은 주일 저녁예배에 있어서 흥미를 유발시킨다. 목사는 예언에 대한 여러가지 국면하에서 어떤 씨리이즈를 소개할 수가 있을 것이며 혹은 요즈음 성도들 앞에 직면해 있는 적그리스도 교파에 대한 어떤 씨리이즈를 마련할 수도 있겠다. 그러한 일련의 씨리이즈를 통해서 목사는 이교들이 조장하는 그런 오류에 대해서 성도들을 각성시키므로 더욱 그들의 신앙을 강건케 할 수 있다. 또한 상호 연관성있는 방법 속에서 뚜렷한 성경적인 특성들에 대해 취급하는 일련의 전기적 씨리이즈를 제공할 수 있겠다. 블랙우드(Andrew, W. Blackwood)" 박사는 *Preaching from the Bible* [2]라는 자신의 저서 속에 "전기적 씨리이즈"라는 흥미있는 장을 마련하였는데, 거기서 그는 대

---

1) 돌로프, 주일저녁예배는 성공적으로 드려질 수 있다.
2) 엔드류 블랙우드, 성경으로부터의 강화.

제7장 주일저녁 예배 *121*

단히 훌륭한 예증을 들어주고 있다. 예를 들면 전반적인 내용을 하나의 제목으로서 함축시키는 씨리이즈를 제안했는데 *Six dramatic scenes in the life of English*[3]이다. 또한 아브라함과 이삭, 야곱, 그리고 요셉에 대하여 4개의 설교를 제고하였는데 다음과 같은 제목이었다.

"아브라함, 경건한 아버지로서의 신앙"
"이삭, 범인의 하나님"
"야곱, 교활한 자의 하나님"
"요셉, 전형적인 인물의 하나님"

이상과 같은 것들이었다. 성경의 일면에 대한 주일 저녁예배의 씨리이즈는 한 목사에 의해 제안되었고 또 다른 목사들은 주일 저녁예배에 대한 씨리이즈로서 구혼, 결혼, 이혼, 가정, 그리고 그와 관련된 문제들에 대해 가르쳤다.

그런데 문제는 제시되는 어떤 씨리이즈든지 거기엔 통일된 사상과 논점을 함유하고 있어야만 한다는 것이다. 즉 설교들이 각각 서로 개별적으로 분리되어져서는 안된다. 만일 그렇다면 그것은 사실상 일련의 씨리이즈로서 가치를 상실하는 것이다.

어떤 씨리이즈가 결정되었을 때 교회 게시판이나 주보 신문 등에, 설교에 대해서 주의깊게 광고해야 할 것이다. 이러한 일련의 씨리이즈들은 성도들이 이러한 형태의 설교에 대해 일찌기 들어보지 못했던 어떤 특별성을 지니고 있다고 깨닫게 되도록 강대상에서 주의 깊게 선포되어야 할 것이다.

사람들의 다양한 요구는 목사가 행하는 그 씨리이즈의 내용에 크게 좌우한다. 목사는 성경의 특정한 책이 어느 특정한 시간에만 성도들에게 필요한 메세지를 담고 있음을 깨달아야 한다. 어떤 목사가 그의 사역기간 중의 어느 특정한 시기에 성도들에게 필요한 성경이 고린도전서 일

---

3) "엘리야의 생애에 있어서 6가지 극적인 장면"

것이라고 깨닫고 성도들에게 큰 은혜를 주기 위해 씨리이즈로 설교안을 작성했다고 하자. 이때 목사는 비교적 긴 이 성경에 대해 설교할때 너무 상세하게 다루지 않는 것이 현명할 것이다. 그는 그 성경의 주해에 있어서 선별된 부분만을 유용해야 할 것이다.

3. 주일 저녁예배에 대한 유익한 조언들

주일 저녁예배를 은혜롭게 이끌기 위해서는 목사는 몇가지 준수해야 할 것이 있다.

1) 항상 높은 영적 수준을 유지해야 한다. 목사는 이 예배에 있어서 사람들의 관심을 끌도록 가능한 한 합리적인 모든 방법을 선용해야 할 것이다. 그러나 목사는 그러한 것들이 이 예배에 참석할 때 분명히 어떠한 가치있는 유익을 주도록 해야 할 것이다. 그러나 결코 이러한 방법들이 예배의 본 목적, 하나님의 말씀을 선포하는 것, 그래서 주 예수 그리스도에게로 사람들을 인도하여 주 안에서 성장하도록 양육하는것에 대체되어서는 안된다.

2) 은혜있는 예배를 드리기 위한 성도들 자신의 의무에 대해서도 성도들 자신이 자각하도록 이끌어야 한다. 이것은 특히 마지막 때에 중요한 일이다. 라디오와 텔리비젼, 스포츠경기와 드라이브—인—극장[4]에 관심을 빼앗기고 있어 성도들로 하여금 주일저녁에 하나님의 성전에 모여 함께 예배드리도록 유도한다는 것이 점점 더 어렵게 된 형편이다. 심지어 어떤 새로 입교한 성도는 주일 낮 예배에 참석했다면 주일 저녁 예배에 참석해야 할 의무가 없는 것으로 생각하기도 한다.

그러므로 목사는 성도들에게 주일 예배와 관련해서 성도 자신의 협동적 의무에 대해 설명해 주어야 할 필요가 있는 것이다. 만약 목사가 주

---

4) Drive-in-theatre란 차를 몰고 극장안에 입장해서 영화를 관람하는 극장을 말함.

제 7 장 주일저녁 예배 123

일 저녁에 있어서 성도들에게 충실하게 참여하고 기도해야 한다는 사실은 각성시키지 않는다면 초신자들 역시 관심을 갖지 아니할 것이다. 그러나 이 예배에 열의를 지닌 성도들과 함께 예배를 드리게 된다면 초신자에게 있어서 대단히 유익하게 그 효과를 나타나게 해 줄 것이다. 열정주의는 전염성이 매우 강하며 그래서 초신자들은 저녁예배의 참석이 가치 있는 것이며 자신의 의무라고 깨닫게 될 것이다.

많은 교회들이 매주마다 저녁예배에 빠지지 않고 참석하는 성도들로 가득차는데 이러한 사실은 초신자들 역시 예배에 결석치 않고 참여시킬 수 있는 가능성의 증거가 된다. 성도들은 주일 저녁예배에 참석하여 무엇인가 행해야 할 의무를 지닌다. 그들에게 있어서는 가치있는 어떤 일을 행하도록 인도되어야 할 필요가 있는 것이다. 부활하시어 영광스러운 옷을 입으신 주님께서 말씀을 통하여 자신을 입증하는 교회에 참석한다는 것은 크리스챤들이 그 시기에 있어야 할 가장 훌륭한 장소가 아닐 수 없다. 의심많은 도마가 부활 후 첫 저녁예배에 그 교회에 참석치 않음으로 인하여 실수를 범했다는 사실을 상기해 보라.

3) 주일 저녁예배에 있어서 젊은이들의 참석을 강요하라. 젊은이들은 매력적인 면을 지닌다. 그들의 참석은 예배를 위하여 어떤 일인가를 행할 수 있게 한다. 젊은이들은 활동적이어서 저녁예배에 무엇인가를 행할 것이다. 교회는 가치있는 목적을 달성하기 위하여 이 활력을 이끌어 들이도록 해야 할 것이다. 이는 주일 예배에 대한 좀더 깊은 관심을 갖도록 인도해 줄 뿐 아니라, 영적으로 도덕적으로 파손된 젊은이들을 구원에 이르도록 하게 할 수 있을 것이나.

목사는 젊은이들의 회합에 방문함으로 인해 그들의 도움을 요청할 수 있고 그래서 그들로 하여금 저녁예배에 활동하도록 인도할 수 있다. 목사는 예배시간 전체에 그들을 활용할 수 있다. 목사는 젊은이들로 구성된 성가대를 장려할 수 있으며 정규적인 예배에 이어 은혜의 찬양시간을 마련할 수도 있다. 그러한 회합은 젊은이들의 가정에서나 교회에서 개최할 수 있다. 또한 목사는 젊은이들의 문제와 욕구에 대해 그곳에 그의 설교의 초점을 맞출 수도 있다. 이러한 일련의 조처로 인해서 그들을 예배에 관심을 가지고 참석하도록 인도할 수 있다.

많은 목사들은 젊은이들이 주일예배를 포함해서 교회의 많은 사역에 도움을 줌에 있어서 그들의 충실함과 자원하는 마음이 어른들을 능가하고 있다는 사실을 인식하고 있다. 젊은이들은 예배가 필요하며, 이 예배는 젊은이들을 필요로 하고 있다. 그러므로 이들이 화합하여 협력할 수 있도록 배전의 노력을 기울여야 할 것이다.

4) 주일 저녁예배는 적정시간 안에 종료되어야 한다. 많은 성도들이 월요일 아침 일찍 일어나서 새로운 그 주간의 일을 시작해야 한다. 또한 어린이들과 젊은이들은 학교에 가야 한다. 예배가 일찍 마쳐질 때에 어린이들은 충분한 밤의 휴식과 수면을 취할 수 있는 적정시간에 귀가할 수 있다. 그러므로 부모들은 어린이들을 데리고 이 예배에 좀 더 열성적으로 참석하고자 할 것이다. 더구나 좀 더 성숙한 청년들은 너무 늦지 않게 정규예배 이후에 은혜의 찬양을 할 수 있을 것이다. 그러므로 목사는 주일 저녁예배가 적정시간에 종료되도록 세심한 주의를 기울여야 할 것이다.

추 천 도 서

Dolloff, Eugene D. *Sunday Night Services Can be Successful.* New York: Fleming H. Revell Co., 1943.

Blackwood, Andrew W. *Preaching from the Bible.* Nashville: Abingdon-Cokesbury Press, 1941.

제 8 장

삼일기도회

삼일기도회는 그 교회의 영적 생활이 활기차 있는지 아니면 침체되어 있는지의 여부를 보여주는 지표라고 종종 불리워진다. 기도와 기도회에 대해 강조하지 않는 목사는 교회의 영적 수준을 결코 향상시킬 수 없을 것이다. 이 예배에 대해 목사는 주의깊은 관심을 기울인다면 막대한 영적 유익을 가져다 줄 것이다. 목사는 이 예배가 주일예배 이외에 그 주의 가장 주요한 예배인 것을 확신하고 있어야 한다. 특히 많은 교회들이 그러한 예배를 전혀 드리지 않는 것과 예배를 드리긴 하지만 아주 소수만이 참여하고 있음을 볼 때 우리는 이 예배의 성장의 필요성을 절감하게 된다. 개혁주의 교회에서 기도회에 대해 태만하다는 것은 가슴 섬찍한 일이 아닐 수 없다.

통계학의 한 권위자가 냉정하게 개혁주의 교회의 삼일 저녁예배의 참석 여부를 통계 숫자로 나타냈는데 40%가 주일 낮 예배에 참석하며 15% 정도가 주일 저녁예배에 참석하는데 반하여 각 교회의 삼일 기도회에는 단지 5% 정도만이 참석한다는 것이다.[1] 필자는 필자가 속해 있는 교단이 이보다는 다소 나은 편이라는 보고서에 대해 다소나마 안도감을 느끼는바, 주일 낮예배에는 80% 정도, 주일 저녁에는 49% 정도, 삼일기도회는 26% 정도 참여한다는 것이다.[2] 그러나 가장 나은 통계조차도

---

1) E.P. Alldredge-quoted by John E. Huss. in *The Hour of Power* (Grand Rapids: Zondervan publishing house, 1945), p. 30,
2) *The Brethren Annual Winona Lake*, Ind: Brethren Missionary Harold Co., 1957, p. 16.

기쁨을 주지 못하며 교회의 영적 무능력을 노정시키는 그 근거중의 하나를 반영하고 있다는 것은 의심할 여지가 없다.

기도회의 성장은 곧 교회의 영적 생활을 끌게 해주는 것이다. 그것은 또한 성도들에게 기도에 대하여 일깨워 주며 그리스도인으로서의 동료 의식을 고취 시켜주며, 나아가 교회의 원대한 계획에 하나님의 축복을 구하는데 협력하도록 유도하는 것이다.

어떤 목사들은 이 예배를 각기 다른 명칭을 붙이기도 한다. 곧 능력의 시간, 기도의 시간, 친교예배 정상의 시간, 주의 일의 시간, 교회밤예배, 가정의 밤, 경건회 등등이다. 어떤 목사들은 그냥 단순히 기도예배나 삼일 기도회로 부르기도 하는데 어떠한 명칭을 붙이든지 삼일예배의 모임은 동일한 목적을 두고 준수되어야 할 것이다.

1. 삼일기도회의 특성

이제 유일한 기도회의 몇가지의 특성에 대해 우리의 관심을 돌려보자.

1) 먼저 삼일기도회는 결코 형식적이어서는 안된다. 어떤 목사들은 다른 형식위주의 설교중심의 예배처럼 이 예배를 인도하는 실수를 저지르며 기도는 대단히 중요치 않다는 면으로 나아간다. 또한 어떤 목사는 이 삼일기도회를 성경공부시간으로 인도하며 기도를 그 다음으로 미루어버리기도 한다. 이것은 성경 속에 제시된 기도의 개념을 축소시켜 버리는 것이다. 삼일기도회는 기도를 하나님의 약속으로 진지하게 수용하는 목적으로 성도들이 격식없이 모여 드리는 예배가 되어야 할 것이다.

2) 또한 삼일예배는 참여한 모든 성도들이 위에서 언급한 그러한 목적에 부합하도록 고무되어져야 할 것이다. 그러한 참여로 인해서 그는 은혜 속에서 성장할 것이요, 진실로 하나님의 권속에 속해 있다는 사실을 인식하게 될 것이다. 이 참여는 통성기도의 형태를 띨 수 있을 것이며 성경구절의 인용, 간증이나, 특별묵상을 위해 **미리 지정된 성경의**

장을 읽으면서 합일된 깊은 생각을 함께 나누어 가지는 형태로 이루어 질 수 있을 것이다. 혹은 참여한 모든이들이 하나님의 말씀 중 눈에 익은 구절들을 함께 제창으로 인용하거나 성경의 한 부분을 교독할 수도 있을 것이다. 우애의 정신과 깊은 형제애가 그 예배에 스며 있어야 하는데 이는 기도하고자 모인 모든 성도들이 다 함께 하나님의 자녀들이기 때문이다.

3) 또한 삼일기도회는 밝고 활기찬 예배이어야 한다. 주님이 주시는 기쁨과 밝은 정감이 이 예배에 스며 있어야 한다. 그러므로 찬양의 제사가 많이 드려져야 하며 특히 성도들이 즐겨 부르는 찬송이 드려져야 하고 항상 기도를, 강조하는 믿음의 찬송을 드려야 한다. 이 찬양의 제사는 수고와 시련속에 싸여 바쁜 한 주간을 보내는 동안 마음속을 침잠케하는 시름의 먹구름을 제거하는데 크게 유익한 것이 된다. 찬송은 마음을 밝게 해주며 보다 쉽게 기도와 감사의 찬미를 드릴수 있게한다. 사람이 심적으로 억압되고, 낙망한 가운데 기도회에 참석하게 될 지라도 성가의 멜로디와 하나님의 약속에 대한 확증으로 인하여 새롭게 고양된 마음과 용기를 얻게 될 것이다. 이 영적묵상이 없다면 주일후의 한 주일이 너무 긴 시간일 것이다. 그러므로 이 기도회는 이러한 상황에 적합해야 하는데 곧 소망으로 가득찬 영격인 묵상, 구원의 확신, 구원의 기쁨, 영적 강건과 깊은 영감 등이다. 그리스도인들은 그들이 하나님을 만난다는 자각심을 가지고 예배에 임하여야 하며 어떠한 장애가 있을지라도 오히려 강권해져야 할 것이다.

4) 삼일 기도회는 목적이 뚜렷한 예배이어야 한다. 그것은 먼저 기도회이기 때문인데 그래서 기도는 그 예배에 있어서라는 모든 순서보다 탁월하게 부각시켜야 하며 아울러 기도는 어떤 목적의식을 지녀야만 한다. 어떠한 기도는 너무나 불분명하기 때문에 그에 대해 응답이 있을 지라도 깨닫지 못하는 경우가 있는데 그러나 모든 성도들에게 기도하고자 하는 분명한 문제들을 제기해야 한다. 그 어느사람보다 교회의 요

구 하는바 실제를 체감(體感)하고 있는 목사는 이 예배에 있어서 그 문제들에 관심을 두게 될 것이다. 그는 모든 성도들에게 자기자신과 교회에 대해 바라는 요망사항을 하나님께 제출하도록 기회를 주어야 할 것이다. 마치 사수가 주의깊은 소견이 없이는 목표를 명중시키지 못하는 것처럼, 목적이 없는 기도는 분명한 결과를 가져올 수 없을 것이다. 성경공부 또한 분명한 목적을 가지고 행해야 할 것이다. 성경공부는 그 모임으로 하여금 더 나은 기도를 드릴수 있도록 인도해야 한다. 또한 주님께 진정한 찬양을 돌리는데 있어서 확증적인 도움을 줘야 한다.

2. 삼일기도회의 운영

삼일기도회는 그 내용상 사중적 의미를 가져야 한다. 균형있고 안전하게 짜여진 예배의 4요소는 여러가지 방법으로 다양한 순서를 통하여 선용되어져야 한다. 이러한 몇가지 요소중에 하나 혹은 둘 정도 없이 진행한다는 것이 오히려 좋은 것같이 보일 때도 있으나 다음의 각각의 요소는 훌륭한 기도회를 이루는데 결정적인 공헌을 하게 될 것이다.

1) 찬양. 이에 관해서 우리는 그 자체가 노래를 표현하는 것으로서 찬양을 생각하는데 그러므로 노래로서 주를 찬양하는 특권과 의무에 대해서 성도들에게 가르쳐야 한다. 우리는 말씀을 통하여 노래로서 하나님께 찬양드리는 것을 잘 깨닫고 있다. "기쁨으로 여호와를 섬기되 노래하면서 그 앞에 나아갈찌어다"(시 100:2) 애굽의 군사들의 추격에서 구출된 후에 이스라엘 백성들은 홍해의 제방에서 찬양의 노래를 불렀다(출 15장). 또한 사도바울은 "시와 찬미와 신령한 노래들로 서로 화답하며 너희의 마음으로 주께 노래하며 찬송하며(엡 5:19, 골 3:16) 주를 찬양하는바에 대해서 언급해 주고 있다.

찬송은 모든 성도들이 성전에 다 도착할때까지 시간을 보내기에 가장 좋은 방편이며, 그 후에 예배가 시작할 수 있다는 그러한 생각을 가진다는 것은 매우 잘못된 것이다. 오히려 찬송은 예배에 없어서는 안될 필수불가결한 부분으로 고려되어져야 한다.

"음악은 능력의 시간에 불꽃을 당겨준다"라고 허스(John Huss)는 밝혔다.[3] 바하의 말을 인용해서 돌로프는 "음악은 매일 매일의 생활속에 쌓여진 먼지를 영혼으로부터 정결히 씻어준다"라고 말했다.[4] 그리스도인의 예배에 있어서 찬송은 나름대로의 독특한 위치를 점하며 성령에 이끌리어 영적분위기를 유발시키는데 대단한 유익을 주는 것이다.

2) 성경의 고찰. 하나님은 성경을 통하여 사람에게 말씀 하신다. 확실히 사람들은 기도로써 그의 앞에 나아가기 전에 하나님의 음성에 귀기울일 필요가 있다. 기도의 시간을 위한 예비적인 것으로서, 기도회에 있어서 성경을 묵상한다는 것은 대단히 유익할 것이다. 성경묵상은 듣는 이의 마음을 뜨겁게 해야하며 그럼으로 그들로 하여금 쉽게 기도할 수 있음을 스스로 자각하도록 유도해야 한다.

그런데 삼일기도회는 단순한 성경공부시간이 아니며 아울러 그러한 성경공부의 시간으로 인도해서는 안된다. 그러나 경건한 유형의 요약된 메세지를 선포할 시간을 가져야 한다. 이때에 목사는 성경에 제시되어 있는 기도의 양상들이나, 성경에 나타나 있는 위대한 기도들에 대해서 매우 주의 깊게 궁구하며 선별해야 할 것이다. 그러한 방법으로서는 성경의 한책으로부터 메세지를 찾아도 좋을 것이다. 즉 보다 짤막한 성경의 각 권을 책으로부터 각 장의 주요한 교훈들을 집약하여 주의를 기울이게 하는 것이다. 어떠한 목사는 성경의 특성연구를 씨리이즈로 활용하기도 한다. 이 계획에 의거하여 어떤이는 아브라함으로부터 시작해서 삭게오에 이르기까지 알파벧순으로 각자에 부응하는 특성을 추구하여 가르치기도 한다. 때때로 사고의 방향에 특별한 자극을 주어 바람직하게 사

---

3) Huss, *op. cit.*, p. 84.
4) Dolloff, Engene, D. *It can Happen Between Sundays* (Philadephia: Junson Press, 1942), p. 34.

고를 하게 하므로 성도들이 성경의 교훈을 수용하는데 큰 유익을 끼치기도 한다. 일전에 필자에게 글로서 안면이 있는 어떤 지도자가 이러한 방법으로 대단히 흥미로운 집회를 인도해 갔는데 즉 성도들로 하여금 그리스도의 보혈과 관계가 있는 가능한 많은 성경구절을 읽거나 인용하도록 요구하였다. 그래서 많은 성구들이 제기되었을 때에 그는 이 구절들이 나타내는 그 교훈들에 근거를 두고 그가 강조하고자 하는 성경의 핵심을 주입시켜 나갔던 것이다. 하나님의 말씀을 증거하는데는 매우 흥미있는 여러가지 다른 방법들이 있으나 하여간 삼일 기도회에 있어서 말씀에 근거한 이 메세지는 곧 뒤이어질 기도시간을 위하여 훌륭한 초석이 되어져야 한다.

3) 기도. 기도는 삼일기도회에 있어서 결코 무시될 수 없는 것인데 그 이유는 기도가 이 모임의 주된 목적이기 때문이다. 목사가 이 기도회에 임할때 어떠한 문제를 놓고 기도해야 할 것인가에 대해 주의깊게 궁구해야 하며, 성도들에게도 그러한 문제를 제의해야 할 것이다. 또한 성도들에게 그들의 요망사항을 제시하도록 요구해야 한다. 어떠한 요망사항이 제기되었을때 각자 개인들이 특정한 그 문제들을 위해 자진하여 기도하도록 요청한다는 것은 매우 바람직한 것이다. 이것은 제기된 문제들이 누락되지 않도록 유도해준다. 물론 목사가 임의로 그 요망사항들을 선택하고자 할 때도 있을 것이다.

공적기도는 개인적인 사적기도보다 간결하고 명확해야만 한다. 많은 사람들이 기도순서에 참여하기 위해서는 두가지 규칙이 준수되어야 하는데 첫째, 간단명료 해야 하며, 둘째, 특성이 있어야 한다. 만일 어떤 성도가 세계의 모든 선교사들과 모든 병자들과 가정을 잃은 사람들을 위해 20분씩이나 기도한다면 다른 사람들을 위해 기도할 사항도 잃게 될 것이고 또한 시간도 없지 않겠는가?

기도회에 있어서의 기도는 그 교회의 목사와 직원 제직들과 교회의 여러기관들과 선교사, 환자들, 슬픔을 당한 가정들, 구원받지 못한 자들,

제 8 장 삼일기도회 *131*

일상적으로 접촉하는 교우들 등의 이 모든 필요한 것에 연계되어 있어야 한다.

성도들이 너무 많을 경우 몇개의 작은 그룹으로 나누는 것이 바람직하다. 보다 많은 성도들이 이러한 방법으로 기도에 참여할 수 있으며, 또한 하고자 한다. 그룹을 나눔에 있어서 남전도회, 여전도회, 고등부 그룹(어떤이들은 기도회에 있어서 일시의 데이트의 경험으로 흐르는 것을 피하기 위하여 이 그룹을 나누기로 한다) 중등부 남녀그룹, 가능하다면 또 다른 그룹으로 나눌 수가 있다. 어떠한 목사들은 그 모임을 둘로 나누는 것이 유익하다고 생각하는데 곧 적절한 연령층을 묶어서 남성 모두를 두 그룹으로, 여성 모두를 두 그룹으로 나누는데 이렇게 함으로써 모든 이들이 기도의 깊은 체험 속에 다함께 참여할 수 있게 한다.

목사는 이러한 상황에 가장 적절한 계획을 세워야 한다. 나아가 그 방법을 다양하게 진행시켜 나가야 한다. 이것은 그 기도회가 단조롭지 않게 인도하는데 유익하다.

4) **간증.** 여호와께 구속받은 자는 이같이 외칠찌어다(시편 107 : 2). 이는 시편기자의 적절한 성경적 교훈이다. 신자들은 항상 자신들의 생활속에 나타난 주의 선하심에 대해서 증거할 기회를 가져야 한다. 간증이 행해져야 할 그시기에 대해서는 다양하게 변화를 줄 수 있다. 때때로 그것을 기도시간 전에 행하는 것이 가장 좋은 것처럼 느껴진다. 평소에는 응답이 간증후에 더욱 은혜로울수 있으며 때로는 찬양의 제사 중에 간증을 행할 수도 있다.

어떤 곳에서는 간증하고자하는 사람을 얻기가 힘들다. 왜냐하면 그들은 그러한 상황에 익숙해 있지 않기 때문인데 이러한 경우 목사는 그러한 방침에 그들을 이끌어 줄 필요가 있다. 다음과 같은 보조사항들은 성도들이 간증에 부응하는 문제에 있어서 커다란 유익을 끼칠 것이다. ① 참석한 개인들에게 그들이 감사하고 있는 바에 대해 제안하라. ② 그들이 체험한 기도의 응답에 대해서 말하도록 하라. ③ 그들이 가장 좋아하는 성경구절과 그 이유를 말하도록 하라. ④ 성경의 한 장을 읽고 그 장 가운데에서 가장 좋아하는 구절을 말하도록 하라. ⑤ 이러한 이야기를, 나는 성경을 사랑합니다. 왜냐하면…… 혹은 나는 예수님을 사랑합니다. 왜냐하면…… 혹은 나는 내가 그리스도인이 된 것이 한없이 기쁩니다. 왜냐하면…… 라는 말로 시작해서 그 이야기를 끝맺도록 요청하라. ⑥ 자신들의 중생과 연관된, 체험을 진술하면서 자신들이 어떻게 영적으로 장성해 있는 가를 말하도록 하라. ⑦ 내게 큰 힘을 북돋아 준 생활과 그 이유라는 제목하에 의견을 피력할 기회를 제공하라. ⑧ "나는 주님을 사랑합니다" "예수님은 나의 주" 혹은 "기도는 모든것을 변화시킨다"와 같이 세 단어를 규정지어 간증시간을 할애해 보라. 이 밖에도 성도들이 간증의 특권을 경험하도록 인도하는 대단히 훌륭한 방편들이 많이 있다. 이러한 보조적인 도움을 선용하면 항상 다양한 변화와 상황속에서 간증할 수 있도록 도와 줄 것이며 그들에게 더 큰 흥미를 갖게 해 줄 것이다.

기도회는 또한 다양(多樣)해야 한다. 곧 단조로와서는 안된다는 것인데, 찬양과 기도, 말씀의 상고, 간증으로 목적을 달성하도록 해야 한다. 돌로프은 이러한 점에 관해서 그 상황을 대단히 중요하게 평가하고 있는데 "일년동안에 매일매일 같은 방법으로 제공되는 같은 음식을 맛있게 먹는 사람은 아무도 없는 것과 같이 획일성은 얼마후 강렬한 열정을 식어버리게 하는 것이다." "오케스트라에 있어서 모든 악기가 바이올린이라면 우리는 그것에 의해 연주되는 음악을 곧 싫어하게 될 것이다. 세상의 모든 꽃이 장미라면 그것이 비록 미국인의 미(美)일찌라도 꽃에 대한 우리의 애호도 결국 영점에 이르게 될 것이다. 교회의 예배에 있어서도 이것은 마찬가지이다. 특별히 삼일기도회에 있어서는 더욱 그러한 것이다. 당신이 만약 삼일기도회를 무시하려면, 매주 같은 시간에 같은 방법으로 동일하게 진행하라. 변화는 유익한 밤예배의 영적 향취이다.[5]

5) Dolloff, op. cit., p. 31.

제 8 장 삼일기도회   133

어떻게 이러한 다양성 즉 변화를 줄 것인가? 아래의 제안들을 참고해 보라.

① 종종 인도자에 변화를 주라. 보통 목사가 예배를 인도하는 것이 유익하다. 이것은 예배에 위엄을 더해 주며, 그 중요성을 강조하는 경향을 띠기 때문이다. 그러나 종종 목사는 주일학교부장이나 교회 위원회의 의장, 선교위원회, 젊은 청년들, 혹은 다른 어떤이나 다른 그룹의 인물을 사회자로 선택할 수도 있다. 때때로 예배의 인도자로서 다른 사람을 세운다는 것은 다양성있는 변화를 줄 뿐더러 인도하는 사람들의 영적 성장에 크게 공헌할 것이다. 예를 들면 예배의 인도자로서 젊은청년들을 세운다는 것은 그들에게 분명한 크리스챤들의 예배의 깊은 의미를 깨닫게 해줄 것이며, 또한 기도회에 있어서 자신들이 접하고 있는 위치가 얼마나 중요한지를 보여주게 될 것이다. 이 기도회가 단지 어른들만을 위한 것이라고 생각하는 것은 큰 오산이 아닐 수 없다. 젊은이들이 단지 참석하는 이상의 공헌을 하며, 또한 기회가 주어졌을 때 기도회를 인도해 가는데 훌륭한 역할을 감당하는 은혜스런 교회들도 많다.

② 정규적인 성경공부자리에 선교사를 초빙하라. 선교사는 교회를 위한 큰 역할을 해 줄 것이며 종종 그들의 호소는 성도들이 기도하는데 큰 도움을 끼칠 것이다. 목사가 예배에 있어 많은 선교사를 초빙한다는 것은 지혜로운 일이다. 그들은 특히 저녁기도 예배에 큰 은혜를 끼칠 것이다.

③ 때때로 기도회에 귀한 약속에 대한 시간을 마련하라. 그러한 모임에 앞서 목사는 각 개인에게 하나님의 말씀으로부터의 귀한 약속을 예비하여 그 기도회에 참석하도록 요청해야 한다. 이 약속들이 제기될 때에 목사는 그 효력을 배가시키기 위해 칠판에 그것들을 기록해야 한다. 그 다음에 목사는 하나님의 약속들에 대한 간단한 해석을 해 줄 수 있을 것이다.

④ 성도들이 기도회에 참석하기 전에 몇몇의 성도들에게 과제를 부여하라. 이는 말씀을 통하여 특정한 부분의 몇장을 읽고 그 안에서 가장

귀하다고 느끼는 구절을 선별하도록 하고 그에 대해서 왜 그러한지 발표할수 있도록 예비케하고, 간단하게 느껴진 감동을 이야기할수록 하거나, 찬송을 인도케하거나, 교회 선교사들의 서한을 읽어 주거나 하여 선교사들의 기도 요청을 소개하도록 하는 것이다.

⑤ 주일성찬 예배를 위한 예비적 기도회를 이끌 수 있다. 이때에는 십자가를 중심한 또한 그리스도께로 향한 헌신의 삶과 연관된 찬송을 부르는 것이 좋다. 목사는 교회의 성찬예식에 대한 의미를 설명하면서 성찬식에 대한 성경구절을 가르쳐야 할 것이다. 또한 기도시간에는 자아성찰에 대한 깊은 자각을 일깨워 가르쳐야 한다. 나아가 성찬예식의 순서 뒤에 내포되어 있는 참 의미를 새롭게 인식하도록 간절한 간구를 드려야 할 것이다.

⑥ 어떠한 목사들은 삼일기도회 때에 대단히 유용하게 질문상자를 사용하기도 하는데 이것이 행해질때는 의문상자에 자리한 성도들의 질문에 응답하는데 약 10여분 정도가 걸린다. 이 계획은 성도들의 마음속에 일고있는 의문사항을 목사에게 알려주는 유익한 면이 있다. 예를들면 그는 성도들에게 침투하는 이단종파들을 알게 될 것이다. 목사는 이때에 성경을 통해서 직접 그 문제를 해석해줄 수 있을 것이다. 또한 이 질문상자는 일반적으로 강단에서 취급되지 아니하는 일련의 사항들에 관해서 거론할수 있는 기회를 가지게 한다. 적절하게 선용되여 시간관리가 적절하게 운영된다면, 이 질문상자는 대단히 건설적이고 유익한 결과를 가져올 것이며 대단한 관심을 야기시킬 것이다.

⑦ 여러가지 기도시간을 준수하면서 다양하게 기도회가 인도되어져야 할 것이다. 때때로 전 성도가 다함께 기도시간을 갖는 것도 유익하다. 물론 전술(前術)한 것처럼 때때로 그룹을 나누어서 기도하는 것도 유익하다. 후자는 사람들이 좀더 기도에 참여하도록 이끌어 줄 것이며 특히 너무 소심하여 많은 교우들이 함께 기도하는데 참여하지 못하는 그러한 사람들에게 작은 그룹으로 나누어 기도하는 방법은 그러한 느낌을 배제

해줄 것이다. 또한 성(性)이나 연령에 관계없이 둘이나 그 이상의 그룹으로 나누어 기도모임을 마련하는 목사도 있다.

기도회를 다양화하는 데는 여러가지 방법들이 있다. 그러나 우리는 단지 몇가지안을 제안했을 뿐이다. 빈틈없는 목사는 삼일도회를 관심있게 유도하는데, 또한 자신의 교우들의 영적 성장에 공헌하는데에 주님께서 그에게 허락하신 모든 능력을 활용할 것이다.

3. 결론적 고찰들

삼일기도회에 대한 우리들의 논의에 대해 결론을 맺으면서 이 예배가 항상 교회생활의 중요한 활력이 되는 모임이 되게 하기 위하여 간과되어되어서는 안될 몇가지 중대한 요소들을 언급하고자 한다.

1) 기도회에 대해서 매주일마다 강단과 교회주보를 통해서 주의 깊은 광고를 해야할 필요가 있다. 그것은 참여하지 않는 그러한 성도들을 책망, 혹은 힐난하기 위한 것이 아니라 광고를 함에 있어 세심한 주의를 기울여 성도들이 기꺼이 참여하도록 해야 할 것이다. 참여치 않을 때는 무언가 잘못된 듯한 느낌을 갖도록 유도하라. 스펄젼(Spurgeon) 목사는 젊은 목사들에게 "식초보다는 설탕을 가지고 있을 때 항상 좀 더 많은 파리를 잡을 수 있을 것이다."이렇게 말했던 것이다. 어떤 목사들은 성도들을 꾸짖는 버릇을 가지고 있기는 하나 예배를 좀 더 뜻있고 경건하게 인도하여, 관심을 끌도록 광고하며 인도하는 것이 더 낫지 않겠는가?

존 허스(John Huss)는 기도회에 대한 강단으로 부터 관심있는 광고를 하는데에 대하여 다음과 같이 3가지 제안을 하고 있다. ① 다음 주일 기도회의 논제를 특색있게 나타내고, ② 마가, 요한의 다락방에서의 예비기도의 결과처럼 오순절날 일어났던 사건에 대해 생생히 묘사하고, ③ 온 교회가 "능력의 시간"에 함께 기도한다면 영적깊이를 더해갈 많

은 성도들에게 주의를 기울여라.[6]

2) 모든 각각의 기도회에 깊은 관심을 기울여 계획을 수립해야 한다. 목사가 성경구절이나 몇 가지의 찬송을 고르는 것 이외에 기도회를 위해 여러가지 방법의 준비를 기울이지 않았다면 기도회가 실패로 돌아간다 할찌라도 결코 놀래서는 안될 것이다. 이 기도회는 종종 주어지는 관심, 그 이상의 관심을 기울여야 할 가치가 있는 것이다. 분명하게 다른 방법으로 성령이 역사하지 않는다면 경건한 마음으로 예배의 계획을 세우고, 예비한 그 계획을 운용하라.

3) 정시에 기도회를 시작해서 정시에 끝마쳐라. 기도회를 시작하는데에 부주의하면 성도들 역시 시간에 맞추어 참여하는데 관심을 기울리지 않을 것이다. 10분이나 15분 늦게 시작하는 것 보다 정시에 시작하는 것이 쉽다는 것은 당연한 논리가 아닌가? 또한 성도들이 기도회의 시작을 공고한 그 시간이 실제적으로 시작하는 정시이며 또한 그때에 맞추어 예배가 시작할 것을 알고 있다면 그들은 정시에 맞추어 참석하게 될 것이다. 목사는 성도들을 공정하게 대한다는 전제아래 정시에 예배를 마쳐야 한다. 그들 중에는 일찍 일어나 일하러 나가야 하는 사람들도 있을 것이며, 또한 학교에 가야 하는 어린이들도 있을 것이며 시간에 맞추어 정시에 시작하고 시간내에 그것을 지켜 행하여 정시에 끝내도록 해야 한다. 너무 길게 지속된다면 오히려 그 유익이 반감될 것이다.

4) 목사는 모든 절망적인 일에 개의치말고 인내하라. 그러한 인내는 만족할 만한 결과를 가져다 줄 것이다. 선한 일을 행함에 있어서 싫증을 내는 목사는 그 어느 곳에도 사역할 자리는 없다. 헬렌 켈러(Helen Keller)는 모든 좌절, 심지어 거의 극복할 수 없는 그러한 곤경까지도 문제삼지 않고 분투 노력하여 경탄할 열매를 맺었으며 링컨(Abraham Lincoln) 역시 그가 승리의 출세길을 치달리기 전에 최소한 8가지의 주요한 정치상의 패배를 참고 인내했었다. 그렇다면 목사는 기도회를

---

6) John Huss, *op. cit.*, pp. 51—52.

은혜 충만하고 빛나는 모임으로 발전시키려 한다면 어떻게 분투 노력해야 할 것인가? 전심을 기울여 노력한다면 당연히 귀한 성공의 열매가 기다릴 것임은 당연한 것이 아닐까?

추 천 도 서

Banks, Louis Albert. *Illustrative Prayer Meeting Talks*. New York: Fleming H. Revell Co., 1901.

Dolloff, Eugene D. *It Can Happen Between Sundays*. Philadelphia: Judson Press, 1942.

Edrman, Charles R. *The Work of the Pastor*. Philadelphia: Westminster Press. 1924. pp. 102—105.

Huss, *op. cit.*, pp. 51—52.

Huss, John Ervin. *The Hour of Power*. Grand Rapids: Zondervan Publishing House, 1945.

Luccock, Halford E. and Cook, Warrne F. *The Midweek Service*. New York: The Methodist Book Concern, 1916.

Sell, Henry T. *Prayer Meeting Talks*. New York: Fleming H. Revell Co., 1931.

제 9 장

부 흥 집 회

　진정한 복음주의적 교회는 항상 복음을 전해야 한다. 그리스도께로의 결신이 특별한 열정이 발휘되는 특정한 시간에 한정되어져서는 안될 것이다. 어떠한 예배든지 그리스도를 주와 구주로 신앙고백 하는 사람들이 있다는 것은 이상한 일이 아니다. 영혼을 구원하는 데에는 금렵기가 없다.*

　그리스도를 구세주로 영접하도록 용인된 시간은 복음적인 교회가 그리스도께로의 결신을 위하여 일년 365일간 손을 뻗쳐야 함을 뜻하는 바로 현재의 이 시간이다.

　잃어버린 영혼을 인도하여 구원받을 자에게 새 활력을 북돋우기 위하여 열정적 노력이 나타나는 특정한 일련의 집회를 갖는다면 매우 뚜렷한 유익이 있을 것이다. 때때로 그것은 전도집회라 불려지기도 하며 부흥회로 불려지기도 하는데 엄밀히 부언한다면 둘 사이에는 명백한 차이점이 없다. 전자(전도집회)는 단지 잃은 영혼을 구원하기 위한 노력에 관련된 것이라면 후자는 이미 구원받은 자들에게 활력을 불어넣는데에 관련된 것이다. 이 장에서는 용어를 "복음전도 집회"란 현재 통용되는 의미로 다루기로 한다.

---

* (There are no closed-season). 언제나 해야 한다는 것이다.

1. 복음전도 집회의 중요성

　이러한 면에 있어서 특별히 노력해야 하는 그 중요성에 대하여 고찰해 본다는 것은 목사와 교회에게 그 집회에 대해서 깊은 관심을 쏟도록 인도해 줄 것이다. 만약 그것들이 중대한 일이 아니라면, 그에 필요한 시간과 노력을 기울일 필요가 없을 것이다. 그러나 필자는 이것이 여러 가지 이유로 인하여 대단히 중대한 일이라고 확신하고 있다.

　1) 그것은 성경적이다. 성경형성시대에 특별집회를 통하여 하나님의 뜻을 이루도록 커다란 영적 축복이 임하였던 수많은 실례(實例)들을 찾아 볼 수 있다. 그것은 신·구약 성경 전편(全)에 걸쳐 나타나 있다. 나라가 영적으로 큰 난관에 부딪혀 있을 때에 온 이스라엘 백성이 모여들어 하나님께로 돌아섰던 갈멜산상의 집회가 있었고(왕상 18장) 사무엘 때에는 미스바의 집회가 있었는바 이스라엘 백성들이 자신들의 죄악으로 인하여 함께 모여 주께 새로운 헌신을 다짐했던 것이다. 신약시대에는 전도자 빌립과 함께 사마리아에서 큰 집회가 있었고 그 노력의 결과로써 "그 성에 큰 기쁨이 있더라" 라고 표현되었으며 많은 사람들이 그리스도를 발견했던 것이다(행 8:5—8). 바울의 인도하에 에베소에서 장기간의 집회가 있었는데 그곳에서 처음엔 바울이 석달동안 회당에서 가르쳤고 그후 두란노서원에서 3년여 동안 말씀을 전하였다. 이 복음전도의 노력이 성공적으로 이루어짐을 다음과 같이 기록하고 있다. "아시아에 사는 모든 자들이 나 주의 말씀을 듣더라"(행 19:8—10).

　하나님께서 교회에서 몇몇의 복음전도자들을 부르던 것은 그리스도의 몸을 세우기 위하여 그들이 사역을 감당하는 특정한 시기가 있음을 명백히 나타내고 있다(엡 4:11—12).

　복음전도집회는 지속적인 결과를 가져다 준다. 역사는 그러한 집회가 하나님의 축복을 받았고 하나님을 깨닫게 되었음을 증명해 주고 있다.

요한과 찰스 웨슬레(John and Charles Wesley) 휫필드(George White-field), 핀니(Charles G. Finney), 채프만(J.W. Wilbur Chapman), 토레이(Renben A. Torrey), 무디(Dwight L. Moody), 선데이(William A. Sunday), 그리고 최근의 빌리그래함(Billy Graham)과 같은 사람들의 노력의 결과로 그러한 집회에 있어서 하나님의 마음을 움직이게 하는 능력을 보여 주었다. 대부분의 성도들을 살펴 본다면 기독교인이 된 사람들 중 이러한 복음전도집회를 통해서 그리스도를 영접한 사람이 큰 비중을 차지하고 있음을 알게 될 것이다.

더구나 그러한 집회는 놀랄만한 관심을 고취시켜주고 전심으로 기도하도록 고무시켜 주는 경향이 있다. 이와 관련하여 특별기도집회가 종종 열리게 된다. 기독교인들은 어떤 개개인의 구원을 위하여 기도에 전념한다. 그래서 응답이 이루어졌을 때에 기도한 사람은 더 열정적으로 기도하는데 새 힘을 얻게 되며 그 교회에 유익한 영향을 미치게 된다.

또한 이러한 집회는 잃은 영혼을 구원하기 위한 특별한 노력을 기울이도록 이끌어 준다. 항상 그 집회를 돕기 위하여 직접적으로 주의 일에 참여하는 무리가 조성되며 어떻게 영혼을 주께로 인도할 것인가에 대해 진지한 가르침이 있게 된다. 이러한 노력은 그 집회기간 동안에 지대한 영향을 끼치며 또한 항상 교회가 마땅히 행해야 하는 그러한 일을 행해 나가도록 준비하는데 이바지한다.

2) 복음전도 집회는 종종 지역사회에 종교에 대한 관심을 놀라울 만큼 불러 일으키기도 한다. 사람들은 복음전도자에 대해서 교회에 그리고 목사에 대하여 또한 이와 관련된 사항들에 대해서 이야기하여 이러한 관심은 어떠한 일이 있는가 보고자 하여 교회에 나오게끔 영향을 끼치기도 하고 그 결과로 그러한 사람들이 믿음을 갖게 되는 사람들도 있다. 그러므로 이미 지적한 이런 저런 이유로 해서 목사는 이러한 집회의 가치를 과소평가 해서는 안될 것이다.

2. 집회를 위한 준비 사항

목사가 복음전도에 대한 장래성과 그 중요성을 확신하게 되었다고 전제하고 일단 그들을 이끌어 가기로 결정을 내린 경우에 그는 그 집회를 위해 무엇을 준비해야 할 것인가? 집회가 있다고 단순하게 성도들에게 광고하는 것만으로는 충분치 않다. 오늘날 일반적으로 사람들은 각기 다방면의 활동분야에서 대단히 바쁘기 때문에 그가 만일 이 계획의 중요성을 자각하고 그의 일 중에서 무엇보다 먼저 참여할 만하다고 판단되지 않는다면 그는 그 집회에 대해 많은 관심을 기울이지 않을 것이다. 복음전도에 전력하기 위한 적절한 준비는 실제 집회에 앞서 몇 주 동안 진행되어야 한다. 성공적인 집회를 가지기 위해서 다음과 같은 중요한 항목들을 열거해 본다.

1) 기도의 사역이 특히 강조되어야 할 것이다. 집회에 앞서서 준비기도 없이 실제로 은혜있는 복음전도 집회를 가졌다고 한다면 그것은 매우 의심스러운 일일 것이다. 훌륭한 설교가 아니더라도 영혼을 구원하는 결실을 가져올 수는 있으나 진지한 기도 없이는 그것이 이루어질 수 없다. 초대교회에서 그랬던 것처럼 잃은 영혼들을 구원하고 하나님의 사람들을 가르치는데 성도들의 기도가 연관되어 있다는 것은 진리인 것이다(행 2:41, 4:31). 모든 목사는 하나님의 능력의 바른 심중을 인간의 노력으로 이룰 수 없다는 것을 깨달아야 한다. 목사는 성도들의 진지하고 부단한 기도의 조력을 얻는 것이 이 집회를 이루기 위한 가장 큰 어려움이라는 사실을 알게 될 것이다.

영혼구원에 노력하는데 있어서 다음 사항들이 기도의 능력활용에 유익할 것이다.

① 복음전도집회에 대한 결정이 내려지자마자 기도를 시작해야 하는데, 심지어 일년이 된다 할찌라도 사전에 시행해야 할 것이다. 다가오

논 집회에 있어서의 모든 노력 위에 하나님의 은총이 있기를 분명히 간구드릴뿐 아니라 기도는 성도들에게 그 집회의 중요성을 환기(喚起)시키는데 큰 힘이 되어줄 것이다. 이러한 간구의 반복은 그 감화를 더한층 깊게 할 것이다.

② 집회에 앞서 몇주 동안은 모든 예배시간에 그 집회를 위해 기도하는데 열정을 기울여야 한다고 그 필요성을 점점 더 강조해 가야 한다. 이러한 강조는 주일예배뿐 아니라 삼일기도회, 그외 모든 교회의 모임, 순서에서 시행되어야 한다.

③ 복음전도 집회에 앞서 약 3주간 정도 교우들을 편리한 방법으로 구분하여 구역기도회를 시작하라. 이 수는 교회의 크기와 성도들의 지리적 분포에 따라 나누는 것이 좋다. 구역기도회는 기도에 관심의 촛점을 맞추는 유익을 가져오며 기도의 사역에 좀 더 많은 사람들이 참여하도록 유도해 줄 것이다.

④ 목사는 기도목록(prayer list)을 작성하여 그의 양떼들을 잘 돌보아 주어야 할 것이다. 그는 맨 위에 "나의 기도목록"이라 쓰고 그 밑에는 몇 사람의 주소와 이름을 쓸 수 있도록 여백을 둔 작은 쪽지를 성도들을 위하여 준비해야 할 것이다. 그 목록 밑에는 그 목록을 제시할 이들의 이름을 기록하기 위하여 여백이 있어야 한다. 그래서 성도들에게 이중으로 이 목록을 채워서 하나는 그것을 채운 사람이 가지고 있고 다른 하나는 목사에게 제출하도록 환기시킨다. 이 목록으로부터 목사는 그의 예상목록에 이름을 더 할 수가 있다. 대부분의 경우 교회 성도들은 이미 이 사람들과 접촉이 있는 사람들이며 그러므로 그들은 특별히 교회가 구원해야 할 의무를 지고 있는 사람들인 것이다.

⑤ 그 집회가 진행되는 동안 기도할 수 있는 특히 예비된 장소(room)가 있어야 한다. 그래서 그날의 어떤 시간이든지 개인이나 그룹들이 이 기도실을 이용할 수 있어야 한다. 기도의 시간은 저녁예배 바로 직전이 대단히 유익할 것이다.

제 9 장 부흥집회   143

성도들로 하여금 기도하도록 일깨워 주고자 하는 부가적 계획은 모든 이들이 함께 기도하기 위하여 약속한 매일 매일의 특정한 시간을 설정하는 것도 포함하며, 그 집회를 위하여 그들이 선택한 특정시간에 함께 기도하기를 원하는 동료들과 기도 동료로서 성도를 나누는 계획, 또한 시간에 따라 "연속적인 기도"를 할 수 있도록 계획하여 집회가 진행되는 동안 은혜의 보좌에 부단한 기도가 상달될 수 있도록 하는 방법도 있다.

어떤 목사는 집회를 위한 기도사역을 잘 구성하기 위하여 기도회 회장을 선정하기도 하는데 그 사람이 적절한 인물이라면 대단히 훌륭한 계획이다.

2) 앞으로의 일을 전망하는 일이다. 집회가 시작되기전 주의깊게 준비한 예상목록을 유용해야 한다. 집회를 인도할 복음전도자가 이것을 요청할 것이다. 오늘 교회가 특별히 많은 양들과 교회로부터 징계된 자를 향하여 깊은 관심을 쏟고 있는지에 대해 알고자 할 것이다. 그래서 목사가 제시할 수 있는 이 예상목록은 그에게 새 힘을 불어 넣어줄 것이며, 맡은바 사역을 쉽게 감당할 수 있게 만들 것이다.

목사가 무엇으로부터 이 목록을 작성할 수 있겠는가? 다음은 작성의 근거이다 :

① 성도들로부터 받은 기도목록으로부터.

② 교회에 소속하지 않았거나 신앙을 고백하지 아니한 교회의 예배에만 가끔 참석하는 그러한 사람들을 관찰해 봄으로써 대부분의 모든 교회에는 교회에 정식으로 등록하지 않고, 때때로 주일학교에, 예배에, 청년들의 모임에 혹은 교회의 다른 회합에 참여하는 사람들이 있다. 그러한 사람들은 가능성이 많은 사람들이다. 교회는 이미 그들과 접촉을 하였고 그들은 매우 쉽게 특별집회에 관심을 갖게 될 것이다.

③ 주일학교 교사로부터, 많은 학급 가운데 신앙고백을 하지 않았으나 이미 그 중요한 부문중의 한 곳에 출석함으로 교회와 연관을 맺고 있는 그러한 이들이 많다. 이러한 사람들은 대단히 유력한 기대 인물들이

다. 왜냐하면 개신교의 성도들의 많은 수가 주일학교를 통하여 신앙의 길에 들어서게 된 것이 사실이기 때문이다.

④ 젊은이들의 모임들로부터, 이 젊은이들은 대단히 감수성이 예민한 연령이며 종종 복음전도집회에서 그리스도를 찾고자 애쓰기도 한다.

⑤ 목사의 심방사역으로부터, 이를 통해 그가 항상 영적으로 갈급한 심령들을 접촉하게 된다. 이러한 이들은 예상목록에 더할 수 있는 사람들이며 집회기간에 그들과 접촉할 수 있다.

⑥ 실제로 복음이 전해질 그 지역에 대해서 알아볼 목적으로 교회 주위의 지역사회에 대한 여론조사를 통하여 발전하는 지역사회이거나 큰 도시에 교회가 위치하고 있다면 이것은 매우 중요한 문제이다. 이러한 여론조사는 예상목록에 많은 이름을 기록케 해 줄 것이다.

훌륭한 예상목록은 복음전도집회기간 동안에도 가치있고 귀중할 뿐더러 그 지역사회를 전도하기 위한 모든 노력이 계속됨에 따라 집회가 끝난 후에도 훌륭한 자료가 될 것이다.

3) 집회를 더 유익하게 이끌기 위해 목사는 "개인적 사역"에 특별히 관심을 가지고 주지(周知) 시키기를 원할 것이다. 그는 모든 신자들이 그리스도를 증거해야 하는 의무를 강조하면서 그 유익함과 더불어 이 주제에 대해 가르칠 수 있을 것이다. 요한복음 1 : 42의 "그를 예수께 데려오니" 이 말씀이 이러한 목적에 부합되어 유익을 줄 것이다. 이 본문은 그의 형제 베드로를 주께로 인도하는 안드레의 감격적인 사건을 기록하고 있다. 또한 마가복음 2장에 나타난 중풍병자의 이야기를 증거하는 것도 유익할 것이다. 이 불행한 사람은 그의 친구에 의해 예수께로 인도되었다. 성도들의 편에서의 개인적인 영혼 구원 사역은 모든 교회의 특징을 이루어야 한다.

이에 관해서 목사는 지도자들에게 코난트(James Conant)의 *Every-member Evangelism**과 같은 책들을 읽도록 권고하고자 할 것인데 아

---
* 모든 성도들의 복음전도

책의 저자는 제목에서 제안한 생각들을 실제로 어떻게 실행해 나갈 것인가에 대해 설명해 주고 있다.

어떤 목사들은 복음전도에 힘쓰기에 앞서 불신자들을 그리스도에게로 어떻게 인도할 것인가에 대해 일련의 교육을 시키는 것이 유익하다고 한다. 이것은 삼일기도회나 좀 더 용이한 시간에 맞추어 행할 수 있을 것이다.

집회가 시작되기에 앞서 목사는 전도운동이 진전되는 동안 잘 예비된 주의 일군들의 무리를 조성해야 한다. 아마도 복음전도자는 이 그룹들과 만나기를 요청할 것이며 집회를 위하여 그들과 특별한 접촉을 갖고자 할 것이다. 목사는 이때에 임무를 부여할 준비를 갖추어야 한다. 고기를 낚는데도 어떤 원칙이 존재하는 것같이 교회의 사역에도 마찬가지이다. 우리가 고기를 잡으려 한다면 고기가 있는 곳으로 가야 할 것이다. 만일 불신자들을 복음의 소식이 있는 곳으로 유도하려면, 영적으로 갈급한 이들에 대한 특정한 증거, 개인적 접촉, 초청 등은 필수불가결의 요소이다.

4) 광고. "광고해야 한다"이 말은 사업계에 잘 알려져 있는 슬로건이다.

교회는 세상에서 가장 중요한 일익을 맘당하고 있다. 교회의 교화와 사람들을 구원하기 위해 특별한 노력을 경주하며 계획을 수립해 나갈 때 교회는 그것에 관해서 세상에 잘 알려야 한다. 사람들은 그들이 전혀 모르는 집회에 대해서 찾고자 할 것인가?

복음전도 집회를 알리는 방법(광고)은 여러가지이다. 목사는 상황에 부합되고 가장 활용성 있는 방법을 선별해야 한다. 그 방법을 몇가지 나열해 보자. 예쁜 카드(우편엽서 크기)를 우송하여 지역사회에 널리 뿌리거나 회사와 같은 공공건물에 (윈도우 포스터)"Window poster"를 부착하는 방법, 빈번하게 짧은 광고를 라디오를 통해 전파하는법, 전화조를 편성하여 집회에 사람들을 초청하는 방법 등이 있다. 물론 광고하는데 있어서 가장 효과적인 방법으로서의 매체는 신문이다. 목사는 지역신문의 편집자뿐 아니라 보도기자들과 친숙한 교분을 지켜 나가도록 신경을 써야한다. 나아가 신문에 게재할 흥미있고 간결한 기사를 작성하는 소양도 갖추어야 한다. 뉴우스 항목 혹은 짧은 기사는 4W에 근거해야 하는데 누가(who), 무엇을(what), 어디서(where), 그리고 언제(when) 이다.

교회에 광고위원으로 적합한 인물이 있다면 목사는 그러한 위원을 위촉하므로 많은 임무와 책임으로부터 벗어날 수 있다. 만일 그렇지 못하다면 목사 자신이 감당하는 것이 낫다. 칼 헨리(Carl, F.H. Henry)의 저서 Successful church publicity*는 교회의 일을 어떻게 광고할 것인가에 대해서 목사나 혹은 그가 임명한 광고이든지 누구나 새로운 아이디어를 얻기 위해서 칼 헨리의 책을 참고 한다면 대단한 유익을 얻게될 것이다.

이점에 대해 요약해서 말하면 교회는 지역사회에 교회에서 진행되는 가치있는 어떤 일에 대해서 잘 알도록 가능한 한, 모든 적절한 방법을 선택하여 선용해야 한다. 훌륭한 소식들은 반드시 전해져야 한다.

5) 복음전도 운동에 있어서 음악의 기능에는 깊은 관심을 쏟아야 한다. 가능한 한 훌륭한 찬송인도자를 구해야 하는데 그는 복음전도에 크게 기여할 특별음악과 찬송들을 잘 선별할 수 있는 능력을 갖춘 인물이어야 할 것이다. 또한 집회에 큰 은혜를 끼치기 위하여 그 음악의 중요성을 성가대원들에게 부각시키고 전 집회기간 동안에 성가대원들이 신실하게 임하도록 인도해야 할 것이다. 훌륭한 찬송책을 많이 소유하고 있다는 것은 매우 중요한 일이다. 교회가 사용하고 있는 책이 오래 되었고 낡았다면 이때가 새로운 책을 소개하기에 좋은 기회이다. 복음전도 운동기간에 사용하기에 때때로 요약되어 작정된 찬송가책이 구매되

---

* 성공적인 교회의 홍보

제9장 부흥집회 *147*

기도 하는데 훌륭한 찬송이 집회에 지대한 영향을 끼칠 수 있으므로 전력을 기울여 음악에 대한 세심한 계획을 세운다는 것은 매우 가치 있는 일이 아닐 수 없다.

6) 복음전도집회의 운영은 대단히 중요하며 요즈음에는 점점 더 어려워지므로 목사는 모든 노력을 기울이기에 앞서 전 교우들의 협력을 구해야 한다. 모든 각 부서는 열정을 가지고 협력해야 하며 목사는 이러한 노력에 분명히 주일학교의 전적인 도움을 원할 것이다. 그는 주일학교 지도자와 의논하며 그의 도움을 얻고 가능하다면 미리 앞서 주일학교 운영위원회나 교육위원회에 이 일에 대한 그들의 도움을 필요로 한다는 그의 요청을 교사들과 운영위원들에게 말하도록 해야 할 것이다. 또한 목사는 젊은이의 모임이나 사찰, 제직들의 도움을 구해야 한다. 관리인(사찰)은 교회에 낯선 사람들을 맞이하고 자리하도록 인도하는데 막중한 책무를 지고 있다. 때때로 교회에 처음 발을 디디는 사람의 첫인상은 관리인(사찰)을 통해서 나타난다. 목사는 그들의 맡은 분야에 있어서 신실한 협력과 더불어 이들에게 깊은 감동을 주도록 특별한 노력을 기울여야 한다. 목사는 또한 집회기간 동안에 교회제직들이 직접적으로 크게 도움을 끼치도록 이를 확실히 해 두어야 할 것이다.

목사가 복음전도에 진력하는 일에 있어서 그와 함께 애쓸 사람들을 얻을 수 있다면 그는 집회가 성공리에 진척되도록 이끌 수 있는 것이다. 목사들 가운데 실패하는 가장 큰 이유중의 하나는 그와 함께 일할 일꾼들을 얻는데 있어서 무능력하기 때문이다.

이러한 특별한 집회 계획을 실행함에 앞서서 목사는 성도들의 진지한 도움을 청하며, 집회의 계획의 개요를 알리는 목회서신을 띄우고자 할 것이다. 이에 관해서 어떤 목사들은 교회성도들이 복음전도에 함께 노력할 수 있도록 「I will help」 목록표를 이용하는 효과적인 방법을 취하기도 한다. 작은 사각의 표가 각 항목 옆에 있어서 개개인의 성도들이 집회기간 동안에 돌볼 수 있는 각 항복에 표시를 하도록 요청하는 것이다. 이 목록에 포함되는 항목들은 다음과 같은 것들인데 곧 집회기간에 항상 참석하겠다는 약속, 집회기간의 각날에 어떤이들을 초대하고자 하는 일, 그 집회를 돕기 위하여 자신의 차를 제공하는 일, 초청한 복음전도자를 대접하며 돕는 일, 전도지를 배부하는 일, 요청이 있다면 성가대에 참여하여 찬양하는 일, 그 집회를 위하여 전화로서 초청하는 일, 그리스도께로의 확신적인 결신을 위하여 매일 매일 규정된 시간에 기도에 참여하는 일 등이다. 「I will help」 목록표는 사람들이 나름대로 갖가지 방법으로 봉사할 수 있음을 나타내어 큰 도움을 줄 것이다. 그리고 보편적으로 사람들이 어떠한 일을 하고자 분명히 약속했을 때는 거의가 그것을 지키기 때문이다.

7) 목사는 또한 개인적인 봉사자들을 위하여 유익한 **소책자**를 잘 선별해 주어야 한다는 것을 알아야 한다. 원하는 사람이 항상 이용할 수 있는 흥미있는 소책자들과 함께 잘 짜여진 자료꽂이를 교회의 객실에 비치한다는 것은 대단히 유익한 일이다. 많은 복음주의 교회들이 훌륭한 메세지를 소책자로 제작하여 항상 이용할 수 있도록 소책자 자료꽂이를 가지고 있다. 이 자료꽂이는 복음전도집회기간 동안에 특별히 큰 도움을 줄 수 있을 것이다.

8) **특별순서**를 세워서 집회기간 동안에 효과적으로 운영해 나갈수 있는데 이는 더 큰 관심과 흥미를 고취시켜 줄 것이며, 또한 종종 그러한 순서가 없으면 참석치 않을 사람들을 집회에 참석하도록 유도하기도 한다. 특별순서는 주의깊게 계획되어야 한다. 이것은 집회의 본 목적에 크게 공헌해야 하며 단순히 그 자체로 끝나서는 안된다. 목사와 복음전도자는 가족의 밤, 젊은이의 밤, 이웃과의 밤, 부자와의 밤, 모녀와의 밤, 옛 찬송가의 밤등을 통하여 참석을 배가시킬 수 있으며 생활의 필수적인 면을 강조하는 특별한 다른 계획을 구상하여 선용하기도 한다. 어떤 복음전도자는 그의 전도운동에 있어서 성경의 밤을 마련하기도 하는데 그는 그들이 가지고 있는 어떠한 흥미있는 성경을 가져오도록 유도

하여 크고 작은 또한 여러가지 언어로 번역된 성경들을 가지고 교회 앞에 긴 전시대를 만들어 그것들을 진열한다. 그래서 그 집회의 마지막날에 사람들로 하여금 그 성경들을 고찰하도록 요청하여 그들에 관해서 약간의 설명을 부언해 주며 그런후 "놀라운 말씀"에 대해 설교해 나간다.

어린이 집회는 훌륭한 결실을 가져올 수 있다. 그러한 집회는 보통 오후 방과후에 개최되는데 이는 어린이들에게 그 집회에 대해 관심을 갖게 할 뿐 아니라 어린이들을 통하여 부모들로 관심을 갖게 되어 새로운 가정이 교회에 찾아 나오게 된다.

이 외에 여러가지 방법으로 특별순서가 마련될 수 있는데 그러나 그러한 특별순서는 분명히 집회의 본 목적에 크게 공헌되어지도록 계획되어야 한다.

9) 이 복음전도 집회가 계속된다면 **주일학교 결신예배**가 있어야 하는데 이는 사전에 세심하게 계획되어져야 한다. 교회학교의 교사들과 지도자들이 모두 함께 참여해야 하며 맡겨진 사역에 있어서 자신들의 책임에 대하여 매우 고무적이어야 한다. 교사들은 주요인물이다. 그들은 아직 결신치 못한 학생들을 인도하여 그 예배시간이 이를 때에 그들이 결신할 준비가 돼 있다는 당당한 확신을 가지고 있어야 할 것이다. 보통 이러한 예배는 집회의 처음보다는 전도운동이 계속되는 동안 주일아침에 드리는 것이 좋을 것이다. 이때에 복음전도자는 주일학교 학생들에게 간단한 메세지를 증거하고 결신을 요청한다. 대부분의 경우 주일학교 결신예배는 그 집회의 절정을 이루는 예배가 된다.

10) 복음전도 운동에 있어서 가장 중요한 일은 복음전도자(부흥사)의 올바른 선택이다. **설교**가 이러한 전도운동에 전력하는데 있어서 가장 우위를 차지한다. 복음전도자로서 누구를 택해야 할 것인가? 때때로 목사가 그 일을 감당하여 훌륭한 결과를 낳기도 한다. 높은 수준의 복음전도의 능력을 지닌 목사들도 많이 있다. 사도바울은 젊은 디모데 목사

에게 "전도인의 일을 하라"고 딤후 4:5에서 권고하였고 어떤 목사든지 자신의 교회에서 훌륭한 전도자가 될 수 없다는 이유는 하나도 없다.

그러나 대부분의 경우 외부의 복음전도자를 초빙하는 것이 유익한 것 같다. 새로운 얼굴, 새로운 음성에 대하여 좀더 큰 흥미와 관심을 보이게 되기 때문이다. 신약성경에 보면 하나님께서 목회자가 아닌 어떤이들을 복음전도자로 부르신 것이 분명히 나타난다(엡 4:11). 이는 분명히 주님께서 정규목사에 부가해서 하나님의 백성을 신앙으로 더욱 굳건히 세우기 위하여 교회에 봉사할 사람들을 의미하는 말이다. 외부에서 복음전도집회를 이끌어갈 인도자를 초빙할 경우 교회는 그가 진정한 구령사업에 헌신하는 사람이며 건전한 말씀의 증거자인지, 재정적인 요구가 분별있는지에 대해 분명히 판단하여 초빙해야 할 것이다.

어떤 복음전도자들은 성도들 중에 뚜렷하게 좋아하거나 싫어하게 되는 경우로 나뉘는 예가 있는데 교회는 온 교우들이 함께 협력할 수 있는 복음전도자를 초빙해야만 한다.

11) 복음전도 집회에 대비하여서 복음전도자의 초청에 응하여 찾아나오는 이들을 어떻게 보살펴야 하는가에 대해 깊은 관심을 기울여야 한다. 어떤 복음전도자는 실제적인 유익을 끼치기 위해 **질의실을 이용하기도 한다.** 이러한 준비는 토레이(Torrey), 채프만(Chapman), 무디(Moody), 선데이(Sunday) 그리고 요즈음의 빌리 그레함(Billy Graham) 과 같은 사람들의 복음전도사역에 있어서는 대단히 중요한 위치를 차지하고 있다. 이 질의실 방법은 대규모 전도운동에 있어서도 훌륭하게 활용될 수 있으나 그것은 또한 보다 적은 전도운동에서도 채택될 수 있다. 이는 몇가지 장점을 지니는데, ① 찾아 나오는 이들이 당황케 되는 것을 보다 적게 줄일 수 있으며, ② 개인적인 사역자들이 질의자들의 특별한 요구를 처리할 수 있으며 새로운 개종자들이 새로운 신앙생활을 굳건히 하도록 인도해 주며, ③ 공적예배에 있어서 신앙결단을 내릴만한 용기를 가지지 못한 질의자들에게 영적지도자와 대화할 수 있는 가

회를 주는 점 등이다. 마음속에 3번째 예(例)와 같은 가능성을 지닌 이들을 위하여 영적인 문제에 관하여 대화하는데 관심이 있는 이들이 있다면 예배 끝무렵에 질의실로 오도록 초청한다는 사실을 공고하는 것이 유익할 것이다.

3. 신앙성장의 부흥회

우리는 목사가 복음전도 운동을 위하여 무엇을 예비해야 할 것인가에 대해 고찰해 보았다. 그러나 그러한 모든 준비가 꼭 성공의 결실을 보증하는 것은 아니다. 우리는 성경을 의지해야만 한다. 그렇지 않으면 우리의 모든 계획과 준비가 무가치하게 될 것이다. 오직 성경을 통해서만이 교회에 영적인 새활력의 시간을 가질 수 있다.

그렇기 때문에 집회가 시작될 즈음 성령이 모든 것 위에 함께 역사하시며 성도들의 신앙을 활기차게 북돋우시고 죄인들을 중생하도록 이끌어 줄 것을 목사는 간구해야 한다. 이는 교회에 은혜의 역사를 이루어 세워진 계획들을 제쳐놓고 성령의 놀라우신 방편으로 역사하실 것이다. 이것은 기쁨이 넘치도록 인도하여 줄 것이지만 그러나 복음전도 운동을 위하여 진지한 준비를 하지 말라는 의미는 아니다. 풍성한 기도로 준비했을 때에 후원의 손길을 기대하며 하나님이 행하시는 역사를 지켜보게 되리라.

신실한 말씀의 선포를 통하여, 성령님이 직접 인도하시는 성도들의 기도, 그들의 주 예수 그리스도께 대한 진정한 증거를 통하여 만족할만한 결과를 가져올 것이다. 이러한 역사에 대하여 기억할 수 있는바 승리는 "힘으로 되지 아니하며 능으로 되지 아니하고 오직 나의 신으로 되느니라 여호와의 말이니라"(슥 4:6). 이는 곧 진리이기에, 교회의 부흥시기에 있어서 전혀 인간의 계획이 없이 성령을 통하여 이루어진 시기가 있었다. 카일러(Theodore L. Cuyler) 박사는 뉴욕의 브룩클린에

152 제Ⅱ편 목회자의 사역

있는 자신의 큰 교회에서 자신이 통상적인 방법으로 하나님의 말씀을 증거했으며 교회도 평생적인 상태에 있을 때 종종 은혜스런 깊은 영적 부흥의 체험이 일어난 것에 대해 말하고 있다. 그러한 영적 체험이 어찌 그리 큰 축복인지!

4. 결실의 사역

집회가 끝난 후에 특별한 책임의 시간이 목사 앞에 직면해 있다. 노력의 템포를 늦춰서는 안된다. 종종 그러한 집회는 막중한 사역을 감당해야 할 기회를 만들어 준다. 또한 특별한 그 일련의 집회가 많은 외적인 결과를 자각하지 못할 때도 있다. 그러나 기회의 문은 항상 열려있게 되고 만일 원하기만 한다면 다가올 앞날에 큰 결실을 맺을 수가 있다. 그러한 일련의 집회의 열정적인 노력을 계속해서 지속해 나가지 못한다는 것은 교회의 막대한 손실이며 집회기간에 쏟았던 모든 힘을 무로 돌리는 것을 뜻하는 것이다.

이러한 재 다짐의 사역에 관해서 볼때 다음에 열거한 책임을 감당하는 것은 매우 중요한 일이다.

1) 새로이 개종한 사람들은 굳게 서도록 계속 노력을 기울여야 한다. 목사는 그들이 교회의 적절한 그룹에 참여하고 있는지 곧 해당 주일학교나 알맞는 청년의 모임에 속해있는지 지켜 보아야 한다. 목사는 특히 그들이 신실하게 교회에 출석하며 예배에 임하고, 하나님의 말씀을 끊임없이 묵상하며, 기도하며, 가능하다면 새신자, 학급에 참여함을 통하여 그리스도인의 생활을 올바로 행해 나가도록 그들을 이끌어 주어야 한다. 어떠한 목사는 개개(個個)의 새로운 개종자가 일정기간동안 성숙한 그리스도인이 됨에따라 「the big brother」와 「the big sister」 아이디어를 성공적으로 사용해 가는데 곧 영적인 감독과 교육을 준비함으로 이끌어가는 것이다. 이러한 종류의 사역을 훌륭히 행해 나간다면 예상보

다 훨씬 적게 개종자들이 교회에서 떨어져 나가는 것을 보게될 것이다.

2) 세례에 대한 가르침이 새로운 개종자에게 있어야 할 필요가 있다. 목사는 이것이 곧 신자들을 위한 주님의 뜻이며 주님께 대한 자신들의 순종을 나타내는 첫 방법임을 가르쳐야 할 것이다. 세례는 주의 죽음과 장사지냄과 부활과 항상 이 예식이 이를 지키는 사람들에게 증거된 복음을 지켜나가는데 있어서 신자들과 그리스도와의 연합을 조명해 주는 것이다. 그러므로 이 신성한 예식의 의미에 대해서 새 신자들을 가르치는 것은 목사의 책임이요 특권인 것이다.

3) 복음전도자의 가르침은 그 집회에 뒤이어 목사에 의해 계속되어야 한다. 그는 집회기간 동안 결신하지 않았으나 분명하게 회개의 결신아래 있던 사람들의 마음을 움직이도록 이끌어야 한다. 전문적인 복음전도자의 초청보다는 신실한 목사의 초청에 보다 쉽게 응답하는 그러한 타입의 사람들도 있는 것이다. 여하튼 목사는 영적인 수확을 위해 그들을 계속해서 끌어 당겨야 할 것이다.

4) 집회기간 동안에 나타났던 개개인의 복음전도의 열의가 보존되도록 깊은 관심을 기울여야 한다. 교회안에 어떤 봉사단이 활동하지 못하고 있다면 정규적인 개인 봉사단을 구성하는데 이때가 가장 적절한 시기가 될 것이다. 제17장에서 그러한 조직들에 대해서 보다 깊은 고찰을 하려고 한다. 결코 집회기간 동안 끓어올랐던 이런 사역에 대한 열정은 결코 소실되어서는 안된다.

5) 목사는 그리스도인의 생활의 성장에 대해서 설교를 해야 할 것이다. 그러한 설교는 특히 그리스도 안에서 어린아이와 같고, 그리스도인의 생활에 대해서 거의 알지 못하는 새 신자들에게 대단히 유익하다. 또한 이러한 설교는 그들이 행해야 하는 은혜의 깊은 생활을 행해 나가지 못하는 오래된 신자에게는 매우 유익하다. 벧후 3:18과 같은 성경말씀은 분명하게 "우리 주 곧 구주 예수 그리스도의 은혜와 저를 아는 지식에서 자라가라, 영광이 이제와 영원한 날까지 저에게 있을찌어다."라

고 신자들을 권고하고 있다. 성장은 그리스도인에게 있어서 정상적인 일이며 이러한 목적에 이르기 위해 애쓰는 모든 방면위에 하나님의 은혜의 충만하심이 임하는 것에 대해 목사가 되풀이 해서 강조해야 할 필요가 있다. 나아가 목사는 은혜안에서 성장해 가는데 있어서 성경이 지적해 주는 장애 요소를 제시해 주어야 할 것이다. 고후 5 : 20, 눅 19 : 13, 행 1 : 8, 마 13장의 씨뿌리는 비유 등 이와같이 수많은 다른 성구들이 신실한 목사가 그의 성도들에게 유익을 주기 위하여 선용되고 있다.

참으로 하늘로부터 내리는 부흥의 불길이 교회에 임하는 것을 깨달으면서 진실한 목사의 마음속에 자리잡은 사명감 위에 그 옛날 시편기자와 선지자가 외쳤던 그 요망이 그대로 메아리칠 것이다. "우리를 다시 살리사 주의 백성으로 주를 기뻐하게 아니하시겠나이까"(시 85 : 6).

"여호와여 주의 일을 이 수년내에 부흥케 하옵소서."(합 3 : 2)

추 천 도 서

Conant, J.E. *Every-Member Evangelism.* Philadelphia: The Sunday School Times Co., 1926.

Cuyler, Theodore L. *How To Be a Pastor.* New York: The Baker and Taylor Co., 1890. Chap. 9.

Evans, William. *Personal Soul Winning.* Chicago: Moody Press, 1910.

Harrison, Eugene Myers. *How To Win Souls.* Wheaton, Ill.: Van Kampen Press, 1952.

Henry, Carl F.H. *Successful Church Publicity.* Grand Rapids: Zondervan Publishing House, 1943.

Leavell. Roland Q. *Evangelism: Christ's Imperative Commission.* Nashville: Broadman Press, 1951.

Peck, Jonas Oramel. *The Revival and the Pastor.* New York: Hunt and Eaton Publishers, 1894.

Rice, John R. *We Can Have Revival Now*. Wheaton, Ill.: Sword of the Lord Publishers, 1950.

Riley, W.B. *Pastoral Problems*. New York: Fleming H. Revell Co., 1936. Chap. 15.

Torrey, Reuben A. *How to Promote and Conduct a Successful Revival*. New York: Fleming H. Revell Co., 1901.

제 10 장

공 적 인 초 청

목사는 항상 결신하도록 설교해야 한다. 그는 하나님의 말씀을 전파한 결과로서의 결신을 기대해야 한다. 사람들이 결신하는 데에는 여러 종류의 부류가 있으나 실로 내용이 없는 설교는 어떤 방편으로든지 결신으로 이끌지 못한다. 어떤 이들은 구주로서 주 예수 그리스도를 영접하기를 결심해야 할 필요가 있으며 또 어떤 이들은 예수께로 자신의 생을 헌신하려는 결정을 내려야 한다. 또한 어떤 이들은 좀 더 신실히 주님을 신뢰할 필요가 있으며, 또한 어떤 특정한 죄악을 끊어버려야 할 사람들도 있다. 나아가 좀더 기도하고자 하는 사람, 좀더 성경을 읽고자 하는 사람, 좀더 증거하고자 하는 사람, 하나님의 집에서 좀더 신실히 예배하고자 하는 사람, 주님의 사역을 위하여 좀더 많은 헌금을 하고자 하는 등등의 사람들이 있을 것이다.

설교의 유형은 기대하는 바의 결신의 내용에 따라 크게 좌우될 것이다. 그러나 하나님의 말씀이 신실하게 또한 성령의 능력 안에서 선포되었을 때 결신하고자 하는 마음들이 일게 되는 것이다. 그들 중 다수가 그래야만 하지만, 그들 모두가 공적 결신을 하게되는 것은 아니다. 목사는 권유하는 것의 중요성에 대해서 권고해야 하며 가능한 한 가장 효과적인 방법으로 그들을 권유해야 한다.

제10장 공적인 초청 *157*

1. 왜 초청해야(권유) 하는가?

왜 목사는 설교의 결말에 공적 권유를 해야 하는가? 거기에는 4가지 이유가 있다.

1) 권유(초청)는 성경적이다. 신·구약, 모든 시대에 하나님의 사람들이 자신들의 설교에 있어서 권유를 했던 많은 실례를 볼 수 있다. 모세는 이스라엘의 진문에 서서 "누구든지 여호와의 편에 있는 자는 내게로 나아오라"고 담대히 외쳤던 것이다(출 32 : 26). 그가 죽기전에 백성들을 향하여 자신의 마지막 명령을 선포했던 여호수아의 외침을 들어보자. "만일 여호와를 섬기는 것이 너희에게 좋지 않게 보이거든 너희의 열조가 강 저편에서 섬기던 신이든지, 혹 너희의 거하는 땅 아모리 사람의 신이든지 너희 섬길자를 오늘날 택하라. 오직 나와 내 집은 여호와를 섬기겠노라"(수 24 : 15). 유다왕 요시야가 백성들에게 하나님의 말씀을 읽어 들려준 후 "예루살렘과 베냐민에 있는 자들로 다 이에 참가하게 하매"(대하 34 : 32) 하였으니 곧 그는 그들에게 그가 읽었던 하나님의 말씀에 충실하라고 권고했던 것이다.

신약에서 보면 예수님이 청중들에게 되풀이 해서 결신하도록 요구했던 사실을 발견할 수 있다. 주님은 안드레와 베드로 두 형제에게 "나를 따르라, 내가 너희로 사람을 낚는 어부가 되게 하리라"(마 4 : 19)라고 하셨다. 주님께서 온유하고 부드러운 말씀으로 무리에게 말씀하시되, "수고하고 무거운 짐진 자들아 다 내게로 오라 내가 너희를 편히 쉬게 하리라"(마 11 : 28) 하였으며 오순절날 베드로의 위대한 설교에 대한 성경은 "여러 말로 확증하며 권하여 가로되 너희가 이 패역한 세대에서 구원을 받으라"고 기록하고 있다(행 2 : 40). 또한 바울이 석달동안 에베소의 회당에서 가르칠 때, 그는 하나님의 나라에 대하여 권면하였다(행 19 : 8). 바울이 로마의 옥중에서 유대인들을 가르칠 때에 "그는 하나님

나라에 대하여 증거하며, 강론하고, 예수의 일로 권하였다"(행 28 : 23).

마지막으로 결코 우리가 간과할 수 없는 성경의 마지막 장은 강한 권능을 힘입어 이렇게 권유하고 있다. "성령과 신부가 말씀하시기를 오라 하시는도다. 듣는 자도 오라 할 것이요, 목마른자도 올 것이요, 또 원하는 자는 값없이 생명수를 받으라"(계 22 : 17).

그러므로 목사는 권유에 대하여 성경으로부터의 훌륭한 전례를 찾아볼 수 있는 것이다.

2) 권유는 합리적인 것이다. 설교의 목적은 사람으로 하여금 구주로서 그리스도를 영접하게 하며 그들이 그리스도의 믿음 안에서 강건하도록 이끄는 것이다. 권유의 목적은 하나의 특권과 책임으로서 선포된 말씀에 따라 사람들이 행해 나가도록 하는 것이다. 말씀에 기록된 일을 행하도록 그들에게 촉구하는 것은 합리적인 일이 아닌가? 그가 팔아야 할 물건에 대해 열정적으로 또한 마음에 들도록 설득했으나 그 예상 수요자에게 그 물건을 사도록 유도하지 못한다면 그는 분명 무능한 세일즈맨일 것이다. 이것은 영적인 일에 있어서도 마찬가지이다.

사람들에게 그들 앞에 제시된 일은 행하도록 권유해야 하며, 권고해야 하고, 훈계해야 할 것이다. 때때로, 즉시, 그 곳에게 짧게 말씀에 따르도록 일깨우며, 권고한다는 것은 무리들로 하여금 결신하도록 유도하는 데 매우 중요한 일이다. 이러한 요구를 행치 않는다는 것은 비극이다.

3) 설교의 마지막에 권유를 한다는 것은 훌륭한 현대심리학의 지지를 받고 있다. 감동과 하고자 하는 욕망이 일어나되 그것이 곧 행동으로 옮겨지지 않는다면 그것은 곧 소멸되는 것이다. 훌륭한 마음의 충동이 두번 다시 유발된다는 것은 보다 더 어려운 일이다. 그러므로 목사는 "쇠뿔은 단김에 빼야 하며" 하나님의 말씀으로 이룩된 훌륭한 사역의 그 순간을 선용해야 한다. 권유하지 못한다는 사실은 사람들이 말씀에 기초해서 그들이 아는바 마땅히 행해야 할 일을 행하도록 이끌지 않는 영적인 죄악인 것이다.

제10장 공적인 초청   159

4) 마지막으로 공적 권유를 한다는 것은 실용적이다. 이는 생동하여 훌륭한 열매를 맺게한다. 이것은 복음전도자와 구령사업에 힘쓰는 목사나 교회들에 의해 확증된다. 복음전도자나 목사의 권유를 그들의 마음속에 임재하시는 하나님의 부르심으로 느끼어 이에 부응하여 주 예수 그리스도 안에서 생명을 얻으며 만족감을 느끼는 사람들이 많이 있다.

2. 권유의 방법

권유를 하는데 있어서는 많은 다양한 방법들이 있다. 그래서 목사가 틀에 박힌 것처럼 단조롭거나, 그가 할 수 있는 것보다 오히려 적게 효과가 나타나지 않도록 할 것이며 자신의 책임인 이 부문의 서역을 잘 감당하기 위해서 관심을 가지고 여러가지 방편들을 연구한다는 것은 대단히 훌륭한 일이다. 화이트셀(F.D. Whitesell) 박사는 *Sixty-five ways to give an evangelistic Invitation** 이라는 제목으로 흥미있고 대단히 유익한 저서를 발간하였다. 목사가 행하여야 할 모든 권유가 엄밀하게 복음주의적 행태이어야 하는 것은 아니나 화이트셀 박사의 저서는 이러한 부문의 사역을 감당하는데 있어서 어떠한 방법으로 다양하게 이끌어 나가야 하는 잇슈에 대하여 유익한 제안을 해주고 있다. 권유를 하는 방법에 대해 다음의 패러그래프가 몇가지 힌트를 줄 것이다.

1) "금방 설교한 그 설교의 내용에 기초해서 권유하라", 설교가 점차적으로 권유에다 초점을 맞추고 이끌어져 간다면, 효과적인 권유를 한다는 것이 어렵지 않은 일이어야 한다. 이 방법은 단조로움을 막아주며 권유를 하는데 있어서 큰 효과를 나타낼 수 있다. 왜냐하면 그 때에 사람들은 그 의도하는 바를 쉽게 깨달을 수 있기 때문이다. 또한 그것은 심리학적 원리에 입각해 있다. 완전히 새로운 이야기를 하는 것보다 갈

---

* 역자 주 : 복음주의적 권유에 대한 65가지 방법들.

은 일련의 사고를 연결시켜 나간다는 것이 보다 쉬운 일이 아닐 수 없다.

2) 권유함에 있어서 설교자는 그가 주장하는 바의 메세지에 대한 일련의 사상이 파괴되는 것을 막아야 한다. 오히려 그는 설교를 통하여 선포된 하나님의 메세지에서 추구하는 바의 어떤 일을 행하도록 청중들을 인도해야 한다. 권유의 취지는 다음과 같다. "하나님께서 당신의 마음속에 말씀하셨읍니다. 이제 당신은 그에 대해서 무엇을 행하려 하십니까? 당신은 전심으로 하나님의 메세지를 받아 들여야 합니다."

만약 목사가 그리스도께서 갈릴리바다의 폭풍을 잔잔하게 하신 것에 대해 설교한다면, 그는 죄악으로 일렁이던 그 격정, 곧 그들 마음 속의 격정을 그리스도를 통하여 잔잔케 할 것을 청중들에게 호소해야 할 것이다. 혹은 그의 설교가 선한 목자이신 그리스도에 관한 것이라면 그는 청중들에게 예수 그리스도만이 그들 자신의 선한 목자가 되도록 호소해야 할 것이다. 그는 곧 사람들로 하여금 생명을 얻게하기 위하여 기꺼이 자신의 생명을 버리신 분이라고 말이다. 또한 그의 설교가 우물가의 여인에 대한 것이라면 목사는 청중들에게 오직 영혼의 기갈을 면케하며 만족케 할 수 있는 생명수를 마실 것을 호소해야 할 것이다. 이러한 방법으로서 그들을 보다 효과적으로 유도하며, 다양하게 권유한다면 보다 용이하게 진전되어 갈 수 있을 것이다.

3) 때때로 권유는 찬송을 부르지 않고 그 설교의 끝 무렵에 직접 주어지기도 하는 데, 권유할 때에 찬송을 불러야 한다는 규칙은 없다. 권유가 찬송없이 보다 효과적으로 진행되는 때도 허다하다. 이 방법은 유발된 관심이 잠시 동안 잔존한다는 심리학적 원리와 조화를 이룬다. 그러면 왜 힘있는 메세지를 통하여 얻게된 이 유익함을 그냥 깨뜨려 버리려는가? 목사는 찬송이 있든지 혹은 그냥 진행되든지 하나님의 성령이 인도하시는대로 자신을 맡겨야 한다. 주 예수를 영접하기 위해 자원하고자 하는 사람들이나 혹은 자신의 입장을 고수하려는 사람들을 향하여

설교가 끝난 동시에 즉시 권유한다면 보다 큰 효과를 거둘 수 있을 것이다.

설교가 끝난 직후에 적절한 찬송을 인도하며 설교에서 제안한대로 사람들이 응답하도록 이끄는 것도 유익하다. 이전에 고찰해 본 바의 참 뜻을 깨닫게 될 때에 그와는 반대로 권유에 있어서 찬송을 부르게 하는 것도 특이한 유익을 끼치게 된다. 일례(一例)로 훌륭한 권유의 찬송은 매우 유익한 감정적인 호소력을 지니고 있으며 그리스도를 위하여 살고자 하는 사람들의 여러가지 당혹한 점을 제거해 주는데 도움을 준다. 청중들이 찬송할 때 그들의 관심이 최소한 부분적이라도 그들이 부르는 찬송에 집중될 것이며 또한 반드시 그런 것은 아니지만 권유에 응하고자 하는 사람에게는 더욱 그러할 것이다. 이것은 인간의 유약성을 나타내는 것인지도 모른다. 그럼에도 불구하고 이것은 분명한 하나의 동인인 것이다. 어떤 목사들은 성도들을 응시하는데 대단히 민감하다. 목사는 이러한 일에 있어서도 깊은 연구가 있어야 하며 개개인이 마땅한대로 결신하도록 정당한 방편을 이용해야 할 것이다.

4) 목사는 사람들로 하여금 그리스도를 향하여 결신하도록 이끌면서 권유찬송의 구절사이에 약간의 조언을 덧붙이는 것이 좋다. 찬송의 가사는 이러한 참고의 말을 제시해 주거나 혹은 설교에 나타난 어떤 사상을 재강조하는 것이어야 한다. 그러나 목사는 너무 길게 권유를 하는 습관을 가지지 않도록 주의해야 한다. 또한 그는 단지 적절한 몇 마디의 호소를 곁들일뿐 여타의 설교의 요점을 재차 부언해서는 안된다. 권유를 길게 히는 것이 일상화된 습관이 되었다면 그 근본목적을 결국 그릇치게 될 것이다. 성령께서 말씀을 선포하는 가운데 역사하셨다면 과도한 권유는 불필요한 일인 것이다.

5) 권유를 할 때 모든 사람들에게 머리를 숙이도록 하는 것이 효과적이라고 하는 목사와 복음전도자들도 있다. 그들은 그 때에 그리스도를 영접하고자 하는 사람들은 손을 들어 나타내라고 참석한 이들에게 요구

한다. 어떤 경우에는 기도를 받고자 하는 이들을 손을 들어 나타내게 하여 그러한 이들이 얼마나 되는지 묻는 경우도 있다. 그 후 그에 대한 응답이 있다면

6) 공적 신앙고백을 하게 하거나 좀더 의논을 하도록 이끈다. 이러한 방법이 행해질 때 목사는 기도받기 위하여 손을 들은 사람들과 약속을 굳게 지키어 그들이 앞으로 나서든지, 그렇지 않으면 기도하는 것을 분명히 이행해야 한다. 목사는 권유를 하는데 있어서 모든 교활한 방법을 추후라도 용납해서는 안된다.

목사가 권유의 본의를 분명히 한다는 것은 매우 중요한 일이다. 어떤 권유는 너무 막연한 경우도 있어서 개개인들이 응답했을 때 그들이 왜 그에 응했는지 알지 못하게 된다. 때로는 한 가지 청원을 강조하는 것도 유익하다. 예를들면 구세주로서 그리스도를 믿는다고 고백하는 것 등인데, 혹은 그 청원이 재헌신의 생활을 위한 것이어도 좋을 것이다.

7) 목사는 분명한 그리스도인의 헌신을 위한 삶의 실천을 이끌어 나가도록 특별한 호소를 해야 할 것이다. 또한 그는 2중의 혹은 3중의 권유를 해야 할 것이다. 그러나 그렇게 행할 때는 분명하게 권유의 의미를 판별하도록 해야 한다. 목사와 회중이 안개속에 싸인 듯한 시간이어서는 안된다.

목사가 일정한 권유를 하는 것이 아니라 예배의 끝부분에서 야기되는 영적 문제에 대하여 이야기 하고자 하는 이들을 초대하고자 하는 경우도 있다. 또한 어떠한 설교들은 끝무렵에 권유를 쉽게 해 나가는데 적합치 않은 경우도 있다.

나아가 목사가 모든 이에게 어떤 공적 고백 없이 결신을 하도록 요청하는 그러한 경우도 있다.

선포된 설교의 형태가 이를 좌우한다. 기도를 주제로 한 설교가 이에 해당될 것이다. 그는 이 기도의 사역에 있어서 좀더 신실하게 임하도록 성도들을 북돋아 일깨운 후에 그는 모든 이들에게 그가 어떠한 곳에 처

하든지 기도를 위하여 일정시간을 할애하여 기도시간을 정할 것을 당부하는 것이 가장 최선의 길임을 깨닫고 있을 것이나 공적 고백이 이러한 상황에서 현명할지 의심스럽다.

8) 권유가 어떠하든지 그것은 항상 사랑과 온유에 넘쳐야 한다. "내게로 오라"고 예수님은 말씀하셨다. 사람들을 몰아 대거나 꾸짖어서 하나님나라로 인도할 수는 없는 일이다. 진정한 신앙의 성취가 사람들을 강요하여 위협하여 결신하도록 유도하는 것으로부터 획득 된다는 것은 의심스러운 일이다. 이러한 사역에 있어 목사는 성령의 충만함을 힘입어야 하는데 그리하여 그는 그리스도의 긍휼을 나타내야 하며 진리를 증거하도록 이끌림을 받아야 한다.

9) 목사는 하나님이 성경을 통하여 말씀하시는 바 "오라"는 말을 얼마나 빈번하게 사용하였는가를 기억해 볼 필요가 있다. 하나님이 노아에게 "너와 네 온 집은 방주로 들어가라" 말씀하시던 때로부터 요한계시록 마지막 장에 이르기까지 곧 하나님은 구원을 얻고자 하는 이나 안녕을 원하는자 모든이에 대하여 하나님께로 "오라"고 초청하셨다. 하나님의 사역자들은 사랑과 최소한 어느정도 하나님이 말씀하신 것과 같이 담대히 외칠 수 있는 권능이 필요하다. 이 사실은 본 교회의 복음전도집회 기간중에 필자의 마음속에 강하게 도전되있던 문제였었다.

복음전도자는 주일학교 결신예배를 인도하며 구령사역(救靈事役)을 감당하고 있었다. 비교적 훌륭한 반응을 기대할만 하도록 만반의 준비가 갖추어져 있었으며 상황도 성숙되어 있었다. 교사들은 신실하게 이에 임하며 자신의 사역을 감당해 나갔다. 그 학우들의 몇몇은 이 예배에 임하여 공적 신앙고백을 하려고 준비를 갖추고 있음을 보였다. 그러나 복음전도자는 약간 불순한 편법을 사용했고 그의 방법은 매우 통명스러웠다. 그는 그가 권유할 때에 많은 이들이 그에 응해 찾아 나아올 것을 당연한듯 생각하고 있었다. 그러나 아무도 그에게 응하지 않았다. 모든 학생들은 조용히 서 있기만 하였다. 복음전도자는 불쾌했던지 모든 것을 포기하고 자신의 분노를 진정시키기 위해 강대상을 내려와 옆 방으로 가 버렸다. 주일학교 부장은 이 상황을 재빨리 포착하고 책임을 느꼈던지 진지한 방법으로 정숙하게 권유를 시도했으며 복음전도자가 옆방에서 불쾌하게 생각하고 있을 때 12명의 젊은이들은 주님께로 그들 마음을 열기로 결신하였다. 그리스도의 사랑이 권유에 넘쳐나야 한다. 그것은 그 모든 것에 풍요로움을 가져다 줄 것이다.

3. 권유의 빈도

모든 예배에 있어서 권유를 해야만 하는가? 목사들은 이에 대해 상당히 의견을 달리하고 있고 또한 상황도 모두 다르다. 필자는 보통 권유는 선포한 메세지에 대한 응답을 위하여 주어지는 것이라고 생각한다. 이것은 특히 복음전도 형태의 사역이 행해진 집회에 있어서 또한 많은 외래방문객이 있는 교회에 있어서 더욱 그러하다고 본다. 정적인 분위기(a static situation) 속에서 예배에 참여한 모든 이들이 본 교회의 성도들인 그러한 교회에 있어서 모든 예배 때마다 권유를 한다는 것은 무익한 일이다.

그러나 이러한 문제에 있어서 목사는 완전히 자신의 그 어떤 감정을 무시해서는 안된다.

목사가 최소한 권유를 하고 싶다고 느끼는 그 순간은 누구인가가 마음의 준비를 갖추어 그에 응하고자 하는 바로 그 순간인지도 모른다. 여하튼 이 모든 일에 있어서 따라야 할 최선의 방법은 항상 신실하게 하나님의 말씀을 전하며 권유를 해야 하는 때에도 성령이 인도자가 되시도록 모든 것을 전폭적으로 내맡기는 것이다.

추 천 도 서

Whitesell, Faris D. *Sixty-five Ways to Give Evangelistic Inviations*. Grand Rapid: Zondervan Publishing House, 1945.

제 11 장

공예배에 있어서 신앙고백의 수용(受容)

교회가 건전하고 생명력 있는 상태라면 일년 내내 개인들이 주님께 나아오게 된다. 흔히 많은 결신은 복음전도 집회기간이나 성탄절, 부활절과 같은 특정한 시기에 이루어진다. 그러나 보다 나은 영적인 분위기는 주님께 대한 어떤 약속뿐 아니라 그리스도에 대한 신앙고백이 일년 내내 이루어진다는 것으로 나타난다. 우리는 초대교회에 대해서 "주께서 구원받은 사람을 날마다 더하게 하시니라"(행 2:47)라는 말씀을 읽을 수 있다. 요즈음 신앙고백에 있어서 금렵기는 없다. 하나님의 말씀은 공적 신앙고백을 수용하는 데에 대한 중요성을 강조하고 있다. 공적 신앙고백의 장점은 하술하는 바 4가지 사실로서 더욱 명백해 진다.

1) 그것은 분명하게 이에 대해 지적해 주신 하나님의 말씀에 대한 순종이다(마 10:32—33, 롬 10:9—10).

2) 그것은 개인이 그리스도께 대한 분명한 신앙자세를 취했음을 세상에 증거하는 것이다. 성경은 신자들에게 불신자와 구별되어야 할 것을 권하고 있다. 신자들의 신앙고백이 불확실하게 증거되어서는 결코 안되는 것이다. 그들의 불빛은 말 아래 감추어져서는 안된다. 공적예배에 있어서의 자신들의 분명한 신앙고백은 이러한 신앙의 길에 들어서는 확실한 발걸음이며 또한 그리하도록 격려되어야 한다. 고후 6:17과 행 1:8을 주의하여 보라.

3) 그것은 신앙고백을 한 이들을 위하여 성도들의 기도의 협력이 있

게 해 준다. 교회에서 영적으로 하나된 성도들은 새신자의 신앙을 좀더 강건케 하기 위하여 공적 신앙고백을 한 이들을 위하여 기도해 주고자 할 것이다.

4) 마지막으로 그것은 새신자의 경우와 용기와 담대함을 갖도록 고무시켜 주며 훌륭한 그리스도인의 체험적인 생활을 해나가는데 크게 도움을 줄 것이다.

공적 신앙고백이 구세주로서 그리스도를 개인적으로 마음속에 영접하는 것으로 오인해서는 안된다. 개인적인 예수 그리스도의 영접은 외적으로 표현되어야 하며 신앙고백에 의해 더욱 굳건해 지는 것이다. 목사는 공적 예배에 있어서 권유에 응한 이들이 가능한 한 빨리 주님께 대한 생생한 체험을 갖도록 확실히 해 주어야 할 필요가 있다. 그리스도께 대한 분명한 결신을 한 이들은 기꺼이 그 사실을 세상에 솔직하게 알려야 한다. "누구든지 사람 앞에서 나를 시인하면 나도 하늘에 계신 내 아버지 앞에서 저를 시인할 것이요"(마 10 : 32).

공예배 시 자원하는 개인들이 행하는 신앙고백의 여러가지 양태(樣態)와 그들이 목사에 의해 어떻게 인도되는지에 대해 상고해 보자.

I. 그리스도를 구세주로 영접하고자 자원하는 이들의 신앙고백의 수용방법

1) 그곳엔 어색함이 없어야 한다. 목사는 바로 그 때 무엇을 어떻게 해야 하는지 잘 알고 있어야 하며 목사가 신앙고백을 수용할 준비가 될 때까지 자원자가 해야할 것을 지시해 주어야 한다. 목사는 마지막 찬송을 부르는 것이 끝날 때까지 혹은 권유를 모두 마칠 때까지 앉거나 서있을 곳에 대하여 말해 주어야 하며 그래서 가능한 한 어색함이 없도록 해야 한다.

2) 자원하여 찾아 나온 이들이 아직 완전하게 확신을 가진 상태가 아니라면 그들에게 그들이 원하는 바에 대해 조용히 물어보라. 대부분의

제11장 공예배에 있어서 신앙고백의 수용 *167*

경우 자원한 이들은 목사와 함께 개인적인 상담이나 교제의 결과로 명백한 준비를 갖추어 그대로 행해 나간다. 이때에는 공적예배에 있어서 질문은 불필요해지는 것이다.

3) 자원하여 찾아나온 이들이 그 자리에 서 있는 목적을 말하는 동안 또한 그 신앙고백이 수용되는 동안 성도들이 서서 남아 있는다는 것은 매우 유익한 일이다. 이것은 당혹스러움을 없이 해주며 또한 존경의 표시이기도 하다.

4) 목사는 그때 신앙고백자에게 직접 그를 받아들여 다음과 같이 약간의 질문을 제시해야 한다.

① 그대여(Mr. Doe)(혹은 형제여, 친우여) 당신은 성경을 하나님의 말씀으로 믿습니까? 이것은 질문을 해나가는데 있어서 중요한 위치를 지니고 있다. 왜냐하면 하나님께서 성경을 통하여 말씀하시는 것을 깨닫지 못하고 있다면 그의 인격이 신앙으로 지켜져 나갈 근거가 희박해진다.

② 당신은 성경이 주 예수 그리스도를 하나님의 독생자로 말하고 있는 것을 믿습니까?

③ 당신은 주님께서 세상 죄를 위하여 특히 당신의 죄를 인하여 십자가에서 죽으셨고 또 당신의 칭의를 위하여 다시 살아나신 것을 믿습니까?

④ 이제 당신은 분명히 당신 자신의 구세주로 주님을 영접하십니까?

목사가 이러한 질문에 대해 확실한 응답을 들었을 때, 그는 새로운 신앙인에게 몇가지 확증적 조언을 해 줄 것인데 곧 "성경이 말하되 '영접하고자 곧 그 이름을 믿는 자들에게는 하나님의 자녀가 되는 권세를 주셨으니' 이와 같은 성경말씀으로 당신은 그를 영접하였고, 당신은 그의 이름을 믿었읍니다. 그러므로 당신은 확실히 하나님의 자녀가 되었고 영생을 얻었읍니다."라는 확신의 조언이다. 특별히 이에 관하여 롬 10:9—10, 요 5:24, 요 3:36을 보라.

5) 뒤이어 목사는 이렇게 말하여야 한다. "주님께서 당신의 그 귀한 신앙고백으로 크게 축복하실 것이며 그가 인도하는 길로 당신이 선히 따르도록 이끌어 줄 것입니다." 계속해서 즉시 기도가 있어야 한다.

6) 목사는 자신들의 신앙생활의 즐거움을 나타내므로 인하여 새로이 신앙고백하는 성도들에 대하여 특별한 관심을 쏟도록 성도들을 권해야 한다. 그들은 그때에 격려와 위로가 필요하다. 그들은 예배후에 무관심 된 채로 떠나게 해서는 안된다. 성도들의 그러한 조언은 개인이 신앙고백하고자 앞으로 나선 그때보다 그후 다른 어떤 시간에 주어지는 것이 훨씬 효과적이다. 곧 삼일기도회나 혹은 교우들의 모임에 있어서 그러한 조언을 해주는 것이 좋다. 부언하자면 어떤 개인이 새신자를 이끌어 주는 직무를 맡는다는 것은 훌륭한 열매를 가져올 것이며 이 직무를 제 직회나 개인 봉사단에게 맡기는 것도 바람직하다.

7) 신앙고백을 하거나 혹은 교회의 회원이 되고자 하는 이들은 항상 교회 서기가 그들의 이름과 주소를 기록해 둔다는 사실을 주지시켜라.

8) 끝으로 매우 중요한 일인데 목사는 새 신자의 세례를 준비해야 하며 필요한 사후관리를 통해 그들을 보호해야 한다. 새신자들의 신앙이 굳게 서도록 하기 위하여 또한 항상 그렇듯이 이러한 상술한 일에 태만하여 그 영혼을 다시 잃지 않도록 하기 위하여 이러한 사역은 대단한 중요성을 지니고 있다는 사실을 자각해야 할 것이다.

Ⅱ. 재헌신의 생활을 하고자 찾아 나오는 이들의 신앙고백의 수용 방법

1) 이러한 경우 목사는 그리스도를 구주로 신앙고백 하고자 찾아나온 이들의 경우에서 지적했던 똑같은 예비단계를 따라야 한다. 특히 전술 (前述)한 항목 1. 2. 3. 을 주의하여 보라.

2) 어떤 사람이 왜 앞으로 나섰는지에 대해 성도들에게 알려져야 한다. 그것은 다음과 같은 것이다. 이 형제(혹은 자매)는 그가 당연히 했

어야 하는데도 그렇게 주님과 가까이 생활하지 못했기 때문에 이제 주님의 사랑과 돌보심으로 돌아오기를 원한다고 고백하고자 찾아 나왔읍니다.

3) 고백자는 그때 다음과 같은 몇가지 질문에 응답해야 한다.

① 형제여, 당신은 주 예수 그리스도를 당신의 구세주로서, 주님으로 모시기로 신앙고백을 재차 단언하십니까?

② 당신은 주님의 뜻을 떠나서 생활했는데 이제 주님께 의지하여 주와 함께 다시 동거, 동행하고자 함을 고백합니까? 성경은 말하고 있읍니다.

"만일 우리가 우리 죄를 자백하면, 저는 미쁘시고 의로우사, 우리 죄를 사하시며 모든 불의에서 우리를 깨끗게 하실 것이요."라고 했으며, 또한 "내가 저희의 패역을 고치고 즐거이 저희를 사랑하리라"고 (요일 1:9, 호 14:4) 말해주고 있읍니다.

당신이 신실한 마음으로 임하기만 한다면, 당신은 바로 지금 자신을 위한 이 약속에 부응하게 될 것입니다."

"이제로부터 항상 그와 친밀한 교제를 나누기 위하여 그리스도가 당신의 생의 주인이 되게 하시며, 매일 매일 주의 말씀을 묵상하며 끊임없이 기도하고, 예배에 참석하는 것에 게을리하지 말며, 매일 매일 그를 따라 헌신의 삶을 영위할 수 있도록 성령님의 인도를 바라 보아야 할 것입니다.

4) 그때에 하나님께 신앙고백자의 생활이 완전한 승리의 생활이 되도록 간구하면서 그를 위해 주님으로부터 내리는 강한 능력의 보호하심을 간구하며 재헌신의 기도를 드려야 한다.

5) 성도들은 예배가 끝난 후 모두 함께 그의 신앙회복의 승리를 기뻐하며 격려해 주어야 한다.

Ⅲ. 헌신의 서약은 어떻게 인도해야 하는가?

1) 전술(前述)한 경우와 비슷하게 그러한 방법을 따라야 한다.
2) 그때 목사는 아래와 같은 공적인 선언을 해야 한다. "이 젊은이는 주님께서 인도하심에 따라 진정한 헌신의 삶을 위해 오늘 아침 주의 부르심에 응하고자 나섰읍니다. 확실히 이것은 우리 모두가 기뻐해야 할 일입니다. 로마서 12장 1절에 보면 "형제들아 내가 하나님의 모든 자비하심으로 너희를 권하노니 너희 몸을 하나님이 기뻐하시는 거룩한 산 제사로 드리라 이는 너희의 드릴 영적 예배니라"라고 하신 말씀이 있읍니다. 이 형제는 오늘 이 권고하심에 응하여 자신을 온전히 주의 손에 의지하려 합니다. 이것은 주님을 매우 기쁘시게 하는 결단입니다."
3) 그 때 그는 다음과 같은 짤막한 질문에 응해야 한다. "당신은 주께서 인도하심에 따라 전적인 헌신의 길에 당신의 삶을 바치고자 합니까?" "당신은 당신의 삶에 대해 성령의 인도하심에 기꺼이 따르고자 하며 또한 그것을 기대하며 예비하고자 합니까?"
4) 성도들 중에 헌신하고자 하는 다른 무리가 있다면 그들도 함께 나와 헌신의 기도로 손잡고 가능하다면 "오! 예수님 나는 약속을 받았나이다" 혹은 "내 생(生)을 받으소서 내가 따르겠나이다" 이와 같은 헌신의 찬송을 부른다면 더욱 은혜롭고 영광스러울 것이다. 이러한 표현은 성도들에게 훌륭한 교훈을 주게 된다. 그것은 쉽게 주님께로의 헌신에 대해 다른 이들을 이끌어 들이는 좋은 결과를 가져올 수 있다.
5) 그때 분명히 자기 자신을 주께 드리고자 하는 이에게 몇마디 교훈이 주어져야 하는데 주님께서 그 헌신의 내용을 받으심에 있어서 그를 인도해 주실 것임을 확신시켜 주며 그것을 위하여 예비하며 그러한 것에 대해 말해 주어야 한다. 시편 37:23의 말씀은 이러한 경우에 매우 적절한 말씀인바 "여호와께서 사람의 걸음을 정하시고 그 길을 기뻐하

시나니".

6) 그렇게 자신을 드리고자 하는 사람을 위한 헌신의 기도와 나아갈 길에 대한 간구가 있어야 한다. 그러한 경우에 있어서 그것은 극히 개인적이어야 하며, 영원히 잊히지 않을 깊은 인상을 주어야 한다.

7) 성도들은 예배후 그 사람이 행한 서약들에 대한 성도들 자신의 기쁨을 나타내어야 한다.

8) 목사는 그러한 결단을 이행해 나가는 데에 대해 상담과 격려를 하는데 게을러서는 안된다. 목사는 그 젊은이의 교육상태, 친우관계, 영적상태, 독서등에 대해 관심을 가지지 않으면 안된다. 또한 그가 되돌아 서지 않도록 지켜 보호해 주어야 한다. 주님께 헌신하고자 하는 성도들 중에 몇몇 젊은이들이 있다면 기도와 상담과 격려해 주기 위해 자원 봉사단을 구성케 하는 것이 바람직할 것이다.

Ⅳ. 어떻게 교회서신을 읽으며 또한 개개인을 교회에서 받아 들일 것인가?

1) 초청의 시간에 목사는 그가 호명할 그 사람들에게로부터 교회서신을 받았음을 알려야 할 것이며, 그들이 폐회송을 부르는 동안 앞으로 나선다면 그가 기꺼이 그 서신을 읽을 것이며 그들을 교회의 회원으로 받아들일 것을 알려야 한다. 어떤 교회에서는 그러한 교회서신을 미리 제직회에서 처리하는데 거기서 그들을 교회의 회원으로 받아들일 것을 추천한다. 그러나 필자는 성도들 앞에서 그 서신들을 읽으므로 인해서 그러한 서신들을 귀중히 여긴다는 것을 보여주는 것이 바람직하다고 생각한다.

어떤 목사들은 예배전에 그들의 서신들이 읽히게 될 사람들과 사전약속하여 초청시간에 강대상에서 어떤 말을 하지 않아도 찾아 나오도록 하는 것을 더 좋아한다. 필자는 전자(前者)의 방법을 더 원한다.

2) 앞에 나서게 되었을때 회원이 되고자 희망하는 사람은 마땅히 영

접되어야 하며 회원으로 받아들여질 때까지 그들의 위치에서 지도를 해 주어야 한다. 일반적으로 교회들은 그들이 원할때마다 언제든지 새 회원으로 받아 들인다. 그러나 일년에 어떤 특정시간을 정해 놓는 교회들도 있는데 예상되는 회원 희망자를 위해 교육시기를 미리 갖는다. 후자는 그들로 하여금 좀더 지적인 결단을 하도록 예비케 하는 유익을 주며 또한 교회생활에 있어 좀 더 적절히 참여하도록 예비케하는 유익함도 있다.

3) 초청이 완결되었거나 폐회송이 끝났을때 성도들이 서 있는채로 남아 있을 때에 그 서신이 앞에서 지적한 대로 다 읽혀져야 한다. 만일 뒤에 읽는 서신이 앞에서 읽은 서신의 내용과 비슷하다면 목사는 지금 읽는 것도 앞서 읽은 것과 비슷하다는 지적과 함께 읽혀져야 한다.

4) 서신이 다 읽혀진 후에 목사는 그 편지를 쓴 회원들에게 직접 이렇게 말할 수 있다. "나의 형제여(혹은 자매, 어린이의 경우에는 이름을 부름) 이 교회의 목사로서 당신에게 친교의 오른손을 내밀수 있음에 대해 큰 기쁨을 가지며 우리교회 성도들의 회원으로 당신을 환영하는 바입니다. 우리는 우리가운데 당신이 함께 거합이 당신의 영혼에 진정한 축복이 되시길 바라며 또한 당신은 이 교회의 큰 축복이 되기를 기도합니다. 하나님께서 축복하시어 당신을 인도하시기를! 하면서, 이런 경우에 목사는 제직회의 서기에게 그를 인도하여 친교의 오른손을 내밀도록 요청해야 한다.

5) 그때에 목사는 새로이 가입한 회원들을 위하여 하나님께서 이 새로운 관계를 맺음에 있어서 크신 은혜와 축복이 있기를 기도해 주어야 한다.

6) 목사는 성도들에게 이 새로운 회원에게 인사하도록 인도해 주며 교회의 식구로서 따뜻하게 환영함을 그들로 하여금 느끼도록 고무시켜야 한다. 영접의 시간이 사전에 충분히 마련되어 있다면 예배후에 새로운 회원들을 위한 환영회를 열며 가벼운 음식을 마련해도 좋을 것이다.

V. 가까운 시일내에 교회의 회원이 되고자 앞으로 나온 이들은 어떻게 이끌어야 하는가?

이 범주에 속하는 사람들은 아직 교회 회원으로 등록되지 않았거나 그 교회의 관례에 따라 세례를 받지 않았거나 갑자기 지금 출석하고 있는 교회에 기꺼이 가입하고자 하는 확신을 가지게 된 사람들이다.

1) 앞에서 궁구했던 처음의 양식에 의해서 꼭같은 예비적 단계를 따라 행해야 한다.

2) 목사는 성도들에게 명확히 그 상황을 말해 주어야 하며 세례를 받거나 교회서신을 받아들여지거나 혹은 다른 어떤 필요사항이 이행되었을 때에 이들은 교회 회원으로 받아들여질 것이라고 알려 주어야 한다.

3) 이러한 발표에 뒤이어 찾아나온 사람들에게 다음과 같은 질문을 하면 더욱 좋을 것이다.

"오늘 본 교회회원이 되고자 앞에 나섬에 있어서 당신은 주 예수 그리스도를 당신의 구세주로 확신함을 다짐하십니까?"

"당신은 자신의 영적 생활이 더욱 깊어지며 이전에 보다 더욱 하나님과 가까이 동행하게 되도록 이 교회에 가입하고자 원하십니까?

"당신은 성경을 매일 매일의 생활과 믿음의 지침으로 삼고자 하십니까?"

4) 상기(上記)한 질문에 대한 확실한 응답에 뒤이어 목사의 다음과 같이 확신을 주는 선도가 있어야 한다. 주님께서 당신이 걸어갈 그 길에 크신 은총을 내리시길 원하오며 당신이 본 교회에 성도가 됨으로 주 예수 그리스도의 지식과 은혜속에 자라나기를 원합니다."

5) 가입을 원하는 자들이 가까운 시일내에 교회의 회원으로 받아들여질때를 바라는 기도와 함께 이 모든 것이 종결되어야 한다.

끝으로 공적예배에 있어서 앞서 나선 이들의 개개의 여러 계층들을 인도함에 있어서 목사가 특별한 영혼의 목자로서 특권의 위치에 있다는 사실을 강조해야 할 필요가 있다.

대개의 경우에 있어서 거의 예외없이 그 개개인들은 어떤 영적 결단에 응하여 앞으로 나서게 된다. 그들의 마음은 하나님의 일과 교회에 깊은 관심을 가지며 그리스도인 영역의 보다 높은 상태에 이르고자 애쓴다. 이때가 바로 목사가 큰 영적 도움을 주어야 할 기회이다. 그럴때에 신실한 사역을 통하여 목사는 앞날의 영적 성장에 있어서 많은 의미를 던져 줄 깊은 영향력을 발휘할 수 있다. 이럴 때 목사는 최선을 다해야 하리라.

제 12 장

세례와 성찬예식

　세례와 성찬예식의 중요성은 모든 목사에게 있어서 명백한 것이다. 사실상 모든 교파들이 최소한 이 두 가지 예식은 반드시 실행하고 있다. 나아가 이 세례와 성찬의 중요성은 신약에 있어서 그들이 차지하는 위치의 탁월성에 의해 더욱 뚜렷하게 나타나는 것이다. 그것들은 복음의 진수에 있어서 관련되는 진리로서 나타나 있다.

　세례는 그리스도의 공적사역의 시작에 있어서 그에 의해 인정되었는데 곧 세례요한의 손에 의해 그 자신이 이 예식을 이행하심으로 주장되었던 것이다. 그후 그가 대명령을 주었던 지상사역의 마지막에 있어서 그는 세상 끝날까지 이 세례가 이행될 것을 명하셨던 것이다(마 28:19—20).

　성찬은 주님께서 팔리우시기 전날 밤에 주님에 의하여 제정되었다. 주님은 그것을 "나를 기념하라"(고전 11:24) 하시며 준수해 나갈 것을 명하셨으며 이 예식에 관하여 부언하시되 "너희가 이것을 알고 행하면 복이 있으리라"(요 13:17—) 말씀하셨다. 이것들에 대한 준수는 많은 사람들이 생각하고 또한 논박하는 것처럼 구원을 위한 필수적 요소가 아니라 본질적으로 순종을 위한 것이었다. 우리 구원의 지도자는 자신을 따르는 무리들에게 그것을 준행해 나가도록 명하셨고 또한 그것을 제쳐두어야 할 어떤 다른 이유는 있을 수 없다.

　이 장이 의도하는 바는 세례와 성찬에 대한 교리적인 면을 논하려는 것이 아니라 그들을 어떻게 집례해 나가는 가에 대해 고찰하고자 하는 것이다. 물론 부수적으로 교리적인 뜻이 함축되어 제안 될 것이다. 이 예식은 그것이 상징화 되고 있는 심오한 진리에 맞추어 가능한 한 깊은 인상을 주어야하며 주의 깊은 배려가 이를 행하는데 동반되어야 한다.

이 예식의 적절한 집례는 이를 수용하는 사람들에게 깊은 인상과 감동을 주는데 크게 공헌할 것이다.

세 례

세례식을 먼저 고찰해 봄에 있어서 먼저 이를 위하여 준비 되어야 할 요소들에 대해서 살펴 보면,

1) 지원자에 대한 적절한 교육이 필요하다. 이 예식의 중요성과 그 의미를 지원자가 잘 인식하며 참예하도록 설명해 주어야 한다. 목사는 세례 받는 수에 따라 개인이나 그룹으로 나누어서 이 예식에 대하여 잘 가르쳐야 할 것이다. 세례가 단지 교회의 회원이 되기 위하여 행해지는 한낱 행사에 지나지 않는다고 생각하는 것은 불행한 일이다. 지원자에게 세례는 우리가 구원을 얻는 데에는 아무런 관련이 없다는 사실을 분명히 해야 한다. 구원은 주 예수 그리스도께서 이루신 사역으로서 오직 믿음으로 얻는 것이다. 세례는 이미 받은 구원의 영상이며 구속받은 영혼이 행하는 첫번째의 순종행위인 것이다. 진정한 신앙인은 주님께 대해 순종함으로 인해서 심원한 행복을 누린다. 이미 언급한 대로 세례의 중생에 대한 사상을 배제하는데 그것은 하나님이 행하시는 것이다. 오히려 사람이 행하여 이루는 구원을 말하려는 경향이 농후하다. 또한 사람의 죄를 씻어주는 세례성수에 대한 어떤 신비적인 능력이 함유되어 있다는 개념 역시 배제되어야 한다. 분명히 지원자에게 그가 참예하고 있는 이 예식의 의미를 확실히 주지시켜야 할 것이다.

2) 세례식의 공고는 최소한 미리 두 예배에 걸쳐 공고되야 한다. 그

것을 주보에 강조되어야 하며 예배와 회합의 월간달력에 알려져 있어야 한다. 이 예식은 전 성도에게 증거 되어야 한다. 이 안에서(세례식) 심오한 진리가 내포되어 있는바 신자들을 위한 주 예수 그리스도의 전 사역이 이를 준행함에 있어서 보여주고 있다. 필자도 이에 속하는바 성도들은 일반적으로 세례는 그리스도의 죽음, 장사지냄, 부활과 신자들을 동일화하는 것을 나타내 주는 것으로 믿고 있다. 그것은 죄에 대한 죽음과 옛 생활의 청산을 의미한다. 이것은 신자들의 신생(the new birth)을 표시해 주는데 그것은 그리스도와 함께 은총의 새로운 체험을 일으켜 주는 것이다. 나아가 일반적으로 개신교도들은 바울이 쓴 롬 6:4-5의 말씀을 통해 바울의 세례관을 수용하고 있다. "그러므로 우리가 그의 죽으심과 합하여 세례를 받음으로 그와 함께 장사되었나니 이는 아버지의 영광으로 말미암아 그리스도를 죽은 자 가운데서 살리심 같이 우리를 또한 새 생명가운데서 행하게 하려 함이니라. 만일 우리가 그의 죽으심을 본받아 연합한 자가 되었으면 또한 그의 부활을 본받아 연합한 자가 되리라"(롬 6:4-5). 또 다른 어떤 사람들은 흔히 세례를 정결과 능력(cleansing and power)을 위한 신자들 위에 임하는 성령의 사역에 대한 상징(symbol)으로서 수용하는 견해를 취한다. 그들은 오순절날 있었던 성령의 세례사역에 있어서 성령이 불의 혀 같이 갈라져 모인 무리위에 임하였던 사실을 지적하고 있다. 그들은 또한 세례를 그리스도와 연합한 표증과 표시로 믿고 있다.

따라서 세례가 그러한 중요한 영적 진리를 나타내기 때문에 목사는 이 예식이 가능한 한 많은 무리들에게 주지되도록 그가 할 수 있는 한 모든 힘을 기울여야 한다.

3) 교회의 직원들은 이 예배에 관계해서 이를 준비하는데 편의를 제공해야 한다. 항상 남녀 집사님들은 예배의 외적요소를 돌보아야 하는 책임을 지고 있다. 또한 목사는 이 예식에 있어서 그들이(수 제자들)알아야 할 일들을 확실히 해 두어야 한다.

1. 예식의 시간

언제 세례식을 거행할 것인가? 거기에는 특별히 정해진 규칙이 없다. 그러나 그것은 많은 무리가 참여할 것 같은 시기에 거행하는 것이 바람직하다. 특히 이것은 중요치 않은 시간으로 제쳐 놓을만한 그러한 것이 결코 아니다. 목사는 선별한 시간에 이 예식을 예정함으로 이것의 의미를 크게 강조할 수 있다.

이는 정규적인 주일 낮 예배나 저녁 예배의 끝 무렵에 거행해도 좋으리라. 이 경우에 이것은 정규예배의 한 부문으로 이행되어야 하며 성도들이 자리를 떠나 돌아가서는 안된다. 성도들이 자리를 뜨면 이 예식의 중요성을 감소시키게 되고 또한 세례를 받고자 하나님의 가르침을 받아들이기 위해 출석해 있을 이들의 수가 줄어들 경우가 있기 때문이다.

때때로 그것은 주일 저녁예배시간 바로 전에 예식을 가지는 것이 좀 더 편하기도 하다. 이 경우는 예배의 서두 부분을 짧게할 수 있으며 이 세례예식이 전 저녁예배를 통해 훌륭하게 조화될 수 있기 때문이다. 또한 정규 저녁예배의 시작을 위하여 규정된 시간전에 짧게 세례식을 거행하여 점차 예배로 임하게 되는 경우도 있다. 어떠하든지 이 예식의 중요성을 잃지 않도록 이끌며 동시에 가장 실제적인 방법을 목사가 선택해야 할 것이다.

또 다른 경우는 삼일기도회와 연관지어 기도와 찬양시간 전이나 혹은 후에 이 예식을 가지는 것도 유익하다.

많은 무리가 함께 세례를 받을 때 이를 위한 특별예배를 드리는 것도 바람직하다. 이 때 목사는 이 예식을 인도함에 있어 세례에 대한 짧은 메세지를 전하게 되는데 재론의 여지없이 이 예식은 많은 사람들이 주목하는 가운데 거행될 수 있는 시간을 취해야 할 만큼 그만큼 중요한 예식이 아닐 수 없다.

2. 세례 예식

　세례식이 행해지는 대부분의 경우는 정규 주일예배의 마지막에 거행된다. 그럴 때에 정규 주일예배와 세례식 사이에 어떤 간격의 시간이 없어야 한다. 이 간격의 시간은 단지 사람들을 돌아가게 하며 그래서 세례의 중요성을 감소시키는 경향이 있다. 목사는 이 예식의 목적과 의미에 대해 간단한 설명을 곁들이면 유익하거니와 혹은 이를 생략해도 무방하다. 폐회송이 불려지는 동안 이 예식의 수행자가 있다면 예식을 위하여 그 자신을 준비할 적절한 방으로 가야하며 목사도 집례를 위해 자신을 준비키 위해 물러나서야 한다. 지휘자나 혹은 이러한 임무를 담당하는 이는 목사의 부재중에 성도들을 인도해야 한다. 그리고 장로들은 필요한 책무를 담당해야 하는데 곧 모든 이들이 이 예식을 쉽게 지켜볼 수 있도록 좌석을 재정리 하거나 강대상을 한쪽으로 옮겨 놓는 일 등이다. 그리고 목사는 그들에게 "John, Adams, Brown, 주 예수 그리스도에 대한 당신의 신앙고백 위에 이제 성부와 성자와 성령의 이름으로 세례를 주노라." 실제로 세례가 시작되기 직전에 목사는 지원자를 앉은 시키는 시간을 가져 가능한한 그들의 흥분을 진정시켜 주는 것은 바람직하다. 그리고 목사는 수세자 각 사람에게 "예수를 믿는 하나님의 자녀 ×××에게 내가 성부와 성자와 성령의 이름으로 세례를 주노라" 아멘하고 목사는 그가 교회의 세례 교인된 것을 성 삼위의 이름으로 공포하고 끝을 맺는데 이는 승리의 생활을 위한 성령충만의 상징이다. 어떤 목사들은 수세자를 이로 인해 즉시 그곳에서 교회회원으로 받아들인다. 그러나 또한 어떤 목사들은 예식이 끝난 후에 회원으로 받아들이는 것을 더 좋아하며 어떤 목사들은 세례의 약속하에 신앙고백을 한 후에 회원으로 받아 들인다.

　다음 목사는 예식에 있어서 반드시 지켜야 할 임무가 있는데 그 첫째는 그는 개개인의 세례증명서를 받는 것을 지켜 보아야 하는데 그것은 종종 그의 개인생활에 있어서 중요한 사건으로 기억되어 소중히 간직돼는 것이다.

성찬 예식

예수님이 성찬예식을 시작하실 때 "이것을 행하여 나를 기념하라"고 말씀하였다. 이 예식을 준행하는데 있어서는 우리의 주님이시며, 구세주께 대해 순종하는 길 밖에 다른 어떤 이론을 제기할 필요가 없다. 주님은 자신을 기념하라고 대리석 기둥을 남겨 놓지도 않으셨고 자신의 사역을 기념하라고 어떤 건물도 헌납하지 않으셨다. 그러나 떡과 잔의 기념이 돌로 만든 어떤 기념물보다 더욱 의미가 깊다. 떡은 우리를 위하여 고난 받으신 그의 몸을 나타내며 잔은 우리를 구원하시기 위해 흘리신 그의 피를 나타내 준다. 이것들로 인해서 그를 따르는 자들은 항상 그들에게 있어서의 구속의 가치를 기억해야 한다. 이 요소들을 대함에 있어서 우리는 여실히 "그가 찔림은 우리의 허물을 인함이요 그가 상함은 우리의 죄악을 인함이라 그가 징계를 받음으로 우리가 평화를 누리고 그가 채찍에 맞음으로 우리가 나음을 입었도다"(사 53:5) 하신 말씀을 기억하게 된다. 그리고 필자도 그들중에 포함되는 바 성도들의 발을 씻기신 봉사(요 13장을 보라)를 생각하는 사람들도 있으며 애찬이나 아가페의 사랑을 떡과 잔과 연관시켜 준수해 나가기도 한다. 이와같이 성찬은 우리를 구원의 3중적인 면 즉 과거, 현재, 미래를 기념하기 위하여 3중의 성찬을 지키는 특권이라고 생각하게 된다.

1. 성찬의 시간

성찬예식을 언제 행할 것인가? 이 의문의 대답에 있어서는 최소한 다음과 같은 3가지로 언급된다. 1) 일정한 간격을 두고 거행 되어야 한다. 이를 거행하기 위해서는 분명한 시간이 설정되어 있어야 한다. 2) 적정한 수준에서 거행 되어야 한다. 일상적이고 단순한 형태를 띠지 않도록, 또한 너무 빈번히 행해서도 안되며 하나님께서 의도하신 은총을 깨닫지 못하게 되도록, 또한 성찬의 중요성이 사람들의 뇌리에서 잊혀지도록 너무나 긴 간격을 두고 행해져서도 안된다. 3) 가장 편이한 시간에 행해져야 한다. 즉 그것은 모든 성도들이 다 함께 참여할 수 있을때 행해져야 한다. 이 예식의 가치는 모든 성도들이 참여할 때에 더욱 귀중한 것이다.

2. 성찬 준비에 관하여

성례식에 앞서 목사는 이 예식을 더욱 뜻깊게 하기 위하여 또한 가능한 한, 모든 무리의 참여를 확실히 해 두기 위하여 몇가지 해야할 일이 있다.

1) 성례식은 예정된 시간에 앞서 미리 공고되어져야 한다. 우리는 복잡한 세대속에 살고 있으며 그러한 예식이 특히 강조되지 않는다면 쉽게 잊어버리게 된다. 이 광고는 강대상으로부터 교회주보에, 신문에, 때때로 최소한의 성도들에게, 목회서신을 통해서라도 잘 전해져야 한다.

2) 목사는 주기적으로 성례의 깊은 의미를 설교해야 할 필요가 있다. 그러한 사실에 대해 가르침을 받지 못한 성도들은 이 성례의 준수에 대한 중요성을 깨닫지 못할 것이다. 모든 복음이 이 성례 안에 내포되어 있다. 이때에 목사는 "이것을 행하여 나를 기념하라"고 하신 주님께 다시금 충성하도록 격려할 수 있으며 십자가의 은총의 진리를 다시 새롭게 선포할 수 있는 매우 좋은 기회를 부여해 준다.

3) 목사는 성례식을 준비함에 있어서 이 특별한 예식에 전심을 기울여야 하는데 그 상징적인 깊은 의미를 강조하며, 그들이 무성의한 태도

로 이 상징의 예식에 참여하지 않도록, 그래서 자기성찰을 하도록 그들에게 권고해 주어야 한다. 이러한 예식은 예식을 행하기 전에 주님의 은총을 구하는 진지한 기도를 할 수 있는 시간이 주어져야 한다. 이 준비는 삼일기도회를 통하여 관심을 기울여 이끌 수 있으며 때때로 한 주간 특별 모임을 갖는 것도 유익할 것인데 그로 인해 좀더 깊이 있는 생활을 강조하며 그 연속 특별모임(the series) 성찬예식으로서 끝맺을 수 있으면 매우 좋을 것이다.

4) 목사는 장로들이 이 예식이 평온하게 잘 진행되도록 만반의 준비를 갖추고 있는지를 확실하게 점검하며 이와 관련해서 모든 설비가 잘 갖추어져 있는지 알고 있어야 한다. 어쨌든 이 성찬예식은 매우 중요한 행사이다. 이것은 대리로 전락되어야 할 시간이 결코 아닌 것이다.

5) 목사는 예식을 진행하는데 그를 도와줄 장로들과 함께 앞서서 충분히 의논해야 한다. 그는 성경봉독, 기도, 짧은 성찬에 대한 설교, 그리고 성찬의 떡과 잔의 분배 등의 임무를 할당해야 한다. 세밀한 준비는 질서정연하고 매우 효과적인 예식을 거행하는데, 그래서 참여한 이들의 주의가 산만하지 않고 그 예식에 집중되도록 하는데 크게 도움을 줄 것이다.

6) 끝으로 매우 중요한 일은 목사자신이 마음의 준비를 잘 갖추어야 하는 일이다. 결코 현재의 상황을 충족시키기 위해 과거에 준비된 것을 허용해서는 안된다. 즉 평소에 이러한 예식을 위해 기도로 준비해 두어야 한다는 것이다. 예식에 앞서 그는 갈보리의 체험을 새롭게 환기시켜 수고해야 하며 자신의 생과 관련해서 이 예식의 진귀함을 다시 한번 깨달아야 한다. 결코 이 예식이 형식적으로 거행되어서는 안된다.

3. 성례식의 인도

가능한 한 목사는 이 신성한 예식이 제정되었던 그날 밤의 중대한 의

의와 엄숙하고 경건함을 성도들이 반추(反芻)할 수 있도록 이끌어 주어
야 한다. 이것은 십자가에 촛점을 맞춘 찬송가의 주의깊은 선별과 고난
에 앞서 주님께서 가지신 마지막 시간의 체험을 나타내 주는 성경봉독,
주의 고난의 의미를 깨닫도록 고취시키는 진지한 기도, 이러한 모든 요
소들의 의미를 증거해 주는 간단한 설명(설교)등에 의해서 이루어진다.
성도들이 그들이 가지는 떡이 그리스도의 찢겨진 몸이며, 그 잔은 하나
님의 어린양의 흘리신 보혈을 상징하는 것을 깨닫는다면 경건의 기운이
그 모임위에 면밀히 감싸 흐를 것이다. 또한 그들이 대야의 물*이 신
자들의 행위를 정결케 해 주는 하나님의 말씀을 상징해 주는 것과 식
탁위의 음식이 주님께서 오실 때에 성도들이 누리는 어린양의 혼인잔치
를 예표해 주고 있다는 것을 깨닫는다면 성령의 임재하심을 생생히 느
끼게 될 것이며 우리들을 구속하신 그 가치에 대한 마음 속에서 우러난
심원한 감사의 마음이 일게 될 것이다.

성례식의 끝마침에 있어서도 성례식이 제정되었던 잊지 못할 그날 밤
에 그 무리들이 행한대로 행하는 것 보다 더 나은 방법은 없을 것이다.
"이에 저희가 찬미하고…… 나아가니라"(마 26 : 30). 그때에 불려졌던
찬송을 우리는 알지 못한다. 그 경우에 찬송이 적절한 것이었다는 사
실은 분명하다. 성령께서 이 점에 있어서 오늘날 수의 종들에게 자유를
허락하셨지마는 그의 가르침이 폐회송의 선택에 있어서 추구되어야 할
것이다.

추 천 도 서

Blackwood, Andrew W. *The Fine Art of Public Worship*. Nashville: Cokesbury Press, 1939. Chap. 12.

Book of Common Worship. Philadelphia: Board of Christian

---

* "water in the basin"은 예수님께서 마지막 잡히시기 전날밤 제자들의 발을
씻긴 물을 말해 준다.

Education of the United Presbyterian Church in the United States of America, 1946.

Davies, Horton. *Christian Worship, Its History and Meaning*. New York and Nashville: Abingdon Press, 1956. Chap. 13.

Evans, George. *The True Spirit of Worship*. Chicago: The Bible Institute Colportage Association, 1941. Chap. 12.

Heicher, M.K. (compiler and editor). *The Minister's Manual*. New York: Harper and Brothers, 1959. pp. 41—49.

McAfee, Cleland B. *The Communion Service*. Philadelphia: Board of Christian Education of the Presbyterian Church in the U.S.A., 1937.

McClain, Alva J. *The Threefold Ministry of Christ and Its Appropriate Symbols*. Winona Lake, Ind.: The Brethren Missionary Herald Co., n.d. (A pamphlet.)

Phillips, J.B. *Appointment With God*. New York: The Macmillan Co., 1956.

Riley, W.B. *Pastoral Problems*. New York: Fleming H. Revell Co., 1936. Chap. 6.

제 13 장

결 혼 식

그 옛날 예수님과 제자들은 갈릴리 가나의 혼인 잔치에 초청되어졌었다. 그래서 요즈음 목사들도 종종 경건한 결혼식으로 남녀가 맺어지는 곳에 초청된다. 이것은 그들이 행복한 새 생활을 내다보는 관점에서 삶의 가장 행복한 체험속에 그 사람들과 생생한 유대관계를 맺도록 목사를 이끌어 주는 대단히 즐거운 임무이다.

왜냐하면 그는 두 사람이 삶을 위하여 하나가 되는 것을 뜻하는 신비한 말을 선포하기 때문이다. 두 사람이 숙고한 선택으로 '한 몸'이 되고자 하는 것이다. 사람의 행복과 은총을 위해 결혼을 정하신 분은 하나님 자신이시다. 목사가 두 사람을 위한 하나님의 계획을 성취함에 대해 공적으로 이를 선포하는 결혼예식을 거행할 때에 그는 특별한 의미를 지닌 하나님의 종이 된다. 그러므로 그는 이 사역을 경건하게 인도하며 또한 가능한 한, 최선을 다해 준비하는 자세가 필요하며, 그가 거행하는 결혼식의 매시간 진정한 결혼은 그리스도와 그의 교회의 관계를 나타내는 아름다운 전형인 것을 기억해야 한다. 그런 경우에 있어서 목사의 자세와 인도는 현재 전 세계적으로 만연되어 있는 결혼에 대한 해이되고 경솔한 관념에 대한 관점에 비추어 볼때 대단히 중요한 것이다.

결혼식에 목사가 참여한다는 것은 그리스도인의 영향력을 끼치게 되는 분명한 기회를 얻게 한다. 보통 자신들이 결혼하는데 있어 어떠한 특정한 목사를 초청하는 젊은이들은 그에 대해 특별한 애착을 느낀다.

그들은 목사의 사역에 주의를 기울일 것이며 그가 사역하는 일에 협력자가 될 것이다. 또한 그들은 목사의 조언에 귀를 기울일 것은 당연한 일이다.

결혼제도의 중요성 때문에 또한 결혼예식에 그가 참여함으로 발생하는 그 커다란 영향력 때문에 목사는 결혼식에 직무를 행하도록 요청받은 시간마다 신실하게 정성을 다하여 봉사해야 한다.

1. 결혼식의 준비

목사는 결혼식에 있어서 자신의 책무가 예식을 훌륭하게 인도하고, 결혼식에 있어서 모든 의식을 수행하는 것으로 자신의 할일을 다 했다고 생각해서는 안된다. 이보다 더욱 중대한 책임이 내포되어 있다는 사실을 간과해서는 안된다. 그러한 일에 있어서 적절한 준비는 오랫동안 기울여야 하는 적당한 준비의 영역에 있어서 행해야 할 일과 당면해서 기울여야 할 관심의 범주 안에서 행해야 할 일을 함유하고 있다.

1) 목사의 사역은 결혼과 가정, 이와 상응하는 주제에 적절한 교훈을 포함하고 있어야만 한다. 이같이 자신이 인도하는 성도들의 안녕과 행복에 있어서 그렇게 실로 중요한 관계들에 대해 목사는 강단에서의 사역을 결코 게을리 해서는 안된다. 목사가 이러한 일에 대해 설교한다면 그는 당황하게 될 여러 상황과 다른 숱한 마음의 상처를 받을 일들로부터 벗어날 수 있을 것이다. 사람들은 그러한 중요한 주제에 대해 성경이 말해주는 바의 교훈에 대해 알아야 할 권리가 있다. 성적인 문제와 잇따른 결혼에 대한 방종에 대한 이간된 해이한 생각을 가지는 요즈음 그 어느때 보다도 더욱 이에 대한 교훈이 절실히 요청된다.

모든 목사는 구혼, 결혼, 가정, 이혼, 어린아이에 대한 하나님의 은총과 가정제단 등과 같이 연관된 주제에 대해 정기적으로 일련의 설교를 하는 것도 매우 유익할 것이다. 사람이 결혼문제에 있어서 비극적엔

제13장 결혼식 *187*

상황이 야기된 이후 목사에게 찾아와 이런 문제에 대해 성경으로부터 아무런 가르침을 받지 못했다고 말한다는 것은 매우 슬픈 일이 아닐 수 없다. 모든 목사는 이러한 중대한 문제들에 대해 성경을 통하여 성도들에게 신실하게 교훈해 주어야 한다.

2) 목사는 결혼에 대한 국법에 대해 잘 알고 있어야 한다. 적정연령, 건강사항, 결혼하고자 하는 이들을 위해 필요한 날짜, 공고, 그가 예식을 인도하는 그 주에 있어 목사의 허락을 받아야 하는지, 또한 이혼의 근거 등과 같은 문제에 대해 잘 알고 있어야 한다. 모든 일에 있어서 목사는 법률의 요구에 완전히 따라야 한다. 브랜드(Norton F. Brand)와 아인그람(Verner M. Ingram)이 쓴 *The pastor's legal advisor* 와 같은 책이 적절한 법률상의 문제를 다루는데 대단히 유익한 책들이다.

3) 가능하다면 목사는 예상되는 결혼 배우자와 함께 협의를 해야 한다. 물론 이것은 임박한 결혼식에 대한 그의 당면한 예비사항에 속하는 것이다. 목사는 남자나 혹은 여자가 이전에 결혼한 적이 있는지, 없는지에 대해 분명히 알고 있지 않으면 안된다. 어느 편이 이혼한 경험이 있는지? 만일 그렇다면 무슨 근거로서 그리했는지? 그때에 그는 이혼한 이에 대한 문제에 있어서 교단의 규례와 자신의 신앙신념에 따라 처리해 나가야 할 것이다. 한 커플을 볼 때 결혼주례를 힐 만하다고 사려되면 목사는 결혼의 책임에 관하여 그들과 협의할 시간을 가져야만 한다.

목사는 그들이 어떻게 행복하고 성공적인 결혼생활을 이루어 갈 것인가에 대해 최선을 다해 그들에게 나타내 보여 주어야 한다. 또한 그는 결혼생활을 영위해 나가는데 있어서 유익하고 가치있는 도서를 읽게 하는 것이 대단히 바람직하다는 사실을 알아야 하는데 그러한 책들로서는 아래에 기술하는 책들이 있다. 마이어(Walter, A. Maier)의 *For Better not for worse*, 리스(John, R. Rice)의 *Home: Courtship Marriage and Children*, 지스만(O.A. Geiseman)의 *Make Yours a Happy*

Marriage* 그리고 자신의 잡지로부터의 논고를 모아 놓은 소책자 *The Problem of Marriage*(결혼의 문제) 등이 있다.

결혼예식이 계획되었다면 목사는 그 예식이 거행될 정확한 시간을 분명히 해서 자신의 달력에 이를 표시해 놓지 않으면 안될 것이다. 예식이 거행될 장소 또한 결정되어야 할 것이며 특별히 예식이 교회에서 행해진다면 적절한 접촉을 가져야 하며 가정에서 행하는 예식보다 좀 더 정성을 기울여야 한다. 결혼이 목사의 서재나 어떤 다른 사적인 곳에서 엄숙히 행해지기로 되었다면 그 예식은 보다 간편하다. 그러나 심지어 가장 간편한 결혼식이라 할찌라도 최소한 두 사람정도의 참관인이 있어야 한다.

목사는 결혼을 위한 이상적인 곳으로 교회를 사용하도록 이끄는 것이 현명할 것이다. 그것은 교회는 결혼을 하는데 있어서 영적인 면을 강조하는 경향을 띠게 되기 때문이다. 하나님의 집에서 함께 삶을 시작함에 있어서 하나님을 기억하는 젊은이들은 하나님을 깨닫지 못하는 젊은이 보다 결혼생활이 파경에 이르는 율이 훨씬 적다. 다음으로 결혼식으로 가장 적절한 장소는 결혼의 신성한 연합과 그에 대한 기억과 더불어 가정에서 행하는 것이다. 그러나 결혼식이 어느 곳에서 행해지든지, 요즈음에 일어나는 결혼예식을 서둘러서 해버리는 경향, 그러한 것으로 인해서 그 신성한 면이 소멸되지 않도록 그러한 면을 미연에 방지해야 한다.

목사는 또한 결혼식을 인도하는데 있어서 가능한 한, 아름답고 인상적인 면을 보여주어 그 감화를 끼쳐야 한다. 확실히 그리스도와 교회와의 연합을 나타내는 관계와 같이 두사람이 연합하는 결혼예식이야 말로 세심한 계획을 세워 나갈만한 가치가 있는 것이 아닐 수 없다. 성도들

---

* 역자 주 : 월터, A. 마이어, 나쁜 것을 위한 것이 아니라 좋은 것을 위해. 존 R. 라이스, 가정, 구혼, 결혼, 그리고 아이들, A.O. 가이스만, 당신의 행복한 결혼을 영위하려면.

이 결혼예식의 참관자로서 참석했을 때 그들은 하나님의 집에서의 그 귀중한 가치와 결혼예식의 중요성에 조화되도록 해야 할 것이다. 예식에서 행해야 할 것들은 적절한 음악곡들 기악곡 및 성악곡 연주, 행렬, 성경봉독과 예식, 기도, 그리고 인사말, 폐회송 등이다. 혼례커플은 일생동안 이 행복한 순간을 회고하기 때문에 가장 만족할 만한 회상을 할 수 있도록 그렇게 특징을 지니게 해야 한다.

결혼식을 계획하는 모든 일에 있어서 목사는 가능한 한, 신부를 잘 이끌어 주어야만 한다. 다른 어느 누구보다 그녀가 만족을 해야하기 때문이다. 신랑은 보통 그렇게 세부적인 일에까지 신경을 쓰지 못한다.

보통 군서기에 의해 발행되는 공무상의 증서에 덧붙여 주례한 목사가 결혼증서를 주기 때문에 목사는 어떤 종류의 증서가 바람직한 것인가에 대해 생각해 두는 것이 좋다. 후에 이것은 결혼증서의 사본이상의 가치를 지니는 소중한 소책자가 될 것이다. 그러나 어떤 커플들은 좀 더 장식해서 꾸미고 액자를 씌우기에 적절한 고형을 더 좋아하기도 한다. 필자는 언젠가 버지니아 출신의 소녀에게 결혼증명서를 담은 혼례책자를 준 적이 있는데 실망하는 것을 보고 그녀가 테에다가 액자를 씌워 간직할 수 있는 결혼증명서를 원하고 있었음을 깨달았다. 두말할 필요 없이 그녀가 원하는 대로 해 주었어야 했을 것이다.

2. 교회 결혼식의 자리

결혼식을 교회에서 거행하게 되었을 때 보통 다음과 같은 자리배치를 한다. 강대상을 향하고 있는 정면 좌석들을 우측으로 해서 신부의 친척들을 위해 마련하고 신랑의 친척들을 위해서 좌측 좌석을 마련한다. 어떠한 경우에는 친척들이 앉은 그 뒤에 그들이 신랑측이나 신부측하객이냐의 여부에 따라 교회의 좌우편으로 초대된 손님을 위하여 좌석을 예비해 놓아야 한다. 그런 후에 이용할 수 있는 나머지 좌석들은 강대상에서 한 광고, 혹은 교회주보 등에 의해 초청된 사람들을 위하여 마련해 두어야 한다.

예식에 앞서 반드시 마련되어야 할 좌석은 신랑의 부모님의 좌석인데 이는 교회 좌편 정면에 마련되어야 하며 또한 교회우편 정면에 마련되어야 할 것은 신부의 부모님 좌석이다. 안내위원은 이에 대해 신경을 써야 한다. 이러한 좌석 배치는 장소에 따라 약간의 변화를 주게 된다.

3. 결혼 행진

신부의 어머니가 자리잡으면 이는 결혼행진곡이 시작된다는 표시가 된다. 대개 그러한 곡으로서 "Loheugrin"(로엥그린)의 결혼행진곡이 연주된다. 어떤 곳에서는 결혼행진곡이 울려지면 회중들이 일어나서 예식이 진행되는 동안 선채로 있지만 또한 다른 곳에서는 이렇게 행하지 않는다. 이런 일에 있어서는 지방 관습에 따르는 것이 바람직 하다. 안내위원들이 네걸음 정도 간격을 두어 한사람 한사람씩 혹은 둘씩 둘씩 걸어 들어와 양쪽 복도를 따라 진행을 유도해 주며, 그 다음 신부들러리들이 하나씩 혹은 둘씩 입장하고, 뒤이어 신부를 돌보는 여성들이 들어선다. 꽃을 든 소녀들이 그 다음을 잇고 반지를 든 사람이 있으면 그는 꽃을 든 소녀의 뒤를 따라 입장한다. 행렬 중의 각 사람의 간격은 6피이트 정도의 거리를 두어야 한다.

마지막으로 가장 중요한 신부가 입장하는데 신부의 아버지나 남자형제, 혹은 가까운 남자 친척의 오른팔에 의지하여 입장한다. 때로는 시동들이 신부의 행렬에 도움을 주기도 한다.

행진시작에 앞서 목사와 신랑, 그리고 신랑 들러리는 옆방으로부터 나온다. 결혼행진곡의 시작은 그들이 들어와서 강대상 정면의 자신의 위치를 정해서 행렬을 향하여 직면해 있다는 표식이 된다(어떤 지역에서는 안내인이 부속실에서 나오고 앞서 언급한 대로 결혼 행렬속에 신부

제13장 결혼식 *191*

들러리가 선행하는 것 대신에 신랑 들러리가 뒤이어 나온다). 목사는 입장하기에 앞서 자신이 결혼증명서를 소지하고 있는지를 확인해야 하는데 이는 그것이 없으면 예식을 수행하는 법적인 근거를 잃게되기 때문이다.

　교회 정면의 배열은 이용할 수 있는 공간에 따라 달라진다. 보통 그에 대한 계획은 다음과 같다. 안내인이 목사에게 다가섰을때 그들은 신부 들러리가 설 공간을 남겨놓고 절반은 오른편에, 절반은 왼편에 나뉘어 자신의 위치를 정하고 신부 들러리를 또한 안내위원 앞에서 좌우편으로 동등하게 나누어 선다. 신부가 교회정면에 다다랐을 때 목사옆에 서 있던 신랑은 신부를 맞이하기 위해 앞으로 나서는데 그는 신부 아버지의 팔로부터 그녀의 왼손을 내리게 하고 신랑에게 그녀의 오른손을 얹게 하고 함께 목사 앞에서 즉시 자신의 위치를 정해 선다. 그런후에 결혼예식이 시작된다. 필자의 생각은 목사의 기억으로 예식을 진행하기 보다는 예식준비를 해서 봉독하는 양태를 띠는 것이 더욱 좋다. 이것은 실수를 방지하기 위해서이다. 목사가 기억만 가지고 예식을 인도해 나가려 할 때는 실수를 저지를 수 있다. 목사는 예식의 모든 것을 준비하여 천천히 그리고 분명하게 봉독해 주어서 참석한 모든 사람들이 쉽게 들을 수 있도록 해야 할 것이다.

4. 결혼 예식

　어떤 목사의 핸드북에는 결혼예식의 모범을 기록해 주고 있다. 이것들로부터 도움을 얻어 목사는 자신의 결혼예식 계획을 설정해 두어야 한다. 결혼예식은 간단한 강화를 해야 하는데 이에는 결혼관계의 책임, 본질, 근원에 대해서 증거해야 할 것이다. 이 강화와 연관해서 가장 적절한 것으로 결혼에 대한 성경의 교훈을 그들이 수용하는지 어떠한지에 대해 그들에게 물어 보면서 엡 5 : 22—32을 읽어주는 것이 대단히 유익할 것이다.

그때에 보통 목사는 신부쪽을 향하여 누가 이 여인을 이 사람과 결혼시키려는가? 이 응답은 신부의 아버지나 가까운 남성 친척중에서 하게 되는데 "저 입니다" 하고 혹은 아버지가 "어머니와 제가 그러합니다"라고 한다. 그때 아버지는 뒷걸음해서 왼편의 첫번째 좌석 끝에 있는 부인 다음에 자리한다. 신부를 신랑에게 보내는 사람이 신부의 아버지가 아닌 경우에는 그 사람 역시 그를 위해 마련된 자리를 취하거나 한쪽 곁으로 뒤로 나서서 예식이 끝날동안 자리해 있어야 한다.

그런 후에 신랑 신부에게 질문이 전개되는데 기꺼운 마음으로 그들이 서로를 아내로, 남편으로 받아 들이고자 하는 질문이다. 이점에 있어서 모든 질문형식은 유사하다. 신부에 대한 질문에 있어서 "순종하겠읍니다" 라는 말을 사용하는 것에 대해서는 의견이 구구하다. 필자는 이것을 예식을 인도할 때 선용하는데 이는 언급된 에베소서의 성구의 깊은 의미를 이해한다면 이를 거부해야 할 아무런 이유로 없을 것이라고 생각한다. 신랑은 그리스도가 교회를 사랑하듯 그렇게 신부를 사랑한다고 약속했다면 신부는 주께 하듯 신랑에게 순종하겠다고 약속한다는 것은 어려운 일이 아니다.

그후 신랑신부에게 구두서약이 이어진다. 이러한 서약이 오갈때 신랑과 신부는 오른손을 잡고 서로 서로를 마주 대해야 한다. 신부측 시녀들은 목사를 따라 구절 구절 서약을 반복하는 것이 유익하다. 예민한 젊은이들이 기억만으로 자신들의 서약을 암송하려고 시도하는 것은 매우 위험스런 일이다. 필자는 굳이 이러한 방법을 주장하는 젊은이들을 보았는데 그 순간의 긴장감 때문에 자신의 할 말을 잊어버린 실례들을 기억하고 있다. 커플이 기억을 통해 서약을 암송하도록 주장한다면, 목사는 그들이 기억하지 못할 때 그에 대해 대체해 줄 준비를 하는 것이 바람직하다. 커플이 목사가 구절 구절 서약을 읽고 신랑과 신부가 그것을 반복하도록 한다면 그에 관련될 일에 있어서 예기될 당혹스러운 일들을 제거할 수 있다. 먼저 신랑이 서약을 행하고 이어서 신부가 서약한다.

그 뒤에는 결혼반지 서약이 이어지는데 이때 목사는 신랑에게 묻는다. "그대는 이 언약들을 신실히 지켜 나갈 것을 무엇으로 증표로 삼으며 서약하겠는가?" 그 때 신랑은 신랑 들러리로부터 반지를 받아들고 "이 반지로 하겠읍니다"라고 말한다. 그런 후 목사는 신부에게 묻는다. "그대가 이 모든 서약을 수행하겠다는 이 증표를 받아 들이고자 한다면 왼손의 적절한 손가락에 그것을 끼우도록 하십시요."하고 신부의 손에 이를 끼우는 동안 신랑은 목사를 따라 다음과 같이 말해야 한다. "성부와 성자와 성령의 이름 안에서 이 반지를 증표로 삼아 나는 그대와 결혼하며 나의 모든 재화와 내 마음의 신실한 애정으로 그대와 함께 하겠읍니다."

목사는 다음과 같은 말로 반지가 상징하는 바에 대해 간략히 설명해 주어야 한다. "이 금반지의 모양은 둥근 원형이어서 시작도 끝도 없읍니다. 그래서 그것은 끝없는 사랑을 상징해 주며 그러한 사랑이 주어지며 받아져야만 하는 것입니다. 당신들은 항상 우리가 우리주 예수그리스도 안에서 지니는 영원한 생명을 기억해야 합니다."

전체예식의 가장 엄숙한 순간은 결혼 연합의 선포시간이다. 이 때에 신랑과 신부는 오른손을 잡고 목사는 그들의 잡은 손 위에 자신의 오른손을 마주해서 말하되 "존과 메리는 신성한 결혼생활에 함께 동의했으며 이에 대해 하나님과 여러분 앞에서 함께 증거했고, 서로서로에게 자신들의 언약을 주고 받으며 서약하고, 손을 잡고 반지를 주고 받음으로 이를 나타내었으니 이제 주예수 그리스도의 사자로서 이제 이들이 성부와 성자와 성령의 이름으로 남편과 아내되었음을 선포하노라. 그러므로 하나님이 이 결합에 함께 하였으니 어떠한 사람도 이를 가르지 못하랴라."

이어서 기도와 축복기도가 행해지는데 신랑과 신부는 예식의 이 부분에 있어서 무릎을 꿇든지 혹은 그대로 둘 수도 있는데 그들이 무릎을 꿇고자 한다면 이는 좀 더 인상적인 것처럼 보이는데 무릎 꿇을 수 있도록 준비해 두는 것이 필요한데 즉 무릎 꿇는 단이나 하얀 실크방석을 이를 위해서 마련되어야 할 것이다. 이 엄숙히 거행되는 결합위에 하나님의 크신 은총이 임하기를 기도해야 한다. 이 기도에는 새로 결혼한 이 커플이 자신들이 맺은 서약에 충실하도록 하나님의 도움을 청하는 뜻을 담고 있어야 한다. 또한 새로이 이룬 가정이 굳건히 서도록 이들을 이끌어 달라는 간구가 하나님께 드려져야 하며 또한 그들의 모든 생활 가운데서 그들이 하나님께 영광을 돌리는 생활을 하도록 그들을 이끌어 주십시오 하는 간구를 드리면 더욱 좋을 것이다. 기도의 전후에 커플이 아직 무릎 꿇고 있을 동안 일반적으로 적절한 찬송이 불려지는데 찬송으로 「오 주님 내가 서원하였나이다」가 특별히 유익하다.

   기도가 끝나면 신랑과 신부가 그들이 원한다면 포옹을 해도 좋으리라. 하나님의 집에서 알맞는 태도로서 엄숙하게 행해진다는 것은 지극히 당연한 일이다.

   이제 새로 결혼한 커플은 청중을 직면하도록 돌아서고 목사는 "이제 누구와 누구를 부부로 회중들 앞에 나타내는 것에 큰 기쁨을 느낍니다."라고 말할 필요가 있다. 끝 무렵에 일반적인 환영회가 예정되었다면—보편적으로 그랬듯이—목사는 그 장소를 지정하여 덧붙여 말하면 좋을 것이다. 또한 "이들이 즉시 자신들의 친우들과 만나기를 원합니다."라고 언급해 준다.

   그때 오르간이 연주된다. 신부는 들러리로부터 꽃다발을 받고 행진해 간다. 이에는 보편적으로 멘델스죤의 축하행진곡이 연주된다. 신랑과 신부는 활기차게 문으로 행진해 가는데 이때 신부는 신랑의 오른팔을 잡고 나선다. 뒤따라 신부를 돌보는 여성들이 따르고 끝이어 신부 들러리들과 안내위원들이 적절하게 질서를 유지하여 퇴장한다. 신랑의 들러리는 목사와 함께 퇴장하거나 혹은 종종 그렇듯이 신부를 돌보는 여성들과 함께 물러나간다. 폐회송이 끝나면 즉시 안내위원은 열을 지어 성도들을 해산시키도록 해야 한다.

결혼식이 가정에서 거행될 때는 그 끝 무렵에 결혼 축하연이 간단히 열리며 그 커플은 참석한 이들의 축복과 축하를 받는다. 이에는 보통 식구들이 가장 먼저 축하하고 그 다음 친우들이고 그 다음이 친지의 순서를 따른다.

5. 결혼예식 이후의 일들

예식이 끝난 후에 목사가 행해야 할 몇가지 책무들이 있는데 이들중 다음에 기술하는 3가지가 특히 중요하다.

1) 목사는 신혼커플에게 싸인한 결혼증명서를 주어야 한다. 그는 가능한한 예식이 끝난후 곧 바로 이 증명서에 대해서 정성을 기울여야 하는데 이것은 매우 중대한 의미를 지니고 있기 때문이다. 이것은 그들이 결혼했다는 기록이 법적으로 처리될 때까지의 유일한 물적 증거자료인 것이다. 물론 이것은 공적 결혼증명서와 관계가 있다. 목사가 마련한 이 결혼증명서는 소책자의 형태로 혹은 테를 씌우도록 한 형태로 좀더 정성들여 화려하게 장식되어 그때에 주어지며 심지어 예식 전에 주어지기도 한다.

2) 목사는 자신이 작성한 결혼증명서를 군서기에게 보내야 한다. 법률은 이것이 행해진 이후에 특별히 시간제한을 두고 있으므로 목사는 그 일에 대해서 나른 일에 쫓겨 잊어버려서 법률위반자가 되지 않도록 이것을 즉시 보내는 것이 좋다. 이러한 일은 지역에 따라 약간씩 다르다. 어떤 곳에서는 커플이 목사에게 주는 서류가 3부분으로 나누어져 있는데 적절한 곳에 이용하도록 목사에게 위임되어 그가 철해 놓도록 된 것이며 둘째 것은 커플을 위한 것이며 이는 공적 증명서가 되는 것이다. 세번째는 목사가 기록해 넣을 부분이 있고 그래서 영구 보존용으

로 군서기에 돌려지도록 되어 있다. 다른 어떤 주에서는 목사가 보유해 둘 부분이 없으며 또 어떤 주에서는 결혼한 이들의 생활에 대해서 예식을 주례한 이에게 좀더 많은 보고가 요청되기도 한다.

3) 목사는 예식이 끝난후 곧 적절한 시간을 내어 새로이 이룬 가정을 방문해야 한다. 이러한 방문을 통해서 그는 젊은이들을 교회에 계속 나오게 할 수 있다. 또한 그들이 함께 그리스도인의 생활을 해 나가는데 적절한 도움을 줄 수 있으리라.

사례의 문제는 예식과 관련해서 잊어 버려서는 안될 것이다. 오르간 연주자나 교회관리인 또는 교회의 사용에 대한 사례는 신부의 가족이 맡아야 할 것이다. 또한 목사에 대한 사례는 신랑이 맡아야 할 일이다. 이것은 보통 신랑 들러리에 의해서 흰봉투가 드려지는 것이다. 비록 어떤 주에서는 결혼예식을 수행한이에게 지불되어야 할 사례가 법적으로 규정되어 있다 할찌라도 목사는 결코 사례를 의지해서는 안된다. 목사는 항상 단지 자발적으로 자유의사에 맡겨두는 것이 바람직할 것이다.

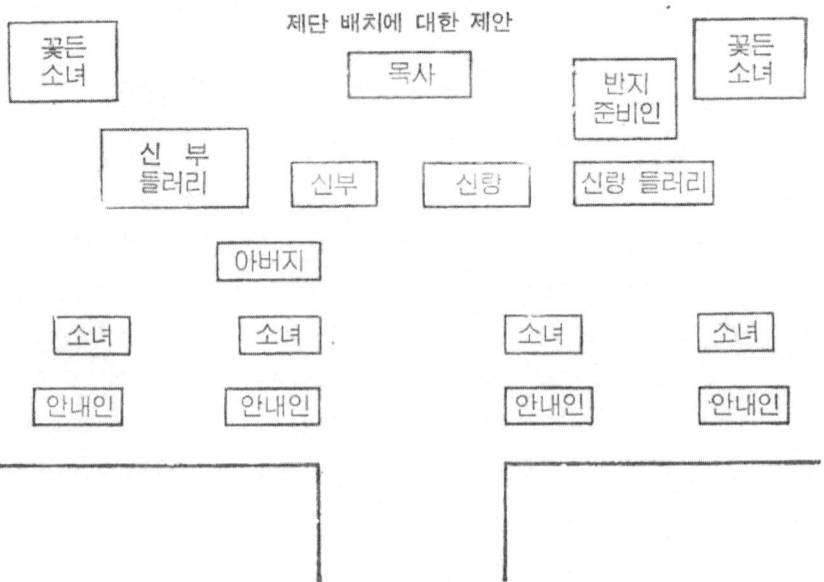

이전에 필자는 "약속지불" 형태로 결혼하는 커플에게 요청받았고, 지불 받은 적이 있다. 목사는 주어진 것은 기쁘게 받도록 하자. 그것이 많든지 적든지 사모에게 모자를 사두든지 혹은 스스로 서재를 위해 필요한 서적을 구입하든지 하나님의 영광을 위해 선용하는 것이 좋을 것이다.

추 천 도 서

Brand, Norton F. and Ingram, Verner M. *The Pastor's Legal Adviser*. New York and Nashville: Abingdon-Cokesbury Press, 1942.

Capper, W. Melville and Williams, H. Morgan. *Toward Christian Marriage*. Chicago: Inter-Varsity Press, 1958.

Erdman, Charles R. *The Work of the Pastor*. Philadelphia: Westminster Press, 1924. pp. 109—112.

Hewitt, Arthur Wentworth. *Highland Shepherds*. New York: Harper and Brothers, 1939. "Rural Weddings," pp. 54—68.

Leach, William H. (ed.). *The Cokesbury Marriage Manual*. Rev. and enlarged edition. Nashville: Abingdon, 1959.

Maier, Walter A. *For Better Not For Worse*. St. Louis: Concordia Publishing House, 1939.

Pike, James A. *If You Marry Outside Your Faith*. New York: Harper and Brothers. 1954.

Post, Emily *Etiquette*. New York and London: Funk and Wagnalls Co., 1945. Chaps. 19—22.

Rice, John R. *The Home—Courtship, Marriage, and Children*. Wheaton. Ill.: Sword of the Lord Publishers. 1945.

Vanderbilt, Amy. *New Comple'e Book of Etiquette*. New York: Doubleday and Company, Inc., 1963.

제 14 장

장　례　식

　목사에게 있어서 죽음의 시간보다 더 깊은 인정과 신성한 봉사를 요하는 시간은 없을 것이다. 목사는 이러한 사역을 감당하기 위하여 각별한 마음의 준비를 위해 기도해야 할 것이다. 그는 이러한 시기에 그리스도와 교회를 대신하여 말로 다 할 수 없이 깊은 가치를 지닌 커다란 영향력을 발휘할 수 있다. 그렇지 않고 나태함과 부주의하게 이에 응한다면 그로 인해 돌이킬 수 없는 큰 손해를 끼치게 될 것이다. 사별의 순간은 특별한 목회적 사역의 기회를 갖게 한다. 목사는 진정한 목자의 마음으로 그때에 그러한 일을 감당하며 이끌어야 할 것이다.

1. 당면한 사역

　자신의 구역으로부터 부음을 전해 들었을 때 목사는 어떻게 해야 할 것인가?
　1) 그는 가능한 한, 신속히 슬픔을 당한 가정을 방문해야 한다. 이는 결코 지체되어서는 안된다. 이 심방은 간략해야 하지만 자신의 깊은 관심을 충분히 나타낼 수 있어야만 한다. 유족들이 목사가 실제로 정성을 기울이며 그가 자신들에게 줄 수 있는 도움을 예비하고 있다는 사실을 깨달아 알게 해야 한다.
　2) 장례의 제반 사항에 대한 문제는 이 초기 방문에 결정해야 할 필

요는 없다. 유족들은 충격의 상태 속에 있기 때문에 그러한 것들을 생각할 겨를이 없을 것이다. 종종 유족들이 먼 거리에 거주해서 그러한 절차가 정해지기에 앞서 연락을 취해야 할 필요도 있다. 그러나 임종전에 벌써 장례계획이 설정되어 있는 경우들도 있다. 죽음이 예기되어 가족들이 그에 대해 준비하고 있는 경우도 있으며 그러한 경우에 유족들은 이 목사의 첫 방문시에 장례 절차를 의논하고자 할지도 모른다.

3) 고인이 그리스도인인 경우 긴급 방문한 목사는 그리스도인의 진리를 증거해야 하는데 곧 충족한 하나님의 은혜와 성령의 위로하심의 사역과 이제 주와 함께 거하는 사랑하는 이와 다시 함께 만날 수 있는 새 소망을 북돋아 주어야 하리라. 특별히 신앙의 가정인 곳에서는 목사는 사랑하는 이가 "비록 육신을 떠나 있으나 주와 함께 한다"는 은총의 진리를 강조해야 한다.

4) 목사는 자신이 당면한 여러가지 문제들을 처리해 나갈 준비를 갖추어야 하는데, 유족들이 거역하는 듯을 드러낸 경우와 혹은 교인이 아무런 준비없이 임종한 경우 등이 있을찌도 모른다. 또한 죽음이 무관심한 가족들에게 대단히 엄숙한 영향을 끼치는 상황도 있다. 이때 목사는 경건한 길을 따라 살려는 고인의 삶의 길을 깨우쳐 줄 수 있는 좋은 기회가 될 것이다. 특히 고인의 특정 가족들의 영적인 태만 그러한 때에 두드러지게 나타나서 자각하면서 그들은 하나님의 사람의 조언에 귀를 기울일 것이다. 그럴 때에 목사는 전적으로 성령의 인도하심에 따라야 할 것이다. 진지한 목사로서 진리를 증거해 주며 적절히 행동해야 한다.

5) 부음을 들은 후 가능한 한, 서둘러 상을 당한 가정에 갈 때에 목사는 가능한 도움을 줄 수 있는 것을 추구해야 한다. 목사는 유족들이 어쩔줄 몰라 당황해하는 그 상황가운데 있는 자신의 위치를 깨닫고 또한 유족들이 처음 그러한 상을 당했을지도 모른다. 그러한 경우를 필자가 당한 적이 있는데 부인을 가정에 홀로 남겨두고 나이많은 남편이 숨을 거둔 것이다. 그 부인은 너무나 당황해서 남편의 죽음을 신고할 의

사도 부르지 못하고 장의사로 연락을 취해야 할 생각도 잊고 있었다. 그 부인은 냉정을 찾아 목사를 초청하였고 나는 여러가지 문제를 해결해 주었다.

이러할 때 멀리 떨어져 있는 이들에게 전보를 치고 가까이 있는 이들에게는 통지를 해 주어야 할 필요가 있다. 목사는 가능한 모든 방면에서 봉사해야 할 것이며 그 봉사에 진지한 성의를 기울여야 한다.

2. 장례를 위한 준비

목사는 처음 방문에서 장례식에 대한 아무런 고려가 없었다면 이후의 방문에 있어서는 이에 대해 유족들과 협의해야 한다. 물론 장례식을 인도해 줄 것을 요청했는지 안했는지의 여부를 분명히 해 놓아야 한다.

이 문제가 결정되야 유족들은 장례식의 세부사항을 온 가족이 함께 상의할 시간을 가질 것이다.

목사는 이 예식에 대해서 유족들과 상의할 때에 그는 유족들의 요구 사항을 알아야 하며 가능한 한, 그들의 요구에 응해야 한다. 그럴 때에는 사소한 문제까지도 매우 중요한 의미를 지닌다. 가족들은 고인이 평소에 자주 암송하던 성구들을 읽어 주기를 요청했을 경우도 있으며 때로는 심지어 설교를 위하여 본문까지도 가족들이 정해놓은 경우도 있다. 또한 찬송을 불러주길 원하며 목사 이외에 어떤 다른 사람도 참석해 주기를 원할 경우도 있다. 가능하다면 목사는 이러한 유족들의 모든 바램에 따르도록 해야 할 것이며 그렇게 흔치 않은 일이지만 자신의 신앙에 거슬리는 요청들도 있게 될찌도 모른다.

목사가 유족들과 협의할 때에 분명히 마음 속에 두어야 할 사항은 다음과 같다.

1) 어디서 장례식을 거행할 것인가? 집에서, 교회에서, 혹은 특별한 장례실 어디에서 할 것인가?

2) 언제 장례식을 거행할 것인가? 교회에서 하는 것보다 집에서 하는 것이 더 간단한 예식이 되지 않을까? 그렇다면 어떻게 시간을 정할 것인가?

3) 장례식이 시작되기 전까지 고인의 유해는 어디에다 안치시킬 것인가? 교회에다? 그렇다면 얼마동안인가?

4) 누가 목사를 어떻게 도울 것인가? 매우 당혹스러운 일을 피하기 위하여 어떤이들이 예식에 참여 하는지를 먼저 목사는 알아야 한다. 모든 관계자는 장례식 시간에 앞서 시간의 여유를 두고 자신이 할 일을 통고 받아야 할 것이다. 필자에게 잊지 못할 일이 있었는데 장례식에 참여하러 가서 필자보다 연세가 높으신 다른 목사님을 뵙게 되었다. 필자가 모르는 그 분은 고인의 먼저번 목사였는데 장례식에 초청되어서 참여한 것이었다. 그는 초청한 취지를 오해해서 자신이 예식을 인도할 것으로 생각하고 있었다. 다행스럽게도 장례식이 시작되기 전, 곧 어려움이 해소되었고 무사히 모든 것이 진행되었으나 참여한 모든 사람들은 이 난점을 알아 차리지 못했다. 그때에 젊은 목사였던 필자는 어떤 당혹스러운 일들을 피하기 위해서 시간전에 주의깊게 모든 것을 처리해 나가야 하는 것이 중요하다는 사실을 그 경험을 통해 깨달았다.

5) 과거의 기록이 있는지? 그렇다면 누가 준비하는가? 과거장을 준비하는 데에는 지역사회에 따라 다양하다. 필자는 이런 경우에는 과거장을 사용하는 것이 대단히 유익하다고 생각한다. 그것은 목사의 설교에 잘 조화되지 않는 고인의 생활의 세부적인 일들을 나타내는데 도움을 준다. 사람들은 이러한 사실에 흥미를 가지고 있으며 고인의 생애에 대해 잘 기록한 보고는 장례식에 참여한 사람들이 마음 속에 일어나는 많은 의문점들을 품어준다. 과거장은 그 필요한 사실들에 대해 잘 알고 있는 친근한 친구나 가까운 친척 들이 마련하는 것이 보통이다. 그러할 때에 목사는 공적예식에서 그것을 발표하기에 앞서 그것에 주의를 기울여 읽어둘 기회를 갖는 것을 잊지 말아야 한다. 이렇게 함으로 인해서

문법상의 오류나 다른 잘못된 점들을 고칠 수 있기 때문이다. 가족·들중에 아무리 그러한 문서조차도 쓸만한 역량이 없는 경우도 있는데 그렇다면 사모가 그것을 쓸수 있으면 좋지만 그렇지 못하면 그것은 목사가 담당해야 한다.

목사가 담당해야 할 경우 그는 사실들에 대해 정확하게 기술해 나가야만 한다. 과거장에 쓰여질 항목들은 고인의 성명, 부모의 성명, 출생지와 출생일시, 학력관계, 결혼사항, 자녀들의 이름, 가능하면 손자들까지, 직업의 특성, 교회관계, 임종장소와 일시 등이다. 때때로 고인이 좋아하던 성구나 장이 언급되며 또한 가장 좋아하는 찬송의 첫 구절이 낭송되기도 하며 정선된 싯귀들이 사용되기도 한다.

6) 누가 찬송할 것인가? 무슨 찬송을 할 것인가? 격에 맞지않는 음악은 예식을 그르친다. 분명히 그리스도인의 메세지에 적절치 않은 "어느곳에 있을 아름다운 섬"과 같은 찬송은 불려져서는 안된다. 찬송선택이 적절치 않을 경우 목사는 자신의 설교에 합당한 어떤 다른 찬송을 재치있게 제안해야 한다. 한 젊은 목사가 경험한 한 우스꽝스러운 해프닝을 경험해 보지 못한 목사들도 많을 것이다. 그 젊은 목사가 장례식 전에 유족중의 어느 여성에게 특별히 이 예식에서 부르고 싶은 찬송이 없는지 물어 보았다. 그녀는 잠시동안 생각한 후에 말하기를 "죠지아 속으로 행진합시다."* 를 부르자고 했다. 이 얼마나 적절한 찬송인가? 물론 이것은 조금 과장된 실례일지도 모르나 때때로 이와같은 실례를 참석자들이 겪게 된다면 놀랄 수 밖에 없지 않는가? 이때 목사는 그릇된 선택을 바로 잡을 수 있도록 해야 한다.

7) 교회에서의 예식에 앞서 교인의 가정에서도 예식이 있어야 하는가? 이것은 주요 예식이 교회에서 행하기로 되었음을 내포하고 있는 것이다. 가정예식은 어떤 지역에서는 정규적인 관습이며 이는 성경봉독

---

* 역자 주 : Georgia 는 미국 남부에 있는 지방 이름이다.

과 기도 등, 아주 간단하게 거행된다. 그러나 그러한 경우에 있어서도 그 단순성과 함축성에 크게 변화를 주어야 한다. 필자는 인디애너의 시골에서 그러한 예식을 한번 본적이 있었다. 그 곳에는 사실상 전 이웃들이 참석해 있었고 3명의 특별 참석자들이 찬양하며 주례목사가 성경봉독과 약간의 짧은 설교를 하고 이어서 기도가 드려진 후 바로 이 장례행렬은 그 마을의 큰 교회로 옮겨가고 있었는데 그 곳에서 원래의 장례식이 행해지는 것이었다. 그러나 가정에서의 예식은 보다 간소하게 직계 가족과 친지들만 참석되는 것이 보통이다.

8) 누가 관보를 잡고 따라갈 것인가? 때때로 목사가 이 일을 행하는데 도와달라고 요청 받는다. 그러나 보다 고인과 친밀하게 교제했던 사람들이어야 하는데 고인의 주일학교 회원들이나 이웃 중에서 담당하는 것이 좋을 것이다.

3. 교회 장례

교회장례의 세부적인 사항은 매우 다양하다. 종종 관은 예식에 앞서 (약 1시간 전) 얼마 동안 교회에 안치되어 친구들이 와서 고인에 대해 마지막으로 조의를 표하기도 한다. 그렇지 않을 경우에는 앞에서 이야기한 대로 교회에서의 예식에 앞서 집에서 간단한 예식을 드리고 이 예식이 끝날 때까지 관을 가정에 안치해 두다가 그 후에 영구차로 그곳에서의 장례식을 위해 교회로 옮겨진다. 관이 가정을 떠날때 목사는 관 앞에서 걸어가며 영구차까지 같이 동반한다. 그리고 고인의 유해가 장례차에 안치될 때까지 그는 모자를 벗은채로 서 있어야 한다. 궂은 날씨일 때는 목사는 그의 모자를 벗을 필요는 없으나 경의의 표로 그의 모자에 손을 얹는 것이 예외다. 그런 후에 그는 교회까지 갈 영구차로 가야 할 것이다. 교회에 도착해서, 목사는 장례행렬을 인도하여, 관보를 잡는 이와 관이 그 다음에 줄을 이어야 한다. 어떤 곳에서는 관보를 잡는 이들이 관을 옮기기도 한다.

어떤 장례책임자는 현대식 관으로 해서 수레차로 관을 교회로 들여 복도로 이끄는데 그때 관보를 잡는 이는 관앞에 먼저 가야 하고 유족들은 즉시 관을 따르며 또한 친구들이 뒤를 잇는다. 행렬이 교회로 이동하는 동안, 오르간이나 피아노로 은은하고 부드러운, 장례식에 적합한 음악을 연주해야 하며 행렬이 교회당의 현관이나 문 앞에 이르렀을 때 성도들은 고인에 대한 경의의 표로 모두 자리에서 기립해야 한다. 때때로 장례식 인도자는 성도들에게 일어나라고 손짓을 하지만 대체로 이러한 손짓없이 참석한 이들이 통상적인 관습에 의해 자리에서 일어선다. 이것이 항상 행해지는 것은 아니나 필자는 이것이 대단히 유익한 절차라고 생각하는데 이는 유족들에 대한 경의의 표시가 되기 때문이다.

행렬이 교회로 이어지면 유족들과 친한 친구들은 교회에 들어서자 곧 교회당 우측에 그들을 위해 마련된 좌석에 자리잡아야 한다. 관보를 잡는 이는 그들의 왼편에 자리를 잡는다. 목사는 강댓상에 서고 곧 예식이 거행된다. 이 외에 여러가지 방법들이 있으나 이에는 어떤 규칙은 없다.

4. 장례식의 순서

장례식은 세밀하게 계획되어서 부드럽게 진행되어야 하며 너무 긴 시간 동안 거행되어서는 안된다. 설교자는 예배의 효력이 긴 시간에 좌우되는 것이 아니라는 사실을 알아야 한다. 그는 또한 유족들이 그 기간동안 심한 긴장상태하에 있다는 사실을 알아야 한다. 설교자는 예배를 길게 드림으로 그릇쳐서는 안된다. 어떤 목사들은 너무 극단적으로 흘러 예배를 너무 간단히 드리며 또한 설교를 생략하기도 하는데 이것은 오류이며, 이러한 경우의 설교는 좀처럼 대하지 못하는 사람들에게 복음의 진리를 증거할 수 있는 중대한 기회를 제공한다고 생각한다. 현명한 목사는 예식의 시간과 그리고 간결성 사이의 조화를 잘 이루어 나가고자 한다.

　장례식 순서는 대체로 다음과 같으며 특별한 경우에 적절하게 변화를 줘도 무방하다.

성경봉독	기원
찬송	찬송
이력서 낭독	성경봉독
기도	이력서 낭독
설교	찬송
찬송	기도
기도	설교

　장례식에 참여하는 모든이에게 예식안내서를 배부하여 혼동이 없도록 하면 대단히 유익할 것이다. 이리하여 장례식은 순서 순서를 알리지 않고 진행해 나갈 수 있다.

5. 장례식 설교

　장례식에서는 반드시 목사가 설교할 수 있는 시간이 배려 되어야 한다. 그런데 어떤 곳에서는 장례식 설교를 생략하고 달리 찬란한 음악, 성경봉독, 기도, 그리고 수려한 과거장 등으로 장례식을 가진다. 필자의 생각으로는 이러한 간결성은 불행한 처사라고 믿는다. 장례식에서는 하나님의 사람이 꼭 들려 주어야 할 것이 있는 것이다. 장례식에서 선포되는 하나님의 말씀을 듣지 못한다면 그러한 말씀을 결코 듣지 못할 사람들도 있을 것이기 때문이다.

　장례식 설교의 특징에 대해서 몇가지 언급해 보자.

　1) 너무 길어서는 안된다. 주의를 기울여 준비한 목사는 그가 증거하고자 하는 바를 15분 내지 20분 정도에 모두 증거할 수 있으며 이보다 약간 길게 했을 때 보다 더 깊은 인상을 남겨줄 수는 있으나 특별히 그

럴때 사람들의 감정은 특히 유족들은 더욱 큰 긴장감에 싸여 있다는 사실을 기억하라. 목사가 사려깊은 사람이라면 하나님의 메세지를 사람들에게 증거하는데 다소 많은 시간이 소요된다 할찌라도 그렇게 그 예배를 길게 하지는 않을 것이다.

2) 메세지는 철저하게 성경적이어야 한다. 이때는 사람들에게 불확실성을 나타내는 시간이 아니다. "주께서 이같이 말씀하셨느니라"하는 것은 사람들이 들어야 하는 말씀이다. 장례식 설교를 위해 유익한 성경은 시편 23, 46, 91편, 그리고 103편 등 확증시키고 안돈시키는 구절들과 요한복음 11장, 14장등 부활의 말씀과 비할 수 없는 위로의 말씀들이 있으며 고린도전서 15장에 부활에 대한 근본적인 가르침이 있으며 고린도후서 5:1—10에 "그리스도인의 심판 보좌 앞에 서기 전"에 예비하도록 하는 급박한 경고의 말씀이 있다. 또한 데살로니가 전서 4:13—18에 그리스도가 성도들을 위하여 오실때 신자들이 체험할 것에 대해 생생한 묘사를 해 주고 있으며 디모데 후서 4:5—8에는 이 생명을 떠날때 사도 바울이 예비하는 모습을 설명해 주며 요한계시록 21장, 22장에는 "더 좋은 나라"에 대한 축복의 진리가 증거되어 있다. 이외에도 많은 귀한 말씀들이 있어서 신실한 목사가 장례식을 치르며 자신의 사역을 감당해 나갈 때에 성령을 통하여 인도함을 받게 될 것이다.

3) 확실히 이때는 장래일에 대해서 귀한 성경적 진리를 강조할 수 있는 좋은 기회이다. 다뤄져야 할 주제는 하늘, 심판, 부활, 영생에 대한 인생의 짧음, 상급, 예수 그리스도의 재림 등을 다루며 또한 그밖의 성경적 교훈들을 증거하여 유익을 끼칠 수 있다. 이때는 모든 지상생애에 있어서 사람들의 하나님에 대한 책임과 장래일을 연관시켜 언급할 수 있는 시기다. 목사의 메세지는 하나님의 말씀의 권위와 확실함이 그 특징을 이루어야 한다.

4) 장례식 설교는 삶에 대하여 가르쳐야 한다. 죽은 자는 들을 수 없다. 그들을 가르칠 시간은 이미 지나갔다. 그러나 살아 있는 자에게 이

럴때에 하나님께 대한 그들의 관계에 대해 목사는 교훈을 주며 호소할 수 있는 특별한 기회를 얻게 된다. 종종 이와같이 각 사람에게 그들의 날을 계수하도록 하여 그들 마음속에 지혜를 갖게 하는 기회를 갖는다 (시 90:12). 목사는 이때에 고인에 대해 긴 찬사를 늘어 놓아서는 안 된다. 그러나 고인의 생애에 있어서 복음사역의 큰 공헌이 있다면 이에 대해 언급한다는 것은 적절할 것이다. "찬사"라는 말은 단순히 좋은 말 이라는 두개의 헬라어의 합성어이다. 확실히 고인에 대한 좋은 이야기 를 하는 것은 바람직하며 특별히 그들이 자신들의 삶에서 고인과 같은 덕을 쌓아가며 실제적인 적용을 하도록 유도할 수 있다면 더욱 좋은 것 이 아닐 수 없다. 고인에 대한 그러한 언급은 친족들과 친우들에게 크 게 호의를 갖게 할 것이다. 그러나 성도들이 실제적으로 고인에 대해 잘 알고 있다면 이상히 여길 찬사를 하는 경향의 죄를 범하는 목사들도 있다! 목사는 삶에 대한 말씀을 증거해야 한다. 이것이 가장 적절한 일이며 그로 하여금 당황케되는 일로부터 벗어날 수 있을 것이다.

5) 장례식 설교는 어떻게 하면 구원을 받을 수 있는가?에 대해 선포 해야 한다. 전술한 바와 같이 장례식에는 좀처럼 교회예배에 참석치 않 는 사람들도 있다. 그러므로 천국에 가는 길을 제시해 주는 것은 목사 의 임무인 것이다. 길과 진리와 생명으로서 우리 구주 예수 그리스도를 증거함으로 인하여 구원에 대해 확실한 제시를 해 주어야 한다.

6) 장례식 설교는 온유함과 긍휼로 가득차 있어야 한다. 목사는 예수 님께서 나사로의 무덤에서 우셨던 것을 기억해야 할 필요가 있다. 이럴 때 냉정하고 직업적인 품행을 나타냄은 주님과 같은 길을 따르는데 있 어서 단지 목사의 부족함을 노정시킬 뿐이다. 말과 행동에 있어서 목사 는 특별한 슬픔을 겪고 있는 이들에게 동정심 깊은 관심을 표출하도록 애써야 한다.

6. 장례식의 마무리

교회에서의 장례식이 끝나면 곧 장례책임자가 모두를 인도해야 하는데 그는 예식의 외형적인 면에 대해 책임을 맡고 있는 것이다. 대부분 그는 유해를 마지막으로 배웅하기 위해 관을 교회의 후미로 옮기도록 이끈다. 목사도 교회의 후미로 관을 따라서 시신이 마지막 배웅되는 동안 서 있거나 유족들이 시신을 마지막으로 보고 그들을 따를 때까지 기다리고 서 있어야 한다.

7. 가정에서의 장례식

장례식이 교인의 가정에서 거행될 때도 교회에서의 경우와 그 절차가 거의 유사하다. 그러나 집에서의 경우가 훨씬 간편하다. 보통 목사는 예식에 앞서 유족들에게 위로와 안돈의 말을 해주지 않으면 안 될 것이다. 또한 그들이 방안에 거할 때에는 사적인 기도를 드려 주어야 할 것이다. 장례책임자의 말에 따라 목사는 장례식을 시작하여 끝까지 부드럽게 진행해야 할 것이다. 그는 참석한 모든 이들이 대부분 쉽게 그의 말을 들을 수 있는 곳에 서야 한다. 장례식이 끝나고 장례책임자가 관에 대해 만반의 준비를 갖춘 후에 목사는 관 앞에서 영구차에까지 걸어야 할 것이다. 모든 이들이 각자의 차에 오르자 마자 행렬이 묘지까지 진행되야 한다.

8. 영결식장에서의 장례식

장례식이 특별히 마련된 영결식장에서 거행된다면 좀더 편리하고 유익하다. 그 이유는 명백하다. 가정보다 영결식장에서 친구들의 조의를 받게 될 때에 유족들은 큰 부담을 벗게된다. 예배는 좀 더 적절하게 이끌어지며 적당한 악기가 장례식을 위하여 마련될 수 있다. 영결식장은 좀 개방적이기 때문에 유족들이 장례식동안 개인적인 자리를 가지게 되고 집안에서 행할 때 보다 당황하게 되는 부담이 적다. 또한 장례식의 출입과 회장이 편이하며 장례식의 적정규모에 충분히 신경을 써서 보다 편리하게 진행해 나갈 수 있다.

유족들은 장례책임자나 혹은 그 관련위원에 의해 지정된 시간에 식장에 들어서게 된다. 목사는 유족들과 함께 혹은 홀로 들어간다. 보통 도착하면 예식을 시작할 시간을 장례책임자로부터 전갈을 받을때까지 기다릴 수 있는 개인적인 방이 마련된다. 그런 후 목사는 낭독대나 관 앞에 자리를 잡아 예식을 진행한다. 폐회기도 후에 그는 가정에서나 교회에서처럼 책임을 맡고 있는 장의사에게 머리를 끄덕여 나타낸다. 시신을 마지막 지켜본 후에 행렬은 곧 묘지를 향한다.

9. 묘지에서의 의식

묘지에 도착한 후 목사는 즉시 관을 옮기기 위해 기다리고 있을 영구차의 뒤로 가서 묘지로 관을 선도해야 할 것이다. 대부분의 묘지들에서는 묘지관리인이 목사를 도와서 예식을 진행하여 위에 묘지 오른쪽에 도착케 한다. 물론 묘지에 관이 운반됨에 따라 고인의 친척과 유족들이 뒤따른다. 그들은 묘지관리인에 의해 마련된 무덤옆 자리에 위치해 선다.

보통 목사는 관머리를 향하여 무덤아래 쪽에 선다. 그가 이곳에 자리잡은 후에 그리고 유족들과 친족들이 적절히 자리잡으면 곧 예식이 거행되야 한다. 이 예식의 형태는 다양해 질 수 있다. 각 교파의 핸드북이 이러한 예식에 대해 기록해 주고 있으며 훌륭한 생각들을 그것들로부터 수집해 낼 수 있다. 그러나 성경을 의지하는 복음의 사역자에게 있어서 주어진 성경으로부터 선별된 성구보다 더 나은 것이 무엇이 있겠는가? 예를들면 요한복음 11장의 나사로를 일으키신 사건은 커다란 위로를 불러 일으킬 것이다. 혹은 계시록 21장, 곧 새 하늘을 바라보는 소망을 주는 이것은 이럴 때에 특별한 은혜를 끼칠 것이다. 또는 중요한 부활장으로서 고린도전서 15장을 낭독하는 것이 대단히 유익하다. 목사는 자신에게 가장 적절하다고 사려되는 성구를 활용하여 맡겨진 묘지에서의 예식을 준비해야 할 것이다.

성경봉독과 약간의 부언의 설교를 한 후에 그는 기도를 인도하고 축복기도로 예배를 마치어야 하는데 히 13:20-21, 민수기 6:24-26 등이 유명한 성구들이다. 예배를 마침에 있어서 목사는 유족들에게 자신의 끊임없는 관심과 기도로 그들을 안정시키며 곧 그들과 간단한 이야기를 하면서 다시 방문할 것을 약속해야 한다. 목사는 교회나, 그외 모든 곳에서 진행되는 예식은 전적으로 자신이 주관하도록 해야 할 것이다.

10. 장례 이후의 일

장례식이 끝난 이후의 나날은 고인에 대한 생각으로 매우 쓸쓸하고 그들은 무엇인가 잃어버린 듯한 경직된 허탈감 속에 빠져 있다. 친근한 음성은 더 이상 들을 수 없고 빈 의자는 사랑스러운 이가 가버리고 다시 돌아오지 못한다는 사실을 기억케 해 주고 임종시에 찾아주던 친구들의 방문도 이제 차차 줄어든다. 모든 것이 정리되면서 그러할 때에 찾아드는 심란한 심정은 커져간다. 이때에 목사가 유족을 잊어버려서는 안된다. 그는 장례식 후에 곧 그들을 방문하여 용기를 북돋아 주고 정리하는데 있어서 그가 할 수 있는 한 도와 주어야 한다.

장례식과 연관해서 돌봐 주었던 목사의 호의에 대한 사례의 문제에 대하여 목사들은 그 적절함에 대해 의견이 분분하다. 어떤이들은 어떠하든지 무슨 선물도 받지 않으며 또 어떤이들은 반대 견해를 가져 모든 경우에 있어서 사례를 기대한다. 필자는 이 두가지 대립된 견해를 떠나서 생각하고 싶다. 목사는 어떠한 경우든지 사례를 기대하지 말라. 확실히 성도들에게 모든 지출을 요하지 않는 자에 의한 봉사를 하라. 그러나 사람들이 정말로 필요할 때에 그들을 신실하게 도와준 목사에게 무언가 답례하고자 하며 또한 그러한 답례해 줄 능력이 있다면 의심할 여지없이 그들은 사례하는 데에 기쁨을 느끼게 될 것이다.

이러한 사례와 선물은 기쁘게 받아들여져야 하며 그에 걸맞게 선용되어야 할 것이다. 이러한 문제들에 있어서는 훌륭한 목사에게 있어서도 의견이 각각이며 신앙자세 역시 다를 수 있다. 그러나 목사가 각각 최선이라고 생각되는 방법을 택하여 그에 따르는 것이 바람직 하다.

추 천 도 서

Blackwood, Andrew W. *The Funeral*. Philadelphia: The Westminster Press, 1942.

Cuyler, Theodore L. *How to Be a Pastor*. New York: The Baker and Taylor Co., 1890. Chap. 3.

Erdman, Charles R. *The Work of the Pastor*. Philadelphia: Westminster Press, 1924. pp. 112—115.

Hewitt, Arthur Wentworth. *Highland Shepherds*. New York: Harper and Brothers, Publishers, 1939. pp. 69—81.

Hoppin, James M. *Pastoral Theology*. New York and London: Funk and Wagnalls, 1901. Part IV, Sec. 21.

Leach, William H. (ed.). *The Improved Funeral Manual*. Grand Rapids: Baker Book House, 1956.

Murphy, Thomas. *Pastoral Theology*. Philadelphia: Presbyterian Board of Publication and Sabbath School Work, 1897.

Riley, William B. *Pastoral Problems*. New York: Fleming H. Revell Co., 1936. Chap. 8.

제 15 장

공복(公僕)으로서의 사역

목사의 사역은 시무하는 교구의 한계를 넘어 분명히 그가 생활하는 지역사회에까지 뻗치게 되는데 이러한 면으로 본다면 그는 공복이라고 말할 수 있을 것이다. 물론 그의 첫 책무는 교회를 인도하는 일이다.

그러나 잃어버린 세상에 대해 관심을 가지는 주님의 종으로서 부름을 받았을 때, 그는 분명 공복이며 이러한 규정된 분야에 자신을 묶어 두어서는 안된다. 그가 좀더 넓은 활동범위를 가진다는 생각을 포기해 버린다면 그는 평범한 인물 밖에 되지 못할 것이다.

심지어 교회에 다니지 않는 지역민들의 목사에 대한 존경과 경의는 지역생활의 여러 방면에 있어서의 지도권을 그에게 돌리기도 한다. 그는 동경아래 두거나 자신의 빛을 감춤으로 선별된 자신의 사역을 제한해서는 안된다. 우리 주님이 제자들에게 부탁하신 대명령은 전 세계적인 것이었다. 바울사도는 믿음의 아들 디모데에게 이렇게 경고하였다. "모든 사람을 위하여 간구와 기도와 도고와 감사를 하라"(딤후 2:1). 고 했으며 예수 그리스도께서 이 땅에 오셨을때 그의 긍휼하심을 전 무리에게 나타내셨다―물론 지금도 그렇지만―결코 어느 한정된 우호적인 집단에만 한정되지 않으셨다. 이러한 관점에서 볼 때 "못박히신 손의 명령"을 받은 목사의 사역이 지역교회 성도들에게만 제한된다는 것은 전적으로 모순된 것이 아닐 수 없다.

그러므로 목사는 하나님의 은혜를 알지 못하는 전 세계에 대해서 관심을 가져야 한다는 사실을 자각해야 한다. 또한 그가 시무하는 지역교회, 분명히 물질적으로 영적으로 그를 돕고 있는 이 지역교회에 대해 특별한 책임을 맡고 있다는 사실을 잊어서는 안될 것이다. 그러나 이 두가지 책무사이에 그가 거주하는 지역사회에 대한 책임도 있는 것이다. 이 지역민들은 지역교회의 구성원보다 좀 더 폭이 넓으며 여러가지 양태(樣態)를 띠고 있다. 비젼을 가진 목사는 지역사회에서 그가 발견하는 사람의 도움이 필요한 곳에 봉사하는데 자신의 능력을 최대한으로 발휘해야만 한다. 필자는 목사가 성도를 대신하여 모든 지역사회조직에 있어서 자신을 나타내 보이고자 하거나 그 가운데서 뛰어나 보려고 추구하는 것은 커다란 잘못이라고 생각한다. 그러나 그는 할 수 있는 한 지역사회의 일에 봉사해야 하며 목사는 지역사회 속에서 좋은 일을 해 나가는데 있어서 배후에서 큰 힘을 끼쳐야 한다. 이제 지역민의 공복으로서 목사가 할 수 있는 일에 대해 살펴보자.

1. 교육기관

먼저 공립학교에 대하여 살펴보면, 민주주의 국가에서 빼 놓을 수 없는 3가지 조직은 가정과 교회, 그리고 학교라고 한다. 그러므로 목사가 지역사회의 학교에 관심을 가진다는 것은 명백한 일이어야 한다. 그는 늘 공적집회에서 할 수 있는 한 봉사하려고 해야 한다. 목사에게 자녀가 있다면 자신과 사모는 지역사친회에 충실히 참여해야 할 것이다. 말할나위 없이 그러한 모임에 있어서 기도를 요청받을 때도 있는 것이며 비종교적인 입장일찌라도 그러한 경우에 있어 필요한 사항을 그 그룹앞에서 말하도록 초청되기도 할 것이다. 그러한 접촉은 교회와 의에 대한 관심에 대해 순간적으로 깨닫는 그 이상의 의미를 갖게하는 것이다.

어떤 지역사회에서는 목사를 중학교 혹은 고등학교의 회합에 연사로서 초청하기도 하는데 이때에 주님의 경건한 생활에 대한 신실한 증거를 해줄 수 있는 매우 좋은 기회가 된다. 그는 이러한 가운데 젊은이들과 친교를 가질 수 있게 되는데 아마 이러한 것으로 인해서 자신의 생애를 통하여 주님과 주님의 사역에 헌신하고자 하는 결심을 더욱 견고히 하는 계기가 될 것이다. 어떤 경우에는 졸업식 때에 고별설교를 의뢰받기도 한다. 물론 그때 그는 이러한 기회를 주신 하나님께 감사를 드려야 할 것이며 주님의 안내자로서 그러한 경우에 적절한 메세지를 전파해야 한다. 이때는 지금까지 학년을 거쳐오면서 보냈던 지난날을 회상하는 시기이며, 그들이 이제 다양한 경험과 더불어 새 생활을 시작하는 이때에 "주 예수 그리스도를 기억하라"고 젊은이들에게 새 용기를 심어 준다는 것은 얼마나 아름답고 보람된 일일 것인가!

목사가 고등학교나 심지어 대학에서 졸업 설교를 인도하게 될 때에는 항상 초청이 수반되야 한다. 그러한 경우 우리들의 삶에 있어서 교육맞 여러가지 준비 조건들이 강조될 때에 목사는 하나님의 말씀에 대해서 말할 수 있는 대단히 귀중한 기회를 가지게 되는데 이 하나님의 말씀에 대한 지식이 없이는 어떠한 관점에서 보더라도 그 사람은 교육받았다고 주장할 수 없을 것이라고 강조할 수 있을 것이다. 그러한 연설에 있어서 현명한 목사는 종교적인 잇슈를 문제삼지 않을 것이다. 이점에 있어서 바람직하지 못한 자세를 가진다면 결코 유익보다는 오히려 해를 끼치게 되며 그의 앞으로의 사역에 제약을 가져오게 될지도 모르는 일이다.

종교적 강조점에 대해 언급할 곳은 지역교회에서나 하는 것이다. 지역사회에 기독교 학교가 있다면 목사는 공립학교보다 좀 더 큰 사역을 감당해 나가는데 자유로울 것이며 자신의 특권을 최대한도로 발휘하여 이 모든 일을 이룰 수 있다.

2. 사회 봉사기관

또한 지역사회에 있어서 영향을 끼칠 수 있는 두번째 부분은 봉사클럽일 것이다. Rotary, Kiwanis, Optimist, Lions, 그리고 그밖의 클럽들을 향하여 목사는 어떠한 태도를 취할 것인가. 의심할 여지없이 필자는 그러한 클럽들이 지역사회에 가치있고 건설적인 일에 봉사하고 있다고 생각한다. 그래서 목사는 그들의 오찬모임에 참석하여 이야기 하는데에 기쁨을 가지고 해야 한다. 이러한 클럽들은 자선사업에 참여하고

제15장 공복으로서의 사역 215

있으며 교회에 대해 호의적이다. 또한 그들은 지역사회의 사업가와 지도자를 위한 건전한 친교를 갖게 한다. 지역클럽의 회원 개인들간에 유익한 교제를 갖게 해 주고 그리스도와 교회를 위하여 능력있는 사람들에게 신용을 얻는데 매우 좋은 기회를 준다고 많은 목사들은 느끼고 있다. 그러나 어떤 목사는 이러한 클럽들의 호의적인 의견에 크게 관심을 보이지 않으며 그들과 함께 무슨 일이든지 해 나가는 것을 거절해 버린다. 필자는 이 문제에 대해서 나에게 주어진 시간과 능력의 한도내에서 최대한 이러한 클럽에 모두 참석하는 것이 유익하다는 것을 깊이 깨닫고 있다. 그래서 그러한 모임에서 필자를 초청하면 기꺼이 참여하고, 원한다면 기쁜 마음으로 강연을 해 주기도 한다. 이 모든 일을 감당해 나가면서 필자는 자신이 증거한 많은 것이 클럽회원들에게 많은 감명을 주어왔다고 생각하며 또한 필자는 그들의 클럽들이 이 지역사회에 공헌할 수 있는 모든 박애적 봉사에 대해 클럽들에게 기꺼이 추천해 준다.

그러나 목사가 많은 클럽들 중에 어느 특정한 한 곳에만 참석한다는 것은 지혜롭지 못한 것이라고 본다. 목사는 교회에서 이러한 몇개의 봉사클럽의 대표자이어야 한다. 왜냐하면 목사가 다른 클럽을 제쳐놓고 한 클럽에만 참여한다는 것은 편벽됨(partiality)이 없이 모든 클럽의 사역을 추천하는데 어려움을 수반하게 되기 때문이다. 그러나 상황에 따라 그가 그들중 어느 하나에 속하는 것이 좀더 '실제적'이라고 느끼는 봉사를 흠잡을 수는 없는 것이다. 그러나 목사가 너무 많은 조직의 참여자가 되는 것에 대비하여 자신을 지킬 필요가 있다는 것을 느끼는데 그들은 교회의 막중한 사역에 봉사해야 하는 많은 시간을 빼앗을 수가 있기 때문이다.

3. 정치분야

목사가 영향력을 미치는 부문에 대해 고려할 만한 제3의 부분은 정치의 분야이다. 목사가 세상사의 관점에서 볼 때 어떠한 일에 참여해야 할 것인가? 이 점에 있어서는 두 가지 입장이 취해진다. 첫째는 목사는 정치에 관한한, 모든 것에 있어 전혀 관계해서는 안된다는 입장이요,

다른 하나는 가능한한 모든 관심을 기울여야 한다는 입장이다. 필자는 이 두 입장 모두가 그릇되다고 생각한다. 정치는 사전에 "통치의 과학과 기술"이라고 규정하고 있다. 확실히 목사는 자기나라의 정부에 대해 관심을 기울여야 하여 통과되는 법규에 관해서 깊은 관심을 가져야 할 것이다. 예수님은 "그런즉 가이사의 것은 가이사에게 하나님의 것은 하나님께 바치라"고 말씀하였다(마 22 : 21). 이로부터 우리가 하나님께 대한 의무를 지듯이 우리가 신실하게 이행해야 할 의무를 정부에게 지고 있다는 사실은 분명한 것이다. 목사는 진정한 애국자가 되어야 할 것이며, 나라의 통치자를 위해 기도하며 정규적인 선거권을 행사해야 한다. 선거권에 있어서 도덕적인 문제가 포함되어 있을 때 그는 올바른 일에 대한 의연한 자세를 취하는데 주저해서는 안될 것이며 지역민으로 하여금 자신의 입장을 분명히 알게 해야 한다. 이러한 관점에서 목사는 정치에 보다 능동적인 관심을 가져야 할 것이며 교회에 대한 관심처럼 이의 관심을 유지하도록 해야 할 것이다. 목사는 종종 로마서 13 : 1—7의 성구들에 대해 언급하며 나아가 그리스도인들이 정부를 향하여 전지해야 하는 자세를 분명히 언급해 주는 다른 성구들에 대해서도 부연해야 한다.

반면에 '정치'란 말은 종종 나쁜 의미를 함축하고 있기도 한다. 어떤 사람이 "당신이 거짓말 하고, 속이고, 훔치고 하는 것에 대해서 알지 못한다면 정치에 대해 관심을 가지고 이를 배워라"¹⁾ 라고 했다. 이것은 정부의 사업을 조절하거나 조절하려고 어떠한 정당들과 대부분 관련되어 있어서 그렇다.

일부의 성도들에게 미칠지 모르는 영향때문에, 현명한 목사는 정당가입에 대해 떠벌이는 것을 자제하고자 할 것이다. 나아가 그가 지지하는

---

1) Anoted by Eugene D. *Dolloff in his the Pastor's Public Relations* (Philadelphia: the Jordan Press, 1959), p. 144.
유진 돌로프의 「목사의 공공관계」란 책 144페이지에서 인용.

제15장 공복으로서의 사역 217

어떤 후보에 대해서도 공표해서는 안된다. 이것은 성도자신들이 결정해야 하는 일의 영역인 것이다. 목사가 단기간의 목회(short pastorate)에 관심을 가지고 있다면 정치적 잇슈에 대해 한쪽편을 지지하는 자신의 야망을 가질 수 있을 것이다. 전술한 바와 같이 도덕적 잇슈가 걸려 있다면, 목사는 용기있게 자신의 태도를 취해야 할 것이다.

 그러나 연루된 정당이나 후보자에 대하여 공표하는 것은 삼가야 한다. 분명히 연루된 악에 대해 탄핵하는 것이 그의 임무가 아닌가? 목사는 이러한 절차들에 대해 많은 성경적 배경을 근거로 해야 한다. 구약의 선지자들은 죄악과 불의를 발견할 때에 백성이나 왕족이나 나라 그 어디에 연관되든지 이에 대해 탄핵하였었다. 비록 그들의 탄핵이 주목을 끌지 못한다 할찌라도 그들은 침묵하기를 거절했다. 우리 주님은 상류계층의 죄를 탄핵하는데 결코 주저하지 않으셨다. 또한 신약시대의 지도자들이 되었던 주님의 제자들도 공과 사의 모든 악에 대하여 규탄하는데 결코 주저하지 않았다. 목사가 강대상에서 외칠때 정당 정책이 아닌 근본적인 객관적인 방침만을 말해야만 한다.

 지역사회에 있어서 의를 위한 입장에 설때에 목사는 관공서를 방문할 때든지 혹은 교회가 지역사회에 있어 잘못됐다고 생각하는 어떠한 일에 대하여 항의하는 탄원을 올리고자 한 때는 그 시기에 주의해야 할 것이다. 필자가 워싱턴 D.C.에서 시무할 때 어떤 일로 해서 알코올 음료 조정 위원회의 본부에 방문하고자 했던 일을 기억해 본다. 주류업계는 공립학교에서 한 블럭(block) 이내에 있고 교회로부터 가로지른 길가에 서술집(tavern)을 설치하겠다고 상경하게 나섰다. 이럴 경우 교회는 유익한 결과를 위해서 그러한 문제성 있는 설치여부에 반대하는 탄원을 할 수 있는 특권은 있는 것이며 그러한 모든 일에 있어서 목사와 교회는 지역사회의 유익과 정당한 입장을 분명히 제시해야만 할 것이다.

4. 특수기관과의 관계

 목사가 대외적 접촉을 해 나갈 4번째 부분은 병원의 예배 위원회, 진료소, 양로원, 불량소년 소녀 수용소, 교도소, 그리고 사람의 도움이 절실한 여러 곳들이다. 주 예수 그리스도의 대리자로서 또한 인간이 필요로하는 것에 봉사하고자 부름받는 자로서 그런 곳의 방문을 결코 주저하거나 거부해서는 안된다. 비록 그러한 사역에 있어서 많은 어려움을 느낀다 할찌라도 그러한 초청에 응하는 것이 하나의 특권이라고 생각해야 한다. 목사는 그러한 각각의 경우에 있어서 또한 그가 수행해야 할 다른 사역에 있어서, 증거해야 할 메세지에 대해서 주님의 분명한 인도를 간구해야 한다. 그는 확실히 그가 봉사하는 그들을 위한 하나님의 보호와 사랑을 강조하지 않으면 안될 것이다. 그는 그러한 특별한 상황을 고려함에 있어서 개인적인 방문에 참여하게 하기 위하여 그와 함께 할 어떤 인물들의 협력을 예비하지 않으면 안된다.

어떤 경우에는 연관된 기관에서 목사에게 예배를 위하여 초청하기도 하며 또 다른 경우에는 지역사회의 목회자 연합회로부터의 초청도 있다. 목사는 그의 인도를 의뢰한 모든 이들에게 가능한한 경의의 뜻을 나타내야 한다. 의사나 간호원과 연관된 경우 그들의 바램을 바르게 알아야 하며 가능한한 친근하게 이에 따라야 한다. 교도소의 예배인도에 있어서는 수행원이 예배장소를 인도해 줄 것이며 필요한 사항들을 가르쳐 줄 것이다. 그러한 사역에 있어서는 어느 곳이든지 말씀을 증거하려 하는 목사의 진지한 자세를 실제로 중지해 주어야 한다.

5. 공적 보도기관과의 관계

목사의 대외적 활동영역의 5번째 부분은 공적보도기관이다. 자신의 사역을 폭넓게 하기 위하여 목사는 이러한 보도기관과 가능한한 좋은 유대관계를 갖도록 해야 할 것이다. 지역의 신문은 복음과 교회의 좋은 소식을 함께 전파하는 가장 유력한 매체*이다.

그러므로 목사는 지역신문사의 편집자와 가능한한 가장 뜻이 잘 통하는 관계를 추구해 나가야 할 것이다. 신축교회인 경우 목사가 해야 할 가장 선행되어야 할 교제관계는 지역신문사의 편집자이어야 할 것이다.

─────────
* 역자 주 : Media 에는 방송매체와 인쇄매체가 있는바 이 두 매체를 통칭하여 Media 라고 한다.

분명히 이러한 접촉은 달이 가고 해가 갈수록 크게 유익을 끼쳐 줄 것이다. 목사가 편집자에 대해 아무런 생각도 없이 무관심하려면 광고부문에 있어서 자신과 교회에게 특별한 호의가 주어지지 않을 때가 있을 것이다. 지역사회에 많은 신문들이 있다면 마음에 내키는 대로 할 것이 아니라 각자 모두에게 진정한 관계를 유지하도록 노력해야 한다.

편집자와의 관계에 대해 부언하자면 목사는 가능한 한 많은 기자들과도 친근한 교제를 나누어야 한다. 반대로 그들은 교회활동과 연관된 기사를 요청하기도 하는데 어느때든지 보도자료에 대한 주제에 대해 기꺼운 마음으로 기자들과 이야기 할 수 있음을 나타내야 할 것이다.

목사는 또한 출판을 위한 중요한 사항을 출판사에 제공해 주어야 한다. 일부의 교회에는 이러한 종류의 일에 유능한 그리고 보도담당원으로 행동할 수 있는 평신도가 있으나 대부분의 경우는 이미 언급한 많은 사역들 위에 목사가 이를 더해야 할 것이다. 그러나 결국 목사 자신 보다 중요한 사항을 잘 아는 사람이 누가 있을 것인가? 훌륭한 출판사와의 관계에 있어서 소홀히 한다면 교회사역의 영향력을 그렇게 크게 끼치지 못하게 될 것이다.

6. 라디오와 텔레비전에 의한 방송매체

복음 증거하는데 지식과 정보의 보급책으로 그 위력을 더해가는 매체로서 T.V.보다는 라디오가 더 많이 활용되고 있다. 이 기술적인 시대에 있어서 보편적인 교회가 라디오와 T.V.를 활용하는데 지금보다 더욱 빈번하게 사용될 날은 멀지 않았다. 이에 대해 목사는 준비를 해야 한다. 유진, 돌로프(Eugene D. Dolloff) 박사는 그의 저서「목사의 공적관계」의 "라디오와 텔레비젼의 기회"라는 장(章)에서 종교적 방송에 대하여 다음과 같은 특유한 제안(specific suggestion)을 하고 있다. ① 충분한 준비를 하라. ② 메세지의 시간을 정하라. ③ 많은 실례(實例)를 선용하라. ④ 한가지 중심개념을 지니되 생활과 밀접한 관계가 있도록 하라.

⑤ 신학적 논쟁(論爭)을 피하라. ⑥ 빠르기를 유지하라. ⑦ 개개인에게 말하라. ⑧ 삽입방송을 피하라. 이것은 목사가 훌륭한 방송자가 되려면 시간문제에 있어서 자신을 연마할 수 있도록 훈련을 쌓아야 하며 모든 메세지의 내용을 주의 깊게 상고해야 할 당위성을 시사해 주고 있다. 그리고 그러한 훈련과 관심이 자신의 전 사역의 특징을 이루어야 한다.

7. 교계와의 관계

이 장(章)에 있어서 상고하는 7번째 마지막 분야는 지역사회의 다른 교회와 목사와의 관계이다. 그리스도인의 신앙에 기초한 모든 교회 사이에 신실한 친교가 있어야 한다는 것은 진정한 그리스도의 몸이 연합되는 성경적 교리와 항상 일치해야 하는 것이다. 교회들이 비록 모든 사소한 문제들에 동의하지 않을찌라도 신앙의 신념에 대해 타협할 필요는 없다. 그러나 성경의 신적 영감과 그리스도의 신성(神性)과 그의 대속적인 속죄와 육신의 부활, 믿음에 의한 은혜로의 구원, 그리고 이와 연관된 교리들을 고수하는 교회들이라면 "귀한 믿음"의 교회들이 서로 서로 관심을 가지고 지역사회에 그리스도를 증거함에 있어서 함께 노력해 나가야 한다. 일반적으로 이러한 신앙의 입장을 고수하는 교회들은 추수감사절, 부활절 새벽예배, 특별기도회, '메시아'와 같은 오라토리오 합창제, 혹은 복음전도집회에 까지 지역사회에서 손과 마음을 함께 하여 협력해 나갈 수 있어야 한다.

그러한 교회들의 목사들은 서로서로를 알고 지내며 함께 친근한 교제를 나눌 수 있어야 한다. 그런데 사실상 지역목사 연합회에서 보면 많은 문제들이 직면해 다른데에 문제가 있는 것이다. 복음주의와 자유주의 연합회가 나누어져 있는 지역에 있어서는 그렇게 큰 문제가 없지만 그러나 최소한 몇몇의 목사가 자유주의적 입장에 서 있는 작은 지역에서는 어찌할 것인가. 새로운 복음주의 목사가 그러한 협의회에 가입할 것인가? 그렇지 않으면 하지 말 것인가?

그러한 문제에 있어서는 두가지 견해가 있다. 하나는 몇몇의 자유주의자가 가입해 있다면 결코 그곳에 가입해서는 안된다는 것이며, 둘째 견해는 그 협의회에 자유주의자들이 많이 있다할찌라도 그 연합회에 가입해야 한다는 것인데 그들의 입장은 어떤 단체이든간에 (비록 그것이 극단적인 자유주의라 할찌라도) 그곳에서 복음주의를 외치는 하나의 음성이라도 있어야 한다는 것이다. 그런데 필자의 생각은 어찌되었든 간에 이 둘의 견해중 어느 하나의 입장을 차라리 취하는 것이 바람직하다고 본다. 새로운 목사가 비록 모든 신앙문제에 있어서 그들이 그와 정면으로 교리적으로 어긋나 있지 않고 그 지역사회의 목사 협의회가 주로 주요한 사람들로 구성되어 있다면 그는 지역사회의 하나님의 말씀과 복음에 대해 외치는 진리안에 거하는 사람들과 함께 참여하는 것이 지혜로울 것이다. 그는 어느 곳에서든지 자신의 신앙신념과 타협할 필요는 없다. 목사협의회 회원들은 보통 돌아가면서 라디오에 방송하고 학위수여식이나 졸업식에 참여하며, 신문에 특별기사를 쓰고, 추수감사절과 부활절 새벽예배와 같은 경우에 설교하며 자신이 사역하고 있는 교회의 한계를 넘어 그들이 가지는 다른 사역들을 수행해 나간다. 그럴때에 그들은 하나님의 진리에 대하여 느끼는 영향력을 분명히 발휘할 수 있게 된다.

또한 새로운 목사가 자유주의 입장에 서 있는 그룹에 참여하지 않을 것이라면 그와 뜻을 같이하는(likemind) 소수의 목사들과 교제를 갖도록 해야 할 것이며, 가능하면 장래에 지역사회에 있어서 복음주의적 목사협의회를 구성하는데 참여해야 한다.

끝으로 목사의 모든 대외 활동(outside relations)에 관련하여 그는 자신의 가장 주요한 사역이 "말씀을 증거하는 일"과 "하나님의 양떼들을 신실하게 돌보는 일"이라는 사실을 잊어서는 안된다. 목사는 항상 무엇보다 이러한 책무에 우선권을 두어야 한다. 자신의 양떼를 돌보는 그 고귀한 사명에 충실할 때에 그가 정당하게 지역사회의 연구계획과 사역에 얼마나 많은 시간과 노력을 경주해야 할지 알게 될 것이다.

추천 도서

Blockwood, Andrew W. *Pastoral Leadership*. Nashville: Abingdon-Cokesbury Press, 1949. pp. 122—147.
Colton, C.E. *The Minister's Mission*. Dallas: Story Book Press, 1951. pp. 170—187.
Dolloff, Eugene Dinsmore. *The Pastor's Public Relations*. Philadelphia: Judson Press, 1959. pp. 94—186.
Hoppin, J.M. *Pastoral Theology*. New York: Funk & Wagnalls Co., 1884. pp. 194—224.
Leach, William H. *Handbook of Church Management*. Englewood Cliffs, N.J.: Prentice-Hall, 1958. pp. 243—257.
Spann, J. Richard (ed.). *The Ministry*. Nashville: Abingdon-Cokesbury Press, 1949. pp. 119—129.
Thinessen, John C. *Pastoring the Smaller Church*. Grand Rapids: Zondervan Publishing House, 1962. pp. 56—90.

제 Ⅲ 편

행정가로서의 목회자

제16장 위임식
제17장 목사와 교회조직
제18장 목사와 교회재정
제19장 목사와 주일학교
제20장 목사와 70인 전도회

제 16 장

위 임 식

　성직 위임식이란 어떤 사람에게 목회직(牧會職)을 감당하도록 공적으로 선별하거나 교회가 목사로 청빙 선임한 이의 공적 목회사역을 위해 교회에서 엄숙한 취임식을 거행하는 것을 의미한다. 보통 임직이 주어지는 사람은 목사(牧師)로서 교회의 분명한 청빙이 있거나 선교지에의 선임하에 있다. 목사 혹은 장로직의 기능에 대해서 하나님의 종의 선별을 분명히 말해주는 성구는 행 14:23과 딛 1:5이다.[1]

　여기서 보여주는 예식은 이것이 없이는 어떠한 사람도 주님께 봉사할 수 없다는 거룩한 성직 임직식과 혼동되어서는 안된다. 성직위임식은 주님께 소명받은 자에게 있어서 선행되어져야 하는데 이것은 어떤 신비한 능력을 부여하는 것이 아니며 "못박히신 손의 축복"이라는 의미외에 연결지울 수 없는 예식이다. 교회는 진실한 복음의 사역자를 만들 수 없으며 이는 오직 그리스도만이 하실 수 있는 것이다. 그럼에도 불구하고 이 예식의 중요성은 그것이 사도적이기에 모두에게 명백해야 한다. 그것은 분명히 성경에 증거돼 바요, 성령이 교통함에 대한 상징이요 이는 특별사역을 위한 하나님의 종의 권한을 부여하는 것이다.

---

[1] 많은 교파(marry denominational group)에서는 목사와 장로를 동일시 한다. 그렇지 않은 많은 교파들과 장로회(board of elder)를 선출하는 그런 교파들에서는 목사는 성도들과 더불어 장로를 가르치며 다스리는(ruling)(teaching) 것으로 생각한다. 그러므로 장로에 대해 기술한 성경귀절은 물론 목사에게도 해당된다.

이 예식은 확실히 과장되게 강조되어 그것에 대해 결코 의도하지 못했던 의미를 부여하게 된다. 예를 들면 아르메니아의 에츠메드진 수도원에 성 그레고리의 미이라 손에 조명기가 비추어지는데 이는 요즈음 모든 주교의 성직후임에 사용되는데 그것에 의해 터치되면 아르메니아 교회의 창설자로부터 직접적인 은혜를 받는다는 기록이 있다. 이 개념은 예식에 있어서 너무 인간적인 방법이 삽입되어 신비적인 양태로 변모시켜 버렸다. 그러나 극단적인 것이나 또한 이 예식에 대해 무관심한 것은 도두 교회의 유익한 질서를 파괴하며 임직의 영원성과 효력 그리고 위엄성을 반감시켜 버리게 된다. 성직 임직식은 절대적 필요조건이 아니라 이 예식이 없이도 훌륭한 선교자가 될 수 있는 것이다. 그러나 그것은 편의상의 문제이다.

성직 임직식을 내다보고 유익을 위하여 이 예식을 가지고자 할 시간에 앞서 주의깊게 관심을 가지고 사려되어야 할 일들이 있는데 그것은 다음과 같은 것들이다. 이 예식에는 크게 중요한 8가지 항목이 있는데 사실상 이것들은 절대적으로 필요한 것이며 이 모든 것들은 사람이 성직 임직식에 부름을 받기 전에 깊이 생각되어야 하는 것들이다.

1. 예비 사항

1) 지원자가 장로 및 목사의 자격에 대해 깊이 사려해야 한다. 이것은 분명히 성경이 지적하고 있는데 특히 딤전 3:1-7, 딛 1:5-9 이다. 이 구절들은 전형적인 사람을 나타내 주는데 생활, 믿음, 기질, 성격, 평판, 판단, 가정관계, 능력과 경험 등에 그가 마땅히 지녀야 할 사항들을 나타내 주고 있다. 나아가 지원자 자신의 자격 여부에 대해 깊이 생각해 보고 검토해 봐야 하며 또한 교회도 경솔히 안수하지 않도록 (딤전 5:22) 이것들을 깊이 살펴 보아야 한다. 새 신자(novice)는 결코 이 귀하고 거룩한 직임을 감당하도록 교회에 천거되어서는 안된다.

(딤전 3 : 6) 이것은 이러한 임직에 선택된 이는 하나님의 중심에 이어 사람에게도 생활과 체험으로 자신을 나타내어야 함을 의미하고 있다.

2) 지원자는 그 임직의 "직무"에 대해 스스로 잘 깨달아 알고 있어야 한다. 목사 및 장로의 직임과 연관되어 최소한 5가지의 주된 사역이 있는데 ① 목회적인 면, 즉 성도들을 먹이고 보호하는 교회의 목자로서의 임무(행 20 : 28, 벧전 5 : 2). ② 행정적인 면, 곧 교회의 규칙을 세워야 하는데 명령자로서가 아니라 본이 되며 훈계에 의한 것이라야 한다(딤전 5 : 17, 벧전 5 : 2—3). ③ 교육적인 면, 곧 교회를 가르치는 일(딤전 3 : 2, 5 : 17). ④ 사제적인 면, 곧 예배와 교회의 활동을 이끌며 관장하는 일(약 5 : 4). ⑤ 대표적인 면, 곧 필요시에 교회를 대표하는 일, 즉 바울이 행 20 : 7에서 장로들을 통하여 교회를 의탁했던 것을 볼 수 있다. 사람이 이러한 직무를 주의 깊게 수고하며, 기꺼운 마음으로 하나님의 도우심과 더불어 그러한 직무를 감당해 나가고자 아니한다면, 그는 성직 위임식에 임할 수 없다.

3) 지원자는 목사직에 대한 분명한 소명의식이 있어야 한다. 이러한 막중한 직임에 대한 하나님으로부터의 소명감을 깊이 느낄 때에 사람이 맡겨진 사역을 적절하게 감당할 수 있을 것이다(딤전 3 : 1). 평소에 교회는 능력있는 일군의 마음 속에 그러한 소명감이 불타도록 고무시켰던 것이다(행 14 : 23).

4) 지원자는 임직에 대한 주의 깊고 실제적인 준비에 열중해야 한다. 우리는 이미 목사는 "새 신자"(딤전 3 : 6)이거나, 부당하게 서둘러서 예식에 임해서는 안된다는 사실을 깨달았다(딤전 5 : 22). 딛 1 : 9은 "미쁜 말씀의 가르침을 그대로 지켜야 하리니 이는 능히 바른 교훈으로 권면하고 거스려 말하는 자들을 책망하게 하려 함이라"고 증거해 주고 있는데 이것에 그가 합당해야 함을 보여주고 있다. 이것은 준비를 의미하고 있다. 다수의 사려깊은 크리스챤 지도자들은 대학과 신학교에서의 철저한 교육은 목적에 대한 사람의 진실성을 매우 훌륭하게 점검해 볼 수

있다고 생각한다. 특별히 요즘에는 성도들도 높은 학적수준을 유지하고 있다. 복음의 사역자는 그가 세상에서 가장 귀한 사역을 감당하고 있기에 이것을 등한히 해서는 안된다. 더구나 지원자의 선별과 성직후임식은 생활속에서 또한 특정한 크리스챤의 사역에 있어서 자신을 충분히 입증할 때까지(딤전 3 : 10) 유보되어야 할 것이다. 성직에 대한 지원자는 모세가 처음 생의 80년을 준비 중에 보냈고 마지막 40년간 사명을 감당했던 사실을 회상해 보면 유익할 것이다. 우리 주님께서도 생애의 마지막 3년을 준비하는데 처음의 30년을 보내셨고 사도 바울도 하나님께서 복음의 사역자로 부르셨을 때 아라비아 광야에 거하면서 앞으로 전개될 험난한 사명의 길을 스스로 예비했던 것이다. 다른 사도들도 주님께서 부르시기 전 다양한 직업속에 이미 종사했고 그들의 미래의 사역을 감당하기에 앞서 주님의 직접적인 가르침 밑에서 3년을 보냈던 것이다.

그러므로 교회에서 목사직을 열망하는 젊은이들이 세상에서 세상의 젊은이들과 같이 교육을 받을 동안의 교육적 준비기간 동안 그리스도의 발 아래 있고자 하는 기대를 쉽게 가져서는 안 될 것이다.

5) 지원자는 자신의 지역교회 위원회나 특별위원회를 통하여 지역교회에 의해 세심한 검인을 받아야 하며 이 기록이 간직되어야 할 것이다. 여러 교파들이 이 문제에 대해 각기 다르게 처리해 나가나 회중 정치하에서의 그러한 작용은 장로직임의 선별에 대한 최초의 활동을 성도들과 더불어 시작하여 성도들의 생각을 보존하려는 경향이 있음을 깨닫게 된다.

6) 지원자는 지역심의회의 승인을 받은 후 지역교회서 투표를 통해 검인을 위해서 교구나 지역 목회자 심의회에 추천되어야 한다. 이러한 준비가 마지막으로 승인된다면 자신의 교회, 교구를 넘어서 목사직의 권리를 행사할 수 있는 특권을 주게 된다.

7) 지원자는 교구심의회를 통하여 꽤히 승인을 받아야 할 것이며 나

아가 이 위원회나 협의회에 의해 지역교회에 그 조사결과의 보고서가 우송되어야 한다.

8) 마지막으로 지원자는 그가 속한 교회의 승인투표에 의해 임직에 선출되어져야 할 것이다.

그때에 이 교회는 그의 성직수임식을 거행코자 할 것이다. 전술한 바와 같이 이러한 절차는 교파 그룹 나름대로 각각이다. 예를 들면 일부 침례교 그룹에서는 성직수임식 절차의 중대 부분을 논의하는데 하루를 보내게 되는데 이 날에 그 심의회는 지원자를 심의한다. 그때 그는 현안 문제의 질의 시간 동안 잘 순종해 나가야 한다. 심의가 만족스런 결과를 가져오면 그는 그날 저녁에 적절한 예식과 함께 성직수임을 받게 된다. 장로교회에서는 일반적으로 장로회의 위원회에서 지원자를 심의하여 장로회에서 그 보고서를 작성하여, 그때 지원자를 심의하여 그를 임명할 것인가, 아닌가의 여부를 결정하여, 성직수임식에 대할 준비를 갖춘다. 성서교회나 합동교회는 협의할 교구나 지역그룹이 없으므로 스스로가 지원자의 성직수임식과 임직에 대해 심의를 해 나간다. 그러나 일반적으로 그러한 교회들은 그들을 돕도록 이웃 교회들의 목사를 초빙한다.

2. 성직 임직식

공적예배를 계획함에 있어서, 시간과 장소, 참가자등에 대한 세부사항 등은, 보통 지원사의 모교회에서 작성되는 데, 예식이 거행되는 교회나 또한 지원자와 협의하여 장로회의 위원회와 같은 교파그룹이나 지원자에 의해 수립되기도 한다. 그러한 예식은 특별히 지원자의 영적체험을 가장 긴밀하게 나누었던 교회에서 거행하는 것이 적절하다고 본다. 이는 사역에의 소명을 받은 시기에 그가 속해 있던 교회가 가장 적절한 것이다. 그러한 선택은 지원자의 생애에 있어서 교회의 임직수여에 대한 분명한 인정이 있게 된다. 예식은 수년동안 그와 친밀하게 교제했던 이들에게 분명한 실례적 교훈(a fine object lesson)을 주게 될 것이다. 그러나 그러한 선택은 항상 가능하거나 권할 만한 것은 아니라 때때로 지원자가 최근에 목사로서 초빙했던 교회에서 예식을 거행하는 것이 좋을 경우도 있다. 그가 이미 정식 수임식을 갖지않고 있는 목사로서 얼마동안 이 교회에서 봉사해 오고 있는 경우도 있을 것이다.

이 예식은 보통 지역교회의 목사의 인도하에 수행된다. 이것은 단지 지역교회에서만이 아니라 오히려 모든 교회의 목사로서 지원자를 세우는 경향을 띠게 한다. 이것은 바울이 디모데에게 권고한 말씀인데 "네 속에 있는 은사 곧 장로의회에서 안수 받을 때에 예언으로 말미암아 믿는 것을 조심없이 말며"(딤전 4 : 14) 하신 것이다.

예식의 형식은 자유롭게 진행되는데 이는 신약성경에 나타난 일정한 형식이 없기 때문이다. 이것은 특별히 회중의 관할을 받는 교회들에 해당된다. 안수와 기도의 근본적인 두 요소는 준수되어 지는 한(행 13 : 3, 딤전 5 : 22) 중요한 견해에 대해 예식의 나머지 부문에 이것이 허락되어지면 될 것이다. 예식의 순서를 알아보면 아래와 같다.

1) 경건한 예배 : 이것은 사제하는 목사들 중의 한 분이 적절한 설교를 하는 일상적인 교회예배와 같이 구성되어야 할 것이다. 이런 엄숙한 예식에 참여하는 모든 목사들은 주의 깊게 선별되어야 한다. 그들의 능력과 평판과 경험에 있어서 입증된 능력있는 사람이어야 한다. 특별히 성직수임식의 설교를 하도록 초청된 사람은 교회에서 높은 존경을 받는, 또한 그의 사역에 있어서 수년동안 크게 신임을 얻은 사람이어야 한다. 그러한 사람으로서는 지원자의 과거의 목사나 선생님이나 혹은 그의 생애에 크게 감화를 주었던 사람이었으면 더욱 바람직할 것이다.

다른 견해로서 성직수임식이 설교없이 진행되기도 한다. 때로로 이러한 예식이 교파협의회에서 수행되어 성직수임식에 특별한 설교를 행하는 것이 꼭 필요치 않은 것 같다. 그러나 이때에 예식은 찬송과 기도로 시작되어져야만 한다.

2) 위임 : 이것은 안수를 받는 지원자의 권리를 나타내면서 그곳에 자리한 성도들에게 분명한 선고를 낭독하는 형태로 이루어 진다. 이는 보통 지원자가 정규적으로 목사직임에 선출되었음을 나타내 주는 그의 모교회로부터의 서명된 서류와 주의 깊은 심의 후에 그를 승인했음을 증명해 주는 지역노회로부터의 유사한 논고로 이루어진 이중의 성명서가 있다. 그러한 성명은 지원자가 합당한 절차를 거쳐 승인되었으며 그가 받아야할 공적인 인정에 대해 자격을 갖추었음을 참여한 성도들에게 확증해 주는 것이다. 이러한 성명은 교회나 지역심의회의 서기가 낭독하거나 성직수임식을 주관하는 이들 중의 한 사람이 낭독하게 된다.

3) 성경봉독 : 예식을 인도하는 목사앞에 지원자가 서 있을 때에 인도하는 목사들 중에서 한 사람이 목사임직에 대한 성경적 자격을 낭독해 주어야 하는데 딤전 3:1-7, 딛 1:5-9, 그리고 딤후 4:1-8 등의 성구들이 있다. 그러한 성구들은 이러할 때에 특별한 의미를 가지는 것이다. 이전에 그들이 이에 대해 많이 읽었을 찌라도 이러한 경우에 성도들과 지원한 목사에게 다시 들려줘야 할 가치가 있는 것이다. 이러한 성경봉독으로 임직에 주어지는 귀한 책무에 대한 새로운 자격을 모두에게 부여해 줄 것이기 때문이다.

4) 질의와 서약 : 지원자가 목사 앞에 아직 서 있는 동안 그들중의 한 사람이 지원자에게 주저함 없이 응답할 준비가 되어 있는가를 물어보게 된다. 이때에 그는 크리스챤 성직의 모든 특권과 임무를 주의깊게 사려하게 된다. 이 질의는 성경에 나타난 신앙, 성직에의 소명생활에 있어서의 언행일치, 성직에의 책무, 경건생활, 그리고 목사의 가정생활에 대한 것 들이다. 어떤 훌륭한 목회 핸드북에는 그대로 사용할 수 있거나 약간의 수정을 가하면 유익한 질의 목록을 만들어 제안된 내용을 담고 있는 것도 있다. 이러한 엄숙한 예식에는 기억에 의존하는 것보다는 질의 사항을 읽는 것이 바람직하다. 핸드북에 기록된 것처럼 질의에 있어

서 많은 시간과 사고가 요청되는 데 인도하는 목사가 그러한 특별한 예식에 있어서 가치있게 표현해 나간다는 것에 대해 의심을 갖게 된다. 그러나 목사는 질의의 내용에 익숙해 있어서 질의할 때 지원자를 빈번히 쳐다봐야 하는 것은 바람직한 태도이다. 지원자가 엄숙한 질의사항에 대해 확신을 가지고 응답하게 됨에 따라 생활에의 실행에 대해 새로운 의미를 부여해 준다. 이는 특별히 그러한 서약을 하는 젊은이 들에게 크게 유익한 것이다. 의심할 여지없이 그곳에 참석한 사람들 중에 주께로의 헌신을 준비하는 것 같은 태도로 자신을 드리고자 하는 젊은이들도 있을 것이기 때문이다.

5) 안수와 기도 : 안수와 기도는 함께 연계(連繫) 되어지며 이 예식에 있어서 가장 본질적 요소이다. 성경에 보면 신구약성경 모두에 안수는 깊은 의미를 주는 상징적(象徵的) 행위로서 나타나고 있다. 이것은 동일화, 변이, 하나님께서 헌신, 특별사역을 위한 선별, 성령충만의 개념 등을 지니고 있다. 이러한 성구들로서는 레 3:2, 8, 13, 4:4, 29, 16:21, 민 8:12, 막 5:23, 16:18, 행 8:17, 19, 13:2—3, 19:6 등이다. 안수에 있어서 어떤 신비적인 능력이 있다고 추정해서는 결코 안된다. 이 행위는 하나님의 특별사역을 위하여 하나님께로 선별되는 상징적 의미를 지니며, 그 사역에 대한 하나님의 권능의 상징적 의미를 지닌다. 그리하여 예비되고 자격을 갖춘 사람이 그 맡겨진 성직에 명백히 부르심을 입게 되었다는 사실을 가르쳐 주는 것이다. 하나님의 사역에 사람이 하나님으로부터 부르심을 입게 되었을 때 일어나는 거룩한 신적 성직수임식이 없다면 인간의 성직수임식은 무의미한 일이 될 것이다.

안수를 행할 때 지원한 목사는 무릎을 꿇으며, 주례하는 목사는 자신의 오른손을 얹는다. 즉 첫번째 목사가 지원목사의 머리 위에 직접 손을 얹고 그 다음 사람은 첫번 목사의 손위에 차례로 얹어서 모든 이가 이에 참여한다. 이때에 위에서 압력을 가해서는 안된다. 예정된 한, 두 목사가 성직수임식 기도를 드린다. 두 사람이 기도를 드릴 때 그들은 사역의 국면에 대해 불필요하게 중복되지 않도록 기도에 세심한 배려를 하는 것이 바람직하다. 그래서 지원자의 사역에 대한 기도에 충실한 고찰과 배려를 해야 한다.

보통 모든 경우에 있어서 한 두 사람의 기도로 충분하다고 생각된다. 성직수임식 기도의 내용은 그 경우에 완전한 조화를 이루어야 한다. 또한 서약한 바를 성취해 나가는데 하나님의 능력이 있기를 구해야 하며 또한 지원목사에게 맡겨진 청지기직에 대한 신실한 수행을(물론 하나님의 신실한 말씀선포를 포함하여) 하나님께 간구해야 한다. 기도함에 있어서는 새로운 목사에게 하나님의 사역을 충실히 감당하도록 성령충만하심을 간구하는 것도 잊어서는 안된다.

6) 사명부여 : 지원목사가 서 있는 동안 목사중의 한 사람은 그때 지원자의 오른손을 잡고 그에게 주의깊은 말로써 사명을 일러주어야 한다. 이때는 가장 엄숙한 순간이며 지원자와 성도들에게 결코 잊혀지지 않는 깊은 인생을 남겨 주어야 한다. 사명은 명확하게 깊은 감정 속에 주어져야 하며, 사명을 일깨우는데 이를 잊지 않도록 하는 유익한 방법으로 주례목사가 새로 임명되는 목사의 눈을 직시해야 한다. 사명을 선포하기에 앞서 참여한 모든 목사들도 일어서도록 권유되어 하는데 이는 예식의 위엄을 배가시키며 깊은 인상을 갖게 해 줄 것이다. 목사들은 축복기도가 끝날 때까지 자리에 서 있어야 한다.

대부분의 목회자 핸드북에 이 책임을 선포하는 일례(一例)를 담고 있는데 필자에게 익숙한 한가지를 소개하면 다음과 같다. "친애하는 형제 ……그대에게 하나님의 교회에서 목사의 입직과 의무를 수행하는 권위를 주노니, 하나님의 말씀을 가르치고 선포하며, 때를 얻든지 못 얻든지 늘 전도하며 오래 참음과 말씀에 바로 서서 권고하며, 꾸짖고, 훈계하며, 거룩한 성찬예식과 교회의 의식을 집례하고 그리스도가 위해 죽으신 영혼들을 정성으로 지키며, 맡겨진 사역에 대해 충실히 감당해 나가기를 성부와 성자와 성령의 이름으로 축원하노니 우리의 목자장(the chief shepherd)이 다시 오실 때 쇠하지 아니하는 생명의 면류관을 얻기를 원하노라. "2)

7) 환영인사 : 사명이 선포된 후 즉시 새로이 임명된 이는 주례목사들 중 한 사람에 의해 성직에의 임직에 대해 환영의 인사가 있는 것이 상례이며 모든 이들이 함께 환영의 악수를 나누다.

8) 축복기도 : 이것은 보통 새로운 목사에 의해 인도되는 데 그러므로 자신의 성직수임식에 뒤이어 첫번째 사역이 되는 것이다. 흔히 성직수임에 대한 적절한 찬송이 축복기도에 앞서 불려지며 축복기도 이후 모든 예식이 종료되나 보통 이 예식에 뒤이어 축하의 시간을 가진다. 그 때에 많은 성도들이 은총의 사역에 대해 큰 축복이 있기를 기원하게 돼는 것이다.

추 천 도 서

Edwards, D. Miall. "Ordain, Ordination," *The International Standard Bible Encyclopaedia*, IV, 2199f. Chicago: Howard-Severance Co., 1915.

Erdman, Charles R. *The Work of the Pastor*. Philadelphia: The Westminster Press, 1924. p. 13ff.

Handbooks, Ministerial. (Consult denominational ministerial handbooks for suggestive forms.)

Hoppin, James M. *Pastoral Theology*. New York and London: Funk and Wagnalls Co., 1909. pp. 101—110.

McClintock, John and Strong, James. "Ordination," *Cyclopaedia of Biblical Theological, and Ecclesiastical Literature*, VII, 411—420. New York: Harper and Brothers, Publishers, 1882.

Orr, James. "Hands, Imposition," *The International Standard*

---

2) The Brethren Minister's Handbook (Winona Lake, Ind; Brethren Missionary Herald Co., 1945), p. 22.

Bible Encyclopaedia, II, 1335. Chicago: Howard-Severance Co., 1915.

Pattison, T. Harwood. *For the Work of the Ministry*. Philadelphia: American Baptist Publication Society, 1907. Chap. 4.

제 17 장

목사와 교회 조직

훌륭한 목회자는 교회의 훌륭한 행정가임에 틀림이 없다. 그 행정적 임무는 목사직*에 속하는 다섯가지의 주요한 기능중 하나이다. 이 다섯가지의 기능을 살펴보면 ① 목회적인 기능 : 하나님의 양떼들을 위한 목자로서 그들을 양육하고 보호하는 것이다(행 20 : 28, 벧전 5 : 2). ② 교육적인 기능 : 그는 교회를 가르쳐야 한다(딤전 3 : 2, 5 : 17). ③ 사제적인 기능 : 그는 교회의 모든 활동과 예배를 인도해야 한다(약5 : 14). ④ 대표적인 기능 : 그는 항상 교회를 대표하도록 부르심을 입은 것이다 (행 20 : 17). ⑤ 행정적인 기능 : 그는 교회를 다스리도록 부르심을 입었으나 명령자로서가 아니라 오히려 모범과 실천으로 인도해야 한다.

이 마지막 기능이 이 장의 주제이다. 이것의 중요성은 단어 자체에서 나타나고 있는데 곧 봉사한다라는 뜻을 품고 있다. 그리고 봉사하는 일은 참 목자장이 그랬듯이 그리스도의 목자에게 있어서 가장 중요한 사역인 것이다(마 20 : 27—28). "봉사한다"라는 단어는 여기 사용되는 행정이란 단어가 주는바 그 이상의 의미를 함유하고 있다. 결국 후자는 전자에 포함된다.

행정사역은 교회의 모든 분야에 대한 일반적인 감독과 관계를 갖는다.

---

* 역자 주 eldership"이란 원어 의미상 "장로직"이라고 해야 옳을 것이나 초대 교회에서는 목사와 장로를 함께 그 기능적인 측면에서 동일시했다. 그렇기 때문에 eldership이란 용어는 "priesthood"(제사장직)이라는 구약적 대표자적인 신약적 의미 즉 목사직으로 설명되어져야 할 것이다.

제17장 목사와 교회 조직 237

아무리 훌륭하게 교회의 조직이 이루어졌다고 할찌라도 깊은 관심을 가지고 감독하지 못한다면 효과적인 또한 원활한 이 사역이 계속되지 못할 것이다. 이 원칙은 교회 밖의 거의 모든 분야에 해당되기에 이것이 교회에도 해당된다고 하는 사실은 결코 놀랄만한 일이 될 수 없다. 목사는 교회를 관리 감독하는 중요한 사역을 맡은 사람이다. 베드로 사도는 그의 첫 서신에서 장로들에게 권면하기를 "너희 중에 있는 하나님의 양무리를 치되 부득이 함으로 하지 말고 오직 하나님의 뜻을 좇아 자원함으로 하라"(벧전 5:2)고 하였다.

목사의 그러한 감독은 많은 기도와 노력과 시간이 필요하며 또한 교회의 지도자들과 친밀한 교제를 가져 그들과 협의하며 그들이 무엇을 생각하고 있는지를 알아야 할 것이다. 나아가 목사는 항상 교회의 모든 분야에 있어서 지도자라는 사실때문에 목사는 교회의 부흥발전을 피하며 아름다운 감정을 지니도록 그러한 방법으로 이러한 위치의 사역을 감당하고자 노력해야 할 것이다. 이제 조직에 대한 목사의 관계를 궁구해보며 이를 이행해 나가는데 필요한 책임들이 무엇인가를 살펴보자.

1. 당 회

당회는 성도전체가 관여하는 것이 현명치 않은 어떠한 사업문제를 다루어 나가는 교회가 선출한 개개인의 모임이다. 이는 보통 교회 사업을 위하여 활동한다. 이 그룹의 명칭은 교회에 따라 다르나 목적한 바를 위하여 나타낸대로 명명하고자 한다. 그의 임무는 성도들에 따라 다양하게 부여되지만 그 주요한 기능은 유사하다.

교회 정치는 교파와 개교회 사이에 크게 다르기 때문에 이 장에서 그 많은 그룹들을 망라해서 개괄적으로 논한다는 것은 어려운 일이 아닐수 없다.

지역 장로교회들은 장로회로 구성되는 정기총회에 의해 다스려진다.

부언하자면 당회와 공동의회가 있다. 전자 당회는 교회의 예배를 위하여 안내의 역할을 감당하기도 하며 후자는 특히 사업과 재정수납의 관리를 한다.

감리교회에 있어서의 정치조직은 공임위원회로 불려지며 관리위원, 세상의 문제를 다루는 청지기(영적인 문제를 다루는)로 구성된다. 그 곳에는 집사들도 없고 안내인도 선출되지 않으며 특별위원회도 조직하지 않는다. 미국의 새 루터교회[1]에서는(1963년 1월에 성립된) 지역성도들이 교회 협의회의 감독을 받는데 이는 집사로 불리는 회원으로 구성되어 있다. 집사들 또한 관리위원들의 임무도 감당한다. 교회 협의회는 안내인들의 임명을 계획한다. 필자가 속해있는 "the Grace Brethren"에 있어서는 공임위원회는 목사와 장로회 의장과 부의장, 주일학교 부장, 각종 회의의 의장과 위원들과 교회조직의 회장들로서 구성되어 있는데 공동의회의 이름이 어떠하든지 목사는 그에 대한 책임을 지고 있다.

목사는 공동의회의 회원들이 명확히 규정되어 있음을 알아야 한다. 보통 교회의 조직은 그 회에 예정될 회원들을 분명히 해야 한다. 한 사람이 피선될 때까지 목사는 이 위원회의 회원에 대해서 회원들과 깊은 이해가 있어야 한다.

목사는 적절하게 이 위원회가 조직되는지 살펴 보아야 할 것이며 그곳에는 최소한 의장과 서기가 있어야 한다. 어떤 교회에서는 당회의 의장과 서기가 자동적으로 공동의회의 같은 직분을 맡기도 한다. 그야 어떻든 목사는 이 위원들이 기능을 충분히 발휘하는지 또한 적정위원들이 임명되는지 살펴 보아야 하며 목사는 필요할 때에 그 위원회를 소집하는 문제에도 관여해야 한다.

어떤 교회들은 이 회의 정규적인 시간을 갖는데 어떤 교회들은 필요

---

[1] 구연합루터교회(the old United Lutheran Church)는 Suomi Synod(Suomi 회의), 미국 복음루터교회(American Evangelical Lutheran Church)와 Augustama 루터교회로 이루어져 있다.

할 때에만 회의를 갖기도 한다. 여름철을 제외하고는 매달 1회정도 회의를 갖는 것이 보통이며 목사는 또한 위원회가 부과된 각종 임무를 잘 수행해 나가는지 살펴야 한다. 그는 교회의 조직에 대해서 잘 알고 있어야 하는데 그렇기 때문에 그 조직에게 맡겨진 임무의 개요를 잘 파악하고 있어야 하며 그 위원회가 이를 잘 실행해 나가고 있는지 점검해야 한다.

이 위원회에서 담당하는 일부의 임무들 중에는 필요시에 목사에게 조언을 해 주며, 성도들 사이에 있어서의 교회의 사역을 감당해 나가며, 교회의 고려사항에 대해 충고를 해 주기도 하며, 훈계의 문제를 다루기도 한다. 어떤 경우에는 이 위원회가 교회의 선임위원회로서 활동하기도 하는데 많은 교회에 있어서는 필요시에 성도들에게 목사를 추천하는 것도 이 위원회의 임무중 하나이다. 또한 그들을 선임하는 것이 당회의 장의 특권인 경우에 특별히 위원 임명을 승인하는 것도 이들의 임무인 것이며 나아가 이 공임위원회는 전 교회조직을 위한 위원회를 구성하는 임무도 관장하게 된다.

목사가 교회에 대해 어떠한 건의를 할 때에 먼저 그의 고려를 위하여 당회에 먼저 알리는 것이 그에게 좋을 것이다. 그 건의의 내용을 각개의 조직이 이 문제를 궁구하고 찬성했다는 사실을 성도들이 안다면 좀 더 깊은 의미를 갖게 할 것이며 또한 이것은 목사가 이 위원회에 보여 줄 수 있는 경의의 표가 될 것이다.

목사는 위원들이 제시하는 모든 생각들을 이해하고 인식하는데 가능한 한 전심을 기울여야 하는데 이것은 특히 목사가 이 위원회의 의장이라면 더욱 현명한 처사일 것이다. 목사는 회원들이 제시하는 모든 생각들을 들을 수 있는 시간을 가져야만 하는데 이것은 목사에게 큰 유익을 가져다 줄 것이다. 이러한 생각들의 일부가 단견적이고 비실제적이라면 대체로 이 위원회는 그 문제들을 교정할 것이다. 그래서 목사는 보다 명확하게 이들을 살펴 보아야 하는 것이다. 만약에 목사가 회원들의 자유로운 의사표현을 강제(强制)하는 것이 알려진다면 좋지 못한 반발을 받게 될 것이다.

목사는 이 위원회와 논쟁에 연루되어 있다는 것에 대하여 자신을 지키기 위해 하나님의 은혜를 간구해야 한다. 정책상의 어떤 문제에 있어서 그의 바램이 성취되도록 하기 위하여 기다릴 필요가 있을 때가 있을 것이다. 위원회와 마찰을 빚거나 분열을 일으키기 보다는 차라리 때(시기)를 기다리는 것이 낫다. 종종 그 위원회의 어떤 문제에 대해서 만장일치의 합일을 보지 못할 때는 좀 더 기도하고 충분히 궁구해 볼때까지 그 문제를 미결상태로 놓아두는 것이 좋다. 목사가 항상 자신의 뜻대로만 행해 나가서는 안된다.

2. 제 직 회

교회의 남녀 집사들은 목사에게 있어서 대단히 유익한 조력자들이어야 한다. 그들은 성령으로 충만한 사람들이어야 하는데 신약성경에 의하면 이러한 선임의 올바른 관점에서 볼 때 그들은 하나님의 종들로 나타나고 있다. 목사가 그들 모두를 성경대로 하나님의 종이 되도록 이끌 수는 없지만 그는 교회에 있어서의 그들의 사역을 관리해야 한다. 이 문제에 연관해서 필자는 다음과 같은 참고사항을 제시하고자 한다.

1) 목사는 제직회가 적절히 구성되었는지를 분명히 해두어야 한다. 이 곳에는 대체로 회장이 있어야 하며 여기의 회장은 당회장이 되어야 한다. 이 그룹의 지도자는 대단히 중요하다. 필자의 경험에 의하면 지도자없는 조직은 일반적으로 제대로 제 기능을 발휘하지 못함을 보아왔기 때문이다.

2) 제직들의 임무의 개요를 제시하는 것도 목사의 책무이다. 그들이 담당하게 될 바에 대하여 언급하는데 결코 그들을 기다리게 해서는 안된다. 제직의 임기 동안 보다 효과적으로 자신들의 사역을 감당하도록

유도하기 위해 목사가 제직의 임무에 대해서 유익한 자료를 제공해 주는 것이 바람직할 것이다. 곧 푸레데릭 아갈의 *The Deacon at work*, 돌로프(Eugene Dolloff)의 *The Efficient Church Officer* 의 책중에서 *The Work of the Diakonate* 란 제목의 장이다. 때때로 교회 조직 일람표나 교단 핸드북에 이러한 제직들의 임무를 기록해 놓기도 한다.

이러한 그들의 책무에 대해서 소극적 혹은 적극적으로 분명히 규명해야 할 사항들이 있는데 첫째로, 행 6:1—7 과 딤전 3:8—13 의 말씀에 의하여 집사의 임직이 결코 단순한 명예직이 아니라는 사실이다. 뿐만 아니라 그들의 임무가 세례식이나 성만찬예식의 때에만 한정 되어져서는 안된다. "집사"란 말의 근본 의미는 그 임직의 보다 적극적인 면을 나타내 주고 있는데 그 말 안에는 분명한 봉사나 헌신의 개념을 함축하고 있다. 위에서 제시한 사항은 그러한 목적으로 특별히 선임된 이들에 의하여 복음의 충실한 선포에 도움을 주도록 교회에서의 어떠한 봉사를 보여주고 있는데, 사도행전의 "공궤"는 교회의 사역에 있어서의 보다 현세적이고 육신적인 면을 나타내 주고 있다. 그러나 우리는 이 개념을 하나님 말씀 선포에 기여하는 것으로부터 금하게 하는 방향과는 거리가 멀다고 이해해야 한다. 복음선포에 대한 봉사에 대해 최소한 두 사람의 뚜렷한 대표자들이 있는데 곧 빌립과 스데반이다. 스데반은 신약성경에 기록된 가장 긴 설교를 남겨주고 있다.

디모데전서의 가르침의 구절, 곧 집사들이 "깨끗한 양심에 믿음의 비밀을 가진 자라야"(9절) 하며 "믿음의 큰 담력을 가진 자들이어야"(13절) 한다는 것은 현세적인 봉사 그 이상의 의미를 주고 있다. 이것은 깊은 영적인 봉사를 의미하며 또한 교회의 안녕을 위해 절대적으로 필요한 물질적인 면의 일도 포함하고 있다.

제직의 임무는 봉사, 환자의 심방, 가난한 자들의 구제, 신자교육, 여러 기관들에 대한 가르침, 그리고 목사를 돕는 여러 면에 있어서의 봉사동과 같은 일들이다. 그들은 대단히 바쁜 봉사자들이어야만 한다. 로보트슨(A.F. Robertson)은 집사란 말이 헬라어의 "dia"와 "konis"란 단어로부터 파생되었다고 설명하고 있는데 그 의미는 "……을 통하여" 또는 "……에 의한" 그리고 "먼지"란 뜻인데 이는 집사들이 너무 바쁘기 때문에 그들의 분주한 활동으로 인해 먼지가 일어날 정도라는 의미를 나타내 준다는 것이다.

3) 목사는 또한 새로운 남녀 집사들이 공적으로 교회 봉사에 헌신하고 있는지를 살펴 보아야 한다. 사도행전 6장의 첫번째 집사들을 선별하는 것과 연관해서 사도들이 안수함을 보여주고 있는데 이것은 의심할 여지없이 그들의 임직을 위해 필요한 은혜와 은사를 부여하는 상징인 것이다. 또한 맡겨진 책임들을 이행해 나가도록 성스런 은총을 하나님께 간구하는 특징을 지니기도 한다. 이 같은 예식이 주일예배나 삼일기도회에 행해지기도 하여, 이 특별한 예식을 위해 특정한 시간이 마련되어도 좋은 것인데 시간이 중요한 문제가 아니라 결코 이 문제를 목사가 간과하지 않는다고 하는 사실이 중요한 것이다.

3. 관리위원회

요즈음 대부분의 교회에서 그렇듯 교회의 재산을 관리하는 유일한 책무를 지닌 사람들의 그룹을 둔다는 것은 대단히 현명한 일인 것 같다. 신약시대에는 교회의 건물도 없었고, 관리위원도 필요치 않았다. 그러나 오늘날에는 건물의 숫자가 늘어감에 따라 교회의 관리위원들은 커다란 임무를 맡게 되었고 이에 따라 목사는 다음과 같이 이들을 인도해야 한다.

1) 목사는 그들이 적절하게 선임되는지 살펴야 한다. 교회에서는 그들을 매년, 혹은 2년마다 혹은 3년마다 선임해서 이 위원회가 항존하도록 해야 한다. 이 그룹을 교회는 보통 교회의 규모에 좌우되는데 그

제17장 목사와 교회 조직 *243*

그룹의 구성에 대한 명확한 규정이 있어야 하며 3~6명의 회원이 이 위원회의 평균적인 숫자이다.

2) 그리고 또한 목사는 최소한 회장과 서기를 두어 적절하게 구성되었는지 확실히 해두지 않으면 안된다. 회장은 필요한 모임을 소집하여 그 모두를 이끌어갈 책임이 있으며, 서기는 항상 교회의 공임위원회에 의해 궁구 되어지도록 모든 권고사항을 제출할 모든 준비와 보존사항을 관리해야 한다.

3) 무엇보다 중요한 것은 목사가 관리위원들이 그들의 임무를 잘 수행하고 있는지 감독하는 것이다. 목사는 그들의 임기의 초기에 그들의 임무에 대해 명확하게 알려주어 새 회원이 된 사람들이 자신에게 맡겨진 임무가 무엇인지를 숙지하고 있어야 한다. 교회의 유형자산을 보존하고 관리하는 것이 그들의 임무이다. 목사가 그들로 하여금 자신들에게 맡겨진 거룩한 임무를 자각토록 유도하는 것은 매우 바람직한 행위가 아닐 수 없다. 그들은 주님의 자산을 보호하기에 그들은 주님의 사역자가 아닐 수 없다.

특별히 깨진 유리창이나 부서진 난로 등과 같이 손상된 재산들을 수리하는 것도 그들이 맡은 보호 관리사역에 포함된다. 관리위원들은 교회가 가장 잘 보호 유지되도록 필요한 조처를 알리기 위하여 교회재산의 정기검사를 하도록 권고해야 하며 그들은 교회의 활동상 필요하다면 그 필요에 발맞추어 나가거나 그 필요를 충족시켜 나가야 한다. 대부분의 교회들은 특별한 의결절차를 밟지 않고서도 관리위원들이 필요한 보수를 하도록 허락하고 있다. 막중한 예산이 필요하다면 일반적으로 교회의 특별한 의결을 필요로 한다.

그들의 임무는 또한 교회재산에 대해 보험을 계약하고, 사찰을 두거나 연료를 구입하는 등의 일도 포함하고 있다. 관리위원들은 교회의 발전에 대해 건의를 해야하며 그래서 그들의 재정적인 의결에 대해 교회에 그러한 권고를 제시하는 그러한 류의 사람들이면 적합할 것이다. 그들이 먼저 공동의회에 이를 제시하고 그런 후에 교회에 제시하는 것이 바람직하다.

이러한 모든 일에 있어서 목사는 세심한 감독을 해야 할 것인데 관리위원들로 하여금 자신들에게 위임된 일을 행하도록 그들을 유도하기 보다는 그러한 임무들이 간과되지 않도록 유도하는 것이 바람직할 것이다.

4. 안 내 인

돌로프(Dolloff)는 "안내자는 한 그룹으로서 성도들을 위한 주인 역할을 하는 것이다"[2]고 말했다. 나아가 그는 이러한 사실이 적절히 이해되었을 때에 그들의 위치에 대한 중요성이 보다 충분하게 인식된다는 사실을 보여주고 있다. 헌신적이고 충실한 안내인들이 있는 교회는 진정, 복이 있을 것이다. 그들은 분명히 그 예배에 참여하는 무리들에게 교회를 대표하는 사람들이다. 방문자가 교회에 대해 가지는 첫 인상은 대체로 그들을 입구에서 인사하며 접대하는 안내인을 통해서이다. 엄밀한 관점에서 안내인들은 교회의 판매원이다. 목사는 할 수 있는 능력의 한도내에서 그들의 사역에 대해 고무시켜 주며 그들이 보다 효과적으로 그 사역을 감당하도록 도와주는 것이 현명한 것이다.

목사는 안내인의 적절한 인원수를 살펴야 한다. 그 숫자는 물론 교회의 규모에 따라 좌우되는데 목사는 수석 안내인 혹은 안내위원장이 있어야함을 분명히 해 둬야 하는데 그는 교회에 의해 선출되는 것이 바람직 하다. 이러한 사실은 그 위치의 중요성과 권위를 부여하는 것이다. 이것은 그를 목사에게 뿐 아니라 교회 전체에 대해서도 책임을 지고 있다는 사실을 인식해 주는 방편이다. 큰 교회에서는 최소한 부안내위원장을 두어야 하는데 수석안내인의 선별에 따라 필요한 보조안내인의 숫

---

[2] Eugene Dinsmore Dolloff, *"the efficient church officer"* (New York: Fleming H. Revell Co., 1949), p. 20.

제17장 목사와 교회 조직 245

자가 공동의회에 의해 적절하게 수석안내인과 협의하여 임명 되어야 한다.

목사는 훌륭한 안내인의 자격에 대해 잘 알고 있어야 하는데 그는 그들의 선별과 임면에 대해 현명한 조언을 할 수 있어야 한다. 바람직한 안내인의 특성으로서는 신뢰성, 시간엄수, 명석한 기억력, 단정한 용모, 협동심, 그리고 무엇보다도 중요한 주님에 대한 사랑이 있어야 한다.

목사는 안내인의 임무에 대해 자세히 알고 있음으로 그들로 하여금 자신의 임무에 대해 충분한 이해를 갖게 해야 하는데 이들의 임무로서는 새신자를 맞아들이며, 영접하는 일, 성도들의 착석여부를 돌보아 주며 헌금을 수납하고, 적절하게 환기를 시키며 환자를 도와 주거나 혼돈을 진정시키며 교회주보를 분배하는 일 등이다. 요약하자면 안내인은 예배를 경건하고 엄숙하게 드릴 수 있도록 가능한 모든 일을 담당하는 사람이다. 목사는 그들에게 교회안내에 대해 훌륭한 소책자를 읽도록 격려해 주어야 하는데 곧 실베스터(Sylvester)의 「안내인 교본」과 같은 것들이다.

목사는 항상 성도들에게 안내인과 함께 협력해 나가도록 고무시켜 주어야 하며 성도들이 안내인들을 너무 경박하게 대하여 그들을 당황하게 만들어서는 안된다. 안내인들은 새로운 성도들에게 세심하게 적정 상소를 안내해 줘야 하며 또한 우발적인 사건의 발생을 간과해서는 안된다. 목사는 안내인의 배려에 따라 성도들을 교육시키는 일을 도울 수 있으며 그것으로 인해서 어떠한 우발적인 사건도 최소화할 수 있을 것이다.

어떤 목사들은 종종 안내인 부부를 위해 친목회를 갖는 것이 대단히 유익하다고 생각하는데 사실상 이러한 이 사람들에게 자신의 사역에 중요성을 재 인식시키며 좀더 목사와 친밀한 관계를 맺게 해 주므로 보다 유익한 예배를 드릴 수 있게 한다. 그러한 일로 인해 보여준 응분의 관심은 보다 충실한 봉사와 보답하고자 하는 욕망을 고취시키는 것이다.

5. 위 원 회

　일반적으로 교회의 많은 사역들이 위원회에 위임된다. 이 위원회의 일부는 조직에 의해서 마련된 상임위원회도 있고 또한 특별한 목적을 위해 교회에 의해 이루어진 특별위원회도 있다. 여하튼 목사는 이러한 것들에 대해 감독권을 행사해야 한다. 먼저 목사는 이 위원회가 적절하게 구성되었는지 살펴야 한다. 상임위원회는 종종 공동의회에 의해 구성되어지기도 하지만 때때로 당회의 승인을 얻어 목사 스스로가 임명 조직하기도 한다.

　교회에 있어서 일반적인 위원회는 음악, 선교, 홍보, 재정, 회계감사, 교육위원회 등이 있다. 부가해서 특별한 계획을 위해 특별위원회가 있게 되는데 곧 성도들의 요청에 따라 임명되고 선임된 건축위원회와 같은 모임이다. 이러한 위원회가 어떻게 성립되는지 상관없이 목사는 그들 모두가 적절하게 임명되었는지 확실하게 해둘 필요가 있으며, 또한 교회년도의 초기에 많은 위원회의 구성원을 살피는 것이 그의 임무이다. 각 경우에 있어서 첫번째 지명인을 통하여 의장으로서 그 위원회를 구성하도록 계획하지 않으면 안된다. 목사가 아닌 다른 사람이 이 책무는 감당할 수 있으며 그것은 매우 바람직하다. 그러나 목사는 이것이 잘 이행되도록 살펴야 한다. 회장이 없는 위원회는 위원회가 없는 것과 마찬가지이다. 나아가 목사는 각기 다른 위원회의 임무를 그들에게 확실히 인식하도록 해야 하는데 삼일기도회시에 이 위원회와 또한 그들의 사역을 나타내 주면 매우 좋은 것인데 그래서 그들의 임무를 추구해 나감에 있어서 그들을 위해 특별기도회를 갖는 것이 좋을 것이다. 이와 관련하여 목사는 그들에게 맡겨진 사역에 대해 좀 더 세심한 주의를 갖도록 고취시켜야 할 것이다.

　그는 위원회의 사역을 떠 맡아서는 안되나 또한 그들이 잘 해 나가는지 확실히 지켜 보아야 한다. 교회에 있어서 목사가 적절히 맡겨진 사역을 감당하는 위원회를 가질 수 있다면 지도력과 보다 깊은 효력과 흥미가 배양될 훌륭한 그룹들을 거느리게 될 것이다. 무디(Dwight L. Moody)목사가 "열사람의 일을 행하는 것보다 열사람을 일하게 하는 것이 낫다"라는 말은 이러한 개념을 염두에 둔 말이 아닐 수 없다. 목사가 모든 일을 감당하는 교회들도 있다. 이러한 양태하에서는 결코 지도력은 배양되지 않는다.

이 점에 있어서 끝으로 목사는 위원회의 영적인 풍성함을 지향하며 그들로 하여금 기도로 그 모임을 시작해서 교회의 영적 안정이 항상 유지되도록 그들을 이끌어야 한다.

6. 성 가 대

목사는 전 교회사역의 관리자이기에 교회의 음악분야 까지도 감독한다는 것은 당연한 일이다. 이것은 교회순서 진행에 있어서 대단히 중요한 요소이기에 주의 깊은 감독을 해야 한다. 큰 관점에서 볼 때 음악의 프로그램은 성가대에 촛점을 맞추기 때문에 필자는 그 그룹과 그 그룹에 수반되는 대원들에 대해서만 논하고자 한다.

이 분야에 있어서 과연 목사의 사역이 일년내내 일어나는 성가대에서의 문제들을 다 수용하고 포용할 수 있을지의 여부는 매우 중대한 문제이며 이것들이야 말로 교회의 난맥분야가 아닐 수 없다. 이들에 대해서는 다음과 같이 관리해 나간다면 많은 유익이 있을 것이다.

1) 성가대에 관한 한 어떤 문제를 다룰 때에 음악위원회와 항상 접촉해야 한다. 그렇게 함으로써 접촉이 없을 경우 야기될지도 모르는 어려운 문제점으로부터 피할 수 있을 것이다. 그러한 위원과의 접촉으로 목사는 위원들에게 성가대 사역의 중요성을 인식시키며 가능한 한, 효과적으로 이 사역을 감당해 나가는데 진력하도록 유도할 수 있는 것

이다.

  2) 더구나 목사는 성가대의 전 대원이 기독교인(christian) 이어야 함을 단언해야 한다. 하나님께 찬양을 드리는 이들은 주님을 사랑하는 사람이어야 한다. 목사는 이러한 이상에 부합되지 못하는 교회의 현실의 실정을 깨닫게 될찌도 모른다. 그러한 상황을 수정하기 위해서는 요령과 지혜와 시간이 필요할 것이지만 하나님께 드리는 찬양의 제사가 마땅히 드려져야 하는 필연적인 것이라면 마땅히 올바르고 순전하게 드려져야만 한다.

  3) 또한 목사는 그들이 참석하는 예배에 있어서 성가대가 충실히 임해야 함을 강조해야 한다. 때때로 성가대원들이 찬양후에 교회를 떠남으로 인해서 예배를 혼돈시켜 버리는 경우가 있는데 목사는 결코 이들이 자리를 뜨지 못하도록 해야 한다. 어떤 성가대원은 옆문을 통하여 교회를 떠나기로 하며, 설교를 듣고자 하질 않는다. 예배에 참석치 않으려면 오히려 찬양을 하지 않는 것이 나을 것이다.

  4) 목사는 성가대원들에게 자신의 사역의 중요성을 인식시켜 줌으로 인해서 그러한 불행한 상황을 올바르게 시정할 수 있을 것이다. 목사에게도 마찬가지로 그들의 예배로 복음전도의 사역일 수 있으며 영적훈련일 수도 있는 것이다. 그들의 사역은 강대상에서의 사역만 가지고 인도할 수 없는 어떤이들을 인도할 수 있다. 어떻든 목사는 이러한 사실을 성가대원들이 자각하도록 고무시킬 수 있다면 그는 이들을 통해 효과적인 영적 도구로서 활용하는데 크게 유익이 될 것이다.

  5) 또한 목사는 매주 특별한 음악순서와 찬양곡의 선별에 대해서 성가대 지휘자와 가능한 한 긴밀히 협력할 수 있어야 한다. 이것이 바로 이행되려면 성가대 지휘자는 목사의 설교의 주제를 미리 알아야 할 필요가 있으며 이것은 1주전에 알려져야 하며 그러한 것을 참고하여 그 상황에 따라 지휘자가 계획을 수립해 나가야 한다. 찬양이 메세지의 내용과 잘 조화된다면 찬양과 메세지는 모두 효과적으로 감동을 줄 것

이다.

6) 끝으로 이것 또한 적지않게 중요한 일로서 목사는 성가대가 예배에 임하기 전에 성가대와 함께 기도해야 한다. 이것은 성가대원들로 하여금 그 예배의 깊은 의미를 자각하도록 유도한다. 이 사역은 대단히 중요하기 때문에 기도하는 마음으로 이 찬양의 제사가 드려져야 할 것이다.

7. 교회의 사업회

목사는 교회의 사업을 할 때 훌륭한 관리자로서 해야할 필요가 있다. 때때로 교회의 사업회는 많은 어려움을 겪게 되나 그들은 목사에게 그의 사역에 있어 성령의 은총을 증거할 수 있는 기회를 제공한다. 어떤 교회에서는 목사가 교회사업회의 회장이 아니며, 또한 어떤 목사들은 이러한 위치에 서는 것은 좋아하지 않는다. 그러나 그가 회장이든지 아니든지 간에 그는 이 회를 관리할 책임을 지니고 있다. 이 문제에 대해 논의함에 있어 필자는 목사가 이 회의 회장으로 가정하고, 비록 그가 회장이 아닐찌라도 다음의 원리들은 크게 유익을 줄 것이다.

1) 목사는 그 모임을 적절히 공고하는지 살펴 보아야 한다. 비록 그 모임의 시간이 교회조직표와 규칙에 분명히 명시되어 있다 할찌라도 많은 사람들이 이러한 순서를 읽지 않으며, 또한 쉽게 잊어버린다. 그러므로 목사는 강대상으로부터 교회주보를 통하여 이러한 교회의 사업회에 성도들이 참여하도록 촉구해야 한다. 특별히 교회의 사업에 있어서는 가능한한 많은 성도들이 참여하는 것이 바람직하다. 이는 전체교회가 교회사업에 참여함을 자사토록 해주며 또한 불화를 없이하는 계기가 될 것이다.

2. 목사는 또한 이 모임이 적절히 계획을 수립해 나가고 있는지 살펴야 한다. 또한 재정보고서와 기타 다른 보고서가 준비되었는지의 여부를 확실히 해 주게 해야 한다. 또한 성도들의 모임에 앞서 당회가 미

리 예비적인 모임을 잘 가지는지도 살펴 보아야 한다. 이 교회사업회는 공동의회가 교회에 앞서 점검해야 할 문제들을 주의깊게 궁구했다면, 또한 적절한 권고사항을 마련했다면 보다 원활하게 진행되어 나갈 수 있을 것이다. 어떤 특별위원회가 맡겨진 사역을 하게 되었다면 목사는 그들이 보고서를 준비하는지의 여부를 점검해야 한다. 보고의 임무를 지닌 성도들로부터 보고서가 제출되지 않는 것은 교회사역에 있어서 당혹스런 일을 야기시키게 된다. 이러한 일의 발생은 그 모임의 사기를 저하시키며 교회발전에 장애요소가 될 수 있는 것이다.

3) 목사는 각 사업기간동안 경건의 시간을 가지면서 시작되어야 한다는 것을 분명히 해야 한다. 이 기간은 그렇게 길 필요는 없으나 교회사업회는 항상 말씀과 기도의 분위기에 휩싸여 있어야 한다.

4) 나아가 목사는 모든 일을 "적당하고 질서있게"(고전 14 : 40) 하라는 성경의 교훈대로 처리되어 가는지 살펴 가면서 유도해야 한다. 결국 사업회기의 진전에 있어서 그러한 질서를 지켜 나가려면 다음과 같은 사실들이 준수되어져야 한다.

① 개회 경건회 이후 정족수가 참석했는지 확인해야 하며,

② 회장은 지난회의(어떤 특별모임 등등)의 서기록 낭독을 요청해야 하고 승인을 얻어야 한다.

③ 그 다음 그는 재정위원 각종 조직 의장과 위원회의 보고를 요청해야 한다. 이때 목사의 보고도 있어야 한다면 이때에 보고 되어야 한다. 이 보고서는 교회사역의 단면을 보여주며 어떠하든지 중요치 않은 사항이 궁구되어져서는 안될 것이다. 그 모임은 이 보고서를 좇아 행동해야 한다.

④ 미결사업이 그때 궁구되어져야 하며 서기록 낭독으로부터 주목되어야 한다.

⑤ 그 후 새로운 사업을 제출하도록 요청되는데 이 범주에 있어서는 당회, 다른 조직, 심지어 개인에 이르기까지 추천이 있게 된다. 보통

당회를 통하여 새로운 사업이 상정되는 것이 바람직한데 이 그룹은 그 모임에 앞서 상정된 안건에 대해 주의깊게 사려할 시간을 가졌기 때문이다. 그러나 회중교회와 같은 교회에 있어서는 이것이 전적으로 필요한 것은 아니다. 어떤 회원이든지 사려해 볼 안건을 제기할 수 있는 권리는 가지고 있는 것이다.

⑥ 끝으로 모임에서 논의되어 정해진 사역위에 하나님의 은총을 구하는 폐회기도 드려진 후 폐회가 선포된다.

교회 사업회의 처리에 있어서 회장이 최소한의 회의법의 기초지식을 가지고 있는 것이 바람직하며 그는 또한 교회조직의 규칙에 대해서도 완전히 알고 있어야 한다.

더구나 교회의 모든 사역뿐 아니라 목회적 감독의 지위에 있어서 목사는 절제의 덕을 보여 주어야 한다. 성을 내거나 자신과 의견을 달리하는 사람들에게 분별없이 행동하는 목사는 성도들로부터 존경심을 잃게 되며 앞으로의 그 영향력을 손실하게 된다. 이러한 면에 있어서 좋은 교훈이 되는 것은 마틴 루터에게서 찾아볼 수 있는데 그는 라이프지히(Leipzig) 논쟁에 있어서 비록 그가 그 때에 혹평을 가했을찌라도 친절과 마음의 평정을 잃지 않고 한 손에 꽃다발을 들고서 논쟁의 열을 띨 때에 그 꽃을 바라보며 그 꽃의 향기를 맡곤 했었다.

추 천 도 서

Agar, Frederick. *The Deacon at Work*. Philadelphia: The Judson Press, 1923.

Benson, Clarence H. *The Church at Work*. Chicago: Bible Institute Colportage Assciation, 1929.

_____. *Techniques of a Working Church*. Chicago: Moody Press. 1946. Blackwood, Andrew W. *Pastoral Leadership*. New York and Nashville: Abingdon-Cokesbury Press, 1949.

Cashman, Robert. *The Business Administration of a Church.* New York: Harper and Brothers, Publishers, 1937.

Dolloff, Eugene D. *The Efficient Church Officer.* New York: Fleming H. Revell Co., 1949.

Elford, Homer J. *A Guide to Church Ushering.* Nashville: Abingdon Press, 1961.

Erdman, Charles R. *The Work of the Pastor.* Philadelphia: Westminster Press, 1924.

Garrett, Wills O. *Church Usher's Manual.* New York: Fleming H. Revell Co., 1924.

Lang, Paul H. *Church Ushering.* St. Louis, Mo.: Concordia Publishing Co., 1957.

Leach, William H. *Church Administration.* New York: George H. Doran Co., 1926.

McAfee, Cleland B. *The Ruling Elder.* Philadelphia: Presbyterian Board of Christian Education, 1931.

Riley, W.B. *Pastoral Problems.* New York: Fleming H. Revell Co., 1936. Chaps. 8, 14—16.

Robert, Henry M. *Robert's Rules of Order.* Chicago: Scott, Foresman and Co., 1915.

Sylvester, B.F. *Church Usher's Manual.* Cincinnati, Ohio: Standard Publishing Co., n.d.

제 18 장

목사와 교회 재정

    모든 교회는 처리되어야 할 재정문제를 가지고 있다. 어떤 교회에서는 이 문제가 다른 어떠한 문제보다 더욱 심각하다. 그러나 어떠한 어려움의 유무를 논하기 전에 이에는 매우 깊은 주의를 기울여야 한다. 신구약성경 모두가 물질과 하나님의 사역에 있어서의 재정적 지원에 대하여 많이 언급하고 있다. 하나님의 사역의 후원에 대해서 성경이 증거해 주는 따라야 할 원칙들이 있다고 필자는 확신하고 있는데 이러한 원칙들이 준수될 때 하나님의 사역이 유지됨에 있어서 어떠한 부담이 없이 기쁨이 넘치게 될 것이다.

    출애굽기 35장과 36장에 보면 주님의 사역에 대해 어떻게 재정적인 지원이 이루어 지는지에 대한 놀랄만한 모범적 양태가 증거되어 있음을 보게 되는데 이는 광야에서 성막을 지으려고 물질이 제공되는 상황을 설명해 주고 있다. 이 거룩한 건축물은 백성자신들이 마련한 자료로서 지어졌다.

    모세는 예물을 드리는 방법이 하나님께로부터 연원된 것임을 분명히 하였는데 이 예물에 대한 6가지 사실들이 면밀히 사려될만 하다. 첫째로 그것은 주님의 백성으로부터 드리어지는 예물이다(35:5). 그들은 그들의 영역밖에 어떤 사람들에게는 이를 결코 청하지 않았다. 모세는 "너희의 소유중에서 너희는 여호와께 드릴 것을 취하라"고 명하였다. 여기서 하나님이 그의 백성들에게 하나님의 사역에 지원할 것을 기대하고 계신다는 뜻의 원리를 발견하게 되는데 이 원리는 신·구약 모든 시대와 오늘날의 교회에도 적용된다. 둘째로 그것은 자원하여 드린 예물이다. 이러한 일에 대해 드리는 자는 누구나 "기꺼운" 마음으로 드렸다. 35장에 이러한 개념이 반복되어 제시되어 있다. 고린도후서에 나타난 "하나님은 즐겨 드리는 자를 사랑하느니라"(9:7)고 말씀하셨다. 세째로 그것은 자신의 능력껏 드린 예물이다(35:5). 모든 사람들이 똑같은 분량(分量)의 예물을 드린 것은 아니다. 이 말씀을 주의깊게 살펴보면 어떤 사람은 많이 어떤 사람은 적게 자신의 능력껏 하나님께 드렸다는 것을 분명히 알 수 있다. 이 원리는 또한 신약성경에 또한 증거되었는데 하나님께서 그들에게 소득을 얻게 하신대로 드릴 것을 가르치고 있다(고전 16:2). 네째로 그것은 하나님의 사역을 위한 열정에 의해 드려진 예물이다(35, 21, 26). "마음에 감동을 받아"라는 표현은 하나님께서 하나님의 사역에 대해서 그의 백성들이 열정을 가지시길 원하며, 그래서 기쁜 마음으로 드리기를 원하시고 계심을 가르쳐 주고 있다. 다섯째로 그것은 하나님께 드리는 예물이다. 출애굽기 35장에 "하나님께 드리는 예물"이라는 말이 열번이나 언급되어 있다. 요약하면 그들이 드리는 것은 예배의 행위인 것이다. 여섯째로 부족한 바를 채우기에 넉넉한 예물이었다(36:5—7). 백성들이 부족한 바에 응하여 충분히 드렸기에 그 계획에 따라 드릴 예물들을 더 이상 가져오지 말라고 제한하기에 이르렀다. 이것은 하나님의 사역에 있어서 일어나는 독특한 상황이 아닐 수 없다.

   오늘날 교회에 있어서도 이러한 계획에 의하여 행해진다면 재정문제는 대개 잘 해결될 것이며 모든 필요한 바를 충족시킬 충분한 재정이 제공될 것이며 교회의 사역에 있어서의 재정보조에 있어 야기되는 많은 어려움과 긴장감이 소멸되어 버릴 것이다.

1. 12가지의 초석(礎石)

　교회재정을 돌보는데 있어서는 12가지의 기본적 규칙이나 규정이 준수되어야 하는데 이것이 준행된다면 많은 교회들이 지니고 있는 재정적인 부담을 크게 경감시킬 수 있을 것이다. 더구나 하나님의 사역을 후원하는 보다 큰 기쁨을 얻게 될 것이다. 교회재정의 12가지의 초석을 요약하여 분석해 보자.

　1) 목사는 하나님의 사역을 후원하는 성경적 방법을 가르치고 선포해야 한다. 이 원리는 많은 뜻을 함축하고 있으며 이것에 대해 이후에 더 깊이 고찰되려니와 먼저 언급하는 것이다. 모든 목사는 그의 사역과 교회에 대하여 가르치며 설교함에 있어 그리스도인의 임무에 있어서의 재정적 면을 포함해야 하는 책임을 지고 있는 것이다. 따라서 이러한 점에 있어서 그것을 유보한다는 것은 그의 사역에 있어서 심각한 태만을 노정시키는 죄를 범하게 되는 것이다.

　목사는 강대상에서 재정적인 문제에 대해서 언급하는 것에 대해서 변명해서는 안된다. 성경은 신구약성경을 통하여 "돈"에 대해서 많은 말을 하고 있다. 우리 주님은 주님의 모든 비유로 말씀하신 것 중에서 3번씩이나 소유물에 대한 비유를 말씀하셨는데 복음서에는 여섯구절이나 이러한 문제에 대해 언급하고 있다. 그러한 문제에 있어서 본이 되는 주 예수 그리스도와 그 권위의 말씀에 따라 목사는 하나님의 지상사역에 있어서의 재정적 시원을 하고자 하시는 하나님의 계획을 성도들에게 선포하는데 있어서 결코 주저해서는 안될 것이다.

　하나님의 사역에 재정적 지원을 하고자 하시는 하나님의 계획은 과세나 회비, 좌석료, 판매, 친목회, 바자회 그리고 그 이외의 무엇을 통해 이루고자 하시는 것이 아니라는 것이 성경을 통하여 명백히 입증된다. 릴리(W.B. Riley) 박사는 "그러한 판매행위는 반 그리스도적인 영향을 미치며, 박애의 근원을 마르게 하고 하나님의 교회를 거지보다 못한 재정적 기초위에 서게하는 것이다"라고 했다.[1] 성경은 하나님의 집의 상업화를 반대하고 있다.

그 방법은 세상적인 조직이나 계획을 위한 자금의 염출에 근거하고 있으나 하나님이 하시는 일에 있어서의 방법론은 그의 사역이 하나님의 백성이 자유롭게 드리는 예물에 의해 지원을 받게 되는 것이다.

사도 바울은 고후 8장, 9장 전장에서 "드리는 은혜"에 대해 언급하고 있다. 이 부분에 있어서의 그의 호소의 정점은 인간의 구속을 위해 자신을 바치신 주 예수 그리스도의 인격으로 예증된다. 그리스도께서 베푸신 정신과 하나님의 말할 수 없는 은사에 대해 감사로 우러난 마음에서 그리스도인들은 하나님께서 자신의 사역의 보조를 위해 그들에게 축복하신대로 하나님께 드려야 한다.

그러므로 목사는 "드리는 은혜"를 선포하는데 있어서 신실해야 하는데 이것은 곧 지상에서 하늘나라의 사역을 지원하는 성경적 방법이기 때문이다. 이것이 오직 주의 이름에 합당한 유일한 방법이다. 그러나 목사는 재정적 문제에 대해 언급함에 있어서 항상 주의를 기울여야 한다.

2) 목사는 주님의 사역에 대해 정규적으로 예물을 드리는 중요성을 강조해야 한다. 사도바울은 이 개념을 강조하여 "매주일 첫날에 너희 각 사람이 소득을 얻은대로 저축하여 두어서 내가 갈때에 연보를 하지 않게 하라"(고전 16 : 2)고 말했다. 바울은 고린도교인들에게 주님께 드리는 예물에 대해 매주일 관심을 가지고 정규적으로 드릴 것을 가르친 것이다. 이것이 행해진다면 그가 갈때에 재정에 대해서 특별히 권고해야 하는 당혹스런 일이 없게 될 것을 그는 알았던 것이다.

이 원리는 우리들의 시대에도 강조되어야 하는 것이다. 매주 첫날은

---

1) W.B. Riley, *Pastoral Problems* (New York: Fleming H. Revell Co., 1936), p. 152.

먼저 주님께 드리는 귀한 시간이다. 또한 이 때는 하나님의 백성이 하나님의 집을 찾아 예배하며, 주님께 감사의 예물을 드리는 시간이다.

주님의 사역에 대한 지출은 그 주에 행해지며, 수입 또한 그 주에 있어야 한다. 그러한 정규적인 헌금을 돕기 위해 목사는 봉투 사용법을 장려하여 예배에 임하게 하는데 곧 봉투를 교회의 한 가정이나 각 개인별로 마련해야 한다. 그 해의 매주일이 명시된 봉투를 예비하는데 이것은 주의 사역을 돕는 크리스챤의 임무를 매주 기억하게 해 주는 것이다. 이 봉투는 헌금을 드리는 사람이 자신들의 헌금이 쓰여질 것을 알게 하는 기회를 주어야 하는데 일상지출, 선교, 기독교 교육, 혹은 마땅히 쓰여지는 곳을 지칭한다. 항상 목사는 봉투사용에 대한 유익을 보여주며, 봉투를 사용하도록 성도들을 일깨워야 할 필요가 있는 것이다. 그것은 주님께서 가르치신대로 체계적이고 정규적으로 헌금을 하도록 도울 것이다. 그러한 방법은 훌륭한 사업가의 마음을 끄는데, 결국 그리스도의 사역은 세상에서 가장 중요하고 위대한 사역인 것이다.

3) 목사는 매교회 예산연도에 따라 교회가 예산안을 마련하도록 유도해야 한다. 예산안은 조직에 있어서의 교육프로그램과 모든 종류의 사업계획과 사회단체와 다른 조직들에 있어서 절대 필요한 사항이다. 교회가 세상의 조직보다 적게 주의를 기울여야 할 것인가? 예산안 설정은 최소한 5가지의 명백한 유익을 준다.

① 교회가 수행해야 할 목표를 설정케 한다. 예산안의 필요에 부응하기 위하여 사람들을 체계적으로 매주 헌금하도록 고무시킨다. ② 종종 교회의 재정을 감소시켜 버리는 색다른 방법을 제거하는데 도움을 준다. ③ 교회가 차년도의 프로그램을 계획적으로 수립해 나가도록 도와준다. ④ 균형있는 교회의 계획을 수립하는데 도와주므로 각기 적절한 항목에 쓰이도록 유도해 준다.

예산안은 당회나 재정위원회, 혹은 다른 적합한 그룹에서 매우 주의깊게 마련되어야 하며 이것의 엄격한 관리와 승인을 위하여 매년 공동회의를 열어 성도들에게 제시되어야 한다. 이때에 성도들은 그 재정이 어떻게 사용되어 지는지에 대한 발언권을 가지게 된다. 이는 교회사역의 재정적인 면에 대해 보다 큰 관심을 갖게 하는데 그 결과는 성도들로 하여금 그것에 대한 지원을 위하여 보다 합리적으로 여유있게 헌금하도록 이끌 것이다.

예산안 채택은 목사로 하여금 매주일의 평균적인 헌금이 얼마이어야 하는지를 알게 해주며 그러므로 그는 예산안의 금액에 부응하도록 교회의 주보를 통하여 공적으로 성도들을 일깨울 수 있다. 헌금이 평균적인 수준에 밑돈다면 그는 성도들에게 헌금에 대해 보다 관대한 것을 촉구할 수 있으며 평균적인 수준에 부응하거나 웃돈다면 성도들을 칭찬하여 헌금에 대한 보다 큰 봉사를 할 것을 유도할 수 있을 것이다.

예산안은 교회의 모든 정규적인 경상비를 포함하는데 이에는 목회자 사례비, 관리비, 교회유지비, 전화비, 보수비, 음악관계 지출비 등과 같은 것이 있다. 어떤 교회에서는 선교헌금과 같은 특정헌금을 예비하고자 하는데 이는 전적으로 자유의사에 따르며 예산안에 이를 포함시키지 않으나 가능하다면 도달할 목표를 설정해야 할 것이다.

예산안 준비는 성경에 제시된 일을 하는 것인데 곧 행해야 할 사역에 앞서 비용을 계수하는 것을 의미하고 있다(눅 14:28). 그러므로 이 개념은 성경적 근거를 가지기 때문에 목회지도에 대하여 용기를 가져야 한다.

4) 목사는 교회의 재정적 지원에 대해 모든 성도들의 협력을 도모해야 한다. 고린도교회에 대해 바울은 "너희 각 사람이 소득을(이룸) 얻은대로 저축해 두어라"(고전 16:2)고 권고하였다. 모든 성도들이 교회의 사역을 돕는데 모든 부담을 함께 한다면 과중한 부담을 할 필요가 없으며 보다 폭넓게 교회사역을 펼칠 수 있다.

이 전 성도의 보조는 모든 성도를 포함할 뿐 아니라 교회의 비등록 성도들도 포함한다. 특정개인이 어떤 성도들과 함께하고자 원하는 한 그들은 그 계획을 지원하는데에 책임을 지니고 있는 것이다. 이는 또한 휴가나 또 다른 이유로 일시적 교회를 떠나있는 성도들도 포함한다. 젊은 사람뿐만 아니라 나이든 사람도 포함하며, 어린이들도 교회회원으로 받아들일 적정 연령에 이르면 이들도 헌금에 대해 가르쳐야 한다. 이 헌금은 많은 돈이 아닌 극히 적은 돈일지라도 어른뿐 아니라 청소년 어린이 모두 교회사역에 협조해야 한다. 많은 교회들이 어린이들을 위하여 특별봉투를 마련하는데 이것을 통해 그들은 각별한 기쁨을 가지게 되는 것이다.

5) 목사는 예배행위로서의 헌금을 강조해야 한다. 헌금은 성경에 그렇게 나타나 있다. 성막을 건축하기 위하여 드려진 예물은 곧 예배에 임하는 것으로 그 뜻을 분명히 자각할 수 있을 것이다. 동방박사들이 예수님 탄생시에 찾아와 경배하고 "그들이 그에게 예물을 드리니, 황금과 유향과 몰약이라"(마 2:11)라는 말씀을 우리는 찾아볼 수 있다.

헌금이 예배행위로서 고찰되어 질 때 일반적인 일의 영역을 넘어 고양되는 것이다. 이 개념은 매우 귀하며, 거룩한 뜻을 함유하고 있는 것이다. 주일아침에 헌금을 드리는 것은 대부분 찬송, 기도, 설교처럼 긴 예배사역의 한 부분인 것이다. 목사는 그의 성도에게 이것을 깨닫게 해야 한다. 그러므로 목사는 헌금을 드리는 일에 있어서 비록 그가 강조하게 될 때에도 결코 합리화(合理化)시키는 변명이 되어서는 안될 것이다.

6) 목사는 성도들이 읽을 수 있는 헌금을 주제로 한 문헌들을 예비함으로 교회의 헌금사역에 대한 도움을 줄 수 있다. 어떤 목회에 성공한 목사들은 성도들에게 특히 새신자들에게 교회재정에 대한 성경적 계획을 다루고 있는 「교회생활에 있어서의 나의 계획」이란 매력적인 제목을 가진 소책자를 읽도록 준비 하였는데 이것은 성도들에게 그러한 문제를 이끌 수 있는 유익한 방법이 아닐 수 없다. 이에 대해서 목사는 헌금에 대한 자료를 기술할 수 있으며 여러가지 자료들로부터 헌금을 주제로 한 소 논문과 소책자를 얻을 수 있는데 이것을 위해 소논문집을 특별히

발행하는 출판사도 있다. 교회주보의 한 페이지에 정기적으로 그러한 자료를 싣는 것도 크게 유익할 것이다.

7) 목사는 성도들에게 헌금의 기초인 십일조를 드릴 것을 촉구하므로서 교회재정 문제를 쉽게 해결할 수 있을 것이다. 이 십일조는 신구약 모두에 증거되어 있는 성경적 제도이다. 그것은 율법에 앞서 행해져서 십일조의 법적제도를 반대하는 견해들을 배제해 버린다. 아브라함도 십일조를 드렸고(창 14 : 20) 야곱 역시 그렇게 했다(창 28 : 22). 율법이 제정된 후에도 십일조에 대한 성경말씀을 읽게 되며(말 3 : 10) 역시 신약시대에도 그러하다. 주 예수 그리스도의 십일조에 대한 인정이 눅 11 : 42에 기록되어 있는데 여기서 우리는 예수님께서 바리새인들의 죄악을 꾸짖었으나 그들의 십일조를 인정하였다.

십일조는 크리스챤의 제도에 있어서 헌금의 단지 한 토대일 뿐이며 그 궁극적인 것은 아니다. 기독교인들이 다른 신을 섬기는 사람들보다 더 적은 헌금을 한다는 것은 생각할 수도 없는 일이다. 크리스챤이 자신의 십일조를 최저 수준으로 작정해서는 안된다. 일정한 기준이 없이 순간적인 끌림이나 자신을 자각케 해주는 상황에 따라 그때 그때 헌금하는 일부 기독교인들은 그들이 실제로 드리는 헌금이 그들 수입의 얼마의 비율을 차지하는가를 정확히 알게 된다면 놀랄지도 모를 것이다.

대다수의 기독교인들은 십일조로부터 큰 은총을 힘입게 되며, 십일조가 교회의 규율화가 된 곳에는 재정문제가 극소화 되는 것을 깨닫게 될 것이다. 성도들은 그들이 헌금을 평가하는 어떠한 기준을 가지고 있어야 하는데 성경상에 증거된 것보다 더 나은 기준이 어디 있을 것인가?

8) 목사는 지출에 따라 지출 할 것을 그의 교회에 가르쳐야 한다. 교회가 재정적인 문제에 있어서 부주의 한다는 평판을 듣게되면 지역사회에 그 신용을 쉽게 잃어 버리게 될 것이다. 많은 지역에서 교회가 좋지 않은 평판을 받고 있다는 사실은 매우 애석한 일이다. 그 어떤 것보다도 목사를 파멸시키는 두가지 요소는 돈과 여자라고 사람들은 말한다.

교회가 재정문제에 있어서 일부 목사의 본을 따르는 경우가 많이 있었다. 그러므로 목사는 재정관리인에게 교회계산서를 정확히 관리해 나가도록 해야 할 것이다. 그러한 정확한 자세는 지역사회에서 교회가 영적 임무를 성취해 나가는데 보다 유리하게 한다.

9) 목사는 교회가 과대한 빚에 억눌리지 않도록 전 힘을 다하여 교회를 인도해야 한다. 어느 정도의 빚은 교회를 위해서 유익 할 수도 있다. 아프리카의 어느 종족 가운데에는 급류를 건널때 하류로 떠내려 가지 않도록 무거운 짐을 지니고 건너기도 하는데 이와 마찬가지로 어느 정도의 교회의 부채는 교회를 성장케 한다는 것이다. 이것은 어떤 계획을 성취하기 위하여 은행에 충분한 돈이 예비될때까지 지체해야 한다면 귀한 시간을 뺏기게 되어 교회 발전에 큰 장애가 될 수 있는 것이다.

롬 13:8의 "피차 사랑의 빚 이외는 아무에게든지 아무 빚도 지지 말라"라는 성경의 권고는 빚을 지지 말라는 훈계가 아니다. 그 내용은 우리가 "지불해야 할 것"과 우리가 마땅히 그것을 지불해야 함을 깨닫게 하는 것인데 그러나 이 모든 짐을 다 갚을 때에도 사랑의 빚은 항상 우리에게 남아 있는 것이다. 이 귀절에 대한 훌륭한 번역은 "어떤 사람에게든지 무엇을 계속해서 빚지지 말라"고 할 수 있을 것이다. 환언(換言)하면 계약이나 저당이나 지불기일까지 빚을 갚을 수 있는한 돈을 차용하는 것은 죄가 아니라는 것이다. 과대한 빚은 성도들을 낙망 시킬 수도 있는데 교회가 너무 빚을 많이 져서 그것을 감당할 능력 이상이 되면 성도들의 심령은 좌초될 것이며 교회밖의 사람들을 인도하는데 큰 장애 요소가 될 것이다.

10) 목사는 교회 재정관리자로서 봉사해야 할 사람을 현명하게 선별하여 최선의 노력을 경주하여 바로 인도해야 한다. 재정간사, 재정담당관, 재정위원과 회계감사위원과 재정관리위원이 주님께 대한 신실한 헌신을 하는 사람이어야 함과 능력있는 일꾼이어야 함은 당연한 것이다.

재정간사는 재정확보에 관계하며 개개인의 헌금과 재정이 마련되는 여러 가지 사항에 대해 기록해야 한다. 개인이 봉투를 사용하여 헌금할 경우 훌륭한 재정간사는 각 회원이 그 해에 헌금한 것과 그 헌금내역에 대해서 말할 수 있어야 한다. 그는 또한 지출에 대해서도 분명한 기록을 해 두어야 한다.

재정담당관은 주로 재정지출에 관계한다. 그는 물론 재정간사가 그에게 넘겨준 재정기록과 모든 지출사항에 대해 기록하며 점검해 두어야 하고 이 두 위원은 각자 서로의 점검자로서 행동해야 한다. 그들은 대단히 중요한 임직을 맡고 있기 때문에 재정관리와 기록정리에 어느정도 능력을 갖추고 있어야 하며 의심할 수 없는 신실한 사람들이어야 한다. 이 두 사람과 더불어 가능하다면 한 두사람 정도 증원하여 재정위원회를 이루는 것이 좋은데 이들은 교회에 재정적 업무를 맡은 재정담당자들로서 교회에 소개되어져서 성도들에게 재정문제에 관한 권고를 하도록 해야 할 것이다.

재정위원들을 보호하며, 모든 이들이 교회재정에 있어서 그들을 완전히 신임하도록 만들기 위해서 목사는 그 장부들을 정규적으로 감사해야 한다. 필자는 최근에 회계감사를 하지 않은 주일학교 재정담당자가 그가 거래하는 은행으로부터 교회의 재정을 도용함으로 주 감옥에 수감된 사람에 대해 들은적이 있는데 이것은 교회에서 재정문제에 극도의 관심을 기울여야 하는 그 중요성의 문제를 냉정하게 고무시켜 준다.

11) 목사는 재정위원들이 지정된 재정을 취급하는데 있어서 절대로 정직해야 할 것을 부단히 언급하며 권고해야 한다. 지정된 재정은 어떤 다른 목적을 위해서 결코 사용 되어져서는 안된다. 예를 들면 선교를 위해 쓰여질 재정이 교회의 지붕을 수리하는데 쓰여지는 것은 옳지않다. 그러한 절차는 불합리한 것이며 만약에 그렇게 쓰여지고 있다면 곧 억제해서 보류하거나 다른 방편을 취해야 할 것이며 결코 정직하지 못하게 쓰여져서는 안될 것이다.

12) 마지막으로 가장 중요한 사실은 목사가 하나님께 드리는 문제에

있어서 양떼들의 본이 되어야 함을 분명히 해야 하는 것인데 목사가 이 문제에 있어서 자신이 스스로 관대한 감사를 드리는 자가 되지 못한다면 그는 다른 뭇 성도들에게 하나님께 바치는 것에 대한 것을 설교하지 않는 것이 좋을 것이다. 어떤 목사들은 그들이 교회에 대해 자신의 전생(全生)을 바치므로 성도들이 바쳐야 하는 것과 같이 자신의 수입을 바치는 일에서 제외된다는 뜻으로 무력한 논증을 펼치고 있는데 목사도 다른 성도들처럼 사례를 받기 때문에 그도 마땅히 얻은 것을 하나님께 드리는 일에 있어서 예외가 될 수 없이 성도들에 앞서서 선한 모범을 보여야 한다. 시냇물이 그 시냇물의 근원보다 더 높이 거슬러 올라가지 못하듯이 목사가 그것에 대해 모범을 보이지 못한다면 교회성도들이 드리는 감사사역에 있어서 뛰어날 수 없는 것이다.

이러한 사실들에 대한 고찰을 끝맺으면서 우리는 사도바울이 마케도냐 성도들에게 증거했던 그 증거를 기억해야 할 것인데 바울은 그들에게 "우리의 바라던 것 뿐 아니라 저희가 먼저 자신을 주께 드렸도다"(고후 8 : 5)라고 하였다. 목사는 그러한 헌신이 모든 규례와 규칙 보다 우월함을 의미한다는 사실을 분명히 깨달아야 한다. 성도들이 주님께 신실히 헌신하게 될 때, 교회에 대한 그들의 재정적 지원은 자연발생적인 것이 아니겠는가?

추 천 도 서

Agar, Frederick A. *Church Profit Making*. New York: Fleming H. Revell Co., 1929.

Barndollar, W.W. "The Scriptural Tithe." Unpublished thesis submitted for the degree of Doctor of Theology at Grace Theology at Grace Theological Seminary, Winona Lake, Ind., 1959.

Benson, Clarence H. *Techniques of a Working Church*. Chicago:

Moody Press, 1946.

Dolloff, Eugene D. *The Efficient Church Officer*. New York: Fleming H. Revell Co., 1949.

Ellis, H·W. *Christian Stewardship and Church Finance*. Grand Rapids: Zondervan Publishing House, 1953.

King, Julius (compiled and annotated by). *Successful Fund Raising Sermons*. New York: Funk & Wagnalls Co., 1953.

Lansdell, Henry. *The Tithe in Scripture*. Grand Rapids: Baker Book House, 1963.

Leach, William H. *Handbook of Church Management*. Englewood Cliffs, N.J.: Prentice-Hall, 1958.

McGarrah, Alfred F. *Modern Church Finance*. New York: Fleming H. Revell Co., 1916.

Riley, William B. *Pastoral Problems*. New York: Fleming H. Revell Co., 1936.

제 19 장

목사와 주일학교

주일학교의 중요성에 대해서는 논의할 필요가 없다. 여기에서 성경을 배우며 새 신자를 양육하며, 각 연령수준에 맞게 그들을 적절하게 인도하는 일을 감당해 나가며 또한 복음전도의 가장 비옥한 분야를 맡은 곳으로서 교회의 매우 중요한 부문인 것이다.

목사는 교회의 다른 모든 분야와 같이 주일학교에 관해서도 매우 중요한 책임을 지고 있다.[1]

주일학교 교육에 대해 타고난 열정가였던 트럼불(Henry Clay Trumbull)은 과거에 결코 비교할 수 없이 탁월한 방법으로 이 관계를 표현했

---

1) 이 장에서 논의하는 바는 목사 자신이 기독교 교육의 지도자로서 봉사하는 작은 교회에 적용되는 것이다. 교회가 기독교 교육의 전문지도자를 두었을 때는 그 상황은 달라진다. 그때에 교회의 교육사업을 담당하는 책임자는 주일학교 부장의 감독을 받게 되며 목사는 교육담당자와 주일학교 부장과 주일학교의 사역에 관해서 빈번한 논의를 하기 위한 모임을 가져야 한다. 이 때 교육사업을 위해 근본적인 책임을 맡은 교역자를 세운다는 것은 목사가 교회학교의 문제와 발전에 있어서 책임을 지지않는다는 것을 의미하는 것은 아니다. 그는 교역자들과 함께 논의해야 하며 교육자 훈련에 능동적으로 참여해야 하며 선택된 교과과정에 관계해야 하며 주일학교의 실제교육에 익숙해 있어야 하는데 이것은 교회학교의 각종 분야에 자주 참여해 봄으로서 달성할 수 있는 것이다. 물론 주일학교는 교회의 전 교육사역의 한 면일 뿐이다. 청년그룹, 여전도회의 사역, 장년성경공부, 등등을 모두가 일반적으로 기독교 교육지도자의 감독하에 있게 된다. 이러한 전 프로그램이 기독교 교육회를 통하여 크게 충족되어야 하는데 곧 당회가 교회의 전 조직을 관할하듯이 교회의 전 교육사역의 미비점을 보완해야 하는데 이러한 주제에 대한 좀더 충분한 논의는 "교회조직의 장"을 보라.

는데 "목사의 그의 교회에 있어서의 주일학교는 그의 교회의 강대상이 자신의 강대상인 것 같이 곧 자신의 "주일학교"라는 것이다. 이것은 목사가 어떠한 위치에 있어야 하는가? 혹은 지식에 있어서, 능력에 있어서, 정신적인 면에 있어서, 의도하는 면에 있어서, 그가 의당히 감당해 나가려면 그는 계획과 그 영역, 구성, 활동방법에 대해 관여해야 함을 나타내주는 것이다. 목사가 이것을 담당할 때 이 모든 것에 골고루 관심을 쏟지 않았다면 이후부터 이 모든 분야로 관심을 돌려야 한다.[2]

남부침례교 신학교의 전 교장이었던 멀린스(E.Y. Mullins) 박사는 주일학교의 중요성을 공적인 신조로 호소력있게 그 문제를 다루고 있는데 그것은 아래와 같다. "주일학교에 있어서 '교사중의 교사'요 '지도자중의 지도자'는 바로 목사 자신이다."

이 장에서 논의하고자 하는 필자의 의도는 목사가 주일학교에 있어서 감독의 직분을 감당해야 하는 문제에 관련된 사항에 대한 개괄적인 문제이다.

1. 목사와 주일학교 부장

논리상 먼저 목사와 주일학교 부장과의 관계에 대해서 언급하고자 한다. 과거의 훌륭한 주일학교의 사역자요 친히 40년간 주일학교 부장으로서 봉사했던 메리언 로렌스(Marion, C. Lawrance)는 목사와 주일학교 부장과의 관계에 대해서 이렇게 기술하고 있다. "목사가 주일학교 부장 사이에 존재해야 하는 적절한 연관관계에 대해서는 극도로 중요한 것처럼 강조한다고 하더라도 지나치지 않다. 교회에서 이 두 사람이 함께 이끌어가지 않는다면 그렇게 훌륭한 하나님의 사역을 성취해 나갈 수 없으며, 교회에 있어서 그 어느 두 사람 보다도 그들이 의견을 달리

---

2) Marion Lawrance "In my Message to Sunday School Workers," (New York: George H. Doren Company, 1924), p.219.

한 때에 극도로 혼돈에 빠질 우려가 있는 것이기 때문에 목사와 내가 대단히 친밀한 교제를 갖는 것이 내게는 커다란 기쁨이었다."4) 그가 뜻을 같이하여 사역할 수 있는 주일학교 부장을 만난 목사는 복이 있을 것이며 또한 그가 함께 사역할 수 있는 목사를 만날 주일학교 부장 역시 복이 있다. 이 상황은 두가지 각각의 길을 보여주고 있다.

목사는 주일학교의 미래를 필요로 한다. 목사가 복음전도와 하나님의 말씀의 가르침과 지도자의 양성 등의 목적을 위해 교회에 있어 막강한 힘을 발휘하여 주일학교의 앞날의 사역을 계획하지 않는다면 그는 주일학교에 큰 유익을 주지 못할 것이다. 주일학교에 거의 혹은 전혀 관심을 기울이지 않는 목사를 본다는 것은 대단히 슬픈 일이다. 그 결과는 피할 수 없이 주일학교와 나아가 전 교회의 파탄을 수반할 것이며 통계상으로 거듭 드러나는바 교회의 회원으로 발을 디디는 많은 사람들의 비율을 검토해 볼 때 주일학교를 통하여 들어오는 사람의 비율은 엄청난 것이다. 그러므로 맡은바 임무에 있어서 이 부문의 사역에 게으른 목사는 교회성장의 큰 저해 요소를 방치하고 있는 것이다. 마찬가지로 주일학교의 부장 역시 교회의 미래를 바라 보아야 하는데 그가 주일학교는 단순히 그 자체로서의 조직에 끝나는 것이 아니라 교회의 지체임을 인식하지 못한다면 그는 결코 건설적인 사역을 수행해 나갈 수 없을 것이다. 너무도 많은 주일학교들이 교회와의 사이에 있어서 긴밀한 연관성 없이 교회로부터 거의 분리되어 구성되어 있는데 주일학교 부장이 교회의 전 사역에 대해 확실한 계획을 자각치 못한다면 이러한 상황은 쉽게 초래될 것이다. 그의 임무는 주일학교의 회원들로 하여금 교회와 긴밀한 연관을 갖도록 유도하는 일이며 이러한 사역에 상호 협조적인 목사와 주일학교 부장은 항상 좋은 관계를 유지해 나갈 수 있을 것이다.

또한 목사와 주일학교 부장은 각자의 문제에 대해서도 함께 의논해야

---

4) Ibid., p. 223.

하는데 교회에 잘못된 점이 있다면 목사와 부장은 공적으로 그것을 공표하기 전에 사적으로 그러한 문제에 대하여 논의해야 한다. 만족할 만한 결과가 이러한 방법에 의해 산출될 수 없다는 것은 놀랄만한 일이다. 필자가 잘 아는 어느 목사는 매주 토요일 아침에 한 시간동안 정기적으로 주일학교사업에 대해 주일학교 부장과 늘 상의하고 또한 주일학교의 사업과 문제에 대하여 항상 기도한다. 그러한 실천행위는 교회의 건설적인 성장에 대한 확신과 괄목할만한 결과를 가져올 것이다.

부장과의 부단한 접촉을 통하여 목사는 먼저 목사자신과 부장이 맡은 사역의 중요성을 인식시켜 그로 하여금 늘 자각하고 있게 해야 한다. 일반적으로 교회에서 목사 다음으로 주일학교 부장이 행하는 것보다 더 큰 영향력을 발휘할 사람은 없다(만약 있다면 기독교교육 담당지도자 뿐이다). 목사는 이 영향력을 교회성장의 적극적인 요인(positive factor)이 되도록 하기 위해 가능한 한 모든 노력을 경주해야 한다.

끝으로 목사는 주일학교 부장에게 훌륭한 부장의 책임과 의무를 증거해 주는 유익한 문헌들을 접해 보도록 고무시켜야 한다. 모든 교파의 주일학교 위원회는 그러한 자료를 공급할 수 있으며 초교파적인 문헌들을 공급해 주는 초교파의 문헌 취급점들이 있다. 또한 목사는 부장으로 하여금 그의 전도를 밝게 해 주는 아이디어와 깊은 감명을 주는 주일학교 회의와 대회에 참석하도록 고무시켜야 한다. 주일학교 부장이 큰 사역을 맡고 있다면 그는 그것을 감당해 나가기 위해 목사가 줄 수 있는 모든 격려를 필요로 할 것이다.

2. 목사와 교사들

주일학교 교사와 목사와의 관계도 부장만큼이나 중요하다. 목사가 교회에서 하나님의 말씀을 가르치는 이들에게 관심을 기울이지 않는다는 것은 거의 생각할 수 조차 없는 일이다. 그런데 이러한 관계가 너무 소홀히 취급되어 왔다.

　목사는 주일학교에서 가르치는 교사들에 대한 선별문제에 관심을 가져야 한다. 만약 이렇게 하지 않고는 어떻게 교회사역의 전 부문에 있어서 감독자로서의 책무를 잘 수행해 나갈 수 있겠는가?

　목사는 또한 교사들의 훈련에 대해서도 관여해야 한다. 모든 목사는 주일학교의 훈련 학급이 있는지 살펴 보아야 한다. 이러한 사실을 통해서 그는 교사들이 유익한 열매를 맺을 수 있도록 인도해 갈 수 있다. 대부분의 교사들은 성경강습회나 대학 및 신학교 등에서 교육을 받을 기회가 없었을 것이며 그들중의 일부는 아마 그 어느 성경교육 과정도 거치지 못했을 것이다. 주일학교 부장과 그의 다른 교회사역자들과 함께 교회에서 유익한 훈련을 하도록 유도하는 것이 바로 목사의 책무가 아닐 수 없다.

　진정한 교사 없이 학교라고 불려질 수 있는 기관은 없으며 또한 교사훈련 없이 진정한 교사가 있을 수 없다. 요즈음 교사훈련 교육과정을 위한 자료가 늘어나고 있는데 목사와 그의 동역자는 교육과정을 공표하기에 앞서 이러한 문제를 다룬 권위 있는 것들에 대해 논의하는 것이 대단히 유익할 것이다. 예를 들어보면 벤슨(Charence H. Benson)의 저서 *The Sunday School in Action*에서 "교사훈련"이라는 제목으로 한 장을 적어 놓았는데 벤슨은 이 장에서 교사훈련에 대한 개요를 말해주고 있다. 목사는 자신의 열매맺는 귀한 사역을 감당해 나가는데 있어서 주일학교에서의 교사훈련 사역에 크게 좌우됨을 자각해야 한다.

　또한 목사는 교회학교에서 가르치는 교육과정을 감독해야 할 책임을 지니고 있는 것이다. 그가 강대상에서 어떤 메세지를 전파할 때에 교사가 가르친 자료와 지식이 그 목사의 메세지와 조화를 이루지 못하고 있다면 그는 헛된 전투를 하고 있는 것이다. 벤슨(Benson)은 이 분야에서 가능한 모든 것을 나타내 주는 주일학교의 교육과정에 대한 훌륭한 장을 포함하고 있다. 성경중심의 그리스도를 높이는 적절한 자료가 주일학교에서 가르쳐져야 함을 강조하는 것이 목사의 임무가 아닐 수 없다.

또한 목사는 항상 교사들과 담당자들에게 그들이 담당하는 사역의 중요성을 강조해 주어야 한다. 주일학교 각부의 회의나 모임이 있다면 목사는 종종 그 모임에 참석하여 그들에게 맡겨진 사역에 대해 좀더 열의를 갖도록 고무시켜 주어야 한다. 목사는 이들에 앞서 높고 거룩한 목표를 가져야 하는데 곧 모든 주일학교가 사람들을 하나님께 인도하며 그들로 하여금 그리스도와 같은 삶의 길을 가도록 가르쳐야 한다.

나아가 목사는 모든 주일예배와 삼일기도회에 참석하는 것 뿐만 아니라 가능한 한 교회의 모든 노력에 맞추어 행동하는 협동의 중요성을 그들에게 부각시켜야 한다. 이러한 일에 대해 교사들이 어떻게 반응하느냐에 따라 자신이 가르치는 학생들이 교사인 자신에 대해 어떻게 반응하는 문제를 크게 좌우하게 한다.

목사는 교사들과 그들의 사역에 대해 개인적으로 이야기 할 수 있는 기회를 가져야 한다. 이때 목사는 그들이 어떻게 가르쳐 나가고 있는지 물어봐야 한다. 그들 가운데 이제 신앙고백을 하려하는 이들이 있지 않은지? 목회상담을 필요로 하는 경우는 없는지? 이러한 관심은 교사들을 더욱 신실히 봉사하도록 하게 하며, 목사가 관심을 가지고 있음을 알게 되므로 큰 용기를 얻게 된다. 목사가 교사들과 대화할 때 그는 커다란 상급이 주어지는 그들의 사역이 매우 중대함에 대해 깊은 인상을 받도록 해야 한다.

3. 목사와 주일학교 회의

교회의 전 프로그램에 있어서 주일학교의 중요성은 맡은바 사역을 감당해 나가는 교사들과 위원들의 정규적인 모임을 요구한다. 때때로 이 모임은 주일학교 각의, 혹은 주일학교 회의 또는 주일학교의 교사와 위원들의 모임이라고 불리운다. 그러나 중요한 것은 명칭이 아니라 바로

제19장 목사와 주일학교 271

수행되어야 할 사역인 것이다.

목사는 조직이 기능을 제대로 발휘하고 있는지 살펴 보아야 한다. 주일학교에 그러한 조직이 없다면 그는 구성되어지는 것을 살펴 보아야 한다. 여기에서 성공적인 주일학교로 활동해 나가기 위한 계획을 수립해야 하며 문제가 제기되고 또한 해결되어야 한다. 이와같은 많은 책무들이 이 회의에 속해 있는 것이다. 그러한 회의 조직에 대해서는 벤슨(Benson)의 앞에서 언급한 책의 제15장이나, 머취(James Deforest Murch)의 책 *Christian Education and the Local Church* 제23장에서 매우 유익한 도움을 얻을 수 있을 것이다. 목사는 주일학교 부장에게 그러한 서적들을 읽도록 권고하여 그가 그러한 조직에 대한 작업과 취지를 잘 알도록 해야 할 것이다. 이러한 조직을 새로 결성함에 있어서 목사는 그 작업을 잘 관리, 감독해야 할 필요가 있는데 그래서 훌륭한 출발과 선한 목적을 달성하도록 인도해야 할 것이다.

목사는 주일학교 위원들로 하여금 그 회의에 참석하도록 유도해야 한다. 그가 주일학교 부장으로서의 지도력을 발휘해서는 안되지만 필요시에 어떤 제안을 해줄 준비를 항시 갖추고 있어야 한다. 목사는 독단적이어서는 안되며 가능한 한 모든 일에 유익을 끼치려고 노력해야 하는 것이 바람직하다. 그래서 그 회의의 의장은 항상 주일학교 부장이 되어야 한다.

목사는 요청이 있을 때 그 회의에 나가 강화를 할 준비를 해야 한다. 그럴 때에는 그는 교회와 주일학교 사이에 있어야 할 바른 관계에 대해서 논해주면 좋을 것이다. 그때에 그는 전 교회프로그램과 주일학교를 보다 긴밀하게 연관시켜 나갈 수 있도록 영향을 끼칠 수가 있는 것이다. 그는 또한 항상 주일학교가 직면한 문제에 대해 논할 수도 있다.

또한 목사는 주일학교 사역자들이 따라야 할 어떤 규범을 창안해 나가도록 그의 영향력을 끼쳐야 한다. 그러나 그는 이 일에 조언만 하고 그들 자신의 규범을 창안해 나가는데 대해 그 회의에서 깊은 인상을 주었다면 최선을 다한 것일 것이다. 참여할 이들은 그들에게 강요된 규범보다 그들 자신이 택한 규범에 따를 수 있어야 한다.

  목사는 주일학교 교사와 위원들을 위해 매년마다 공적 임명식을 마련해야 한다. 그러한 예식은 주일 낮예배의 한 부분을 차지할 수 있으며 또한 주일학교의 개회예배의 한 부분으로 행해도 좋을 것이다. 전자의 방법이 주일학교와 교회가 보다 친밀하게 연합되게 하며 또한 주일학교의 정규적인 프로그램을 진행하는데 지장을 주지 않을 것이다.

  목사는 이 공적임명식을 가질때 그는 교사들과 위원들에 앞서 그들의 분명한 임무를 설정하여 그것을 이행해 나가는데 그들의 상호협력을 요청해야 하며 그들이 성도들 앞에 서 있을 때에 헌신의 기도를 드려야 할 것이다. 성도들 또한 가능한한 전심을 기울여 협력하며, 기도로서 주일학교의 전 임원 및 교사를 보조하는 책임을 이행해 나가야 한다. 교사들과 임원들의 능력이야 어찌하든지, 그들은 전 교우들의 협력이 없이는 훌륭하게 그들의 사역을 감당해 나갈 수 없을 것이다.

4. 목사와 조직

  교회를 이끄는 행정가로서 목사는 주일학교의 조직에 대한 책임을 지게 된다. 목사는 주일학교 자체가 적절하게 잘 구성되는 것에 대해서 살펴보아 그러한 면에 대해 유익한 영향을 끼쳐야 할 뿐더러 교회와 주일학교 사이에 긴밀한 연관관계를 맺도록 유지해야 한다. 너무나 빈번하게 이러한 관계가 소홀히 취급되고 있다. 주일학교의 조직면에 있어서 관리감독해 나가는 데에는 다음과 같은 4가지 사항에 깊은 주의를 기울여야 한다.

  1) 그는 주일학교 자체에서 주일학교의 주요임원을 선별하기 보다는 교회에서 그 선별문제를 관할해야 한다. 이것은 그렇게 해야 할 만한 근거 있는 당위적인 이유가 있는데, 주일학교는 교회의 필수불가결한 한

부문이며 여기서 성경을 공부하게 된다. 그렇기 때문에 교회에서는 그 임원들을 선택해야 하는 것이며 이것은 교회와 주일학교를 연합하게 한다. 교회의 모든 프로그램에 깊은 관심을 가지고 있지 않은 임원을 선별하는 일은 미연에 방지되야 하는데 종래에는 인기가 어떤 임원을 선별하는데 빈번하게 그 척도인양 생각되어져 왔다. 교회에 의한 임원의 선별은 이러한 맹점을 제거하여 결코 교회에 대한 헌신봉사를 하지 못할 임원은 선별치 말아야 할 것이다. 남부 침례교회 주일학교에서 이 점에 대해 매우 훌륭한 모범을 보여주고 있는데 그것은 교회에 의해서 작성된 주일학교에 대한 정규보고서에 의해서 교회가 교사들과 임원들을 선별하는 것이다. 이 방안은 주일학교를 교회조직의 필요한 한 부문으로 이끄는 것이며 또한 그렇게 되어져야 한다.

2) 목사는 교회의 실정에 맞추어 가능한한 최선의 방법으로서 주일학교의 각 부를 분류하도록 살펴야 하며 목사는 완전히 분류된 주일학교의 각부가 제 기능을 발휘할 수 있는 최적의 상태에서의 주일학교의 목표(goal)를 설정하고 있어야 한다. 모든 공립학교처럼 연령별 그룹으로 그들의 능력에 따라 구별하여 관리하는 것이 유익하다.

교회학교의 각부의 조직은 다음과 같이 분류할 수 있을 것이다.

1. 영아부 : 출생—1세
2. 보육부 : 2세—3세
3. 유치부 : 4세—5세
4. 유년부 : 6세—8세
5. 초등부 : 9세—11세
6. 중등부 : 12세—14세
7. 고등부 : 15세—17세
8. 청년부 : 18세—24세
9. 장년부 : 25세 이상.

10. 노년부 : 활동이 어려운 이들.5)

3) 교회와 연합되어 나가도록 또한 성도들이 주일학교가 어떻게 운영되어 나가는지 알게 하기 위하여 목사는 교회의 각 부가 함께 모일 수 있는 자리를 종종 마련하도록 고무시켜야 한다. 그러나 이것은 각부의 사역에 방해가 될 만큼 너무 빈번하게 행해져서는 안될 것이다. Rally Day*, 결신의 날 혹은 어린이날 같은 날에 이러한 자리를 마련하면 큰 관심을 유발시킬 수 있으며 큰 유익이 있을 것이다.

4) 목사는 교회학교의 각 부에서 가르치는 것에 대해 관리 감독해야 한다. 전술한 바와 같이 목사는 교회학교의 각부에서 가르치고 있는 것이 교회의 신앙이념과 철저하게 합치되도록 유도해야 한다. 목사는 올바르지 못한 자료를 가지고 진리를 곡해하고 있는 교사를 발견했을 때 그 교사를 묵인한다면 다른 교사들도 이러한 양태를 좇을 가능성이 있기 때문에 머지않아 주일학교의 학습사역에 대단히 큰 혼란을 야기할수 있을 것이다. 목사는 이러한 것을 방치해서는 안되며 철저하게 계도해야 한다.

5. 목사와 주일학교의 서기

목사는 교회사역의 신빙성 있는 기록의 중요성을 자각해야 하며, 가능한한 최선을 다하여 교회학교가 능력있는 서기를 선별하도록 유도해야 한다. 훌륭한 주일학교의 서기는 비록 찬양받지 못하는 영웅이지만 이는 비할 수 없이 귀한 사역을 감당해 나가며 목사와 주일학교의 임원들에 의해 높이 평가되어야 한다.

---

5) Charence H. Benson, *The Sunday School in Action* (Rev. ed.; Chicago: Moody Press, 1941), p.54.

* 역자 주 : Rally day.는 우리 한국교회의 상황에서 명명하자면 "총동원 주일"이라고 하면 적합할 것같다.

제19장 목사와 주일학교   275

주의 깊은 주간, 월간, 계간(분기별), 그리고 연간 보고서들이 주일학교의 성장을 보여 준다. 전술한 보고서들을 대조 비교하고 연구해 보면 주일학교가 성장하고 있는지 그렇지 못한지 판단할 수 있으며 또한 취약부분과 장점들이 판별될 수 있다. 이것은 주일학교 회의에서 세밀하게 궁구되어져야 하며 프로그램의 취약점을 강화하는데 모든 노력을 경주해야 한다. 이 보고서들은 출석률의 증감여부를 보여주며 새신자들의 출결상황을 나타내 준다. 서기의 보고서에 의해 나타난 여러가지 요소들은 주일학교사역을 증진시키는데 필요한 사람들을 분명히 제시해 준다.

이러한 모든 면을 고려해 볼 때 주일학교서기는 그 어느 부서이든지 비할 수 없이 귀중한 자리를 차지하고 있으며 목사는 주일학교 서기가 맡은 직무에 숙달되도록 격려해 주어야 한다. 물론 규모가 큰 주일학교에서는 각 부문별로 나누어 몇명의 서기가 필요한데 모든 부서의 보고서를 한데 모으는 총괄적인 서기로 활동할 한 사람의 서기도 필요하다. 연간 주일학교 서기의 보고서는 그해의 분기별, 월간, 주간별 보고서를 기초로 하며 다음과 같은 항목을 포함해야 한다.

- 당해년도의 총 출석자(total attendance for the year)
- 주일당 평균 출석자(average attendance per Sunday)
- 당해년도의 총 방문자(total visitors persent for the year)
- 매주일 평균 방문자(average number of visitors a Sunday)
- 년간 총 재적명부(total active enrollment at the end of the year) (모든 부서별)
- 주일 평균재적학생 출석수(average number of active pupils present per Sunday)
- 주일 평균 재적학생 결석수(average number of active pupils absent per Sunday)
- 년간 비재적 학생의 총 출석자(total attandance of inactive pupils

during the year)
- 주간 교사 출석률(percentages of teachers present per Sunday)
- 주간 임원 출석률(percentage of attendance of officers per Sunday)
- 년간 헌금 총 통계(부서별) (total offerings for the year)
- 주간 평균 헌금통계(average offerings for Sunday)
- 주일학교에서 신앙고백한 숫자(number of confessions of faith from the school)
- 주일학교에서 세례받은 숫자(number of baptisms from the school)
- 주일학교에서 교회에 등록한 숫자(number of accessions to the church from the school)

또한 서기는 전년도 혹은 그 이전년도들과의 비교보고서를 제출하여 주일학교와 교회가 어떠한 성장을 하고 있는지 알려줄 수 있어야 한다.

6. 목사와 주일학교의 비품

가장 유용한 비품이 세상에서 가장 귀한 메세지를 적절히 이해시키는데 커다란 도움을 준다는 사실을 교회는 느끼고 있을 것이다. 목사는 하나님의 말씀을 보다 잘 가르치며, 하나님의 집에 대한 존경심을 지니도록 하는데에 있어서 필요한 자료들을 구입하는 것을 장려해야 한다.

그는 주일학교의 필요한 비품들에 대해 깊이 궁구해야 할 것이며, 이러한 문제에 대해 주일학교 부장과 의견을 나누어 교회가 그 필요한 비품을 공급해 주는데에 최선을 다해야 한다.

목사는 또한 각 부서의 필요한 것들에 대해 궁구하여 가동용의자, 책상, 캐비넷, 칠판, 플란넬 판, 피아노, 찬송가, 표제 성구, 성경지도, 사진, 차아트, 웃걸이 등이 필요하다면 그는 그것들을 구입하기 위해 재정을 예비해야 할 것이다.

각 학급을 방문하여 그 학급에 있어서 보다 흥미를 유별시키기에 필요한 것이 무엇인지 교사의 학습지도를 보다 효과있게 하기 위한 필요사항 및 자료가 무엇인지를 살펴 보아야 한다. 바닥의 융단이 어떤지, 벽에 사진들, 그리고 예증과 개요를 주지시키기 위한 칠판, 교사의 학습 지도를 도와주는 지도와 시청각 자료등이 필요하지 않는가? 교사들이 이러한 자료없이 학습지도를 한다는 것은 매우 놀라운 사실이다. 대부분 부적절한 비품과 시설에도 불구하고 어느 정도는 성공적으로 학습을 지도할 수 있을 것이나 목사가 해야할 일은 교사들이 보다 효과적으로 자신의 사역을 감당하도록 지원하는 일이며 따라서 목사는 참으로 교사들에게 필요한 비품과 자료가 무엇인지 그리고 그들이 요구하는 것이 무엇인지 파악하여 그것에 대한 대책을 수립해야 한다.

목사가 교회의 신축건립이나 주일학교 교육관 건립에 참여하게 되는 경우에 그는 주일학교를 성장시키는데 필요한 것들에 대해 주의깊게 사려해야 할 것이다. 그는 어떤 계획에 동의하기에 앞서 벤슨(Clarence Benson), 머취(Deforest Murch), 그리고 브로우(P.E. Burroughs)와 같은 주일학교 전문가가 제안하는 계획을 깊이 궁구해 보는 것이 유익할 것이다. 나아가 훌륭한 아이디어를 얻기 위해 주일학교의 최신설비를 갖춘 다른 교회를 방문해 보고 주일학교 부장과 교회와 주일학교의 다른 지도자들과 함께 상의해 보는 것이 크게 유익할 것이다. 부적절한 설비로서 성급한 건축을 해 수년동안 후회를 하는 것보다 이 문제에 대해 철저하게 주의를 기울일 충분한 시간을 가지는 것이 좋을 것이다.

7. 목사와 주일학교의 수업시간

목사는 주일학교의 주일 수업시간에 깊은 관심을 가져야 한다. 이러한 관심은 아래와 같이 여러 가지로 나타나야 할 것이다.

1) 그는 그 수업시간에 참석해야 한다. 항상 자신이 감당해야 하는

예배와 연관된 책무때문에 그는 전 시간동안 참석하는 것이 현명한 일이라고 느낄지도 모른다. 더구나 그는 큰 주일학교인 경우 같은 부서에 참석한다는 것이 좋은 방법이 아니라고 느낄지도 모른다. 그러나 목사가 주일학교의 수업시간에 참석한다는 사실 그 자체만으로도 그 학업의 중요성을 강조하는 경향을 띤다는 좋은 효과를 기대할 수 있는 것이다.

2) 목사가 주일학교에서 가르쳐야 할 것인가? 이점에 대해서는 목사들에 따라 의견이 분분하다. 어떤 목사들은 그의 훈련과 모범 또한 하나님의 말씀과 더불어 사람들과 접촉할 수 있는 기회를 제공하기 때문에 또한 주일학교와 보다 긴밀한 연관을 갖도록 하기에 가르쳐야 한다고 주장한다.

그러나 다른 견해를 가진 목사들은 가르치지 않아야 한다고 하는데 곧 보다 능력있는 설교 사역을 강화해야 하기에 부족한 시간에 한 사람이 여러 방면에 신경을 쓰는 것이 어렵기 때문이고 또한 목사가 어떠한 특정그룹에 너무 얽매이기 쉽기 때문이라는 것이다. 그래서 그는 전 주일학교를 돌보며 그 사역을 점검해 보는데 있어서 자유로와야 한다는 것이다. 나아가 어떤 목사들은 성도들이 주일학교에서도 목사의 가르침을 받는다면 그들이 다시 목사에게서 설교를 듣고자 하는 마음이 내키지 않을 것이라는 것에 대해서도 생각을 한다.

3) 목사는 강대상에서 항상 주일학교의 중요성을 강조해야 한다. 그는 단지 어린이들과 청소년들 만이 아닌 모든 이들에 의해 지지되도록 해야 한다. 어떤이들은 항상 주일학교는 단지 어린이들 만을 위한 것이라는 생각을 가지고 있으나 목사는 그런 잘못된 관념을 제거하는데 많은 노력을 경주해야 한다. 목사는 성도들이 성경에 대해서 모두 알고 있을 때에는 주일학교에 참석치 않아도 된다고 제안할 수 있다. 이런 경우 그 누가 주일학교의 참석문제를 등한시할 수 있을 것인가?

4) 목사는 항상 주일학교에서 결신의 날을 갖도록 고무시켜야 하는데 이는 부활절 기간이나 성탄절 그리고 부흥회기간과 연관시켜 행하는 것

이 바람직하다. 주일학교는 복음전도에 있어서 가장 비옥한 옥토이기에 수확을 위한 그물을 던질 분명한 시간을 가져야 한다. 종종 목사 자신이 그 그물을 던지는 사람이어야 한다.

5) 목사는 일년에 한번쯤은 교회 프로그램에 있어서 "주일학교의 밤"을 갖도록 해야 할 것이다. 그는 그럴 경우 주일학교 부장이 책임을 맡도록 요청해야 하는데 그 때에는 각 부서의 출석점검이 있게되며, 주일학교의 각부로부터 특별음악순서와 다른 특별순서가 예비돼야 한다. 그런 경우를 통해서 주일학교의 중요성이 강조되고, 보통 예배에 잘 참석치 않는 이들을 교회예배에 참석시키는 계기가 되어 복음전도의 귀한 기회를 제공해 주는 것이다.

6) 결국 목사는 주일학교의 추진자와 친구로서의 마음을 가지고 있어야 한다. 목사의 사역 중에서 이 분야에 대한 그의 열정은 전염성을 갖게하여 그의 열정이 다른 곳으로까지 확산되어 주일학교가 훌륭히 성장하게 하는 촉매가 될 것이다.

8. 목사와 주일학교 문제들

어떤 다른 중요한 조직에서와 마찬가지로 주일학교의 사역에 있어서도 여러 가지의 문제점이 존재하기 마련이다. 주일학교가 보다 크게, 보다 빠르게 성장함에 따라 보다 많은 문제점이 발생하기 마련이다. 그것이 어떠한 문제이든지 목사는 그 문제의 해결에 깊은 관심을 나타내며 또한 그 관심에 상응하는 노력을 경주해야 할 것이다. 널리 만연된 문제들은 다음과 같은 것이다.

1) 하기 침체현상의 문제 : 이 문제는 많은 사람들이 몇주동안 휴가를 갖는 도시교회에서 보다 심각한 경향을 띤다. 그들은 하절기에 휴가를 갖고자 하며 그래서 그 기간동안에 산이나 바닷가에서 적절한 휴식의 시간을 갖는 것이다.

휴가의 개념에 대해 거부반응을 나타내는 것은 좋은 일이 못된다. 주일학교와 교회성도들도 목사와 동일하게 휴가라고 부른다. 목사는 오히려 이 기간동안에 가능한한 매력적인 하기 프로그램을 갖도록 주일학교의 부장과 임원진들과 함께 일하는 것이 훨씬 좋은 것이다. 그들에게서 주일학교는 사실상 두세달 정도 포기해야 한다는 관념을 제거하게 하여 그 침체현상은 피할 수 없는 일이며 그 기간에는 아무 일도 할 수 없다는 생각을 버리고 함께 일해야 한다.

하절기 휴가동안의 흥미 있는 프로그램의 진행은 멀리 떠나있는 정규회원들을 대체시키는 다른 새신자를 끌어들이게 한다. 대부분의 교회학교에서는 휴가중에도 주일학교에 참석하도록 학생들을 고무시키는데 곧 그들이 휴가를 마치고 돌아올 때 그들이 출석했던 그곳의 주일학교로부터 받은 출석증명 카드를 제출한다면 본 교회에서 출석으로 인정해 줄 것을 약속해 주는 것이다. 모든 주일학교가 이러한 방법을 실행한다면 하기 침체현상의 문제는 크게 완화될 것이다.

대부분의 주일학교가 명백하게 이러한 문제에 직면해 있으나 이를 해결하기 위해서는 여름휴가 기간이 그 해의 가장 흥미있고 유익한 기간임을 입증해야 한다.

2) 무능한 교사의 문제 : 이 문제는 결코 쉽게 해결할 수 없는 문제이다. 그러나 부단히 관심을 기울이면 해결될 수 있는 문제이다. 전술한 바와 같이 목사는 주일학교 부장에게 장기간의 교사훈련 프로그램을 수립하도록 고무시켜야 한다. 이 계획에 상응하여 한 주기의 교육과정이 가르치는 이들의 유익을 위하여 제공되어야 한다. 이 계획이 면밀하게 추구되어 진다면 그 가르침의 질적 수준이 점진적으로 향상될 것이다. 당면한 실정에 부응하기 위해 목사가 주간교수기간을 제안하는 것이 현명한데 곧 다음 주일의 실시할 예정학습을 목사와 같이 유능한 사람이 가르치는 것이다. 일부의 교사들 만이 특별한 문제점을 가지고 있는 경우에 목사는 그러한 교사들과 그들의 교안준비와 강의방법에 대해 그들

을 도와주고 조언하여 개인적인 면담을 하는 것이 유익하다.

　기도와 인내를 가지고 그러한 방법을 실행해 나간다면 무능한 교사의 문제는 해결될 수 있을 것이다.

　3) 주일학교 인구조사의 문제 : 지역사회의 종교인구 조사를 실시하는 것이 엔쯔밍거(Louis Entzminger)가 그의 저서 *The Sunday School Transformed* 란 책에서 제안한 계획의 긴요한 한 부분인데 이 조사를 통해 주일학교의 참석률을 높이고 불신자들을 인도할 수 있는 계기를 마련해 주기 때문이다.[6] 저자에 의하면 대외적인 활동의 견지에서 오늘날 일반적인 주일학교의 가장 큰 필요사항은 지역사회에 대하여 인구조사를 실시해서 그 전망을 발견하고 그들에게 손을 뻗칠 목적으로 그들을 등급으로 나누어 적절한 조직을 형성하는 것이라는 것이다. 그러한 계획은 훌륭한 생각이며 그러한 계획이 활성화 될 때 큰 유익을 가져다 준다. 목사는 인구조사에 주일학교와 함께 봉사해야 하는데 사용될 인구조사 카드의 내용에 대하여 조언해 주며, 취해야 할 명백한 인구조사 통계에 대해 적절한 시기를 제안해 주어야 한다. 엔쯔밍거의 저서에 보면 그러한 카드의 훌륭한 견본이 27 page에 수록되어 있다.

　4) 교과의 실제적 연구에 대한 적절한 시간의 문제 : 어떤 주일학교에서는 많은 외적인 사항들이 훌륭한 수업을 위해 마련된 요긴한 시간을 침해 하도록 방임하고 있는데 이것은 커다란 실수이며, 목사는 최소한 매주일 강의를 위해 30분 정도를 배려해야 한다. 그는 주일학교 시간의 가장 중요한 부분은 하나님의 말씀을 가르치는 시간임을 주일학교 부장과 위원회에 주지시켜 이에 대해 일러두어야 할 것이며, 예배가 너무 길지 않도록 해야하며 또한 그 학습시간이 예배로 인하여 짧아져서는 안된다.

　5) 낙오생의 문제 : 이것은 대단히 심각한 문제이며 또한 비극적인 요

---

6) Lowis Entzminger, *The Sunday School transformed* (Philadelphia the Sunday School times Co,, 1925), Chap. 3.

소를 내포하고 있다. 전국 주일학교 연합회*의 1962년도의 전국적인 통계자료에 의하면 복음주의 교회의 80.7%가 한 두가지의 이유로 해서 낙오생을 내고 있다는 자료를 제시하고 있다. 이같은 통계는 복음주의 교회에 출석하는 젊은이중 17% 만이 낙오되지 않음을 보여주고 있다. 이것은 6명중 1명꼴 즉 6:1이다. 그런데 이 낙오생은 젊은 청년들에게만 한정되는 것은 아니다. 그것은 보다 적은 비율로 각 연령그룹에 나타나게 된다. 주일학교나 교회로 사람들을 인도하는 것이 중요하다면 그들을 잘 양육하는 것도 마찬가지로 중요한 것이다.* 그러면 교회학교에서 이러한 문제를 방치만 해 둘 것인가?

1) 흥미있고 세밀하게 구성된 프로그램이 필요하다. 청년과 소년들은 보편적으로 학교에서 잘 짜여진 교육프로그램과 또한 자격있는 교사를 만나게 된다. 이러한 문제가 무능력한 교사들과 엉성한 조직인 경우의 주일학교에 대한 저항감으로 나타나는 것이다. 결국 무능한 교사와 엉성한 조직이 커다란 반발계수가 된다는 것이다.

2) 학습을 시키는 주일아침의 몇십분보다 더 많은 시간을 학생들과의 접촉함에 할애해야 한다. 이것은 사교활동, 운동시합, 성경공부그룹, 가정의 개인적인 심방 등이다.

3) 주일학교 부장과 함께 목사는 지역고등학교에 Hi-c club(고등학교 기독인 클럽)*이 있다면 그 클럽의 모임에 젊은이들이 참여하도록 촉구해야 한다. 만약에 참여하는 청소년들이 없다면 이러한 기독청년클럽을 스스로 조직하도록 교육시키는 창의력을 발휘해야 한다.

역자 주 : "National Sunday School Association"은 초교파적인(interdenominational) 주일학교 연합회이다.

역자 주 : 현대의 교회에 있어서의 가장 심각한 문제는 이 낙오자(dropouts)들의 문제라고 켄트 박사는 지적하고 있는데, 그것은 적정한 양육 즉 적정한 발육을 시키지 못하는 기독교 교육의 맹점에서 연원된다. 현대의 교회가 물량화를 추구함에 따라 교회가 진정한 "Christ's Group"이 되지 못하고 단순한 "Believer's Group"으로 변모한 것이다.

역자 주 : Hi-c club이란 "Highteen christian club" 으로서 우리나라의 High C.C.C. Y.F.C. 같은 기독청소년단체이다.

4) 목사는 어떤 교과의 주관하에 정기적으로 열리는 젊은이들의 교류에 청년들이 참여하도록 인도해야 한다. 목사자신이 이러한 교류에 능동적인 관심을 가져야 하며 또한 그들에게 영적 능력을 유지하도록 깊은 감화력을 끼쳐야 한다.

5) 목사는 야영 프로그램에 특별한 관심을 기울여야 하는데 가능한한 많은 청소년들이 여기에 참석할 수 있도록 촉구해야 한다. 이 프로그램은 능동적인 캠프생활을 추진해 나가는데 대해 강조점을 설정해 두고 이 캠프에 있어 각기 다른 연령그룹별 대항 등 어떤 순서로 가질 수 있는데 "퀴즈순서"는 최근에 그 인기를 더해가며 젊은이들로 하여금 하나님 말씀을 잘 알게 하는데 큰 몫을 하고 있다.

6) 요즈음 대부분의 교회들이 하절기에 성경학교를 개최하는데 이는 하절기의 짧은 기간 동안 유익한 가르침과 기독교인의 교제를 가질 수 있는 기회를 주는 것이다. 나아가 약간 고령의 젊은이들을 이 프로그램의 협조자로서 봉사하게 할 수 있는 것이다.

이러한 면밀한 계획하에 주일학교와 교회가 연합하여 이 프로그램을 진행해 나간다면 낙오생의 문제는 현저하게 경감시킬 수 있을 것이다. 목사는 낙오생들 중 가장 많은 비율을 차지하고 있는 이들이 틴에이져 (십대)와 청년층에 연관되어 있다는 사실을 주지하고 특히 이들에 대해서는 깊은 관심을 기울여야 하며 그들로 인해 야기될 어떤 어려움을 처리하기 위해서는 즉시 그들과 접촉을 가져야 한다. 적절한 접촉이야 말로 영원한 낙오생의 비극적 행렬로부터 많은 이들을 구하게 될 것이다.

주일학교 사역의 중요성과 무한한 잠재성을 포착하고 목사는 이러한 주일학교의 성공적인 인도를 위해 자신의 모든 능력을 발휘하지 않으면 안 될 것이다.

추 천 도 서

Barnette, J.N. *The Place of the Sunday School in Evangelism.* Nashville: Sunday School Board of the Southern Baptist Convention, 1949.

Benson, Clarence H. *The Sunday School in Action.* Rev. ed., Chicago: Moody Press, 1941.

_____. *The Christian Teacher.* Chicago: Moody Press, 1950.

_____. *History of Christian Education.* Chicago: Moody Press, 1943.

Dobbins, G.S. *Building a Better Sunday School.* Nashville: Convention Press, 1957.

_____. *The Church at Worship.* Nashville: Broadman Press, 1962.

_____. *How to Teach Young People and Adults in the Sunday School.* Nashville: Baptist Sunday School Board 1930.

_____. *Winning the Children.* Nashville: Broadman Press, 1953.

Eavey, C.B. *Principles of Teaching for Christian Teachers.* Grand Rapids: Zondervan Publishing House, 1940.

Edge, Findley Bartow. *Teaching for Results.* Nashville: Broadman Press, 1956.

Entyminger, Louis. *The Sunday Transformed.* Philadelphia: The Sunday Times Co., 1925.

Lawrance, Marion. *My Message to Sunday School Workers.* New York: George H. Doran Co., 1924.

LeBar, Lois E. *Children in the Bible School.* N.J.: Fleming H. Revell Co., 1952.

Mason, Harold C. *Abiding Values in Christian Education.* Westwood, N.J.: Fleming H. Revell Co., 1953.

Murch, James DeForest. *Christian Education and the Local Church*. Cincinnati, O.: Standard Publishing Co., 1943.

———. *Teach or Perish!* Grand Rapids: William B. Eerdmans Publishing Co., 1961.

Person, Peter P. *The Minister in Christian Education*. Grand Rapids: Haker Book House, 1960.

Schmauk, Theodore E. *How to Teach in Sunday School*. Philadelphia: The United Lutheran Publishing House, 1920.

Sherril, Lewis J. *The Rise of Christian Education*. New York: Macmillan Co., 1944.

Trumbull, H. Clay. *Teaching and Teachers*. Philadelphia: John D. Wattles, Publisher, 1887.

제 27 장

목사와 70인 전도대

목사의 사역중 가장 중요한 것은 성도들을 구령사업의 일군으로서 성장시키는 것이다. 초대교회에서는 모든 성도들이 그리스도를 증거하는 것이 자신의 임무라고 자각하고 있었다. 오늘날 이 사역은 전적으로 교회목사에게 맡겨진 것이 아니라 모든 성도들이 일익을 담당하여 단결된 노력을 경주해야 한다. 이러한 사역에 대해서는 수많은 실례들을 신약에서 찾아볼 수 있는데 사도행전 8장에 보면 예루살렘에 박해가 가해졌을 때 사도들을 제외하고는 모든 성도들이 유대와 사마리아의 전 지역으로 흩어진 것을 알 수 있고 그들은 가는 곳곳마다 말씀을 증거했음을 볼 수 있다(행 8:4).

이것을 보면 1세기의 말씀선포는 단지 **일반적으로** "**설교자**"들에 의해서만 행해진 것이 아님을 분명히 알 수 있다. 바울은 데살로니가 교회에 편지하기를 여기서 그들의 신실한 증거를 권고하였는데 "주의 말씀이 너희에게로부터 마게도냐와 아가야에만 들릴 뿐 아니라 하나님을 향하는 너희 믿음의 소문이 각처에 퍼진고로 우리는 아무 말도 할 것이 없노라"(살전 1:8)고 한 것은 주목해야 할 말씀이 아닐 수 없다. 여기서 사도바울은 데살로니가 교회성도들이 정해진 지역에서 충분한 증거사역을 행함으로, 그와 그의 동역자들이 이 길을 따라서 어떤 일을 행하라고 할 필요가 없다고 이야기 하고 있다.

초대교회의 모범은 분명히 많은 사람에 의하여 하나님의 말씀을 전파

했다는 포괄적 개념을 시사해 주고 있다. 어떤 사람들은 대담하게 "목사가 그것을 해야 한다. 그것은 목사가 이 일에 대한 댓가를 받기 때문이다"라고 말하여 현금의 많은 교회들이 초대교회의 모범을 따르지 않으므로 슬픈 결과를 야기시키고 말았다. 요즈음 많은 복음주의 교회에 있어서 성도들에 의해 행해지는 구령사역이 심히 미약하다.

이러한 문제에 있어서 성도들이 보다 능동적으로 행하게 하려면 목사는 그 스스로 성도들보다 앞서 이 사역에 훌륭한 본을 보여야 할 뿐만 아니라 그들을 잘 훈련시키고 그들을 복음전도의 사역장으로 내 보내야 할 것이다.

많은 목사들이 "70인 전도대"의 개념은 활용할만한 계획이라고 말하고 있다. 이것은 눅 10 : 1—12에 나타난대로 주님이 행하신 것을 기초로 하고 있다. 이 방법에 의하면 예수님은 70인을 그의 이름을 증거하라고 둘씩 짝을 지어 보내셨다. 지역교회에 있어서 이러한 사역을 행해 나가기 위하여 단지 70인의 전도인을 가져야만 하는 것은 아니다. 목사는 가능한 한 많은 사람을 모아 그들을 훈련시켜 둘씩 짝지어 내 보내는 것이다. 목사가 이러한 사역을 위해 성도들의 적정그룹을 이루어 그들의 열정을 고무시키고, 그들의 열정을 보존시킬 수만 있다면 일년내내 끊임없이 영혼구원의 수확을 얻게 될 것이다. 영혼 구원이 복음전도의 특별한 노력에 한정되어서는 안될 것이다.

1. 70인 전도대의 구성을 위한 준비

교회에 이러한 조직이 없어서 목사가 이러한 조직을 창설하려고 한다면 그는 구성에 앞서 예비적인 작업을 마련하고 숙고해야 한다. 만약 그러한 예비적 문제들에 대한 사전 검토가 없다면 협력의 부족으로 낙망케 될 것이다. 목사는 이 작업에 착수하기 전에 많은 시간을 할애하는 것이 현명하다. 그래서 그가 70인 전도대를 구성하고자 할 때 최소한 합력하여 선을 이루어 나갈 수 있을 것이다. 이 문제에 있어서 준비되어야 할 예비적인 사항들은 다음과 같다.

1) 사역의 특권, 책임, 개인전도의 기쁨을 가르쳐라. 많은 교회에서 이러한 부문에 대해 너무 소홀하다. 사람들의 마음속에 하나님의 말씀을 깨닫게 해야 한다. 만약 이러한 문제에 대해 방관하는 교회라면 그 교회는 성장할 수 있는 기점과 근거를 상실하게 될 것이다. 성도들은 하나님이 그의 예비하신 은혜를 증거하기 위하여 하나님의 이름을 말하는 사람들을 원하고 있다는 사실을 자각해야 한다. 많은 사람에게 있어서 그리스도를 증거하는 것이 새로운 일이 아니기 때문에 목사는 성령의 분명한 인도하심을 구하면서 주의깊게 이러한 주제에 대해 접근해야 한다. 목사는 이것에 대해 설교할 수 있는 수 많은 성경구절을 발견하게 된다. ① 행 8:4, 살전 1:8 ② 행 1:8, 마 28:19—20, 요 1:42, 롬 1:14—16, 눅 5:4, 마 9:36, 막 2:1—12, 시 126:6, 시 142:4 등이다.

2) 이 사역에 있어서 교회의 영적인 지도자들과 함께 논의하라. 목사가 초기에 영적으로 깊이 있고 능력있는 성도들의 협력을 얻을 수 있다면 이 사역을 쉽고, 보다 효율적으로, 성공적으로 이끌 수 있게 될 것이다. 이 핵심세력에는 주일학교 부장, 장로들, 제직회 각부서장, 장년부 성경공부교사, 또는 영적비젼을 지닌 성도들 중의 일부를 포함한다.

3) 또한 목사가 이러한 지도자들에게 전도사역에 대한 열정을 가질 책들을 읽도록 권고하라. 그러한 책들로서는 코난트(Conant)의 *Every-member Evangelism*과 같은 것들이 있다. 이것은 주님을 사랑하는 사람들이 다른이들을 구주께로 인도하는 일에 관심을 가질 때에 그들이 행해야 할바를 증거해 줄 것이다.

2. 70인 전도대 조직

　기초작업이 주의 깊게 행해지고 목사가 70인 전도대를 구성할 시기가 도래했다고 느낄때 그는 그것을 위한 모임을 가져야 한다. 그러한 그룹에 대하여 말하던 이들 중의 일부가 그 모임의 명칭에 대해서 제안을 한다면 그들의 이러한 관심은 미래에 치루어야 할 전쟁의 절반을 이긴 것과 다름 없을 것이다.

　1) 이 개회모임에 있어서 목사는 가장 신뢰할 만한 사역자들이 참석하도록 확약을 해두는 것이 좋을 것이다. 그렇지 않다면 너무 적은 참석자로 인해 낙망하게 될지도 모른다. 전도대 결성초기에는 이 일에 적합한 훌륭한 사역자를 명확히 선별하여 모임을 가지고 결성 후에는 이 그룹에 참여하고자 하는 많은 사람들을 참여하도록 요청해야 한다.

　2) 그 그룹이 개회모임으로 모일 때에 목사는 그들 앞에 목사의 계획을 제시해야 하는데 곧 그 그룹을 각기 둘로 나누어 먼저 매주, 혹은 매달 수행되어야 할 체계적인 개인적 사역과 그러한 경우에 지켜져야 할 기록들이다.

　3) 결성초기부터 많은 기도로 이러한 사역을 시원해야 한다. 이 모임의 조직에 있어서 또한 이 계획을 성취해 나가는데 하나님의 인도하심을 간구하면서 가능하다면 모든 성도들이 함께 참여하여 기도의 시간을 갖는 것이 유익하리라. 이 사역, 대단히 힘든 사역임에는 틀림없다. 사탄은 처음부터 이를 방해하되 주의 종들이 사람들을 하나님께로 인도하려 할 때 방해하여 주의 종들을 낙심케 할 것이다. 그러므로 기도로서 하나님을 의지하는 것이 대단히 중요한 일이 아닐 수 없다.

　4) 이 조직을 위한 모임에서 이들은 그룹의 정규모임, 곧 매달, 혹 격월, 혹은 매주, 그 모임시간을 정해야 한다. 처음에는 매달 모이는 것이 현명할 것인데 그래서 이 사역이 성장해 가고 그 노력이 좀 더 분명

히 이루어 질때는 매달 1회 혹은 그 이상으로 좀 더 자주 모이는 것이 유익할 것이다. 그러나 개개인이 너무 바쁘면 오히려 적게 모이는 것이 바람직하며 자주 모이기를 애쓰기 보다 깊은 관심과 협력을 유지해 나가야 하며 꾸준한 관심을 가져야 한다.

5) 임원들은 이 첫 모임에서 선별되어져야 한다. 조직은 가장 간이하게 결성하는 것이 좋으나 최소한 의장과 서기가 있어야 한다. 그러나 목사는 최소한 첫 모임에 있어서는 임시의장으로서 역할을 감당하는 것이 좋을 것이며 차회모임부터는 능력을 갖춘 인물이 의장으로서 진행하도록하게 해야 한다. 서기는 서기록을 작성관리해야 하며 일상 서기직에 속한 그러한 일을 담당해야 할 것이다.

6) 70인 전도대의 조직과 연관하여 개인전도를 위한 간단한 강좌를 마련하는 것이 유익할 것이다. 지원한 봉사자들의 일부는 이러한 분야에 대해 어떤 교육은 받지 못했을 것이므로, 몇개의 짧은 교과를 가지고 근본원리의 개념 및 개요를 가르쳐야 한다. 이 때 목사는 이교도에 대해 어떻게 처리해야 할 것인지, 또한 이와같은 사역에서 야기되는 제반 문제들을 다룰 수 있어야 한다. 개인전도의 교과를 예비하려면 토레이(R.A. Torrey), 에반스(William Evans), 그리고 해리슨(Eugene Harrison)의 저서들에서 많은 자료를 준비할 수 있을 것이다.

3. 70인 전도대의 월례회

이제 70인 전도대의 정규적인 월례회에 연관된 사항들을 알아 보자.

1) 먼저 목사나 그룹의 의장은 초청을 위한 사역이 보다 쉽게 이뤄질 수 있도록 예상목록을 예비해야 하는데 이 목록은 여러가지 근거자료를 통해 작성하되 주일학교 서기, 방문자 명부, 청년조직, 목사의 초청, 영적필요를 느껴 예배에 참석했던 이들의 관찰, 지역사회의 여론 조사 등이다.

모든 초청은 불신자에게만 주어져서는 안될 것이며, 주를 믿다가 실족한 자들, 환자, 그리고 새로 이사온 사람들에게도 주어져야 한다. 그러나 교회에 참석하는 성도들을 보존하는 것도 이보다 더 중요한 것이 아닐 수 없다.

2) 그룹 모임은 지난 모임의 서기록 낭독에 이어 기도로 시작되어야 한다. 그룹은 둘씩 둘씩 한 팀으로 나누어져야 하는데 이를 분할하는데는 세심한 주의가 필요하다. 그래서 적정인물들이 짝지워져야 하는데 이때에는 경험이 많은 일군과 미숙한 일군이 함께 짝지어지는 것이 바람직 하다. 한 팀이 둘다 소심한 사람들이 짝지어지는 것은 바람직하지 못하며 부부의 경우를 제외하고는 남녀가 한 팀이 되어서는 안된다. 보통 두 남자, 두 여자, 혹은 부부팀으로 나누는 것이 좋을 것이다. 뜻이 맞고 잘 어울리는 사람끼리 짝지어 진다면 그 사역이 보다 즐겁고 효과적으로 이루어질 것이다. 둘씩 짝짓는 것은 성경적 근거를 지닐뿐 더러 좋은 의미를 나타낼 수 있는 것이다. 이 사역에서 두 사람중 한 사람이 효과적인 증거를 하지 못하게 될때 다른 사람이 이를 감당하게 되는 것이다. 이렇게 한 사람은 다른 한 사람에게 용기를 주는 것이다. 따라서 우리 주님이 그랬듯이 제자들을 택하사 그 이름을 증거하기 위하여 둘씩 둘씩 보내신 그 본을 따르는 것이 많은 유익을 주며, 그만큼 충분한 성경적, 방법론적인 유익한 근거를 지니고 있다.

3) 이전사역에 대한 보고서가 그룹회의에서 작성되는 것이 좋다. 이 보고서는 그룹에 용기를 북돋아 주며, 난감한 상황이 전개되었다면 목사나 그룹지도자에게 상의를 할 수 있게 한다. 골톤 수어진 이 보고서는 분명한 기도제목을 제시해 준다. 지도자는 이 모임이 잡담시간에 지나지 않는 상태로 전락되지 않도록 주의를 기울여야 하며 문제에 대한 논의는 유익을 위하여 충분하게 토의되어 져야 하며 그룹내에서 진행되어가야 한다.

4) 정규적인 모임에 있어서 가장 중요한 부문은 이번과 차기 회의 사

이에 실시해야 할 방문사역을 정하는 일이다. 이에 관하여 그들이 방문하고자 하는 이들의 이름을 회원들에게 물어보는 것이 좋다. 지난번 모임 이후로 그들의 초청에 전도가 유망하다는 것에 그들의 관심의 촛점은 쏠리게 될 것인데 이때 재 사역 임무가 주어져야 한다. 어떤 팀은 바람직한 결과를 수반시키기 어려울 수도 있다. 그러나 또 어떤팀은 첫 팀이 시작한 사역을 완결지을 수도 있을 것이다. 그룹의 회장은 특별 사역카드에 이러한 맡겨진 사역을 작성해야 한다. 카드 한쪽에는 날짜, 이름, 예상인의 주소, 그 사람이 예상목록에 기입된 이유 등을 적는 면이 마련되고 그 다른쪽에는 그 팀이 초청 후에 작성하게 될 공백이 있어야 한다. 그 사역카드는 아래와 같은 형태를 띤다.

(앞 면)

사역카드 (assignment card)

날짜 _____

이름 _____

주소 _____

예상 목록에 기입된 원인

_____ 주일학교로부터   _____ 그밖의 회원으로부터

_____ 주일학교에 다니는   _____ 우리 교우가정의 다른 식구들로
         어린이로부터   부터

_____ 교회로부터   _____ 청년그룹의 참석으로부터

_____ 유치부의 아기로부터   _____ 여름성경학교로부터

_____ 우리 교회에 대한 선호(preference)로부터

_____ 기타의 이유로부터

(뒷 면)

팀(team) _____ 날짜 _____

보고 내용 _____
_____
_____

팀(team) _____ 날짜 _____

보고 내용 _____
_____
_____

팀(team) _____ 날짜 _____

보고 내용 _____
_____
_____

팀(team) _____ 날짜 _____

보고 내용 _____
_____
_____

　이 카드는 대단히 중요한 것이며 어떤 경우든지 그 사역이 끝났을 때 앞으로의 참고자료로 철해져야 한다. 이 보고서에 "전도성취"라는 말이 기입될 수 있다면 항상 큰 기쁨을 얻게 되는 근거가 된다.
　사역을 맡김에 있어서, 이러한 일에 있어서 여러가지 이유가 여기에 존재한다는 사실에 유의해야 하는데 이 사역은 그들에 대한 약간의 정보를 제공해 주어 그들과 보다 쉽게 접근할 수가 있도록 도와 준다. 예를 들면 초청대상자가 주일학교에 어린이를 내보내고 있다는 사실을 안다면 전도사역자는 그 접촉의 기회를 쉽게 포착하게 된다.

한 팀에 한번에 얼마만큼의 사역이 주어져야 하는가? 너무 많이 주어진다면 그 사역이 부담스러워질 것이며 너무 적다면 노력이 하찮게 보일 것이다. 적어도 셋 아니면 여섯 정도의 예상인원이 주어질 것을 필자는 제안한다. 그 팀에 의해 대상자가 초청되도록 촉구되어야 할 것이다.

5) 그룹회의가 끝날즈음에는 행하게 될 방문사역 위에 하나님의 크신 은총이 있기를 간구하는 기도의 시간이 있어야 한다. 이것은 곧 하나님의 사역이요 그래서 하나님의 은총을 간구할 수 있다는 자각을 이 그룹 멤버들이 가져야 할 것이다.

4. 70인 전도대 사역의 유익

우리가 주지하는 바와같이 이 사역은 많은 유익을 가져다 준다. 그들 중의 얼마는 이미 언급되었다. 그 나머지 역시 자명한 사실이 아닐 수 없다. 이러한 사역에 대해 많은 설명이 부가되지 않고 요약된 4가지의 사항을 개략해 본다.

1) 이는 성도들 사이에 구령사역을 고무시키며, 마땅히 해야 한다고 알고 있는 것을 실행케 하도록 도와 준다. 모든 기독교인들은 불신자에게 복음을 전하다고 명령을 받았다. 70인 전도대의 사역은 이러한 임무를 이행하도록 도와 준다. 무디(Dwight L. Moody)는 적절한 개념을 말해주고 있는데 "열 사람의 일을 하는 것보다 일할 열 사람을 얻는 것이 낫다"고 하였다. 이것이 바로 신약성경의 이상이다.

성도들에게 이 분야의 필요성을 깨닫게 한다. 이러한 사역이 아니고서는 지역사회의 구원받지 못한 사람들의 숫자에 대해서 실감하지 못한다. 이러한 필요성을 자각할 때에 성도들이 교회의 전도범위를 좀 더

제20장 목사와 70인 전도대 295

확장시키고자 할 것이다.

2) 새로운 가정에 대해 교회의 문을 활짝 열게 한다. 개인적인 사역자들의 접촉으로 인해 영적으로 갈급한 가정들을 이끌어 들이는 결과를 수반한다.

주일학교에 새로운 어린이를 얻게한다. 종종 그들 자신이 주일학교나 교회에 나가는 것을 원치않는 부모라 할찌라도 자신들의 자녀들이 주일학교에 나가는 것을 오히려 기뻐하는 이들이 있다. 그들은 자녀들이 "불신앙으로 자라는 것"을 원치 않는다. 경우에 따라 자녀에 대한 관심에 의해 부모들이 하나님의 집에 대한 관심을 갖게되고 그 길을 자각하여 구주를 영접하게 되기도 한다.

영아부에 새로운 어린이를 얻게 한다. 영아들을 주일학교에 끌어들이는 것은 부모들을 주께로 인도하는 좋은 기회가 된다. 많은 부모들이 비록 자신은 결코 교회의 문을 두드리지 않을찌라도 자신의 어린이들이 인근교회의 영아부에 참여하는 것은 기뻐한다. 그들은 주일학교부장과 선생들의 방문에, 그리고 어린이들에게 주어지는 예쁜 상장과 증명서, 그리고 자신의 자녀들의 안녕을 위해 행해지는 일에 대해 감사히 여기고 있다. 이러한 작은 일들이 곧 그들을 주일학교에 참석토록 이끌어 준다. 그래서 전술했듯이 이 어린이들이 부모를 주님께로 인도하게 되는 것이다.

3) 목사의 사역을 보충해 준다. 이는 목사가 해야 하는 초청을 대신하는 것이 아니라 도와주는 것이다. 어떤 목사는 부모보다는 70인 전도대가 자기에게 더욱 긴요하다고 말하기도 한다.

4) 끝으로 목사가 설교할 대상이 되는 사람들을 이끌어 들이는 것이다. 70인 전도대에 의하여 그들을 교회로 초청하는 일 밖에 없다 할찌라도 그것은 대단히 가치있는 일이다. 왜냐하면 사람들이 구원 받을 수 있는 복음아래 그들을 있게 하기 때문이다.

이런, 저런, 이유로 해서 70인 전도대나 이와 유사한 그룹의 사역은 대단히 가치있는 일이며 목사가 깊은 관심을 기울일 만큼 중요한 가치를 지닌다. 이는 교회를 단합되도록 하여 모든이들에게 환영의 손길을 내밀도록 인도해 줄 것이다.

5. 70인 전도대를 위한 가르침

교회사역의 다른 모든 부문에서와 마찬가지로 목사는 이 방문사역을 감독하는데 깊은 관심을 기울여야 한다. 다음과 같은 사항에 대한 교육이 필요할 것이다.

1) 목사는 개인사역자의 주요임무가 무리들을 "교회에 이끌며" 공예배에 "참여하도록" 하는 것이 아니라 그리스도를 증거해야 하는 것임을 재삼 강조해야 할 것이다. 이것이 가장 중요한 일이라면 목사는 우리들이 그리스도와 바른 관계를 가지도록 하는 것이 가장 시급한 일이다. 그 외의 다른 방법론적인 문제는 자연적으로 해결될 수 있을 것이다.

2) 목사는 또한 사역자들에게 개인전도사역에 있어 직면하게 될 여러가지 어려움에 대해 어떻게 대처해 나가야 할지 알려주어야 할 필요가 있다. 구세주가 필요없다는 독단적인 사람도 있고 신앙의 길에 있다가 낙오된 사람도 있고, 용서받을 수 없는 죄를 범했다고 생각하는 사람도 있으며 또한 현대학설이나 다른 종파에 영향을 받은 사람들도 있다. 목사는 이와 같은 문제에 직면한 이들과 상의할 수 있어야 하며 당면된 여러가지 어려움에 대처해 나가기 위해 교회프로그램에 있어서 가장 편리한 시간을 택해 개인사역에 대한 일련적인 연구를 하는것이 현명하다고 목사자신이 느껴야 한다.

3) 목사는 항상 그 사역자들을 격려해 주어야 한다. 사단은 이러한 사역을 훼방하려고 모든 수단과 방법을 동원할 것이다. 때때로 개인사역자들이 자신의 사역에 대해 회의를 느끼고 좌절될 수도 있으며 많은 불신자들로 부터 냉대를 받기도 할 것이며 또한 만족스럽지 못한 결과

를 가져오기도 하여 이러한 모든 상황이 그들을 낙망시키게 하는 요인
이 되는데 이럴때에 목사는 사역자들에게 신실한 것을 촉구하여 그 모
든 결과를 주님께 맡기도록 격려해 주지 않으면 안될 것이다. 그는 또
한 그 사역이 매우 힘든 일일찌라도 그것은 영광스런 사역임을 증거해
주어야 하며 특별히 크리스챤에게 행하도록 위임된 이 사역과 비교(比
較) 할때 교회의 다른 일들 중에서 이 사역보다 더 중대한 일은 없을
것이다.

4) 목사는 개인사역에 있어서의 자기 자신이 체험한 바를 이야기 해
주며 사역에 사용될 적절한 성경구절을 지적해 주는 것이 좋으며 목사는
자신이 이 사역을 인도하고 있다는 사실을 분명히 해야 한다. 그는 다
른 모든 사역뿐아니라 기독교인 봉사의 사역에 있어서도 "양 무리의 본"
이 되어야 한다(벧전 5:3).

끝으로 교회의 개인전도 프로그램을 이끌어 나가는 다른 방법에 대해
주의해야 한다. 70인 전도대 방법은 필자가 워싱턴 D.C.에서 교회를 맡
아서 이를 행했던 경험이 있기에 간단한 개념만 고찰해 보았다. 목사는
유용한 여러가지 방법을 관찰해야 하며 그래서 그 분야에 있어서 가장
성공적인 사역을 이룰 수 있다고 판단되는 바를 택해야 한다.

추 천 도 서

Bryan, Dawson C. *A Workable Plan of Evangelism*. New York: Abingdon-Cokesbury Press, 1945.

Conant, J.E. *Every-Member Evangelism*. Philadelphia: Sunday School Times Co., 1926.

Evans, William. *Personal Soul-Winning*. Chicago: Moody Press, 1910.

Greene, Willa. *Visitation Evangelism*. Chicago: Moody Press, 1955.

Harrison, Eugene Myers and Wilson, Walter L. *How to Win Souls*. Wheaton, Ill.: Van Kampen Press. 1952.

Leavell, Roland B. *Evangelism, Christ's Imperative Commission.*
    Nashville: Broadman Press, 1951. Chapter 11.
Lovett, C.S. and Edwards, Gene. *Census Manual for Operation*
    Manhunt. Baldwin Park, Calif.: Christian Supply, 1961.
Macauley, Joseph C. and Belton, Robert H. *Personal Evangelism.*
    Chicago: Moody Press, 1956.
Mavis, W. Curry. *Advancing the Smaller Local Church.* Winona
    Lake. Ind.: Light and Life Press, 1957. Chap. 14.
Sanders, J. Oswald. *The Divine Art of Soul-Winning.* Glasgow:
    Pickering and Inglis, n.d.
Sweazey, George E. *Effective Evangelism.* New York: Harper
    and Brothers, 1953.
Torrey, R.A. *Personal Work.* New York: Fleming H. Revell Co.,
    1901.
Whitesell, Faris D. *Great Personal Workers.* Chicago: Moody
    Press, 1956.
Dean, Horace. *Visitation Evangelism Seminar.* Chicago: Moody
    Press, 1962.

제 Ⅳ 편

목회자의 심방과 상담사역

제21장 목사와 심방

제22장 환자 심방

제23장 목회 상담

제 21 장

목사와 심방

　성경은 바벨론 포로 기간에 이스라엘과 함께 하며 일을 한 에스겔에 대하여 "그 사로잡힌 백성 곧 그발강 가에 거하는 자들에게 나아가 그 중에서 민답히 칠일을 지내니라"(겔 3:15)고 증거하고 있다. 자기 교인들의 요구를 적절히 감당하는 목사는 교인들과 교회를 떠난 사람들의 집에서 시간을 보냄으로서 측량할 수 없는 유익을 얻는다. 그곳에서 그 사람들이 어떻게 생활하며 그들의 문제, 죄, 겪는 유혹, 일반적인 환경들이 무엇인지를 볼 수 있다. 이러한 사역을 통하여 목사는 구약의 선지자처럼 그가 보는 일로 경악을 금치 못하게 될 것이다. 그리고 나서 그는 자기 청중들의 요구에 자신의 설교를 보다 효과있게 적응시킬 수 있게 된다.

　예레미야 23:1~2에서 이스라엘의 목자들에게 재앙이 선포되었는데 그 이유 중의 하나는 그들의 하나님의 양떼를 방문하지 않았기 때문이었다. 여기에서는 이스라엘의 통치자들이 그들의 백성을 멀리 떠나 있음으로 그들의 진정한 문제들과 짐을 알지 못한다고 말하고 있다. 그리하여 그들은 마땅히 되어야 할 종류의 직분자들이 될 수가 없었다. 여기에 복음 사역자들에게 동일하게 적용해야 할 원리가 있다. 목사가 성도들과 멀리 떨어진 상태에 거하여서 그들의 진정한 필요들을 전혀 알지 못한다는 것은 가능한 일이다. 설교에서 이와 같은 상태로 행하여지는 화살은 항상 과녁의 이곳 저곳을 맞추지만 그 생생한 결과에 전무하다시피 하는 것이다.

　마태복음 25 : 36에서 주님은 어떤 자들이 그의 필요한 때에 그를 찾아 주었다는 사실 때문에 그들에게 특별한 축복을 약속하신다. 마찬가지로 그가 병중에 있고 갇혀 있을 때에 찾아 주지 않았다고 하여 다른 이들에게는 심판이 선포되고 있다. 이 성경 구절에 어떤 하나님의 특별하신 부탁이 있을지라도 위로와 목양의 목적을 가진 심방의 개념이 분명히 제시되어 있으며 이러한 하나님의 말씀을 도처에서 발견할 수 있다.

　성경 기자는 목회 심방이 목사가 담당하는 사역의 생동하는 한 부분을 이룬다는 사실을 담대히 주장하고 있다. 어떤 목사들은 그것이 그들의 취향에 맞지 않는다고 하여 그 가치를 무시하기도 한다. 이따금 현대 생활의 양상이 그러한 일을 매우 난감하게 만들어 주기도 한다. 어떤 사람을 만나기 위해서는 한 밤중에 심방해야만 하거나 아니면 여타의 시간을 할애해야 한다. 또 어떤 사람을 만나려면 그들의 사무실이나 직장을 찾아가야 하기도 한다. 이외에도 다른 장애물들이 있기는 하나 그럼에도 목회 심방은 여러가지 방법으로 효과적인 목회를 위한 놀라운 기회를 제공하고 있다.

　목회 심방에 있어서 우리는 "날마다 성전에 있든지 집에 있든지 예수는 그리스도라 가르치기와 전도하기를 쉬지 아니한" 초대 교회 사도들의 본을 찾아 볼 수가 있다(행 5 : 42). 사도 바울처럼 바쁜 이도 이러한 유형의 목회 사역을 위한 시간을 할애하였다. 그는 에베소 지방에서 이룬 그의 사역에 대하여 에베소 장로들에게 이르기를 "유익한 것은 무엇이든지 공중 앞에서나 각 집에서나 꺼림이 없이 너희에게 전하여 가르치고"(행 20 : 20)라고 하였다.

　먼저 목회 심방의 몇가지 목적들을 고찰해 보자. 왜 그것이 그토록 현저한 것인가? 이러한 사역에서 무엇이 실현될 수 있는가?

　매번 실시되는 심방은 그저 단순히 목사가 정기적인 보고회에서 발표

제21장 목사와 심방 303

할 좋은 보고자료를 수집하기 위한 것이 아닌 하나의 목적을 염두에 두고 실행되어야 한다. 목사는 단순한 형식적인 심방에서 지켜질 필요가 있다. 심방을 하기 전에 그는 스스로에게, 내가 이번 심방에서 실행하고자 하는 것이 무엇인가 자문해야 한다. 만일 일단의 목적이 없다면 아마도 과녁에 적중시킬 수가 없을 것이다. 이따금 일반적인 목적 혹은 목사가 갖는 목적들에다 주님이 당신의 것을 가감하실 수도 있다. 그가 상담자의 집에 도착하면 그 장소에서 발견되는 환경들을 통하여 하나님께서는 자신의 사역을 이루도록 분명히 말씀하신다. 그리하면 그는 확실히 주님의 인도하심을 기쁘게 따를 것이다. 그러나 아직도 목사는 그의 심방에 있어서 하나의 목적을 간직하고 만일 주님이 인도하신다면 그 목적이 벗어나는 것을 개의치 않는 기꺼움도 가지고 나서야 한다. 목회 심방에는 적어도 다음의 9가지 이유를 제시할 수 있다.

1) 환자를 위로하고 격려하기 위하여 자신의 양떼 가운데 병든 양에 대하여 관심을 갖지 않는 목사는 사실은 비정한 목자이다. 환자에 대한 목회 사역에 대하여는 다음 장에서 자세히 언급하겠다. 여기서는 단지 어떠한 목사도 그의 회중에 속한 환자를 무시할 수 없다는 사실만을 지적한다. 만일 그렇게 한다면 그는 봉사하고 있는 교회와 교인들로부터 존경을 상실할 것이다.

2) 결석자를 찾기 위하여, 교회의 정기집회에 빠진 교인에 대한 목사의 관심은 가정을 방문함으로 증명되어야 한다. 결석한 이유로는 병환이나 가정의 반대, 실직에서 오는 좌절, 교인들에게 잠입하고 있는 어떤 이단에 대한 불만의 호소, 혹은 기타의 사유들이 될 수 있다. 목사는 가정을 심방함으로써 어떠한 종류이든 그 어려운 일을 해결하도록 도울 수 있으며 그리하면 결석자가 곧 교회의 집회에 참석하게 될 것이다.

3) 새 신자를 환영하기 위하여, 목사는 새 신자가 교회에 찾아오면 영적인 문제를 지도할 상당한 기회를 얻게 된다. 그는 가능한한 빠르게

그들을 환영하고 교회에서 그들이 갖는 특권과 의무, 책임들을 가르치고 교회 조직의 여러 관계 속에서 좋은 출발을 하도록 보아 주어야 한다. 이 점을 경시한다면 쉽사리 실망케 하여 교인의 수를 줄이게 된다.

4) 복음에 대한 접촉을 갖게 하기 위하여, 목사는 계속하여 전도의 관점에서 심방을 해야 한다. 만일 그가 이러한 길로 신자를 인도하지 않는다면 그가 복음에 접하지 않는 것을 낙관할 수 없게 된다. 신실한 목사는 계속하여 전도의 관점에서 심방을 해야 한다. 만일 그가 이러한 길로 신자를 인도하지 않는다면 그가 복음에 접하지 않는 것을 낙관할 수 없게 된다. 신실한 목사는 대부분의 교회에 나오는 사람들이 목사나 그밖의 사람들이 개인적으로 그들과 관계를 갖기 때문에 교회에 참석하고 있음을 발견하게 될 것이다. 개인적인 접촉이 단절된 곳에서 항상 신앙고백이 있을 수 없다. 사람을 주님께로 인도하기 위하여는 개인적인 접촉이 있어야 한다. 신약성경은 이점을 명시하고 있다. 목회 심방은 그리스도의 구원의 복음을 증거하는 중대한 기회들을 제공한다.

5) 노령자와 교회에 참석할 수 없는 자를 격려하기 위하여, 목사가 담당한 지역마다 결코 교회에 참석할 수 없는 사람들이 있다. 그 이유들로는 지극한 고령, 신체적 조건, 작업, 조건, 거리 여타의 사유들이 될 수 있다. 이와 같은 사람들은 목회적 관심이나 교회의 직무에서 배제되어야만 하는가? 하나님의 사람은 그러한 질문에 "아니요"라고 답할 것이며 가능한한 자주 그러한 사람들과 접촉하려고 노력할 것이다.

6) 교인들의 가정 환경을 알기 위하여, 교회에서 드러내지는 교인들의 어떤 태도들은 그들의 가정 환경을 알지 못하고는 이해할 수 없는 일들이 있다. 예를 들면 주일학교와 교회의 다른 예배에 착실히 참석하며 한때 신앙의 고백을 했던 젊은이가 왜 세례를 받고 교회의 교제에 함께 동참하는 것을 마다하는지 목사는 이해하지 못할 때가 있다. 그러한 신자의 가정을 방문해 보면 그와 같은 친교에 가담하는 것을 그의 부모 중의 하나 혹은 모두가 극심한 반대를 하고 있음을 밝혀 줄 수 있

다. 그리고 이러한 심방으로 인하여 목사는 부모들의 견해를 변화시키는데 영향을 끼칠 수도 있다. 만일 그렇지 못하더라도 그는 적어도 청년의 개인적인 문제에 동정적인 이해를 얻게 되고 상황이 변할 때까지 기다리며 기도할 수가 있게 된다. 목사가 교인들이 어떻게 살고 있는지를 알게 될 때 그의 설교는 그들의 바라는 바를 이루도록 더욱 유효있게 지적해 줄 수 있다.

7) 가정 제단을 장려하기 위하여, 목사는 기도와 성경봉독이 정규적인 일이 된 가정에 심방할 수도 있다. 가정제단은 이미 수축되어 있다. 이러한 상황에서 그의 교인들에게 그 일에 신실하도록 권면하고 어떠한 외부의 압력이 그 일을 제지하지 못하도록 격려하는 것이 목사의 특권이 될 것이다.

어떤 집을 방문해 보면 그들이 이러한 일에 전혀 관심을 기울이지 않고 있음을 목사는 발견하게 된다. 혹은 가정 제단에 대한 생각이 전혀 새로운 가정이 있을 수도 있다. 목사가 그 가정 식구들에게 기독교인의 삶을 살아가면서 성장하도록 격려할 때에 가족 단위로 매일 성경을 읽고 기도하는 일의 중요성을 가르칠 수 있다. 역시 성경 읽기와 기도의 계획을 제시할 수도 있다. 이를 위하여서도 전 가족이 한 자리에 모여 있을 때 심방을 하는 것이 필요하다. 간단한 성경 말씀을 읽고 기도로 심방을 마치면서 목사는 매일 적당한 시간에 가족이 유사한 시간 동안의 예배를 갖는 것이 도움되는 일임을 암시할 수 있다. 그리하면 가정 제단이 세워질 것이다.

8) 교회 참석을 고무하기 위하여 라일리(W.B. Riley) 박사는 목회 심방을 찬성하며 "목사의 가정방문이 교회 참석자를 만든다"고 말하고 있다. 일상적인 정중함으로 그들의 재차 심방을 요구하게 될 것이다. 그리하여 때를 따라 그들에게 영적인 확신을 주게 되며 그들은 하나님의 전에서 드리는 예배에 참석하여 그리스도가 구주되심을 발견할 것이다. 다른 일과 마찬가지로 심방을 하는 목사의 교회에는 심방을 하지

않는 목사의 교회보다 더 많은 사람들이 모일 것이다. 심방을 마치고 인사할 때 "안녕히 계십시오" 하나님께서 당신을 축복하시길 바랍니다. 다음 주일에 교회에서 당신을 뵙겠읍니다"라고 하는 것이 좋다. 그리한 인사가 결실을 거두게 될 것이다.

9) 그리스도와 교회를 대표하여 보여주기 위하여, 목회 심방은 여타의 방문과는 명백한 차이가 있어야 한다. 목사는 그리스도의 대사임을 잊지 않아야 한다. 그가 그 가정을 떠난 뒤에 심방을 받은 신자들은 하나님의 사람이 함께 하셨구나 하는 느낌을 가져야 하다.

1. 목회 심방의 원칙

이제는 목회 심방의 성격에 대하여 고찰해 보자. 그것은 어떻게 특징지워질 수 있는가? 사람들의 요구가 매우 다양하므로 이에 대한 엄격한 원칙을 제정하기가 쉽지 않다. 그러나 하나님은 목사가 그의 영의 인도하심을 원한다면 매사에 그를 인도하실 것이다. 그러므로 여기서 유념해야 할 몇가지 일반적인 원리들을 제시한다.

1) 목사는 매번의 심방에서 목적 구현을 위하여 노력해야 한다. 심방을 하기 전에 무엇이 목적이 되어야 하는지 결정되어져야 한다. 만일 분명한 성령의 인도하심으로 이 목적을 이탈하지 않는한 그것을 계속 추구해야 한다. 역시 출발하면서 심방의 목적을 달성하기 위하여 기도와 그것을 위하여 사용할 적절한 성경 구절에 대한 충만한 심령으로 준비되어야 한다.

2) 심방은 길어져서는 안되며 오직 때에 따라 목적을 달성하기에 충분한 시간만을 소비해야 한다. 도시에서의 평균 심방시간은 15내지 20분 정도가 되어야 하며, 시골에서는 어느 정도 길어질 수 있다. 심방의 가치는 시간의 길이에 의한 것이 아니라 그곳에서 보여주는 목사의 예의와 사역에 따르는 것이다.

3) 심방시의 대화는 영적인 면으로 지속되어야 한다. 물론 목회 심방에 있어서 가정과 가족의 건강, 그들이 하고 있는 사업, 자녀들의 학업, 가족과 관계된 현재의 일들에 대하여 화제를 나눌 것이다. 그는 신자들에 대하여 열정적인 관심을 가져야 한다. 그러나 신속하게 영적인 유익을 이야기로 전환할 수 있는 기회를 포착해야 한다. 모든 심방에서 잡담을 금해야 한다. 그러나 환자를 심방하였을 때 상대방이 잡담을 하고자 하면 그대로 방조하는 것이 상책이 될 것이다. 하나님의 선하심과 그를 섬기는 특권에 대하여 상당히 대화하도록 하라.

4) 가족 성원 모두의 개인적인 문제에 관심을 표명해야 한다. 어느 하나라도 간과해서는 안된다. 혹 딸이나 아들이 대학을 다니느라 집을 떠나 있을 수 있다. 군에 입대한 아들이 있을지도 모른다. 목사는 모든 문제를 자신의 것처럼 생각하며 이러한 문제를 어떻게 처리해야 가장 좋은지를 보여 주어야 한다. 심방을 마칠 때 이러한 문제들을 하나님의 보좌 앞에서 기도하는 시간에 기억해야 한다.

5) 항상 심방에서는 간략한 성경봉독과 기도로 마무리 지어져야 한다. 이것은 가족 일원이 하나님의 일에 주의를 돌리고 그에 대한 하나님의 축복을 기도하는 놀라운 기회이다. 이러한 순간들은 사람들이 자연스럽게 하나님께 보다 가까와지도록 하는 수단이 된다.

6) 목사가 행한 모든 심방의 기록이 남겨져야 한다. 이 기록은 심방의 날짜와 장차 있을 심방에 도움되는 사항들이 포함되어야 한다. 심방에 관한 자료를 적을 수 있는 소형 노트를 준비하는 것이 목사에게는 도움이 된다. 그리하면 기록을 할 수 있을 뿐 아니라 그것으로 상담의 진전을 점검할 수 있게 된다. 실수한 것이 무엇인가? 이전에 상담을 하고 난지 얼마가 경과되었는가? 지난번 심방에서 받은 그 집의 반응이 어떠하였는가? 이러한 의심사항들이 만일 목사가 소형 노트에 충실히 기록해 놓았다면 쉽사리 해결될 수 있다. 역시 분기별 교회의 사업보고회에서 이 책자를 소지한다면 신속하게 상담에 관련된 사항들을

제시할 수 있을 것이다. 목회 심방을 위하여 유효한 노트가 목사에게 필수적인 반면 사무실에는 자신의 심방 계획에 대한 보다 상세한 카드 정리함이 비치되어야 한다.

7) 심방시에 사람이 유고하다면 목사는 자신의 심방 카드를 남겨 두어야 한다. 모든 목사들은 자신의 이름, 주소, 전화번호, 교회의 이름과 위치를 알리는 심방카드를 준비해야 한다. 짧은 성경구절을 카드의 상·하단에 인쇄할 수도 있으며 이면에는 심방시 유고가 있는 상대방에게 목사가 메모를 적도록 공란으로 남겨 두어야 한다. 이 카드는 때로는 정상적인 상담의 효과를 발휘하여 교회 결석자로 하여금 다시 교회에 나오게 하기도 한다. 주일 낮 예배를 바친 뒤에 한 동안 안나오던 교인과 더불어 목사가 악수를 하며 "지난 주에 당신의 카드를 받고 자리에 없어서 미안했읍니다. 대신에 오늘은 여기 나와 있읍니다" 하는 인사를 받는 일이 이상한 것은 아니다.

8) 목사는 심방할 수 없는 사람들에게는 때때로 편지를 써야 한다. 거리나 환경상의 이유로 목회 심방을 받을 수 없는 사람들이 항상 어느 교회나 있는 법이다. 이러한 사람에게 보내진 편지는 가끔 깊은 사의를 얻게 되며 교회와 교회에서 이루어지는 일들과 연결을 갖도록 하는 일에 상당한 효과를 갖게 한다. 트루에트(George Truett) 박사는 달라스의 제일 침례 교회의 목사로 봉직하며 부교역자들에게 매일 영적인 설교가 담긴 목회적 성격의 편지를 몇 통씩 쓰게 하였다. 해럴(Seewart Harral)은 「교회를 위한 성공적인 서신들」(Successful Letters Churches)이란 책에서 많은 지면을 할애하여 이러한 방법을 주장하고 있다. 목사는 목회 서신 작성법을 개발하기 위하여 훈련을 받아야 한다. 그것은 하나님의 영광을 위하여 상당한 배당금을 지불하는 것이 된다.

심방에 있어서 목사는 그리스도의 광채를 널리 퍼치도록 노력해야 한다. 언젠가 캘머(Thomas Chalmers) 박사가 한 여인을 심방한 후에 그 여인은 이웃집 사람에게 "우리 목사님이 우리 집을 오늘 심방하셨는데 여느 때보다 더욱 기쁜 날이 되는군요"라고 말하였다.

2. 목회 심방의 방편

대부분의 목사들이 심방은 좋은 것이며 성공적인 목회에 절대적인 요소임을 인정하고 있다. 그러나 매우 실제적인 질문을 한다. 그것은 어떻게 실시되어야 하는가? 그것을 실행하기 위한 최상의 계획은 어떤 것인가?

셰드(W.G.T. Shedd) 박사는 "목회자는 목회 심방에 조직적이어야 하며, 매우 일정한 분량만큼 이 일을 정규적으로 수행해야 한다"*고 주장하고 있다.

이러한 사역이 어떻게 수행되어져야 하며 어떠한 제도가 채택되어야 하는지 하는 문제와 연관하여 규칙들을 제시한다는 것은 매우 어려운 일이다. 성공적인 목사들이 그 방법에 있어서 일치하는 것이 아니다. 그러나 목사는 각자 이러한 목회 사역을 위하여 어떤 계획을 수립해야 하며 그렇지 않으면 모든 개연성을 가지고 하는 그 일에 만족할 만한 성과를 얻기가 어려운 것이다.

1) 어떤 목회자는 계절적인 방법을 좋아한다. 이 계획에 따르면 일년 중 가을에 전 교인을 심방하기 위하여 열정적인 노력이 경주된다. 그리하여 그들은 이러한 방법은 여름 휴가 기간 후의 그들의 사역에 기동력을 부여한다고 느낀다. 이러한 목회자들 중의 어떤 이들은 교회가 매우 크지 않을 경우 역시 봄에도 이러한 계획을 재실시한다. 이러한 계획을 실시하는 목회자들은 계획을 설정하고 다른 일들은 우선 순위에서 제쳐놓고 모든 가능한 시간을 심방에 소요한다.

───────────
* William G.T. Shedd, *Homiletics and Pastoral Theology* 「설교학과 목회신학」, New York: Charles Scribner's Sons, 1895), p.3.

2) 이렇게 집중된 수고가 마무리 되면 오직 새롭게 등록한 교인을 위한 심방, 환자 심방, 긴급 심방 등이 연중의 나머지 기간에 실시된다. 어떤 목사들은 이 계획을 매우 성공적으로 운용한다.

그러나 다른 목사들은 이러한 방법은 심방을 열망하는 다른 회중들과의 연속적인 접촉이 없이 연중의 너무 많은 시간을 지내게 된다고 느낀다.

3) 그외에 일주일에 일정한 수를 목적하는 주간 목표(weekly goal) 계획이 있다. 어떤 목회 신학 교수는 목사가 25회 정도의 심방을 목표하여야 한다고 주장한다. 어떤 국내 선교회는 이러한 계획을 요구하는데 그 이유는 교회에 나오는 신자가 일정한 접촉을 가지지 못하면 교회 성장에 불가하기 때문이다. 이러한 목표에 도달하기 위하여 목사는 그의 계획을 정리하여 충분한 오후와 저녁시간의 심방을 위하여 주간에 할애하여야 한다.

많은 목사들이 일주 중 시간 할애법을 좋아한다. 이 계획은 일주일간 어느 한 시각 즉 오후 같은 시간을 목회 심방을 위하여 할애하는 방법을 지칭한다. 이 계획을 지지하는 데는 많은 이유가 있다. 매일 아침 연구에 몰두하는 목회자는 일의 유형에서 변화를 필요로 하며 심방이 이러한 변화를 가져다 준다. 역시 가정주부들은 오전 중에 가사를 정리 완결하고 오후에 심방자를 접견할 수 있다. 또한 오후 늦게라면 목사는 학교에서 돌아온 자녀들을 만날 수 있다. 이것은 목사가 자기 교인 가정의 자녀들과 진정한 친구가 될 수 있는 유리한 점이 있다. 이 계획에 의거하면 숫자적 목표가 설정되지 않는다. 목사는 오후 2시부터 4시 반 사이에 가능한 한 많은 가정을 심방한다.

복잡한 시간일지라도 목사는 교인을 만나기 위한 일이라면 저녁이나 그 밖의 시간에도 유효한 많은 심방을 실시할 수도 있다.

빈틈없는 목사들은 관심을 두고 있는 사람들이 상담을 요청할 수 있도록 주간의 어떤 시간을 정규적으로 할애하여 성공하고 있다. 예를 들면 어떤 목사는 그러한 심방을 위하여 화요일 오후 2시부터 4시 사이와 수요일 저녁 7시를 설정하고 있다. 이러한 심방을 위하여는 항상 선약을 하여 놓는다.

4) 어떤 목회자는 가나다 순 계획을 따르는데 이것은 교인들의 이름을 가나다 순으로 배열하여 심방하는 것이다. 그들은 맨 먼저 '이든 성을 가진 사람들을 심방하고 다음에는 '이렇게 하여 전체 교인을 심방한다. 이 방법을 실시요령에 있어서는 전술한 방법들 중의 하나를 이용한다. 이러한 시도는 명확성과 질서는 있으나 때로는 불필요한 여행을 야기시키는 일로 매우 비실제적인 면도 있다. 가나다 순이라는 이유만으로 김영월씨 집 옆의 나일수 씨의 집을 지나쳐서 시가지 반대편에 가로질러 있는 김찬성씨 집으로 심방을 하는 것은 쓸데 없는 시간과 경비의 소모가 된다. 그러나 역시 이러한 계획도 장점은 있다. 즉 목사의 심방을 싫어하는 사람은 심방 계획에 따라 언제쯤 자기에게 시간이 배정되는지를 미리 알아 그 시간을 피하게 되는데 바로 이러한 사람에게 심방을 가야만 한다.

5) 또 다른 방법은 구역별 심방이 있다. 이것은 목사가 시간과 경비를 효율적으로 사용할 수 있도록 하여 교인들의 주거지역별로 구획지어 배정하는 방법이다. 교회 근처의 지적도가 이러한 계획을 수립하는데 도움이 될 것이다. 지도 위에 색을 칠한 핀을 꽂으면 교인의 거처를 쉽게 알 수 있다. 이러한 계획하에 목사는 심방을 위해 배정된 오후 시간에 지역에 군집한 교인들의 명단을 작성하여 실시하는데 이러한 경우 시간의 손실과 거리의 중복을 최대한 회피할 수 있다.

목사는 각자에게 가장 유용하다고 생각되는 방법을 선택할 만큼 지혜를 발휘할 것이다. 그는 방법을 바꾸기 전에 정당한 노력을 실천해야 한다. 물론 어느 경우나 때에 따라 융통성을 가지고 실시할 수 있다. 그러나 만일 목회자가 계획없이 일을 시작한다면 마치 건축가가 청사진 없이 건물을 세우는 것과 마찬가지가 될 것이다. 세상에서 가장 위대한 사업은 조심스러운 계획이 있어야 한다.

어떤 목사들은 목회자의 심방을 위한 효과적인 보조기구로 심방위원회를 구성한다. 이 계획에 따르면 교구를 구역별로 분할하고 각기 구역마다 책임자를 지명한다. 매달 혹은 매주 위원회를 소집하여 심방 약속을 하고 보고서를 제출하며 심방을 위한 협의와 격려를 하는 목적을 부여한다. 돌로프(Eugene Dolloff)는 그의 책 「초인종의 낭만」의 13장에서 심방위원회에 대하여 몇가지 흥미로운 사실들을 다루고 있다.

3. 목회 심방의 결과

1) 목회 심방이라는 일은 대단한 보상금을 지불한다. 그것은 무엇보다 목사를 도와준다. 그것은 목사 자신의 생활과 복음증거를 살찌게 한다. 그것은 그의 사역을 실제에 정착시킨다. 그것은 그에게 생활로부터 예화를 얻게 한다. 그것은 그로 하여금 보다 열정적으로 기도하고 설교하게 한다. 이따금 목회자가 심정이 갈하고 "설교로 쏟아 버렸다"고 느낄 때에 만일 오후에 교인의 가정을 심방하고 나면 풍요한 설교 자료와 자기 교인들에게 봉사하기 위한 열정으로 새로워진 가슴을 안고 서재로 돌아오게 된다.

2) 이와같은 사역은 또한 교회 참석인원을 증가시킨다. 이러한 사역에 헌신하지 않더라도 설교의 탁월함 때문에 많은 청중을 갖는 경우도 있다. 반면에 대단한 심방을 하고도 조그마한 회중 앞에서 설교하는 목회자도 있다. 그러나 이러한 것들은 예외적인 사실이다. 목회 심방은 정규적으로 회중을 증가시킬 것이다.

3) 목회 심방은 목사로 하여금 그가 섬기는 교인들에게 위로를 주게 한다. 심방은 교인의 집안 형편, 문제점, 어려운 일들에 관심을 갖고 그들과 상담하며 함께 기도하는 목사는 자기 목회에서 중요한 것으로 판명될 상담자에 대한 위로를 제공하게 된다. 이러한 위로를 주게 될 때

다른 기회에는 불가능한 영적인 봉사를 수행할 수가 있다.

뉴욕 부룩클린에 있는 라파엘가 장로교회의 카일러(Theodore Cuyler) 박사는 라일리(W.B. Riley) 박사에 의하면 여러가지 면에 있어서 모범적인 목사였다. 그는 개인전도를 위하여 심방시에 주어지는 기회를 포착하였다. 그는 어느 저녁에 미남형의 청년을 그리스도에게 인도하기 위하여 헛수고처럼 보여지는 노력을 하였다고 말한다. 그가 전도를 마치고 막 일어나려고 하자 그 청년은 카일러 박사에게 자기 자녀들을 보기 위하여 함께 육아실로 가자고 초청하였다. 그가 조금 돌아가서 아이들을 보니까 그들은 요람에 누워 평화로이 잠자고 있었다. 카일러 박사는 "당신은 이 아이들이 천국가기 위한 도움을 자기 아버지로부터 결국 얻을 수 없음을 알고 계십니까?」하고 질문하였다. 화살이 아버지의 가슴에 꽂혔다. 한 달 후에 그는 그리스도를 위하여 살기로 결심하고 주님께 충성스러이 봉사하고 있다.* 신실한 목사는 "지혜로운 자는 사람을 얻느니라"(잠 11 : 30)는 성경구절을 결코 잊지 않는다.

4) 마지막으로 목회 상담은 영적인 진리를 나누어 주는 기회로서 가장 직접적이고 유효한 방법이 된다. 강단에서 보다 실생활에서의 적용이 보다 중요한 것이다. 가정에서 그 진리들은 특별한 대우를 받게 된다.

그가 발견하기를 원할 때 정확한 필요에 의하여 목사는 사람을 사로잡을 수 있다. 그는 사람을 당황하게 만드는 질문에도 대답할 수가 있다. 그는 공적인 예배에서 씨를 광범위하게 뿌리고 교인들의 특수한 많은 요구에 부응하지 못하는 반면에 심방에서는 잘 준비된 마음 밭에 한 가지의 도를 가지고 하나님의 말씀의 씨앗을 심을 수 있다.

목사여, 당신은 교인들의 가정을 방문하는 일의 가치를 소홀히 경시하지 마시오.

---

* Theodore L. Cuyler. *How to Be A Pastor* (New York: The Baker and Taylor Co., 1890), p.

추천 도서

Blackwood, Andrew W. *Pastoral Work*. Philadelphia: The Westminster Press, 1945. Chap. 7.
Cuyler, Theodore L. *How to Be a Pastor*. New York: The Baker and Taylor Co., 1890. Chap. 2.
Dolloff, Eugene D. *The Romance of Doorbells*. Philadelphia: Judson Press, 1951.
Goulooze, William. *Pastoral Psychology*. Grand Rapids: Baker Book House, 1950. Chap. 3.
Harral, Stewart. *Successful Letters for Churchess*. Nashville: Abingdon-Cokesbury Press, 1946.
Hoppin, James M. *Pastoral Theology*. New York and London: Funk and Wagnalls, 1901. Part V. Sec. 23.
Jowett, John H. *The Pracher, His Life and Work*. Garden City, N.Y.: Doubleday, Doran & Company, Inc., 1929. Chap. 9.
Riley, William B. *Pastoral Problems*. New York: Fleming H. Revell Company, 1936. Chap. 12.
Shedd, William G.T. *Homiletics and Pastoral Theology*. New York: Charles Scribner's Sons, 1895. pp. 389—406.

제 22 장

환자 심방

　어느날 구주께서 "병들었을 때에 돌아보았고"(마 25：36)라고 말씀하셨다. 위의 성경 본문은 돌보는 자, 곧 병든 자를 찾는 자가 하나님의 축복을 받는다고 말하고 있다. 비록 이 구절이 특별한 의미를 가지고 있을지라도 환자를 문병하는 것은 주님이 인정하시는 일임은 의심할 바가 없다. 위의 인용 성경은 본래의 사상 외에도 예수께서 그의 초기 전도 활동에서 병든 자와 육체적으로 불구가 된 자들을 상대하시느라 많은 시간을 보내셨음을 의미하고 있다. 주님의 목양을 위임받은 자들이 만일 주님을 닮아야 한다면 기독교인의 생활중에서 이러한 양상을 감히 무시할 수는 없다.

1. 환자 심방의 중요성

　환자 심방의 중요성을 생각해 볼 때 이러한 사역이 목사의 계획 속에서 차지해야 할 위치에 두고자 한다면 다음의 몇가지 사실을 관찰해야 할 필요가 있다.
　1) 먼저 그것은 목사의 최상의 특별한 권리 중의 하나이다. 사람은 병석에 있는 동안 매우 분명한 방법으로 동정과 도움을 구하게 된다. 그들은 매우 민감하여져 있다. 지상과 이승 사이의 베일은 사람이 건강하고 건강할 만큼 두터운 것이 아니다. 건강할 때에는 목사가 발견할

수 없는 영원 문제에 대하여 기꺼이 생각하고자 하는 경향이 병상에서 있어진다. 이 때가 그 영혼을 하나님 곧 모든 환경에서도 충족해 하시는 그 분에게로 인도하는 목사의 황금과 같은 기회이다.

2) 환자 심방은 목회자의 최상의 긴급한 책무 중의 하나이다. 환자 심방은 감히 무시되어서는 안된다.

환자라는 이유로 심방이 경시되어서는 안된다. 신약 성경에서는 질병이 때로는 하나님의 자녀의 생활 속에 훈련의 한 방편으로 허용되기도 함을 보여준다(예를 들면 고전 11：30). 그러한 때가 환자의 영혼을 소생시키게 하는 일을 목회자가 도울 수 있는 기회가 된다. 물론 대단한 재치와 지혜가 그러한 경우에 요구되어진다. 목회자는 환자의 주의를 역경이 주는 유익과 회복의 기도로 돌리는 일이 적절한 방법이 된다. 가끔 목사의 상담과 격려의 말이 환자로 하여금 건강을 회복케 하는 일에 물리적인 약물 만큼이나 효과적이다.

목회자 자신의 일 때문에 환자 심방을 경시해서는 안된다. 그렇다면 그는 동정어린 대화의 결핍으로 인하여 자신의 천성으로 고생하게 될 것이다. 또한 이러한 목회 사역에서 물러선다면 그의 교인들이 품고 있는 평안과 사랑을 상실하게 될 것이다. 만일 환자가 병석에서 그들의 목사를 의지할 수 없다면 어느 때나 목사를 의지하는 일에 회의를 느끼게 될 것이다. 이러한 사역의 국면에 있어서의 신실성은 그로 하여금 보다 자비롭고 다정한 설교가로 만들 것이다. 스코틀란드의 위대한 설교가인 맥케인(Robert Murray McCheyne)은 "극한 상황에 처한 사람을 관대한 사랑으로 돌보아 주는 것"이 유익함을 발견하고 때때로 주일 설교하기 이전에 병상에서 심하게 신음하는 자를 찾아 보곤 한다고 하였다.

3) 환자 심방은, 전 교인의 지원을 유도해야 하는 사역이다. 목사는 교인들에게 그의 심방이 필요한 환자가 있을 때 알려달라고 부탁하는 것이 좋은 일이다. 어떤 교회에서는 의자의 책꽂이에 특별 카드를 비치

하여 목사의 돌보는 일이 필요한 환자를 적어서 헌금통에 넣도록 하고 있다.

4) 이 사역은 즉각적으로 실시해야 한다는 사실이 중대한 것이다. 환자가 목사의 심방을 받지 못하고 사망할 때까지 기다린다는 것은 슬픈 상황이 된다. 그는 구령사업에서 상실한 기회에 대하여 한마디도 못하고 당황해 있는 자신을 발견하게 될 것이다.

5) 이것은 이따금 반복된 주의를 요하는 사역이다. 매일 심방하는 것이 필요한 경우가 있을 수 있다. "이제는 너희 것이 아니라"는 진리가 매우 분명한 방법으로 체험되는 사역이 바로 병실 심방이다. 밤과 낮을 가리지 않고 신실한 목회자는 인간들의 요구에 응할 준비를 갖추어야 한다. 심지어 한 밤중일지라도 비상시에 대비하는 많은 의사들이 있다. 의사들이 육체적인 필요에 책임이 있는 것보다 목사가 영적인 요구에 책임지는 일이 작은 것이 될 수 있는가? 그 대답은 자명한 것이다.

6) 환자에 대한 목사의 사역은 연장된 주의를 요구한다. 어떤 경우의 질병은 수 주일 혹은 수 개월이나 수 년씩 계속된다. 목사는 그들이 고통에 익숙해져 목사의 도움 없이도 견딜 수 있다고 가정해서는 안된다. 그러한 상황은 목사의 영구적인 신실성에 대한 명백한 도전이며 심판의 날에 그러한 충성은 기억되지도 않을 것이다.

2. 환자 심방 준비

환자 심방은 영혼 구원의 문제와 직결되고 대단히 중요한 결과를 가져오기 때문에 이러한 심방을 하기 전에 몇가지 꼭 준비해야 할 상황들이 있다.

1) 목사는 환자를 돌볼 때 주님이 인도하시며 도와주시기를 부탁하여 자신의 마음을 준비해야 한다. 그는 심방한 사람의 영적인 필요에

대하여 상고하여야 한다. 만일 기회가 주어진다면 읽기에 적당한 성경 구절을 마음에 준비해 두면 좋을 것이다. 이 경우에 그가 결정하는 사항은 심방하고 있는 환자의 영적인 여건에 심대한 영향이 있다.

2) 환자 심방시에 만일 미리 알지 못한다면 그 질병의 내용을 가능한 한 많이 알아야 한다. 그리하면 당황하여 큰 실수를 저지르는 일에서 벗어나며 대화의 무궁 무진한 자료를 갖게 되는 것이다.

병원을 방문할 때 간호원의 권위를 존중하여 자신의 방문이 옳다고 여기기에 미흡하면 그러한 방문이 옳은 일인지 물어보아야 한다. 병실의 문이 잠겨 있으면 적당한 기회를 포착하는 것이 항상 현명한 일이다. 비록 목회자는 병원에서도 환자를 면회할 특권이 인정되고 있을지라도 담당 책임자의 심한 반대에도 불구하고 특권을 행사하는 일은 삼가야 한다. 어떤 목회자들은 분별이 없어서 간호원을 짜증나게 하며 심방을 받는 사람들을 당황하게 하기도 한다. 간호원에게 당신이 누구이며 어떤 사람을 면회하고자 하는지 말하라. 그리하면 항상 그녀의 친절한 협조를 받을 것이다.

3) 환자 심방시에는 목회자는 약간의 도움이 되는 책자 즉 특히 절망을 딛고 일어서는데 도움이 되는 소책자나 전단을 가져가는 것이 좋다. 요한복음이나 로마서와 같은 성경의 어느 부분을 지적해 주는 것도 유익하다. 그러한 책자는 특히 회복 단계에 들어선 환자에게 도움이 된다. 이따금 유익한 설교집도 매우 훌륭한 효과를 가져다 준다.

4) 목사는 밤이나 낮을 가리지 않고 자기를 필요로 하면 기꺼이 환자를 심방해야 한다. 만일 그가 주님의 사랑을 가지고 있다면 이러한 일이 어렵게만 여겨지지는 않을 것이다. 심한 경우에 환자는 여러 시간 동안 목사가 함께 남아 주기를 원하기도 한다. 그는 장차 그의 목회의 영향력을 증가시킬 하나의 영향을 미칠 수 있다.

3. 병실 심방의 특징

 병실 심방을 고찰하면서 우리는 부정적인 면과 긍정적인 면의 실례를 같이 고찰할 수 있다. 다음에 심방에서 피해야 할 것들과 꼭 지켜야 할 것들을 열거한다.

 1) 항상 심방은 시간이 길어서는 안된다. 가끔 환자는 항상 대하던 잘아는 친구의 오랜 면회로 지칠 때가 있다. 심방의 성패는 그 길이에 좌우되는 것이 아니라 목회자의 태도와 설교에 달려 있다. 10분이나 그 이하의 시간으로도 생동하는 심방을 할 수가 있다. 반면에 쓸데없는 잡담을 한 시간 하여 환자를 피곤하게 할 수도 있다. 심방을 마무리져야 할 적당한 시간을 감지하는 목회자는 행복하다.

 2) 심방은 서둘러서는 안된다. 일반적으로 이러한 심방은 시간이 길지 않아야 하지만 목사가 급히 나가려고 한다는 인상을 남겨서는 안된다. 신경질적이며 안절부절하는 태도는 환자로 하여금 그 심방이 관심에 의해서가 아니라 필요에 의해서 억지로 강요된 것이라는 느낌을 주게 된다. 목회자는 마음을 편히 하고 자기의 직무를 수행하며 그곳을 떠나야 한다. 환자는 하루에도 열두번 이상의 방문을 받기도 한다.

 3) 환자 심방이 그 성격에 있어서 직업적인 것이 되어서는 안된다. 목회자는 직업주의에서 벗어나야 한다. 거룩한 음성, 딱딱하고 과장된 어휘, 우울한 표정은 금물이다. 그는 하늘의 광채를 보여 주며 심방하는 개인에게 깊은 관심과 그들의 육적이며 영적인 건강에 대한 사려를 표명해야 한다. 만일 목회자가 이러한 관심과 우려를 갖고 있지 않다면 그는 목자의 마음을 갖지 않은 거짓 목사인 것이다. 환자는 이러한 관심에 감동하여 목사가 주님과 가까이 동행하며 주님의 눈으로 보고 주님의 가슴으로 느끼고 있는 것을 알게 될 것이다.

 4) 심방의 긍정적인 원리 면에서 목회자는 조용하고 명랑해야 한다.

만일 목사가 신경질적이고 불안해 하면 환자에게 유익이 될 수 없다. 그는 확신과 소망을 갖게 해줄 수 있어야 한다. 그의 소망과 신뢰는 현재의 상황에 있지 않고 주님께 대한 것이다. 그가 가지고 있는 소망과 신뢰가 환자에게 전달되도록 원하는 것이 그의 기도의 제목이 되어야 한다. 크신 하나님께 대한 신앙으로 진정한 목사는 안온하게 미소짓고 이야기할 수 있어야 한다. 격려의 자신이 되도록 한다.

5) 목회자가 환자를 심방할 때는 자비스러운 연민의 정을 보여주어야 한다. 환자와 많은 대화를 하기를 기대하지 말아야 한다. 이따금 목사는 환자가 많은 말을 하지 않아야 함을 주장할 필요가 있고 자신도 많은 말을 하지 않도록 주의해야 한다. 욥의 친구들이 그를 찾아 갔을 때 아무 이야기도 하지 않았을 때가 가장 위로가 되었던 사실을 주목하라. 그러나 목사가 대화를 하는 태도와 어휘로 인하여 환자가 자신을 상대하고 있는 목사가 진정으로 관심을 가지고 있음을 느끼게 해야 한다. 이것은 훌륭한 설교보다 더욱 큰 효과를 발휘한다. 이따금 동정어린 관심의 몇마디와 간단한 기도가 환자의 영혼을 고양시키는데 필요한 전부일 수도 있다.

6) 목사의 병실 심방은 우선적으로 영적인 것이어야 한다. 목사는 병든 자를 돌보기 위하여 파송된 그리스도의 대리인이며 그의 소명이 환자를 만날 때보다 더욱 자명한 경우는 결코 없을 것이다. 그는 영적인 대화, 즉 주님의 선하심과 신실하심, 죄를 사하시는 자비, 아버지와 같은 돌보심에 대하여 이야기하여야 한다. 역경의 교훈에 대하여 이야기 하게 될 시기도 있을 것이다. 그는 "육체의 가시"로 인하여 하나님께 감사할 수많은 이유를 발견하였던 사도 바울처럼 역경을 사랑하는 사람을 상기시킬 수도 있다(고후 12:7). 그 까닭은 이러한 사실을 통하여 주께서 한 두가지 이상의 시련을 감당하도록 부르신 자들에게 공급하시는 자비와 힘에 전폭적인 감사를 드리게 되기 때문이다. 각기 병의 종류마다 나누어져야 할 대화의 양과 내용이 결정되어야 할 것이다.

그러나 분명한 것은 그것이 환자로 하여금 자신과 절망적인 환경에서 떠나 모든 상황 속에서도 풍족케 하시는 주님을 발견하도록 지도하는 특성이 내재해 있어야 한다.

7) 심방시에 목사는 많은 하나님의 말씀을 준비해야 한다. 분위기에 따라 한 절, 혹은 한 장의 성경을 읽을 수 있을 것이다. 시편 23편, 91편, 103편, 고린도후서 12장, 로마서 8장, 히브리서 12장, 요한일서 1,2장 등은 대단한 위로와 평안을 제공하기 위하여 읽을 수 있는 유명한 구절들이다.

성경봉독 다음에는 기도 차례가 되며 여기에서 목사는 방금 낭독한 성경에서 귀한 말씀들이 달되도록 주님께 부탁해야 한다. 또한 주님이 함께 하심이 그 사람의 생활에서 느껴지기를, 주님의 은혜가 풍성하심을 발견할 수 있도록, 질병 중에 있는 사람의 뜻을 주님이 알고 응답할 수 있도록 성령께서 위로하시는 역사가 생활 속에 있기를 기도해야 할 것이다. 또한 주님의 뜻이라면 환자가 병고침을 받을 수 있기를 기도해야 한다. 이러한 중보의 사역에서 목사는 그의 최선을 다해야 할 필요가 있다.

환자가 기독교인이 아닐 경우 목사는 주님에 대한 신실한 증언을 하기를 원해야 할 것이다. 이것은 요령있게 실시되어야 하며 목사는 신실해야 한다. 이것은 열려진 문으로 들어 가는 기회이다.

4. 병실 심방의 지침

1) 목사가 환자를 심방하는 경우 간혹 전염병을 만나는 수가 있다. 그러한 경우 가능한 한 모든 봉사를 기꺼이 해야 하지만 자신의 가족을 위하고, 섬기는 교회의 모든 교인들과 자기 자신을 위하여 예방조치를 취하는 것이 상책이다. 그가 전염병에서 결코 제외될 수는 없다. 목사가 심방을 하면서 부주의하여 어떤 질병에 희생될 수 있으며 그 결과

잠시라도 자기의 사역에서 물러나야 할 수도 있음을 주지해야 한다. 이러한 가능성에 대하여 몇가지 적절한 제안을 여기에 열거한다.

2) 목사는 사회복지를 위하여 제정된 법규와 규칙들에 주의해야 한다. 어떤 병이 만연되어 있을 때 이러한 규정들 가운데는 격리규정과 예방접종의 의무가 포함되어 있다. 그러한 예방조치는 사회의 모든 성원들을 위하여 제정된 것이며 남에게 봉사하도록 부름을 받은 목사는 기쁘게 이러한 규정들을 준수해야 한다.

3) 이따금 정확한 진단을 위하여 동석한 의사와 의견을 나누어야 한다. 목사와 의사가 마음이 맞아 함께 환자를 치료하는 일에 동역한다는 것은 매우 바람직한 일이다. 여러 차례 의사는 전염병 환자를 최선책으로 대하는데 있어서 목사에게 분명한 도움을 줄 수 있다. 「환자에 대한 목회술」이란 책은 환자를 다루는 목사와 의사의 관계에 대하여 쓰여진 책이다. 이 책은 딕(R.L. Dicks)이라는 목사와 캐봇(R.C. Cabot)이라는 의사가 공동으로 저술한 책이다.

4) 환자 방문 특히 병원에 방문하는 경우에 목사는 질병의 확산을 방지하기 위하여 취해진 예방 수단에 대하여 병원 관계자와 기쁜 마음으로 응해야 한다. 이러한 일들에는 어떤 경우에는 마스크를 쓰는 일, 방문 전후로 하여 옷을 갈아 입는 일, 지시된 세면과 입가심, 그리고 다양한 병실에 따른 여러가지 조치들이 포함되어 있다. 환자를 심방한 후에 비누와 물을 흠뻑 사용하는 것이 감염에 대한 최상책 중의 하나이다. 그러한 경우에 처하게 될 때 목사는 필요 이상으로 오랜 시간 환자 곁에 있지 않아야 한다. 더우기 절대적인 필요가 요구되지 않는다면 환자의 입김을 피하거나 몸에 손을 대지 않도록 주의해야 한다. 무엇을 해야 할지 모르게 된 때는 책임을 맡은 의사나 간호원과 상의를 하는 것이 유익하다. 그리하면 그들은 기쁘게 충고해 줄 것이다.

5) 목사가 환자를 심방하기 전에 매우 많은 일을 하였을지라도 과도한 노출을 하지 않도록 규칙을 세워야 한다. 목사가 자기 가족이나 교회

교인의 일로 상당히 지쳐 있다면 이러한 심방은 쉬는 것이 유익할 것이다. 만일 상당히 지친 상태라면 휴식을 얼마간 취할 때까지 심방을 연기하는 것이 상책이다. 환자가 전염병에 걸렸을 경우에는 더욱 주의해야 한다. 이러한 경우가 흔히 발생하는 것은 아니지만 목사가 매우 피곤해 있을 경우에는 약간의 휴식을 취할 때까지는 환자 심방하는 일을 보류해야 어떤 질병에 감염되는 사태에서 자신을 보호할 수 있다.

6) 마지막으로 목사는 하나님께서 그를 돌보실 것이라는 확신을 가지고 이러한 종류의 사역에 임해야 한다. 통계가 믿을만 하다면 환자를 심방하였다고 하여 질병에 굴복해 버린 목사가 거의 없다는 것을 보여 준다. 목사가 병에서 제외될 권리가 없고 그가 주의 일을 한다고 하여 질병이 결코 그를 침범하지 않는다고 가정할 수 없으므로 그를 환자들을 위한 자신의 사역에 정진할 때에 하나님께서 지켜주심을 신뢰하는 것이 정당한 일이다.

5. 병실 심방의 유의

성공적인 환자 심방은 유익한 결과들을 가져올 수가 있다.

그러한 사람은 믿음이 신실한 사람을 강건케 한다. 하나님의 자녀일지라도 병석에 누운 사람은 좌절하게 된다. 그들은 한 두가지 이상을 의심하게 된다. 그러한 경우에 목사는 하나님의 사신이 되어 환자에게 하나님은 실수가 없으시며 환난은 정금을 얻기 위한 용평모의 불과 같은 것이며 가장 중요한 것은 하나님께서는 현재의 모든 처지를 아시며 돌보아 주심을 보여줄 수가 있다.

이러한 사역은 자주 무관심한 자를 돌이키게 한다. 전술한대로 이따금 하나님은 고집장이가 하나님의 뜻에 순종하도록 하게 하시려고 환난 당함을 허락하신다. 많은 사람들이 부귀와 건강 중에서 하나님을 잊어버리고 자신을 위하여 살아간다고 증언하고 있다. 그러나 하나님께서 환난이나 질병을 허용하셔서 그들을 비참하게 하시면 그들의 하나님께로 돌아온다. 그러한 경우에 환난은 축복이 되는 것이다. 하나님은 그의 자녀에 대하여 크신 사랑을 가지고 계셔서 자신들의 고집대로 나아가는 것을 허용하지 않으신다. "주께서 그 사랑하시는 자를 징계하시고 그의 받으시는 아들마다 채찍질하심이니라"(히12 : 6).

이러한 문제들에 좋은 반응을 가지고 주의하는 것은 목사의 특권이다. 사람은 병으로 자리에 눕거나 여러가지 장애로 인하여 고생하게 되면 하나님의 말씀을 항상 경청하고자 한다. 병실 심방은 구원받지 못한 자를 만나게 해 준다. 사람이 병석에 눕게 되면 타고 있는 불에서 꺼낸 타다 남은 불처럼 하고자 안간 힘을 다한다. 그러한 상황에서 회복이 된 후에 신앙대로 살기 원하여 신앙을 고백한 사람들은 회복이 된 후에는 하나님을 위하여 진지하게 살아 간다. 목사는 구원을 받지 못한 환자 곁에 극한 상황에서도 하나님은 구원하실 수 있다는 확신으로 나아가야 한다. 하나님은 "죽음의 십자가"에 묶여서 회개하였던 강도를 구원하셨다. 오늘날에도 하나님은 동일한 일을 하실 수 있다. 우리의 불신앙으로 하나님의 능력을 제한하지 말자.

환자 심방은 교회를 옹호하는 친구들을 얻을 수 있다. 환자의 가족들은 보다 친밀한 관계를 교회와 유지할 수 있을 것이다. 더우기 목사가 자기 교인 중의 환자에게 신실한 분이라고 그 지역사회에 알려지면 사람들은 그런 부류의 목사에게 매혹을 느끼고 그가 시무하는 교회를 좋아하게 될 것이다.

마지막으로 환자 심방은 목사의 동정어린 성격을 개발시킨다. 우리 주님은 인간에 대하여 모든 것을 아시기 때문에 그들의 모든 생활의 필요를 충족시킬 수 있었다. 그는 군중을 바라보시며 그들 각자의 짐과 슬픔과 아픔과 죄 등 모든 것을 아셨기에 그들을 향하여 사랑을 가지셨다. 환자 심방을 하는 동안 목사는 자기 교구에 속한 사람들의 요구를 더 많이 알게 되며 그들에 대한 동정어린 관심으로 감동된 자신의 마음을 발견하게 된다. 그리하여 그는 보다 온정어린 설교를 하며 인간의 요구를 채워줄 내용의 설교를 전하게 된다.

추 천 도 서

Blackwood, Andrew W. *Pastoral Work*. Philadelphia: The Westminster Press, 1945. Chap. 12.

Cabot, Richard C. and Dicks, Russell L. *The Art of Minstering to the Sick*. New York: Macmillan Co., 1936; reissue, 1947.

Cuyler, Theodore L. *How to Be a Pastor*. New York: The Baker and Taylor Co., 1890. Chap. 3.

Dolloff, Eugene D. *The Romance of Doorbells*. Philadelphia: Judson Press, 1951. Chap. 5.

Erdman, Charles R. *The Work of the Pastor*. Philadelphia: Westminster Press, 1924. Chap. 4.

Hoppin. James M. *Pastoral Theology*. New York and London: Funk and Wagnalls, 1901. Part Five, Sec. 24.

제 23 장

목회 상담

 선지자 이사야가 우리 주님이신 예수 그리스도께 이름을 드린 것은 "모사"(사 9 : 6)였다. 그분은 대표적인 상담가이셨다. 그의, 공생애의 상당한 시간을 그는 집단에게 천국의 도를 가르치신 것과 마찬가지로 개인과 상담을 하시며 일하셨다. 복음서들의 상당 부분이 이러한 개인과의 상담의 내용들을 기록한 것이다. 그가 이러한 방법으로 일하셨던 대상들은 니고데모, 사마리아의 여인, 벳세다 연못의 절음발이, 마르다, 수로뵈니게 여인 등이다. 그리스도께서 사도들을 전도하러 파송하시기 전에 앞에 불러서 그들의 할 일에 대하여 지시하셨을 것이다(막 3 : 14).
 그리스도의 공생애의 사역 가운데 상담이 그렇게 중요한 부분을 차지하였기 때문에 그의 부르심을 받은 자들은 역시 그 일에 주의를 집중하는 것이 당연하다. 목사가 자기 양떼를 돌보듯이 목사가 자기의 회중이 갖는 영적인 요구를 만족시켜 주는 것이 그의 직무이다. 이것은 하나님의 양떼를 전체로서 돌보기도 하지만 전체를 구성하고 개인으로서도 돌보아야 한다. 다음에서 상담 사역에 대하여 주로 언급한다.

1. 목회 상담의 성격

 사전에 따르면 상담가란 "충고나 제안, 추천 혹은 지적인 교육을 제공하는 사람"으로 정의되어 있다. 이따금 "카운셀러"라는 단어는 법적인 상담가에게 적용되기도 한다. 오늘날 이 용어는 영적인 조언과 제의를 하거나 문제를 갖고 있는 사람을 돕는 목사에게 적용되고 있다. 이러한 후자의 상담 유형을 정당한 종류로 본다면 그것은 하나님의 말씀에 포함된 교훈과 원리에 입각해야 한다. 그 범위가 보다 넓기 때문에 목회 상담은 여러가지 분야로 실행될 수 있다. 목사가 그의 교인들에게 기독교인의 진정한 삶을 교훈할 때에 그것은 강단에서 행하여질 수 있다. 그것은 성경공부반, 주일학교, 새신자반, 목회심방 혹은 생활의 방법들에서 이루어질 수 있다.

그러나 오늘날 목회 상담은 보다 개인화되고 문제를 가지고 때로는 약속을 하여 교인의 목사를 찾아오면 반대로 목사는 그들의 문제 해결책을 제시할 경우에 경험될 수 있는 것이다. 오늘날은 정신병학, 심리학, 정신요법, 정신신체 의학, 정신 분석학 등에 많은 주목을 하고 있다. 많은 사람들이 문제의 해결을 이러한 전문가들에게 의탁하려 하고 있다. 그러나 슬픈 사실은 이러한 전문가들 중에서 많은 사람들이 비기독교인이라는 것이다. 그들은 성경적인 해결책에 도달하지 못하고 있다. 그들은 인간의 근본적인 난제인 죄의 문제에 대하여 다루는 여러가지 경우에서 실패하고 있다. 그들의 노력은 인간적이며 하나님의 능력 대신에 인간의 가능성에 중점을 두고 있다. 그러므로 복음 전도자가 한 손에 성경을 들고 그러한 문제들을 해결한다는 것은 얼마나 놀라운 기회가 되겠는가!

때때로 의료적인 주의를 요구하는 신체적 문제들이 피상담자 목사에게 가져오는 근본적인 난제들에 기인하는 반면에 그들은 대부분의 문제는 죄의 사실에서 야기된다. 그리하여 복음 전도자는 죄의 문제에 해답이 되는 복음을 가지고 있기 때문에 세상에서 가장 훌륭한 상담자이어야 한다. 이 복음의 메세지는 죄의 형벌로부터의 구원의 선포일 뿐아니라 죄의 권세로부터의 해방을 포함한다.

인간에게 가장 커다란 요구 중의 하나는 하나님과의 화평이다. 만일 그가 이 문제를 해결하면 다른 문제는 물거품과 같이 사라진다 주 예수 그리스도께서 이 문제의 해답이 되시며 기독교의 메세지를 가진 자만이 이러한 요구의 보충을 선포할 수 있다. 이것은 복음의 사역자가 가진 특별한 권리이다. 목회 상담은 문제를 가진 개인들과 얼굴과 얼굴을 대면하는 만남의 경험이다. 훌륭한 목회 상담자는 무거운 짐진 사람의 이야기를 조심스럽게 경청할 것이다. 그는 기도의 영과 성령의 인도하심을 따라서 난점을 지적하고 그 해결책을 모색하게 될 것이다.

진정한 복음 전도자는 사람의 근본요구가 중생의 문제임을 명심할 것이다. 중생의 체험을 한 사람들은 그들의 삶이 그리스도 중심이 되도록 교훈받을 필요가 있다. 그와 같은 비행기에 탄 생활은 그들을 위로 높이 솟게 하며 많은 문제들을 해결할 것이다.

자기 중심적인 삶은 모든 종류의 문제들 질투, 열등의식, 자기도착, 교만, 긴장, 질병 등을 초래한다. 이상적인 의미에서 목회 상담은 개인적인 접촉을 통하여 피상담자와 정신적, 신체적, 정서적, 영적인 갈증에 그리스도의 풍요로우심을 적용케 하는 것이다. 그리스도는 "상한 마음을 고치시고 죄에 노예된 자들을 구원"하실 수 있는 분이시다. 그분은 구원을 주시는 하나님의 권세가 되시며 사람들에게 그들의 요구에 상응하는 이러한 권세를 적용시키는 것은 목회자들의 영광스런 특권이다.

2. 상담을 필요로 하는 사람들의 유형

앤더슨(Stanley E. Anderson)은 그의 책 「목사와 상담자」에서 상담을 요하는 사람들의 유형을 불안에 처한 사람, 방향을 못 잡는 학생, 직업이 불분명한 사람, 새 등록자, 회복기의 환자, 고령자, 이혼 예정자, 싸움 중인 교인들, 돌아온 봉사자들로 구분하였다. 이러한 분류는 그들의 문제들을 가지고 목사에게 나온 사람들을 잘 구분한 것이다. 만일 그가 이러한 문제들을 처리하는 일에 익숙해지면 매우 풍요로운 결실을 거두는 사역이 될 것이다.

하나님의 말씀은 이러한 모든 문제들에 대한 해답이 된다. 문제는 목사가 그러한 해답들을 알고 쉽게 하나님의 말씀을 개개인의 필요에 따라 적용시킬 수 있는 성경적인 원리들과 친숙해지는 것이다. 물론 목사는 이따금 전문가에게 의뢰해야 하는 신체적이거나 정신적인 질환을 가진 사람을 만나는 경우가 있을 것이다. 그러나 이러한 경우까지 일지라도 정신적이거나 신체적인 방황의 배후에는 치우치기만 하면 몸과 마음에 놀라운 구원이 될 수 있는 영적인 문제가 있다. 예를 들면 자신에 대하여 근심하는 사람이 폐병이나 신경쇠약 혹은 심한 두통으로 고생하게 될 수 있다. 목사는 근심에 기인하는 병에 대한 해결책 즉 하나님에 대한 완전한 신뢰를 소유하고 있다(빌 4:6~7). 구원의 확신을 소유하지 못한 교인이 있을 수 있다. 그 결과로 미래에 대한 두려움, 실패했을 때의 격한 감정(구원을 잃어 버렸다고 생각하는), 실망과 끊임없는 불안 등이 있게 된다. 그들은 구원의 기쁨을 감사하지 못하며 항상 그들의 영적인 상태에 대하여 불안해 한다. 어떤 사람들은 자신들의 불확실성에 대하여 광적으로 근심하고 있다. 이러한 사람들을 위하여 사용할 성구는 요한복음 3:36, 10:28~30, 요한일서 5:12~13 등이 있다.

물론 목사는 시시때때로 젊은이와 더불어 그들의 생업과 오락, 학교에서의 비성경적인 가르침, 친구관계, 결혼 상대자의 결정 등에 대하여 상담할 필요가 있다. 목사는 이러한 모든 문제들에 대한 해답을 성경 말씀에서 찾을 수 있다. 직업상으로 모호한 것일지라도 주님께서 그 걸음을 인도하신다고 약속하신 하나님의 말씀에서 명쾌한 답을 얻을 것이다(시 37:23). 세상적인 유혹에 빠진 자에게는 하나님께서 세상에서 구별되는 것이 승리의 길이라 천명하심을 보여줄 것이다(고후 6:14~18). 결혼을 하고자 하는 자에게는 "주 안에서"의 결혼의 중요성을 분명히 보여 주는 성경 구절을 뽑아 주어야 한다. 그는 성경에서 하나님의 뜻을 보여줄 뿐 아니라 하나님의 길을 버리는 결과가 초래하는 비극의 현재 모습을 밝혀줄 수도 있다.

젊은이들과 상담하면서 목사는 다른 사람들과 마찬가지로 그들의 문제에 대하여 이야기하는 것을 경청하는 데에 많은 시간을 할애해야 한다. 어떤 목사는 말은 많이 하면서 듣기는 너무 적게 듣는다. 설교와 교육에 습관이 되어서 다른 사람이 말하게 하는 것은 매우 어려운 일이 된다. 그러나 조심스러이 경청하는 것이 훌륭한 상담의 요소 중의 하나이다.

목사는 청년에게 평생 노력할 어떤 유용한 소명을 위한 준비의 중요성을 보여줌으로 헤아릴 수 없는 도움이 될 수 있다. 그는 정당한 교육의 유익함을 지적하여 올바른 학교에 가도록 지도할 수 있다. 그는 직업 안내에 대하여 좋은 책을 인용할 수도 있다. 그가 이러한 문제들로 피상담자들을 도우면 그들의 의뢰함을 얻고 그들은 그의 영적인 메세지를 보다 진지하게 받아 들일 것이다. 결혼과 이혼, 가정에 관계된 현존하는 문제들을 가장 많이 상담에 있어서의 목사에 주의를 요구하고 있다. 목사는 그의 권위로서 하나님의 말씀을 가지고 있다. 만일 목사가 시시때때로 구혼, 결혼, 이혼, 가정, 자녀 축복 등과 같은 주제에 대하여 설교한다면 그는 현명하여질 것이다. 하나님께서 이러한 문제들에 대하여 말씀하시는 것을 공적으로 선포하면 그것은 그의 상담을 보다 쉽게 하며 미구에 경험할 당황스러운 일들에게 상당히 모면할 것이며 마음의 상처를 경감시킬 것이다.

그런 후에 개인적으로 결혼에 대하여 숙고하는 사람들과 상담할 때는 성경에서 이야기하는 결혼의 지고한 기준을 명확히 천명해야 한다(엡 5:25~33). 그는 결혼의 비교할 수 없는 축복만큼이나 결혼의 막중한 책임을 가르쳐야만 한다. 혼전 결혼상담은 신실한 목사가 더욱 본질적인 것으로 인정해야 한다. 하나님의 말씀이 이혼에 대하여 무엇이라고 말하는지를 규명해야 한다(마 5:31~32, 19:3~11, 막 10:2~12, 눅

6 : 18, 고전7 : 10~15). 만일 선교의 목사가 이 문제에 있어서 강단에서나 개별적인 상담에서 보다 말씀에 입각하여 신실하게 증거한다면 현재의 이혼율에 상당한 영향을 미칠 것이다. 이제는 결혼과 가정에 대한 좋은 서적과 소책자들이 많이 있다. 목사는 이러한 책들을 결혼에 대해 생각하고 있는 청년들에게 소개할 수 있도록 준비해야 한다.

때때로 교회 안에 분쟁을 일으키는 교인들이 일어난다. 교인들이 서로 대하기를 꺼려하는 경우가 일어난다. 이러한 문제는 다루기가 어려운 문제이지만 목사나 교회는 이러한 일에 방관만 한 채 그들이 계속하는 것을 용인해서는 안된다. 목사는 그 일에 관여된 사람들을 서재로 불러 함께 기도하고 상담해야 한다. 그는 증오하는 죄의 무서움과 하나님의 자녀가 베풀어야 하는 용서의 즐거움에 대한 성경 구절들을 풍부하게 준비해야 한다(예를 들면, 요일 2 : 11, 3 : 14~15, 4 : 20, 마 18 : 21~22). 처음에는 각기 한 편씩 불러서 면담을 하고 나중에 상대편을 불러서 서로 대면하게 하여 함께 기도하고 상담을 하면서 화해를 성립시킨다.

앤더슨(Stanley Anderson)은 전술한 그의 책에서 상담이 상당히 필요하면서도 무시된 영역 즉 복귀한 봉사자에 대한 주의를 환기시킨다. 이들 중의 많은 사람들이 봉사하는 동안 영적인 열정을 잃어버리고 나쁜 습관을 얻고서 비적응된 사회생활에로 복귀한다. 만일 목사들에 의하여 조금만의 특별한 관심이 베풀어지면 이들 중의 많은 사람들이 교회를 위하여 다시 일하게 할 수 있으며 적응하기 어려운 사회생활의 복귀에 적응력을 추가시킬 수도 있다. 이러한 다양한 모든 유형과 언급되지 않은 유형의 상담 전후에 상당한 기도를 해야 하며 제기된 문제에 대한 해답을 위하여 하나님의 말씀에 의존하고 개인의 생활에 하나님의 말씀에 의존하고 개인의 생활에 하나님의 말씀을 적용하는 일에 성령의 인도하심에 전적으로 의존해야 한다. 나아가서, 경청하는 사람이 되며 무거운 짐을 지고 곤혹해 하는 사람을 향하여 사랑을 품는 마음을 갖도록 기도해야 한다. 대부분의 경우에 있어서 그가 주 예수 그리스도와 올바른 관계를 유지할 수만 있으면 모든 문제가 여름 태양 아래의 이슬처럼 사라질 것임을 발견하게 될 것이다.

3. 목회 상담의 유익

목회 상담의 주된 유익은 목사가 개인의 특별한 요구들에 직접적으로 관여할 수 있다는 것이다. 그러나 이것보다 더 큰 유익은 피상담자가 상담을 하기 위하여 목사에게 문제를 가지고 나아올 때 필요를 의식하고 조언을 들을 준비가 되어 있다는 것이다.

목사가 강단에서 설교를 하면 그는 씨앗을 넓은 지역에 흩어 뿌리게 된다. 다시 말하면 모든 연령층, 모든 종류의 요구와 문제들, 구원받은 자와 못 받은 자, 성숙한 기독교인과 미숙한 기독교인 모두에게 관심을 갖고자 노력한다. 모든 사람이 갖는 특별한 요구를 포착한다는 것은 쉬운 일이 아니다. 그러나 목사가 그에게 도움을 청하러 온 사람과 책상을 사이에 두고 마주 앉아 있을 때 이러한 일이 가능해 진다. 그는 제기 되어지는 요구에 적절한 하나님의 말씀을 적중시킬 수 있는 것이다. 어느 한 주일 아침에 무거운 짐 혹은 정서적인 압박감을 느끼는 사람이 교인 중에 자리하고 있다고 하자. 물론 설교는 훌륭하였지만 이 사람처럼 억압당한 영혼의 특별한 요구에 얼마나 적절한 해결을 주었는지는 오히려 부정적일 수 있다. 그런데 만일 이 사람이 목사를 만나서 자신의 문제를 함께 상의하고자 약속을 하였다면 바로 그 문제점이 가장 행복한 귀결을 얻게 될 것이다.

역사 목회 상담은 목사의 설교 사역에 도움을 줄 수 있다. 그것은 목사로 하여금 사람들의 요구가 무엇인지를 보다 정확히 알게 하여 설교에서 그들의 요구에 부응하는 내용을 전달할 수 있도록 하여 준다. 물론 강단에서 상담의 특별한 경우에 다루는 것을 알게도 되나 계속적인 상담은 그의 교인들의 요구에 대한 보다 깊은 견해를 목사에게 제공한다. 이러한 종류의 목회 사역은 교회를 지지하는 친구를 얻어 그 영향력을 확대시킬 것이다. 상담을 통하여 불화로 깨어진 가정이 정상을 회복하거나 알콜 중독자가 극복하고 절망에 빠진 사람이 자살에서 보호되었을 때 직무상으로 자신들의 요구를 가지고 있는 사람들을 돕는다는 것이 자명해질 것이다.

4. 상담을 위한 목사의 준비

목사가 훌륭한 상담가라면 그 자신이 영적으로, 육체적으로 사회적으로 성숙한 생활의 표본이 되어야 한다.

그는 타인의 생활에 심고자 하는 일들에 있어서 전시품 제 1 호가 되어야 한다. 그가 근심하는 자에게 그 극복하는 것을 권하기는 쉽지만 교회문제로 인하여 스스로는 병을 얻게 하는 일도 있다. 혹은 만일 자신의 가정 생활이 수준에 이르지 못한다면 행복한 가정 생활의 비결에 대한 그의 상담은 귀머거리의 귀에 대고 하는 것이 되고 말 것이다. 목사는 가능한 한 위대하신 상담자와 닮을 수 있도록 하여 그의 교인들이 그의 상담에서 위안을 받도록 해야 한다. 상담자는 하나님의 마음을 알아야 한다. 하나님의 마음은 비록 인간들이 죄로 가득 찼으나 인간을 향한 사랑과 관심으로 충만해 있다. 목사인 상담가는 물론 제한적인 의미에서 지만 하나님이 보시는 것처럼 문제 있는 사람을 보고 하나님처럼 그들에 대한 태도와 관심을 소유해야 한다(빌 1 : 8). 이에 대하여 구약 성경은 다음과 같이 말하고 있다. "그들의 모든 환난에 동참하사 자기 앞의 사자로 그들을 구원하시며 그 사랑과 그 긍휼로 그들을 구속하시고 옛적 모든 날에 그들을 드시며 안으셨으나"(사 63 : 9). 만일 상담자가 하나님의 사랑하시는 마음의 모습을 본받지 않는다면 상담자로서 성공할 수가 없는 것이다. 그러한 생각이 없이는 그의 환자를 수차례 지치게 만들 것이다. 그러나 그러한 사랑을 갖는다면 그는 인내와 변함없는 친절을 베풀 수 있을 것이다.

하나님의 마음을 보여주는 다음의 성경 구절들을 상담을 시작하기 전에 상담자로서 조심스럽게 공부해야 할 가치가 있는 것이다. 시편 78 : 36~39, 예레미야 애가 3 : 22~23, 마태복음 9 : 36, 누가복음 15 : 20, 히브리서 5 : 1~2, 미가 7 : 18~19.

효과적인 기독교 상담가가 되기 원하면 목사는 역시 성경을 알아야 한다. 이 책에서 그는 오늘날 그가 대면하는 많은 환경들과 유사한 사건들을 발견하게 될 것이다. 이에 덧붙여서 명확한 진술들과 원리들이 인간이 상면하는 근본 문제를 해결하는 것들이다. 결실을 맺도록 하나님의 말씀의 능력을 선포하는 히브리서 4 : 12과 고린도전서 10 : 11 같은 성경 구절들을 상고하고 구약 성경에 나타난 경험들이 현재의 행위를 정정하기 위하여 도움이 되는 사실을 지적하라. 하나님의 말씀을 근거로 한 조언은 무게가 있다.

상담하는 동안에 목사는 구원의 확신, 용서받을 수 없는 죄, 결혼에서의 성의 위치, 이혼에 대한 성경에 교훈 근심의 치료, 승리하는 생활을 위한 수단, 세속 등에 대한 성경 구절들을 열거할 수 있어야 한다.

효과적인 상담을 위하여 목사는 성령의 인도하심에 의지해야 한다. 성령은 모든 신자의 속에 내재하시는 거룩한 인격이시다. 그가 하시는 일은 지혜를 주시며, 위로하시고 인간에게 그리스도를 계시하시며 말씀을 받아들이도록 준비케 하시는 것이다. 모든 상담이 실시되기 전에 목사는 하나님의 영께서 피상담자의 마음을 준비하시고 상담에서 적절한 이야기를 공급하시도록 간구해야 한다. 성령은 역시 상담해서 사용될 적당한 성경을 기억하게 하시는 일에 있어서 의지하게 된다. 목사는 그리스도께서 요한복음 14, 15, 16장에서 성령의 사역에 대하여 하신 말씀을 주의깊게 공부하여야 한다. 하나님의 영이 상담에 관여하실 때 그 결과는 놀라운 것이며 그 일은 매우 쉬워진다.

상담가는 역시 인생에 대하여 가능하면 많은 것을 알아야 한다. 그가 인간의 마음의 움직임과 매 상담에 관련한 배경과 환경, 그리고 각기 그 경우에 있어서의 특별한 처지들을 잘 이해하면 할수록 그들의 문제점에 대하여 보다 더욱 훌륭한 상담을 할 수 있게 된다. 피상담자가 일하는 조건과 마찬가지로 그의 가정 생활을 아는 것은 중요한 일이다. 교회에 정기적으로 참석하며 교회의 도전에 대응하기를 진정으로 열망하지만 수년간 그러한 일에서 떠나 있던 한 청년이 있었다. 교회에 참석하는 것 이외의 어떠한 활동도 그는 가정에서 심한 반대를 겪고 있었다. 이러한 형편에 대한 지식은 이상하게 여겨지는 그의 행동을 동정할 수 있게 한다. 선지자 에스겔은 그의 사역 초기에 "그 사로잡힌 백성 곧 그발강 가에 거하는 자들에게 나아가 그 중에서 민답히 칠일을 지내었다(겔 3:15).

상담가는 실습을 통하여 상담을 준비하는 일에 많은 것을 배울 수가 있다. 에스겔은 상담자의 본이 된다. 심리학과 정신병학에 관한 책을 쓴 사람들의 반견들을 연구하면서 많은 것을 배운다는 것 역시 가능하다. 그러나 어떤 저작가는 하나님과 그의 말씀에 대한 지식이 없기 때문에 식별력을 가지고 그러한 책들을 읽을 필요가 있다. 그러나 제한된 서적에서 많은 도움을 얻을 수 있다.

상담자는 가능하면 피상담자의 눈을 통하여 보면 그들이 보는 것을 보고 그들이 느끼는 것을 배울 필요가 있다. 이러한 동정적인 태도는 관계일치를 얻는데 대단한 역할을 한다. 처음부터 그것을 습득하기는 어려우나 점차 배양될 수 있는 것이다. 에스겔 3:15, 잠언 18:24, 빌립보서 2:4~5를 보라.

이것은 상담자가 사람들을 향하여 가져야 하는 사랑의 문제로 인도한다. 만일 목사가 사랑이 풍부하면 다른 일에 미흡한 정도로 상쇄할 수 있다. 이것은 명령되어진 것이다. 상담자는 "오직 우리가 너희 가운데서 온유한자 되어 유모가 자기 자녀를 기름과 같이 하였으니 우리가 이

같이 너희를 사모하여 하나님의 복음으로만 아니라 우리 목숨까지 너희에게 주기를 즐겨함은 너희가 우리의 사랑하는 자 됨이니라"(살전 2:7~8)고 말한 바울의 마음을 가져야 한다.

만일 목사가 교인을 사랑하지 않는다면 그는 결코 성공할 수가 없다. 그는 차라리 다른 직업을 구하는 것이 나을 것이다. 그는 당연한 만큼 그들을 사랑하지 않을 수도 있으나 그들을 사랑해야 하며 이러한 사랑의 증대를 위하여 "영원히 변치 않는 사랑"을 위하여 기도해야 한다. 교인이 상담자의 얼굴과 눈에서 예수님이 하신 것과 같은 종류의 사랑을 보게 되면 그에 대한 신뢰가 일어나며 그 전투는 절반은 이겨 놓은 것이다.

5. 상담 계획의 도표화

역동적인 상담의 계획은 한꺼번에 전반적으로 시작되는 것은 아니다. 그것은 시간의 경과에 따라 발전되는 사역이다. 목사가 이러한 종류의 사역에서 일가견이 있다고 인정되면 요구를 가진 사람들이 그에게 찾아온다. 만일 어떤 사람이 유익을 얻었다면 또 다른 사람에게 이야기할 것이다. 때에 따라 완전한 규모의 계획은 감추어져 있다.

외과의사나 법률가가 즉시로 영양을 공급하는 일을 촉진시키지는 못한다. 어떤 사람이 가진 능력과 명성이 한 사람에게 알려지면 다음 사람이 상담을 기다리고 있다. 상담 계획 속에 묻힌 목사는 이상이 없다.

처음부터 그는 강단과 교회 주보를 통하여 상담할 준비를 하고 있다고 공표하여야 한다. 그의 도움을 원하는 사람은 상담을 위한 시간 약속을 해야 한다. 그리고 이러한 일이 확대가 되면 이러한 목적으로 기꺼이 주간의 제한된 시간을 할애하도록 해야 한다. 그리고 "상담을 위한 시간", "사적인 면담시간", "개인의 대화" 등의 이름을 붙인다. 어떤 목사는 이러한 목적으로 주간의 한 오후의 몇 시간(오후 2:00~오후 5:00) 그리고 하루 저녁을 할애하고 있다. 이 목사는 큰 교회에 시무하면서 이러한 일을 하기 위하여 일주일에 두번이 필요한 것을 깨달았다. 목사는 각자가 시무하는 교회에 규모와 그에게 청해오는 비율에 따라 시간을 조정할 수 있다.

이러한 계획을 돕기 위하여 교회의 직원들, 즉 남집사, 여집사, 권찰 같은 직분자들은 목사의 규정된 시간을 알아서 상담시간을 택하여 그에게로 상담이 필요한 자들을 인도한다. 주일학교 교사들도 학생들 가운데서 도움을 받길 원하는 아이들은 시간을 맞추어 인도해야 한다. 공부에 참석한 어떤 청년들은 그들의 진로에 대한 방향제시를 해주어야 한다. 목사에게 상담하기 위하여 그리한 사람들을 보내는 것보다 더욱 보람된 일이 무엇이 있을까?

또한 목사는 병원, 공립학교, 적십자사, 오락시설(단체) 기타 사회 법인체와 접촉을 가질 때 그가 상담을 위하여 시간을 할애하고 있음을 알게 해야 한다. 시간에 맞추어 하는 응답은 목사의 시간과 정열을 최소로 하고 그 사역이 풍요한 의지를 낳게 하였다.

6. 목회 상담의 목적

목사는 목회 상담에 있어서 특별한 목적을 명심해야 한다. 기술적인 면에 있어서 그는 심리학자나 정신병학자나 의과의사가 아니다. 그는 단지 그리스도의 사역자인 것이다. 그러므로 그의 주된 목적은 사람들을 그리스도와 바른 관계를 맺도록 해 주는 일이다. 그가 결혼 문제를 가진 자나, 남을 증오하는 마음을 가진 자나, 혹은 구원의 확신을 갖지 못한 자 이견간에 모든 경우에 있어서의 목적은 피상담자가 주 예수 그리스도와 바른 관계를 갖도록 해 주는 것이다. 이러한 관계가 정상화되면 원래 자신들을 정상화하지 못했던 일들이 거의 사라진다. 그러나 매우 진실한 기독교인도 목사가 해결을 도울 수 있는 문제들을 가지고 있다. 이러한 문제는 그들이 구원하시고 보호하시며 만족케 하시는 그리스도의 모든 능력에 온전히 의지할 때에 항상 해결될 수 있다.

목회자는 그리스도가 모든 인간이 가지고 있는 문제의 해답 이심을 이해해야 한다. 시편 기자인 다윗은 "그가 내 영혼을 소생시키며"(시 23:3)라고 노래하였다. 상담을 하고자 목사에게 나아오는 자는 항상 그들의 생활의 한 부분이 회복되어야 할 필요가 있는 사람이다. 목사에게 찾아오는 자들에게 이러한 회복을 주실 수 있는 주 예수 그리스도에게 그들을 인도하는 것은 그의 행복한 권리이다.

추 천 도 서

Anderson, Stanley E. *Every Pastor a Counselor*. Wheaton, Ill.: Van Kampen Press, 1949.

Blackwood, Andrew W. *Pastoral Work*. Philadelphia: Westerminster Press, 1945.

Bonnell, J.S. *Pastoral Psychiatry*. New York: Harper and Brothers, 1938.

Burkhart, Roy A. *The Church and the Returning Soldier*. Harper and Brothers, 1945.

Burt, Jesse C. *Your Vocational Adventure*. Nashville: Abingdon-Cokesbury Press, 1959.

Capper, W. Melville and Williams, Hugh Morgan. *Toward Christian Marriage*. Chicago: Inter-Varsity Press, 1958.

Christensen, James L. *The Pastor's Counseling Handbook*. New York: Fleming H. Revell Co., 1963.

Cuber, John F. *Marriage Counseling Practice*. New York: Appleton-Century-Crofts, 1948.

Dicks, Russell L. *Pastoral Counseling*. New York: Macmillan Co., 1944.

Goulooze. William. *Pastoral Psychology*. Grand Rapids: Baker

Book House, 1950.

Hiltner, Seward. *Pastoral Counseling*. Nashville: Abingdon-Co-kesbury Press, 1949.

_____, *The Counselor in Counseling*. Nashville: Abingdon-Cokesbury Press, 1952.

Hulme, William E. *How to Start Counseling*. Nashville: Abingdon Press, 1955.

Leach, William H. *Handbook of Church Management*. Englewood Cliffs, N.J.: Prentice-Hall, Inc., 1958. Chap. 22.

Mace, David R. *Success in Marriage*. Nashville: Abingdon-Cokesbury Press, 1958.

May, Rollo. *The Art of Counseling*. Nashville: Cokesbury Press, 1939.

Oates, Wayne E. *An Introduction to Pastoral Counseling*. Nashville: Broadman Press, 1959.

Spann, J. Richard. *The Ministry*. New York and Nashville: Abingdon-Cokesbury Press, 1949. pp. 94—102.

목회학

초판 1쇄 / 1982년 11월 30일
2판 3쇄 / 1991년 10월 20일
3판 1쇄 / 1999년 12월 20일
3판 2쇄 / 2011년 8월 31일

지은이 / 호머 켄트
옮긴이 / 이주영
펴낸이 / 이운산
펴낸 곳 / 성광문화사
121-011 서울 마포구 아현동 710-1
☎(312)2926, 8110, (363)1435
Fax (312)3323
E-mail:sk1435@ymail.com
htto://www.skpublishing.co.kr

출판등록번호 / 제10-45
출판등록일 / 1975. 7. 2
책 번호 / 278
파본은 교환해드립니다.
이 출판물은 저작권법으로 보호받는 저작물이므로
무단 전재나 무단 복제를 할 수 없습니다.

정가 15,000원
ISBN 89-7252-340-2 93230
Printed in Korea